Capitalismo perene

Reflexões sobre a establização do capitalismo
a partir de Lukács e da teoria crítica

CONSELHO EDITORIAL

Ana Paula Torres Megiani

Eunice Ostrensky

Haroldo Ceravolo Sereza

Joana Monteleone

Maria Luiza Ferreira de Oliveira

Ruy Braga

Capitalismo perene

Reflexões sobre a establização do capitalismo a partir de Lukács e da teoria crítica

Vladimir Ferrari Puzone

Copyright © 2016 Vladimir Ferrari Puzone

Grafia atualizada segundo o Acordo Ortográfico da Língua Portuguesa de 1990, que entrou em vigor no Brasil em 2009.

Edição: Haroldo Ceravolo Sereza
Editora assistente: Cristina Tamada
Projeto gráfico e diagramação: Dafne Ramos
Capa: Jean Freitas
Assistente acadêmica: Bruna Marques
Revisão: Jorge Buarque

Imagens da capa: Foto de György Lucáks

Este livro foi publicado com o apoio da FAPESP.

CIP-BRASIL. CATALOGAÇÃO NA PUBLICAÇÃO
SINDICATO NACIONAL DOS EDITORES DE LIVROS, RJ

P996c

Puzone, Vladimir Ferrari
CAPITALISMO PERENE: REFLEXÕES SOBRE A ESTA-
BILIZAÇÃO DO CAPITALISMO A PARTIR DE LUKÁCS
E DA TEORIA CRÍTICA
Vladirmir Ferrari Puzone. - 1. ed.
São Paulo : Alameda, 2016
316p. ; 23 cm

Inclui bibliografia
ISBN 978-85-7939-361-7

1. Marx, Karl - 1818-1883. 2. Lukács, György,
1885-1971. 3. Socialismo. 4. Capitalismo. 5.
Filosofia Marxista
I. Título.

16-33213   CDD: 335.4
                          CDU: 330.85

ALAMEDA CASA EDITORIAL
Rua 13 de Maio, 353 – Bela Vista
CEP 01327-000 – São Paulo, SP
Tel. (11) 3012-2403
www.alamedaeditorial.com.br

A meu avô, João Ferrari Filho (in memoriam)

A partir de certo ponto não há mais retorno. É este o ponto que tem de ser alcançado. (Franz Kafka, Aforismos)

Sumário

Agradecimentos 11

Apresentação 13

Introdução 15

Seção I

Capítulo 1 - Transformações do capitalismo e marxismo no início do século XX 33

Capítulo 2 - As antinomias de Lukács 69

Seção II

Capítulo 3 - Do colapso ao capitalismo de Estado 115

Capítulo 4 - Barbárie e estabilização na Dialética do esclarecimento 147

Seção III

Capítulo 5 - Bem-estar e afluência no capitalismo do pós-guerra 207

Capítulo 6 - Marcuse e a mecânica da submissão 243

Bibliografia 299

Agradecimentos

Ao meu orientador, Ricardo Musse, pelo apoio e estímulo intelectual desde os tempos da graduação, com seu grupo de estudos. Que nosso diálogo continue pela vida afora.

Ao meu co-orientador na Alemanha, Alex Demirović, por ter me ajudado enormemente durante minha estadia em Berlim e pelas discussões extremamente férteis que pude travar com ele e com seu grupo de orientandos.

Aos professores do Departamento de Sociologia da FFLCH, Maria Helena Oliva Augusto e Ruy Gomes Braga Neto, pelos comentários mais do que pertinentes durante o exame de qualificação.

Aos funcionários do Departamento de Sociologia da FFLCH e da biblioteca Florestan Fernandes, por facilitarem o trabalho de pesquisa.

Ao Deutscher Akademischer Austauschdienst (DAAD) e ao Conselho Nacional de Desenvolvimento Científico e Tecnológico (CNPq), pelo auxílio financeiro e pela oportunidade de passar uma estadia em Berlim, na Technische Universität Berlim, que foi de fundamental importância para a redação deste trabalho.

À minha família, em especialà minha mãe, Margarete, ao meu pai, Orlando, à minha avó, Nair, e ao meu avô, João, que me deixou um exemplo de luta e de força diante da vida.

Aos amigos Annouch, Bruna, Carlos, Eduardo, Everaldo, Fábio, Luiz Enrique, Nahema, Patrícia, Ricardo, Stefan, Ugo e William, pelo carinho e pela constante troca intelectual. Que a transformação do mundo, teórica e prática, continue a nos unir.

Aos velhos e novos amigos de Berlim, Arhtur,Caio, Carise, Emmanuel, Gabriel, Giuliano, Henrique, Ludmila, Luís Fernando, Mariana e Tânia, por terem compartilhado comigo um dos melhores momentos de minha vida. Que a amizade continue mesmo que além-mar.

À Júlia, pelo amor e pela esperança de uma vida mais brilhante.

Este trabalho contou com o apoio financeiro da Fundação de Amparo à Pesquisa do Estado de São Paulo (FAPESP), sem o qual a tese não poderia ser concluída e publicada.

Capitalismo Perene:

Reflexões sobre a estabilização do capitalismo a partir de
Lukács e da teoria crítica

A atualidade desse livro, atestando sua importância para além do mundo acadêmico, advém de uma série de procedimentos inovadores, responsáveis em larga medida por sua qualidade intrínseca.

Destoando do molde habitual dos trabalhos universitários no Brasil, orientados pela super-especialização, o autor adota como ponto de partida a análise de três clássicos do marxismo do século XX: *História e consciência de classe* (1923), *Dialética do esclarecimento* (1947) e *O homem unidimensional* (1964). À primeira vista, tamanha ousadia atiça a suspeita de um tratamento superficial das obras. Não é o caso, absolutamente. A interpretação de cada um dos livros sustenta-se por si só, amparada em uma leitura rigorosa e, sobretudo, em um conhecimento abrangente do universo econômico, político, social e intelectual vivenciado por Georg Lukács, Max Horkheimer, Theodor Adorno e Herbert Marcuse.

Certamente, Vladimir Puzone não ignora a linha de continuidade desenrolada pela sequência desses três livros. Assim, escolhe como fio condutor a questão da «estabilização» do capitalismo, reflexão recorrente nas obras listadas na linhagem do marxismo ocidental. Não se prende, porém, aos estereótipos corriqueiros nas considerações acerca dessa tradição. Evitando juízos de valor apressados e exigências descabidas de práxis partidária, o autor procura antes apreender a lógica da coisa.

Nesse desdobramento, reapresenta a dialética ali implícita, a polaridade entre a emancipação e a preservação da sociedade e da ordem existente. Recupera assim, diga-se de passagem, um tópico decisivo da exposição marxiana. Afinal, tanto no *Manifesto Comunista* como em *O capital*, não é difícil perceber a preocupação de Marx em acompanhar, com a máxima acuidade, o jogo entre as forças e tendências que impulsionam à revolução e os fatores que obstaculizam a transformação social.

O balanço dessas variáveis, traduzido na dualidade entre atividade e passividade (em Lukács) ou entre crítica e conformismo (nos frankfurtianos), tem seu código-fonte na teoria da reificação. Se a matriz é a mesma, a exigência de atualização - premissa inerente a todo marxismo que evita se constituir como doutrina dogmática -, a consequente necessidade de estabelecer novas coordenadas para o "presente histórico", delineia as marcas da descontinuidade.

Na determinação da interpretação do presente histórico desdobrada em cada uma das três obras analisadas, Vladimir Puzone serve-se de um procedimento quase diria imprescindível e no entanto frequentemente ignorado: a comparação com outros diagnósticos atinentes à mesma conjuntura. Não se trata propriamente de uma tentativa de reconstituição do campo intelectual no qual os autores estão inseridos, mas sobretudo de esclarecer posições em um diálogo, muitas vezes apenas subjacente.

Para situar o leitor nas controvérsias implícitas em *História e consciência de classe*, Puzone reconstitui a discussão no interior do marxismo acerca das transformações do capitalismo. Seu recorte privilegia dois momentos: a abrupta introdução da questão, num afã revisionista, por Eduard Bernstein, na passagem do século; a busca de explicações, de ambos os lados, para a cisão do movimento operário em 1914, cristalizada com as divergências acerca do significado da revolução russa de 1917.

No que tange a *Dialética do esclarecimento*, a polêmica, 20 anos depois, concentra-se na caracterização do governo nazista e na hipótese da emergência do "capitalismo de Estado". Franz Neumann e Friedrich Pollock, membros destacados do Instituto dirigido por Horkheimer, protagonizam o debate, com teses quase antagônicas.

O homem unidimensional, na contramão da adesão intelectual ao Estado do bem-estar social, contesta tanto a interpretação liberal, decididamente apologética, de Daniel Bell e Ralf Dahrendorf, como as ambiguidades do então jovem frankfurtiano Jürgen Habermas.

A sucessão desses procedimentos, num movimento autoconsciente, desemboca numa reconstrução das transformações do capitalismo ao longo do século XX. Puzone segue assim, à sua maneira, a recomendação de Lukács: a reconstituição das polêmicas acerca do objeto se apresenta como o melhor caminho de acesso ao processo histórico.

Ricardo Musse
Professor de Sociologia pela Universidade de São Paulo

Introdução

Sugerir uma discussão a respeito da estabilização do capitalismo numa época marcada por crises pode parecer absurdo. Afinal, por que deveríamos nos preocupar com os mecanismos sociais que garantem a continuidade da reprodução do capital quando é essa mesma que parece estar sendo ameaçada na maior parte do planeta? De fato, foram poucos os períodos nos quais a sociedade burguesa viveu um momento de prosperidade contínua, em que a acumulação do capital se realizava a taxas elevadas e boa parte da população tinha um nível de vida razoável.Rigorosamente, só faria sentido falar de estabilização quando se leva em conta os anos dourados do capitalismo no século XX, entre 1945 e 1974, e ainda assim em um número restrito de países. O mesmo não se pode dizer da primeira metade do século, marcada por duas guerras mundiais, pela crise econômica e por uma série de revoluções. Qual é o sentido, então, de mostrar os problemas da estabilização nos momentos em quea recorrência da barbárie e o colapso do capitalismo são os princípios históricos fundamentais?

O objetivo deste trabalho é compreender como a questão da estabilização foi posta em três livros e, assim, procurar entender por que meios o capitalismo em diversas conjunturas conseguiu impor-se como uma formação social normal, sem que a maioria dos indivíduos contestasse essa ordem.Tais obras são *História e consciência de classe*, de Georg Lukács, *Dialética do esclarecimento*, de Max Horkheimer e Theodor W. Adorno, e *O homem unidimensional*, de Herbert Marcuse. O termo "estabilização" não deve ser entendido em sentido puramente econômico, como a simples superação das crises que se colocaram ao longo da história do sistema. Embora os debates de cunho econômico sejam parte importante da tese, procuro mostrar que seu sentido vai além dessa esfera. Ele deve ser remetido também aos processos pelos quais a sociedade capitalista se impôs como segunda natureza, de modo que sua reprodução se dê de maneira mais ou menos estável. Para a realização da tarefa proposta, propõe-se reconstruir o assunto nessas três obras e a partir dos debates que lhe serviram como pano de fundo, todos eles pertencentes a momentos históricos distintos.

A escolha desses livros não se deu por acaso. Habitualmente elas são atribuídas a uma vertente do marxismo chamada "ocidental", expressão difundida por Perry Anderson no ensaio "Considerações sobre o marxismo ocidental".[1]Embora essa noção apresente uma série de problemas, ela se mostra útil na descrição do problema aqui proposto.[2] Tomando como ponto de partida tal interpretação, segundo a qual essa corrente pouco se preocupou com as relações entre economia e política e com o papel exercido pelo Estado, assim como à primeira vista abandonou quaisquer esperanças revolucionárias depositadas na classe trabalhadora, podemos perceber que existe algo de verdadeiro nessa descrição. Em um determinado ponto no desenvolvimento da sociedade, um conjunto de teóricos constatou a necessidade de investigar os motivos que fizeram e que fazem com que o capitalismo seja o horizonte social até hoje não superado das relações entre os indivíduos. Se o marxismo esteve orientado em larga medida para as tarefas teóricas e práticas da revolução socialista, alguns autores reconheceram em diferentes períodos a premência em se dar um passo atrás nessa discussão. A emancipação dos indivíduos só poderia ser pensada efetivamente se houvesse um reexame dos motivos que fazem com que a ordem social dominadora e exploradora seja defendida por muitos deles. Ou ainda, seria preciso compreender por que o capital mostrou ser mais forte do que se supunha. Assim, o problema para os autores era examinar os mecanismos desenvolvidos dentro do modo de produção que não apenas impediram que o capitalismo fosse superado em diversas crises, mas também ajudaram a consolidá-lo apesar de suas contradições.

---

1 Perry Anderson, "Considerações sobre o marxismo ocidental". *In: Considerações sobre o Marxismo Ocidental/Nas Trilhas do Materialismo Histórico*. São Paulo: Boitempo Editorial, 2004, p. 15-139.

2 Não é minha intenção fazer um balanço sistemático do conceito, que, de fato, surge na obra de Karl Korsch e é retomado posteriormente por Maurice Merleau-Ponty. Apenas procuro problematizá-lo como ponto inicial deste trabalho, sem esgotar a descrição feita por Anderson. Embora este historiador reconheça a riqueza de muitas das análises reunidas sob o termo "marxismo ocidental" e as condições históricas específicas em que foram produzidas, ele as recusa em bloco, especialmente porque teriam rebaixado o marxismo a um simples discurso filosófico e isolado suas contribuições da prática política imediata. Ou seja, o marxismo teria sido afastado da prática revolucionária por um grupo bastante heterogêneo de autores. No entanto, não caberia destacar uma inversão do argumento de Anderson, e que ele mesmo admite como plausível, a saber, não foram as práticas revolucionárias que passaram por um período de crise justamente em função dos condicionantes históricos? No fundo, o amplo recorte operado pela noção de marxismo ocidental impediria de antemão o reconhecimento de que alguns de seus autores tenham centrado sua análise sobre o período histórico em que viveram. Para uma síntese crítica do conceito, e que vai além de "Considerações sobre o marxismo ocidental", passando por autores como Martin Jay e Göran Therborn, cf. Ricardo Musse, "As origens do marxismo ocidental". *In: Do Socialismo Científico à Teoria Crítica. Modificações na autocompreensão do marxismo entre 1878 e 1937*. Tese (doutorado em filosofia), FFLCH – USP; São Paulo, 1997, p. 225-41.

A reconstrução das três obras se orientou por essa questão. Quando comparadas às discussões a respeito do assunto que lhe precederam, elas oferecem possíveis modelos explicativos para um assunto bastante complexo, tendo em vista quantidade de textos que procuraram analisá-lo, assim como suas diversas formulações. Uma característica comum a todos esses debates diz respeito às mudanças observadas no seio das sociedades capitalistas mais avançadas. Ainda que tomem como referência diferentes períodos históricos e, portanto, diferentes aspectos da evolução do capitalismo, as discussões sobre o assunto lidaram com os limites desse modo de produção e a superação ou não de suas barreiras. Ao longo de muitas décadas, houve uma nítida polarização entre autores que defenderam a chegada do sistema a sua crise final e outros que procuraram destacar como ele havia desenvolvido mecanismos que lhe possibilitaram postergar seus problemas ou até mesmo superá-los. Dessa forma, o reexame dos debates sobre as transformações do capitalismo assume um lugar importante neste trabalho e se explica por dois motivos. Em primeiro lugar, ele torna explícito o que muitas vezes é tomado como dado nas obras que examino. Além disso, e talvez mais importante, ele permite ver como seus autores enxergaram o problema da estabilização de uma maneira heterodoxa, que lhes possibilitou entrever aspectos ausentes ou pouco explorados pela literatura de cada período.

Isso não significa que as discussões que estiveram por trás das obras devam ser abandonadas. Ao contrário, trata-se de enxergar os limites de tais debates e as possíveis contribuições que os textos aqui analisados podem oferecer. Muito mais do que uma simples oposição, é preciso ver uma complementaridade nesse confronto entre um marxismo mais tradicional e o marxismo de Lukács e da teoria crítica. Na maior parte das vezes, essacomplementaridade é descartada quando se tem em vista diferentes linhagens do marxismo. Daí que a estrutura deste livro tenha se organizado da maneira como se apresenta. Antes do exame do tema da estabilização nas obras mencionadas, procurou-se apresentar os debates acerca das transformações do capitalismo no período que precedeu cada um dos livros a ser analisado. Os três tomam as discussões a respeito das mudanças do capitalismo em suas configurações mais avançadas como ponto de partida, de forma explícita ou implícita, para entender como o problema da estabilização se colocou. Além disso, não seria possível compreender tais obras e a maneira diferenciada pela qual elas observam e analisam a estabilização sem quesetenha em vista os debates que lhe precederam. No entanto, ao reconstruir as controvérsias sobre as transformações do capitalismo, procurei delimitar os temas e análises em questão de acordo com a sua importância para os livros aqui investigados. De forma alguma o livro esgota o exame desses debates e dos autores que fizeram parte deles.

Um dos propósitos deste trabalho não é simplesmente estudar as raízes econômicas e políticas dos ensaios de Lukács, Adorno, Horkheimer e Marcuse, mas reexaminar como essa vertente do marxismo divergiu das discussões clássicas a respeito das transformações do capitalismo, lançando mão de novos problemas e conceitos, e mostrar seus efeitos sobre a própria teoria. Embora existam diversas leituras assentadas sobre o assunto, elas se afastam da interpretação aqui proposta.[3] De acordo com elas, a teoria crítica foi impelida inexoravelmente a uma refundação de seus pressupostos teóricos e teria colocado em xeque a própria teoria marxista, diante das controvérsias sobre as mudanças no seio da sociedade burguesa. A leitura que faço procura se distanciar dessa visão. Ao invés de tratar os dois lados do assunto de maneira externa, como é caso dessas leituras, é preciso mostrar como os trabalhos de Lukács e da teoria crítica procuram dar uma resposta aos desafios impostos pelas transformações do capitalismo no interior dos debates marxistas. Não se trata, portanto, da busca por novos fundamentos normativos dessa teoria, leitura que redunda no abandono do marxismo e uma recaída em posições criticadas por Lukács, Adorno, Horkheimer e Marcuse.[4] Tampouco a relação dos livros com

---

3   As principais exposições a respeito do tema, e das quais esta tese se aproveita de alguns elementos, são o livro de Manfred Gangl, *Politische Ökonomie und Kritische Theorie. Ein Beitrag zur theoretischen Entwicklung der Frankfurter Schule.* Frankfurt am Main/ Nova York: Campus, 1987, e o trabalho de Giacomo Marramao, *O Político e as Transformações. Crítica do capitalismo e ideologias da crise entre anos vinte e trinta.* Belo Horizonte: Oficina de Livros, 1990. Embora apresente um enfoque diferente em relação a esses trabalhos, os textos de Moishe Postone chegam a uma conclusão semelhante, na medida em que a teoria crítica dos anos 1940 teria sido incapaz de ir além de certos pressupostos do que o autor chama de "marxismo tradicional". Dos textos de Postone, cf. *Time, Labor and Social Domination. A reinterpretation of Marx' Critical Theory.* Cambridge: Cambridge University Press, 2003, cap. 3, "The limits of traditional Marxism and the pessimistic turn of Critical Theory", p. 83-120, além de seu ensaio escrito com Barbara Brick, "Critical Theory and Political Economy".*In:* Seyla Benhabib, Wolfgang Bonß e John McCole (ed.), *On Max Horkheimer: new perspectives.*Cambridge/ Londres: The MIT Press, 1993, p. 215-56.

4   Segundo Heinz Steinert, boa parte das interpretações a respeito da teoria crítica, e mais especificamente da *Dialética do Esclarecimento*, não compreenderam que o modelo de crítica do qual Adorno, Horkheimer e Marcuse falavam não representava um ponto de visa externo diante do objeto de suas análises. Ao contrário, eles teriam percebido como os próprios conceitos mobilizados pela teoria crítica estavam imbuídos pelas categorias da dominação burguesa, e por isso sua crítica assumiu um caráter tão radical. Dessa forma, muitos dos comentadores teriam sido incapazes de apreender corretamente o núcleo da crítica da ideologia feita por aqueles autores. "Dito de outra forma, a crítica da ideologia não significa a prova de que o outro está ofuscado (*verblendet*), enquanto nós mesmos compreendemos, e também não significa que devemos opor à moral social dominante a ser criticada uma moral melhor ou uma utopia radiante. Enquanto reflexividade, ela significa que devemos identificar o conflito social, no qual nos mesmos nos encontramos em relação à matéria criticada – e não enquanto pessoa, mas

os debates que os precederam significaria simplesmente um abandono das discussões de cunho mais econômico ou político. Na verdade, trata-se de dizer que cada uma das obras opera com essas questões de uma maneira bastante distinta quando comparadas com as discussões a respeito das transformações do capitalismo nos momentos em que foram escritas.

Cada um dos livros a ser analisado foi disposto em ordem cronológica de publicação, assim como os debates acerca das transformações do capitalismo. Este trabalho se estrutura em três seções, cada qual dedicada a um livro. Há dois capítulos dentro de cada seção: o capítulo precedente de cada uma delas procura reconstruir os debates que nortearam a escrita das respectivas obras a respeito do curso seguido pelo capitalismo, e o capítulo seguinte trata das discussões travadas no interior de cada obra, tendo como referência os debates anteriores e os problemas por eles colocados. Alguns textos escritos por Lukács, Adorno, Horkheimer e Marcuse antes da redação e publicação de seus respectivos trabalhos também foram utilizados para a reconstrução do problema, no intuito de ressaltar e esclarecer alguns aspectos presentes nas três obras aqui analisadas.

O primeiro capítulo tenciona reconstruir as diferentes concepções acerca das transformações no capitalismo entre o final do século XIX e o início do século XX, quando os processos de concentração e centralização do capital ocorriam ao mesmo tempo em que a organização política da classe trabalhadora dos países industrializados adquiria importância crescente. A imbricação entre as mudanças históricas da sociedade burguesa e os rumos tomados pelo movimento operário foram centrais nos diferentes diagnósticos oferecidos no interior do marxismo. Cabe ressaltar, em especial, o lugar adquirido pela discussão aberta com o revisionismo e a ruptura no interior do movimento operário provocada pela eclosão da Primeira Guerra Mundial. No capítulo seguinte procurei mostrar como a teoria da reificação de Lukács toma como ponto de partida o conceito de fetichismo tal qual desenvolvido por Marx em *O capital*, reinterpretando-o à luz dos acontecimentos históricos e dos debates da época.

A importância de *História e consciência de classe* para este trabalho não se resume apenas aos conceitos e às análises do período desenvolvidas no conjunto de ensaios. Para além da centralidade dos textos quanto ao assunto aqui tratado, a obra de Lukács também foi importante para a própria maneira como

---

sim enquanto representantes de uma determinada posição social". *Das Verhängnis der Gesellschaft und das Glück der Erkenntnis. Dialektik der Aufklärung als Forschungsprogramm.* Münster: Westliches Dampfboot, 2007, p. 37. Para Alex Demirović, a teoria crítica evitaria a ver a si mesma como ponto de vista externo à sociedade, contrapondo-se ao marxismo da II Internacional. Essa posição já estaria presente no Lukács de *História e Consciência de Classe.* Cf. *Der nonkonformistische Intellektuelle. Die Entwicklung der kritischen Theorie zur Frankfurter Schule.* Frankfurt am Main: Suhrkamp, 1999, p. 34-5.

se organizaram os argumentos deste trabalho. A ideia de expor cada um dos livros propostos em conjunto com os debates sobre as transformações do capitalismo inspirou-se diretamente em uma passagem do livro publicado em 1923. Como disse Lukács no ensaio "Rosa Luxemburgo como marxista", uma exposição histórico-literária da gênese e das transformações dos problemas a serem tratados é uma maneira de expor as transformações do próprio processo histórico.[5]Acredito que essa forma de proceder esteja de acordo com o próprio espírito do empreendimento das obras aqui citadas, isto é, que o marxismo tem de, a todo instante, rever sua própria trajetória a fim de lidar com os novos problemas que lhe são apresentados.

Ao contrário dos outros livros aqui analisados, os textos do filósofo e revolucionário húngaro pouco permitiriam, em princípio, estabelecer qualquer relação entre suas análises e o problema da estabilização. Sua preocupação maior era mostrar como o proletariado era a única classe social capaz de neutralizar os efeitos da segunda natureza criada pelo capitalismo, ao menos se ele se servisse da organização partidária como ferramenta política. Se, de fato, a construção do conceito de reificação é central na obra, Lukács não pretendia mostrar apenas como o sistema era bem-sucedido em reproduzir suas relações mais básicas. Em seus escritos também residiam esforços para que esse estado de coisas fosse revertido. Uma reflexão acerca da naturalização da sociedade burguesa seria apenas o primeiro passo. Os seguintes consistiriam nos processos de conscientização da classe trabalhadora e sua organização em partido político. Deve ficar claro ao longo do capítulo sobre *História e consciência de classe* que essa construção mostrou mais dificuldades do que supunha seu autor, a começar pelo próprio diagnóstico de época oferecido pelo livro. Contudo, reconhecer o caráter problemático da obra não implica a perda da fecundidade de algumas de suas proposições teóricas – esse foi, aliás, o tipo de leitura que se procurou fazer em cada uma das obras. Como se sabe, a teoria da reificação de Lukács seria aprofundada anos depois da publicação de sua obra por um conjunto de intelectuais que se encontravam em circunstâncias históricas diversas, assim como seria peça fundamental para a compreensão do problema da estabilização.

Mas não se trata apenas de verificar como sua teoria da reificação lançaria as bases para reflexões acerca da estabilização do capitalismo e, mais especifi-

---

5   Georg Lukács, *História e Consciência de Classe. Estudos sobre dialética marxista* (1923). 1ª ed. São Paulo: Martins Fontes, 2003, p. 117-8 Para a edição alemã consultada, cf.*Geschichte und Klassenbewusstsein. Studien über marxistische Dialektik. In: Werke, Frühschriften (1919-1922)*, vol. 2. Neuwied/Darmstadt: Luchterhand,1968, p. 207.Doravante as citações destas edições serão abreviadas por *HCC* e *GuK*, assim como pelo número da respectiva página. Ao longo deste trabalho e sempre que possível, procurei cotejar as diferentes traduções das obras com o texto escrito em sua língua original.

CAPITALISMO PERENE

camente, sobre a aceitação da ordem social burguesa pelas classes dominadas, tecendo um fio condutor que atravessa os três livros e os transforma em três leituras específicas do conceito – de fato, a escolha inicial dos três textos se deu em vista disso. Embora os ensaios contidos em *História e Consciência de Classe* sejam fundamentais para as análises posteriores da teoria crítica a respeito de problemas semelhantes, os escritos de Lukács também podem jogar alguma luz sobre discussões anteriores à sua publicação, especialmente quando temos em mente os debates acerca das mudanças do capitalismo, tema central para as tradições da II e III Internacional. Por um lado, Lukács elegeu como uns dos centros de sua análise, ainda que de forma bastante problemática, a crise vivida no início do século XX. Para isso, ele se utiliza daquilo que ele considerava o melhor do marxismo de então, os textos de Luxemburgo e Lenin, estreitamente ligados ao problema da revolução proletária.Ao recorrer a alguns dos argumentos da controvérsia sobre o destino do capitalismo e o lugar ocupado pela classe trabalhadora, a obra lukácsiana do período representaria, no fundo, os limites das concepções acerca das transformações históricas do período, isto é, as contradições do livro seriam a expressão dos impasses que o próprio movimento marxista vivenciava na época. Por outro lado, mas ainda fazendo referência àqueles autores, o filósofo húngaro discutiria também os problemas da aceitação da ordem capitalista por parte dos trabalhadores. Esse problema, mais tarde chamado de integração, teria como centro das preocupações lukácsianas as concepções e atividades da socialdemocracia europeia e, sobretudo, alemã. Segundo Lukács, a mobilização da classe trabalhadora feita por essa corrente do movimento operário organizado corresponderia à aceitação e à adaptação à ordem burguesa, problema central refletido no conceito de reificação.

O terceiro capítulo aborda as discussões travadas a respeito das mudanças políticas e econômicas nos países mais avançados entre os anos 1920 e 1940, tendo em vista especialmente os debates no interior de Instituto de Pesquisa Social de Frankfurt, referentes, sobretudo, à natureza da intervenção do Estado na economia e a possibilidade de que as crises do capitalismo fossem contornadas. Porém, não se trata apenas de reavaliar o célebre debate entre Friedrich Pollock e Franz Neumann, as duas figuras que polarizaram a controvérsia sobre a natureza do nazismo e sobre as transformações do capitalismo na época. Embora o embate entre suas posições seja fundamental para a compreensão do problema da estabilização do capitalismo, ele não pode ser visto de forma isolada. É preciso mostrar como as posições de ambos encontram raízes nas querelas anteriores do marxismo a respeito da natureza alterada do capitalismo. De maneira análoga à recepção de Lukács acerca das discussões no marxismo do início do século XX, a teoria crítica dos anos 1930 não apenas condensou as discussões mais importantes da época sobre as mudanças políticas e econômicas, mas se voltou também para os debates anteriores a *História e consciência de classe*, superando e mantendo ao mesmo tempo algumas de suas contradições.

Em especial, veremos como o Estado foi um elemento central nas análises de Pollock enquanto peça fundamental na planificação econômica. Os esforços analíticos do autor em compreender o papel cada vez mais central dos aparatos estatais na determinação e controle da economia levaram-no à formulação do conceito de capitalismo de Estado. Resumidamente, as teses de Pollock sugerem que a ação e a coordenação política e econômica estatal foram cruciais para que o capitalismo amortecesse suas contradições básicas. Pode-se sugerir que suas análises a respeito da centralidade do aparelho estatal no controle da economia seguiriam de perto uma concepção de Estado característica de certas correntes da teoria marxista.[6]Quando se avalia as tentativas de explicar o papel do Estado no funcionamento do modo de produção capitalista, os marxistas que se seguiram a Marx e Engels depararam com uma dificuldade de ordem básica: os "pais" da teoria marxista, sobretudo o primeiro, deixaram poucos escritos a respeito do assunto, ou, pelo menos, poucas análises detidas sobre o lugar do Estado na sociedade burguesa. Como se sabe, o marxismo da II Internacional baseou sua teoria do Estado nas obras tardias de Engels. Por um lado, esse marxismo tinha como premissa a existência do aparelho estatal enquanto uma entidade "ilusória", pois procuraria representar um interesse geral por cima das classes. Assim, ao Estado não deixaria de estar associada uma noção de engodo por parte das classes dominantes. Por outro lado, muitos dos teóricos que lidaram com o problema foram incapazes de explicar como o Estado é um produto orgânico da sociedade capitalista, que deveria ser entendido concomitantemente ao funcionamento da acumulação do capital e dos conflitos sociais, como uma forma na qual as contradições do capitalismo se movimentam.Às noções de um Estado como uma instituição ilusória subjaz a ideia de que seu desenvolvimento e consolidação enquanto instituição social tomaria a aparência de uma invenção *ad hoc* das classes dominantes. Em

---

6   Insipiro-me aqui na análise de Gert Schäfer em "Einige Probleme des Verhältnisses von 'ökonomischer' und 'politscher' Herrschaft".*In: Karl Marx/Friedrich Engels. Staatstheorie. Materialen zur Rekonstruktion der marxistischen Staatstheorie.* Frankfurt am Main: Ulstein, 1974, p. XCIII-CXXXVIII. Diz o autor, na p. CV: "O crescimento da organização e das competências burocráticas, a partir do resultado da divisão do trabalho, das lutas de classe e das necessidades econômicas, foi sem dúvida pouco e insuficientemente investigado nas teorias marxistas do Estado posteriores quanto o crescimento das relações sociais entre a racionalidade quanto a fins burocrática e o modo de produção capitalista enquanto totalidade social. Ainda assim, a análise desta última relação permitiriatambém apresentar teoricamente a relação intrínseca entre a estrutura e o desenvolvimento da sociedade capitalista e a 'racionalidade' burocrática, para além das coincidências históricas e das instrumentalizações políticas".

CAPITALISMO PERENE

outras palavras, o Estado seria visto apenas como produto e expressão diretos da oposição entre as classes, tal qual uma incorporaçãodo domínio de classe. Podemos constatar, ainda, uma tendência do marxismo em ressaltar o Estado como um poder violento sobre as classes para descrever as diversas situações de crise, tais como o bonapartismo, o imperialismo e o fascismo. Dessa forma, as relações puramente econômicas não garantiriam a continuidade da reprodução social, daí a necessidade da intervenção estatal nos momentos em que crise econômica e crise política caminhassem lado a lado.[7]

No entanto, embora essa noção de um Estado como uma entidade externa ao funcionamento normal da sociedade, tal como um fiador da ordem social, possa ser bastante problemática por suas consequências – especialmente porque ele apareceria como uma instância à qual o sistema sempre recorreria nos momentos de crise, e não como um elemento constitutivo desta – ela não deixa de ter um valor heurístico para se pensar as questões contidas na evolução do capitalismo. Em si mesma, a concepção de que o curso da economia não consistiria em uma garantia da reprodução do capitalismo pode ser bastante útil, desde que se tenha em vista os limites das categorizações "economia" e "política". Ao contrário, a ideia de que o capitalismo forma uma totalidade nas quais as partes não podem ser separadas *tout court*, mas que se trata de relações sociais que tem diversas implicações para os diferentes domínios da sociedade, pode ser bem mais útil para se pensar o funcionamento dessa totalidade.[8] Assim, quando se afirma que a economia foi em si mesma incapaz de garantir a continuidade da reprodução do capital, temos de pensar que as relações sociais em questão se transformaram para que a ordem social pudesse continuar a existir. Foi com esse tipo de problema que a teoria crítica dos anos 1930 e 1940 teve de lidar, ainda que não sem maiores discussões e problemas. De modo algum isso significa que a análise das relações sociais capitalistas mais básicas, como a forma-mercadoria, o capital, a mais-valia, o salário etc. devam ser abandonadas. Não se trata de fazer tábula rasa de conceitos básicos do marxismo. Longe disso, a tarefa consistiria em mostrar que o uso desses conceitos deve ser mantido e ampliado de acordo com o desenvolvimento do modo de produção e da complexidade que a dominação e a exploração ganham ao longo desse percurso.

---

7   Evidentemente, a maneira como se compreende o Estado neste trabalho também esteve ausente dos textos aqui analisados. Embora a reconstrução das diferentes interpretações do marxismo a respeito do Estado possa ser um tópico importante para os argumentos desenvolvidos neste trabalho, deixei de lado uma apresentação sistemática do assunto, uma vez que essa tarefa extrapolaria o tempo e os limites deste livro.

8   Para uma análise crítica a respeito do assunto, cf. Ellen Meiksins Wood, *Democracy agaisnt Capitalism. Renewing Historical Materialism.*1ª ed. Cambridge: Cambridge University Press, 1995, sobretudo o capítulo I, "The separation of the 'economic' and the 'political' in capitalism", p. 19-48.

Sem deixar de reconhecer a centralidade do Estado para o funcionamento do capitalismo e a importância de uma análise econômica, o exame proposto deve deslocar as perguntas postas pela divisão entre marxismo tradicional e marxismo ocidental. No lugar de uma separação estanque entre os domínios da vida social, pelos quais comumente se entende o clássico binômio base-superestrutura, trata-se na verdade de observar as constantes interdependências entre eles. Com efeito, é preciso ir contra a concepção de que o marxismo seria constituído em primeiro lugar de uma teoria econômica, ao lado de uma teoria política. Diferentemente, deve-se ressaltar de que maneira a teoria marxista está centrada nos elementos fundamentais da sociedade capitalista. Isso poderia soar como algo redundante, não fosse o fato de ser pouco aventado. Ora, os elementos centrais que citamos acima não estão confinados à esfera econômica. O ponto de partida de Marx em *O capital* não era a economia, mas a crítica da economia política, ou seja, a crítica do que constituía na época o saber mais avançado da sociedade burguesa. A visão limitada do problema impediu o marxismo durante muito tempo de problematizar as transformações do capitalismo. Se as relações sociais estruturantes do capitalismo são o ponto de partida necessário da crítica, isso não significa, porém, que o acesso a seu conhecimento se dê única e exclusivamente na economia – o mesmo vale para a política e a sua relação com a transformação radical da sociedade. Ao contrário, deveríamos relembrar a concepção de Marx e Engels em "A ideologia alemã": a investigação social deve ter como ponto de partida a maneira como os homens produzem e reproduzem sua vida. Ao longo de seu desenvolvimento, o capitalismo teria encontrado maneiras de se renovar e afirmar seu domínio que não foram vistas por análises centradas exclusivamente na esfera econômica ou política. Acredito que esse é um dos pontos fortes dos escritos de Lukács, Adorno, Horkheimer e Marcuse, uma vez que a dominação e exploração na sociedade capitalista foram vistas de maneira bastante sofisticadas por esses autores.

O quarto capítulo se inicia com a recepção por parte de Adorno e Horkheimer das controvérsias em torno da caracterização do capitalismo e do nazismo e a resposta particular desses autores. Tomando por base as discussões dentro do Instituto para Pesquisa Social sobre as mudanças do capitalismo, assim como a as análises a respeito da sociedade nazista, a *Dialética do esclarecimento*, publicada em 1947, leva ao limite os questionamentos feitos até então sobre o curso histórico, marcado pela barbárie do fascismo e da guerra. Não apenas o diagnóstico lukácsiano da reificação é ampliado e reelaborado à luz daquele presente histórico – a própria conjuntura da época havia levado os autores a uma crítica radical de alguns pressupostos anteriores das análises feitas nos anos anteriores à publicação do livro. A crítica ao capitalismo já não seria mais suficiente para a compreensão do desenrolar dos acontecimentos. Aos olhos dos autores, essa crítica só poderia ser feita se fosse acompanhada por um exame igualmente profundo da racionalidade que presidia o processo de formação da civilização ocidental e cujo ápice fora atingido com a destruição nazista. Isso não deixaria de ter consequências para própria forma de apresentação da questão da estabilização. Embora caracterizada por essa tensão entre crítica à civilização ocidental e crítica às formas mais avançadas do capitalismo, tensão que torna a leitura do livro bastante difícil, tal confronto teria permitido aos autores desenvolver uma compreensão ímpar das sociedades contemporâneas, muito além dos resultados obtidos até então pelas controvérsias no interior da teoria crítica e mesmo do marxismo das décadas anteriores. Dessa forma, procurei destacar em que medida a obra pode oferecer modelos de explicação para a aceitação da ordem social por parte dos indivíduos, tendo em vista especialmente as particularidades do período histórico – o que de todo modo vale também para *História e consciência de classe* e *O homem unidimensional.* Entre as peculiaridades históricas do período em que a obra de Horkheimer e Adorno foi escrita, a experiência do nazismo e as características singulares da estrutura social do capitalismo tardio, expressas de forma sintetizada na sociedade norte-americana, encontraram nos capítulos finais do livro formas de análise que diferiram dos debates realizados até então sobre as transformações do capitalismo. Daí que os conceitos "indústria cultural" e "antissemitismo" recebam um lugar privilegiado em minha análise. Tendo em vista não apenas as dificuldades do livro, mas também as interpretações feitas sobre ele, não causa surpresa que esses capítulos sejam pouco discutidos, a despeito da atualidade que seus conceitos carregam.

O quinto capítulo dedica-se ao caráter das transformações do capitalismo entre os anos 1945 e 1964. Diferentemente das seções anteriores, nas quais a discussão esteve centrada na crise do capitalismo e nos debates no interior do marxismo, a apresentação da estabilização segue outra forma de exposição, em virtude dos traços distintos assumidos pela evolução do sistema. Como já foi afirmado no início desta introdução, o capitalismo viveria nas décadas seguintes ao fim da Segunda Guerra um período marcado simultaneamente, entre outros aspectos, por altas taxas de acumulação, pela construção de um sistema de seguridade e assistência social nos países de capitalismo avançado, especialmente na Europa ocidental, e pela aplicação industrial de novas tecnologias de produção, que se espalharam para além da esfera fabril. Diante desse cenário, a discussão a respeito das características centrais do capitalismo sofreria uma mudança. Se nos períodos anteriores a própria sobrevivência do modo de produção era um assunto recorrente, haveria um giro completo na maioria das análises. Nesse sentido, a reconstrução do tema"estabilização" no pós-guerra teve de examinar outras fontes teóricas além do marxismo.

A expectativa de que a sociedade burguesa enfim conseguira domesticar seus conflitos internos e possibilitado que camadas significativas da população atingissem um nível de vida muito mais elevado em comparação com as gerações anteriores traduziu-se na ideia segundo a qual havíamos deixado para trás as contradições inerentes ao modo de produção. Termos como "sociedade pós-industrial" e "sociedade pós-capitalista", difundidos por Daniel Bell e Ralf Dahrendorf, fariam fortuna nas décadas de 1960 e 1970. Por outro lado, em função da reconhecida estabilização do capitalismo, poucos seriam os autores marxistas a analisar o período nos mesmos moldes das discussões do período anterior à Segunda Guerra Mundial. Um dos trabalhos que procurou sintetizar e analisar as principais características da época de acordo com um marxismo mais tradicional, especialmente em relação à economia e à sociedade norte-americanas, constitui a obra de Paul Baran e Paul M. Sweezy, *Capitalismo Monopolista*. Esta obra pode ser vista como um elo entre as discussões acerca das transformações do capitalismo no início do século XX e as análises acerca das feições adquiridas pelo sistema vinte anos após a Segunda Guerra Mundial. Como ficou documentado em troca de cartas e análises mútuas, Baran e Marcuse eram bastante próximos, não apenas pessoalmente, mas em vários pontos de seus trabalhos – o que não impediu que críticas fossem feitas por ambos os lados.[9]

Porém, talvez a expressão mais bem acabada dos dilemas em que a análise social se envolveu no pós-guerra seja expressa pelos textos de Jürgen Habermas do início dos anos 1960, sobretudo no livro *Mudança estrutural da esfera pública*. Dialogando de maneira direta com os textos de Adorno e Horkheimer dos anos 1930 e 1940, Habermas procura explicar como as transformações do capitalismo implicaram em uma paralisia das possibilidades emancipatórias da tradição burguesa, expressa no conceito de "esfera pública". Embora nos anos 1960 o autor ainda procurasse se vincular ao marxismo, já havia claros indícios de seu completo desentendimento com a teoria crítica, que ocorreria apenas duas décadas depois, com a publicação de *Teoria do agir comunicacional*. Não se pode, entretanto, descartar seus trabalhos iniciais, uma vez que eles apresentam uma síntese das principais características do capitalismo do pós-guerra, e que seriam criticados de forma implícita por Marcuse.

---

9 Para uma documentação a respeito das relações entre Marcuse e Baran, cf. *Monthly Review*, New York, vol. 65, nº 10, março, 2014. Nesta edição é feita uma recensão sobre a correspondência entre os dois autores, assim como há a transcrição de uma palestra na qual Marcuse aborda alguns dos temas presentes nos trabalhos de Baran, cujo título é "Baran's critique of modern society and of the social sciences". Essa palestra fez parte de uma conferência sobre a obra de Baran realizada na Stanford University entre os dias 1º e 2 de abril de 1966. Versão eletrônica disponível em <http://monthlyreview.org/2014/03/01/barans-critique-modern-society-social-sciences/>. Acesso em: 15 abr. 2014.

CAPITALISMO PERENE

O último capítulo analisa a maneira como Marcuse entendeu e se apropriou criticamente das discussões sobre a "sociedade afluente" e o Estado de bem-estar social em seu livro *O homem unidimensional*, publicado em 1964. Cabe destacar em que medida Marcuse se contrapôs a algumas das análises expostas no quinto capítulo, uma vez que ele procurou mostrar que, a despeito do crescimento do bem-estar e da melhoria do nível de vida de setores da classe trabalhadora, a análise da sociedade capitalista avançada deveria levar em conta a ausência de liberdade e de autonomia dos indivíduos. Nesse sentido, conceitos como "falsas necessidades" e "integração" se mostram como elementos centrais em minha reconstrução. De maneira semelhante à relação entre a obra de Adorno e Horkheimer e *História e Consciência de Classe*, o livro de Marcuse absorve muitas das discussões travadas tanto nos ensaios de Lukács quanto na *Dialética do Esclarecimento*. Um dos principais modelos da discussão marcuseana encontra-se em suas reflexões sobre a racionalidade tecnológica, e que seria desenvolvida posteriormente pelo autor, conforme os traços da evolução do capitalismo avançado se tornavam mais claros. Isso se explica não apenas pela importância que as obras anteriores à publicação do livro de Marcuse representam, mas também pelo fato de que, salvo exceções, a discussão no marxismo do pós-guerra pouco teria contribuído para o entendimento do problema da estabilização, tanto em seus aspectos mais econômicos quanto na acepção utilizada por mim. A exemplo da teoria crítica das décadas anteriores, a psicanálise cumpriria um papel crucial na compreensão de Marcuse das questões do período.

Visto esse panorama, é possível dizer que os três livros constituem etapas diferentes da discussão de um mesmo problema. Cada um dos textos representa um ponto de inflexão das discussões acerca da estabilização do capitalismo, retomando pontos anteriores do debate, ao mesmo tempo em que novos problemas são colocados pelo curso da história e das transformações sofridas pelo capitalismo. Assim, a *Dialética do Esclarecimento* teria reposto os problemas lançados por Lukács na década de 1920, problemas esses vistos então por meio das mudanças ocorridas no capitalismo central, especialmente tendo em vista as novas "imbricações" entre economia e política, sem esquecer, é claro, de fenômenos como o nazismo e o fracasso das revoluções socialistas. Por sua vez, a obra de Marcuse tomaria como ponto de partida as discussões lançadas por Adorno e Horkheimer sobre o caráter da dominação no capitalismo e seu amálgama com a razão e a ciência para tentar compreender o momento particular vivido nos países de capitalismo avançado no período pós-guerra, sem descurar das questões levantadas por Lukács. Assim, a escolha desses livros se justifica não apenas porque seus autores teceram reflexões profundas a respeito da estabilização do capitalismo, mas também porque acredito que cada um deles representa um retrato de momentos históricos distintos, dando continuidade a certos aspectos da teoria lukácsiana – em especial a teoria da reificação: a derrota do movimento operário organizado na Europa ocidental nos anos 1920; a grande crise econômica que se seguiu e a II Guerra Mundial; e o período de prosperidade capitalista nas três décadas seguintes ao fim do conflito armado, conhecido como "30 anos gloriosos". Cada um deles sintetiza, portanto, diferentes aspectos da estabilização, uma vez que estes se desenvolveram ao longo do processo histórico.

A tarefa de analisar os três livros em sequência torna-se um pouco mais fácil quando se tem em vista que a teoria crítica forma umaunidade. Isso significa que seus diferentes autores compartilham não apenas questões comuns, mas as próprias análises desses problemas são bastante semelhantes em diversos momentos, isto é,os escritos de cada um dos representantes da chamada "Escola de Frankfurt" estão intimamente relacionados entre si. Uma amostra disso pode ser observada nos temas trabalhados por Marcuse em *O homem unidimensional*: a imbricação da ciência no processo de produção capitalista, a caracterização de correntes da filosofia da época como positivistas, o progresso como dominação da natureza e dos homens. Todos estes termos não surgiram subitamente na obra marcuseana, mas foram resultado de um longo trabalho conjunto entre os pesquisadores da teoria crítica. Seria possível mostrar como esses elementos já tinham sido discutidos, ainda que a sua maneira, nos ensaios escritos por Horkheimer e Adorno. No entanto, preferi proceder de maneira contrária, remetendo, quando necessário, a discussão dos textos de Marcuse às questões nas quais estes se enraízam, uma vez que tais questões se desenvolveram historicamente somente após o fim da Segunda Guerra Mundial.

Quando se fala na reposição dos argumentos de um livro em relação ao outro, deve-se ter em mente que essa é uma questão gerada pelo próprio objeto das análises. Foram os problemas da estabilização do capitalismo que impuseram esse tipo de abordagem. Desse modo, para retomar um tema bastante caro ao marxismo, um exame da estabilização do capitalismo mostra em que medida as contradições sociais se movimentaram, isto é, como o sistema do capital procurou resolvê-las por meio de certas instituições sociais – sem esquecer, é claro, dos conflitos entre classes e outros grupos sociais. Ainda que este seja um ponto aberto a controvérsias, trata-se de mostrar como o problema do conflito social permaneceu como elemento importante do arcabouço da teoria crítica. Para além de um simples abandono da classe operária como sujeito revolucionário, uma das possíveis conclusões a ser extraída da leitura e da análise de *Dialética do Esclarecimento* e *O homem unidimensional* diz respeito à maneira como as disputas entre as classes não apenas tiveram seus efeitos regulados e administrados em determinados momentos pela reprodução do capitalismo, mas também obscurecidos, isto é, pouco aparentes à observação imediata. Isso não impede que os textos sejam passíveis de críticas, ao contrário. Como já foi dito a respeito do livro de Lukács, todas essas obras tem seus limites apontados pelo período histórico no qual foram escritas e refletem as dificuldades dos debates da época. Essa é um ponto nevrálgico próprio ao marxismo, em que pese suas diferentes correntes: trata-se de saber como dar continuidade às análises que tomam a obra de Marx como ponto de partida, levando-se em conta a necessidade de sua atualização ao mesmo tempo em que não deva ser vista como um catecismo.

O que se tem em vista com o reexame desses textos é a possível fertilidade analítica oferecida pelos autores, cujos trabalhos oferecem explicações a respeito do funcionamento da sociedade burguesa que não perderam validade. Porém, ao examinar seus livros, é preciso dirigir-se a eles com as perguntas corretas. Em geral, a teoria crítica é acusada de representar um marxismo sem bases sociais, abandonando qualquer projeto revolucionário – o próprio Lukács faria referência no fim de sua vida ao "Grande Hotel Abismo" a que Adorno, Horkheimer e Marcuse chegariam, já que assistiriam à catástrofe do capitalismo de mãos atadas.Contudo, em minha opinião, de pouco adiantaria procurar a formulação de novas estratégias políticas perante a força mostrada pelo capitalismo em escritos que não tem esse problema como alvo principal. A riqueza das obras encontra-se justamente na maneira como elas renovaram o arcabouço marxista para entender como o sistema do capital foi vitorioso até hoje. Tampouco seria possível a simples aplicação do ponto de vista dessas obras à realidade contemporânea, o que desrespeitaria o próprio espírito das obras, assentadas na necessidade de compreender a sociedade de acordo com suas configurações particulares. Isso constituiria uma tarefa à parte em relação ao presente trabalho, a ser desenvolvida futuramente.

Seção

I

Capítulo 1

TRANSFORMAÇÕES DO CAPITALISMO E MARXISMO NO INÍCIO DO SÉCULO XX

Muitos autores marxistas apontaram para a força da teoria em sua capacidade de responder de maneira adequada aos desafios impostos pela transformação do presente histórico. Desde a obra do próprio Marx, o marxismo foi capaz de acompanhar mudanças no capitalismo, modificando aspectos centrais de suas análises, ao mesmo tempo em que a teoria permaneceu um todo conjunto e bem-estruturado, atravessando diversas fases e autores. Isso não significa que não houvesse disputas no interior do marxismo até então, e mais ainda no interior do movimento operário. Não custa lembrar que, até que o marxismo fosse aceito como "doutrina oficial" desse movimento, existia um embate acerca das concepções teóricas e das tarefas práticas a serem levadas a cabo pelos trabalhadores organizados. Assim, o marxismo era apenas uma entre diversas correntes socialistas, tais como o proudhonismo, o fabianismo e o anarquismo. Sua hegemonia foi conquistada apenas graças ao trabalho de Friedrich Engels e Karl Kautsky. Por meio da atuação desses dois personagens o marxismo passou a representar a "ortodoxia" do movimento operário organizado.

Tampouco isso significa que não houvesse dissensões dentro do marxismo na época de sua consolidação como *Weltanschauung*. Uma das mais importantes nasceu com a publicação do livro de Eduard Bernstein, *Os pressupostos do socialismo e as tarefas da socialdemocracia*, em 1899. Contudo, até a obra de Bernstein, era possível conter as opiniões e correntes que iam de encontro aos "líderes espirituais" sem que maiores feridas fossem abertas. Nesse sentido, a obra de Bernstein adquire uma importância especial, não por causa de seu conteúdo em si, mas sim porque ajudou a dar vazão a uma série de questionamentos que se faziam à teoria e à prática do movimento operário. De forma clara: não se trata aqui de um elogio ao revisionismo, uma vez que ele representou e representa setores da classe trabalhadora que aceitaram as condições de existência do capitalismo e que veem em sua evolução possibilidades de domesticar o sistema. Pelo contrário, a intenção é reconhecer que por meio dele se abriram novas searas de discussão no interior do marxismo, ainda que essa não fosse sua intenção original e ainda que as novas discussões tenham sido trilhadas por caminhos muitas vezes tortuosos.

Se existe algum mérito no surgimento e no fortalecimento do movimento revisionista, ele constitui-se em perceber que o capitalismo já não seria mais o mesmo em relação aos tempos de Marx. Mais do que isso: sem ele, as discussões do marxismo a respeito dos destinos da sociedade burguesa talvez nunca tivessem sido feitas da maneira como ocorreram. Não deixa de ser irônico apontar para certo "paradoxo das consequências": mesmo que a obra de Bernstein contenha uma série de equívocos a respeito das características apresentadas pelo capitalismo no final do século XIX, sua publicação foi o marco zero de uma discussão bastante frutífera a respeito do assunto. Talvez tenha sido necessário que aquela obra viesse à luz para que o debate surgisse e que uma renovação do marxismo pudesse ser pensada e posta em prática. Mas não eram apenas os aspectos teóricos do marxismo que estavam em jogo. Todas as discussões que se seguiram ao *Bernstein-Debatte* tinham como alvo o próprio modelo de organização encarnado na socialdemocracia alemã, especialmente por conta da inflexão política que o revisionismo deu à organização e à estratégia do partido.

O *Sozialdemokratsiche Partei Deutschlands*(SPD) nasceu em meados do século XIX e desde então se constituiu como uma das forças sociais centrais da Alemanha imperial. Sob sua égide organizou-se a classe trabalhadora industrial, cujo crescimento se fez acompanhar do desenvolvimento vertiginoso do capitalismo alemão. No início do século seguinte, o SPD conseguiu alcançar o status de partido político mais importante do país, sem o qual era impossível fazer caminhar as decisões parlamentares. Ao lado desse crescimento em termos eleitorais, a socialdemocracia criou e expandiu organizações não apenas políticas, como partido e sindicatos, mas também culturais e sociais, tais como clubes de recreação, cooperativas e jornais. O tamanho do impacto exercido por essa evolução sob os membros de outros partidos operários europeus foi tão grande que o partido de Kautsky passou a servir de modelo para sua organização.[1]

Porém, tal desenvolvimento não se deu de forma tranquila ou sem maiores percalços. Ao contrário, com o crescimento do SPD e os processos de rees-

---

1 Segundo Gilbert Badia, o crescimento de sindicatos e cooperativas foi tão notável que muitos de seus dirigentes passariam a pensar como homens de negócio. Os próprios militantes operários passariam a ser de um tipo distinto. "São táticos, administradores, pretendem-se realistas, conservam da fraseologia revolucionária apenas o necessário para entusiasmar as massas, sobre as quais a palavra socialismo continua exercendo seu poder um tanto mágico. [...] Tudo muda a partir, de 1890. Ebert, Severing e Noske, que durante muito tempo foram operários, jamais haveriam de se afastar totalmente do proletariado alemão, cujos problemas conheciam na própria carne. Sob sua direção metódica, hábil e tenaz, o Partido Socialdemocrata se converte nessa máquina de engrenagem perfeita, nessa organização poderosa que sobrepuja outras formações políticas. A força do partido é, em si, um objetivo". *História de la Alemania Contemporánea. Vol. 1 – 1917-1932.* Buenos Aires: Editorial Futuro, 1964, p. 31-2.

CAPITALISMO PERENE

truturação do capitalismo, aumentavam as dúvidas em relação ao marxismo enquanto teoria e prática adequada à superação do capitalismo.O que antes parecia ser um conjunto teórico bem definido abria-se então para uma variedade de posições a respeito do desenvolvimento econômico. Diante dessas incertezas, ganharia destaque a figura de Bernstein, considerado o pai do revisionismo. Não apenas a teoria marxista deveria ser revisada à luz das transformações históricas ocorridas após a morte de Marx. As táticas e estratégias políticas com vistas à construção do socialismo deveriam ser igualmente reconsideradas. Estamos diante, pois, da famosa questão lançada por Rosa Luxemburgo em seu texto "Reforma social ou revolução?": seria possível superar a sociedade capitalista sem uma revolução radical de suas estruturas? Em debate estavam duas teses, que marcam até hoje a história dos movimentos operários. A primeira diz respeito à possibilidade da derrubada do capitalismo sem que para isso fossem usados meios violentos, ou seja, a gradual conquista do Estado por vias eleitorais abriria espaçopara reformas que reestruturassem o capitalismo, de maneira que os trabalhadores pudessem ter acesso a um bem-estar antes inimaginável. De fato, a importância ganha pelo SPD fez com que camadas dos trabalhadores alemães tivessem acesso a conquistas como aumentos reais de salários, assistência e seguridade social, educação e lazer. A segunda tese opunha-se radicalmente a essa visão e redundaria, às vésperas da Primeira Guerra Mundial, na ruptura entre os apoiadores da campanha militar e seus adversários.

Ao mesmo tempo, é preciso reconhecer também a divisão latente entre reformismo e radicalismo que existia no seio da socialdemocracia alemã. Tal dualidade de posições seria característica do partido desde sua fundação, em 1875. A partir do Congresso de Gotha, famoso pelas críticas de Marx, adotou-se um programa centrado em reivindicações imediatas, como introdução do sufrágio universal, voto secreto, liberdades democráticas, melhoria das condições de vida dos trabalhadores por meio da política parlamentar. Somente com as leis antissocialistas de Bismarck é que o partido se radicalizaria e, a partir do Congresso de Erfurt (1891), o marxismo tornar-se-ia sua doutrina oficial. Coube a Kautsky selar o compromisso entre as duas posições, já que ele elaborou um programa que continha ao mesmo tempo objetivos revolucionários e metas imediatas a serem implementadas no quadro da sociedade capitalista. Com a explosão da guerra, esse acordo seria rompido de vez.

Bernstein e o reconhecimento das transformações no capitalismo

O livro de Bernstein pode ser visto como a expressão dessas transformações no seio da socialdemocracia alemã. Seus textos são importantes dentro do marxismo não apenas porque foram ponto de partida para o aparecimento público de uma divisão latente no interior do movimento operário europeu e que desde então permanece explícita. Duas ordens de questões, uma de caráter mais geral e a outra mais específica, vieram à tona com a publicação de seus ensaios em 1899. Tanto o caráter das transformações do capitalismo quanto o problema do destino da classe trabalhadora no interior dessas transformações tiveram as primeiras reflexões organizadas pela figura de Bernstein. Embora Engels tenha discutido alguns aspectos desses assuntos em seus textos tardios, numa tentativa de atualizar a teoria marxistaapós a morte de Marx, somente com Bernstein é que aquelas questões se transformaram em alvo de polêmica no marxismo. Não obstante a prática revisionista estivesse em funcionamento, a crise aberta por seus representantes só seria escancarada com o aparecimento do texto de Bernstein em 1899, uma vez que ele representou o primeiro reexame sério dessa ala a respeito da teoria marxista.[2]

O fim do século XIX marcaria a socialdemocracia com a ideia de que as mudanças no capitalismoteriam amadurecido as condições para o socialismo, especialmente por conta da concentração industrial e da formação de carteis. Daí o interesse do partido em discutir o significado do desenvolvimento de tais organizações econômicas. No entanto, as opiniões dentro do partido não eram unânimes a respeito do caráter dos trustes e monopólios. A maioria via no poder crescente das grandes empresas uma chaga para os trabalhadores. Porém, alguns dos membros do SPD, como Lujo Brentano, lançaram a ideia de que aquele crescimento poderia contribuir para o controle da economia e garantir condições devida melhores. Ao mesmo tempo, a prosperidade econômica foi acompanhada pelo aumento de uma parcela de trabalhadores qualificados, como funcionários públicos e técnicos, cujo estilo de vida se diferenciava dos tradicionais operários industriais. Esse estrato médio logo atrairia a atenção dos partidos socialdemocratas na Europa.[3]

---

2 Seria necessário dizer, como faz Antonio Roberto Bertelli, que o *Bernstein-Debatte* foi de início uma querela de ordem teórica a respeito das transformações do capitalismo. As consequências políticas retiradas de seus textos vieram a significar uma ruptura entre reforma e revolução dentro dos partidos socialdemocratas com a aprovação dos créditos para a guerra em 1914 pela esmagadora maioria da bancada do partido alemão. Cf. *Marxismo e Transformações Capitalistas. Do Bernstein-Debatte à República de Weimar(1889-1933)*. São Paulo: IPSO/IAP, 2000. Quanto à questão do destino da classe operária em meio às transformações do capitalismo, a questão pode ser traduzida por aquilo que se costumou chamar posteriormente de "integração". Cada um dos autores aqui examinados procurou lidar com esse desafio. Assim, Lenin formulou as teses a respeito da aristocracia operária, um pouco à maneira de Kautsky. Por sua vez, Luxemburgo traduziu o problema em termos de oportunismo e burocratização. Todas essas posições seriam retomadas, ainda que de forma contraditória, pelos escritos de Lukács.

3 Sobre as opiniões a respeito das transformações do capitalismo dentro da socialdemocracia alemã, cf. o trabalho de Bo Gustafsson, *Marxismus und Revisionismus. Eduard*

CAPITALISMO PERENE

As transformações do capitalismo no período, como a crescente formação de cartéis, a ampliação do mercado mundial e a melhoria na qualidade de vida nos países avançados estiveram no cerne dos trabalhos de Bernstein. Segundo ele, tais mudanças exigiriam uma revisão da teoria marxista, contestada em relação a três aspectos: a polarização social, a crescente pauperização dos trabalhadores e o colapso do capitalismo. Assim se iniciariam as discussões a respeito da força e da fraqueza do capitalismo, particularmente no que diz respeito à sua capacidade de expansão. O que o autor tinha em vista, particularmente, era a concepção de crise contida no programa socialdemocrata de 1891 e expressa com bastante clareza por seu representante mais significativo, Kautsky. Para Bernstein, o marxismo da socialdemocracia alemã era incapaz de apreender corretamente o curso que as transformações econômicas e sociais do período impunham. Uma vez que seu arcabouço teórico estaria preso a fórmulas rígidas e pré-estabelecidas, e cuja origem deveria ser buscada nas teorias de Marx e Engels, o partido era incapaz de fazer progredir as tarefas políticas imediatas. Nesse sentido, uma revisão do marxismo enquanto doutrina se fazia necessária.

Logo no parágrafo que abre o programa de Erfurt, concebido sob os auspícios de Kautsky, fica bastante claro o tipo de concepção da ortodoxia do partido a respeito das transformações e do destino do capitalismo, ainda que o parlamentarismo já tivesse sido aceito no próprio programa como elemento fundamental da luta operária. Com a força de suas leis naturais, a sociedade burguesa tenderia cada vez mais a expropriar os pequenos proprietários e produtores em benefício da concentração e da monopolização do capital. Um abismo entre explorados e exploradores se abriria e sua extensão se aprofundaria cada vez mais, até o ponto em que a crise do capitalismo colocasse em xeque suas relações sociais básicas.[4] Constata-se, pois, que o modelo da socialdemocracia transformava em um desenvolvimento necessário aquilo que aparecia na obra de Marx como tendências da sociedade burguesa. Cedo ou tarde o capitalismo seria acometido por uma crise que faria com que a população em geral se voltasse contra a ordem social, cabendo ao proletariado tomar

Bernsteins Kritik des Marxismus und ihre ideengeschichtlichen Voraussetzungen. Frankfurt am Main: Europäische Verlaganstalt, 1972, p. 14-34. Além dessa recensão, o autor também oferece um panorama histórico a respeito da formação da corrente revisionista dentro do SPD. Desse modo, a ascensão de Bernstein não seria um caso isolado, mas teria como pano de fundo uma forte base social e política.

4   "Das Erfurter Programm" (1891). Há uma versão eletrônica disponível em< http://www.marxists.org/deutsch/geschichte/deutsch/spd/1891/erfurt.htm>, acesso em 02 dez. 2013. Para uma avaliação desse programa e seus desdobramentos na obra de Bersntein, cf. Joana El-Jaick Andrade, *O Revisionismo de Bernstein e a Negação da Dialética.* Dissertação (mestrado em sociologia) – FFLCH-USP, São Paulo, 2006, p. 86-97.

a liderança desse processo e implementar a passagem à sociedade socialista. A formulação da crise dentro do arcabouço de uma teoria do colapso seria um passo quase natural.

Em resposta a tais afirmações, Bernstein sustentou uma visão diametralmente oposta em um artigo que, em parte, daria origem a sua obra mais conhecida.

> De acordo com esta concepção, cedo ou tarde uma crise comercial de enorme força e extensão, pela miséria que gera, exaltará tão apaixonadamente os ânimos contra o sistema econômico capitalista, convencerá tão eficazmente as massas da impossibilidade de organizar, sob o domínio desse sistema, as forças produtivas para o bem comum, que o movimento orientado contra ele tomará uma força irresistível e ante seus embates este entrará em colapso imediatamente. Em outras palavras, a inevitável crise econômica chegará a ser uma crise social completa, cujo resultado será a dominação política do proletariado, como a única classe revolucionária consciente de seu propósito e uma transformação total da sociedade no sentido socialista, consumada sob a dominação desta classe.[5]

Segundo o autor, a explicação da ortodoxia socialdemocrata teria sido construída com base na progressiva concentração das empresas, no aumento do número de trabalhadores dentro da população em geral e no crescente conflito com os capitalistas. Dessa maneira, crescia a convicção de que uma crise final estaria por chegar e que ela seria o destino inexorável da sociedade burguesa.[6] A crítica de Bernstein giraria justamente em torno dessa teoria do colapso. Embora ele tivesse a socialdemocracia da época como alvo principal, suas teses também pretendiam contestar as afirmações de Marx a respeito da tendência

---

5 Eduard Bernstein, "La lucha de la socialdemocracia y la revolución de la sociedad"(1897-8). *In:Las Premissas del Socialismo y las Tareas de la Socialdemocracia.*México D.F.: Sigo XXI, 1982, p. 67.

6 Essa constatação não seria apenas feita por Bernstein, mas também por estudiosos da história do socialismo. Jacques Droz chega a afirmar que "por volta de 1895, e às vezes também até a virada do século, predominava entre os socialistas a crença quiliasta em uma revolução inevitável, que talvez eles mesmos não vissem, mas que certamente seus filhos viveriam". Para isso contribuiu a ideia bastante difundida de que o capitalismo seguia leis naturais e que seu colapso seria inevitável. No entanto, a partir de 1895, após anos de estagnação, a economia capitalista passaria a viver um período de prosperidade o que dividiu as opiniões a respeito de uma derrocada final do sistema e, não por acaso, foi o pano de fundo da origem do revisionismo. Ela teria permitido, entre outras coisas, um aumento substantivo no padrão de vida das classes trabalhadoras, ao lado das medidas de segurança e assistência social implementadas a partir do governo Bismarck. Cf. a introdução do autor ao volume por ele organizado de *Geschichte des Sozialismus. Band IV. Die sozialistischen Parteien Europas: Deutschland, Österreich-Ungarn, Skandinavien, Niederlände.* Fankfurt am Main/Wien/Berlin: Ulstein, 1974, p. 16-7.

CAPITALISMO PERENE

histórica da acumulação capitalista.[7] A própria natureza do capitalismo seria posta em xeque pelas análises contidas em *Os pressupostos do socialismo e as tarefas da socialdemocracia*. "Se a sociedade fosse constituída ou se houvesse se desenvolvido como a doutrina socialista até agora presumia, então o colapso econômico só poderia ser sem dúvida uma questão de um curto intervalo de tempo".[8] No fundo, o autor procurava mostrar, especialmente por meio de estatísticas a respeito do desenvolvimento do capitalismo na Alemanha e na Inglaterra, que o próprio sistema teria sido capaz de encontrar mecanismos de auto-regulação, dentre os quais a participação da classe trabalhadora nas decisões do Estado teria um papel decisivo. A consequência dessa análise redundaria em uma profunda reformulação de uma série de previsões supostamente feitas por Marx a respeito do curso do capitalismo.O conceito de colapso, falha fundamental da obra marxiana, seria parte do fatalismo hegeliano do autor e resultado da fraseologia abstrata e teoricista, que marcaria um conflito entre ciência e especulação n'*O capital*.

Bernstein procura mostrar algumas características surgidas no evolver do capitalismo que fariam com que aquelas teses não mais se aplicassem com facilidade na prática. Um desses sinais se encontraria no fato de que as pequenas e médias empresas não tiveram seu papel na economia capitalista diminuído. Isso seria explicado pelo aumento contínuo dos diferentes tipos de indústria e pela crescente capacidade de adaptação e mobilidade do mundo industrial da época. "Desse modo, é altamente provável que a partir do progresso do desenvolvimento econômico não devamos assistir no momento ao surgimento, em geral, de crises comerciais de natureza semelhante às anteriores e devemos deitar por terra todas as especulações segundo as quais elas seriam o estopim da grande revolução social".[9] O colapso do capitalismo teria se tornado, portanto, algo bastante improvável, dado o desenvolvimento progressivo da sociedade, na medida em que ela fomentaria a capacidade de diferenciação e de adaptação da indústria. Diante desse quadro, um desmentido às afirmações corriqueiras da socialdemocracia a respeito do assunto, seria preciso organizar politicamente a classe trabalhadora e educá-la para a democracia e para a luta no interior do Estado tendo em vista reformas que alterassem seu nível de vida, e que democratizassem a sociedade.

A relação entre capitalismo, Estado e democracia seria uma dos pilares da

---

7   Sobre uma problematização geral da obra de Bernstein e sua relação com o marxismo da época, cf. Lucio Colletti, "Bernstein and the Marxism of Second International". *In*: *From Rousseau to Lenin. Studies in ideology and society*. New York/London: New Left Books, 1972, p. 45-108.

8   Bernstein, "La lucha de la socialdemocracia y la revolución de la sociedad", *op. cit.*, p. 78.

9   *Ibidem*, p. 73.

concepção de Bernstein acerca das tarefas da socialdemocracia em um ambiente social totalmente diferente do período em que Marx escreveu suas obras. Em seu principal trabalho, o autor reitera as teses acima vistas. "Politicamente, vemos que os privilégios da burguesia capitalista em todos os países avançados dão lugar pouco a pouco a instituições democráticas".[10] Uma vez que as lutas dos trabalhadores por melhores condições de trabalho e os avanços conquistados pelos sindicatos contrabalançaram as tendências exploradoras dos capitalistas, seria possível dizer que o capitalismo avançava em direção a uma maior democratização. Em lugar de uma dicotomia entre trabalhadores e capitalistas, a estrutura social do capitalismo no final do século XIX apresentaria um quadro muito mais estratificado e diversificado, no qual as camadas médias ganhariam importância.Concomitantemente a um período de prosperidade econômica, a legislação social poderia assegurar o maior padrão de vida da classe operária. Assim, a socialdemocracia deveria se pautar por uma política de alianças com outros grupos e classes sociais interessados no aumento da riqueza geral. Em contrapartida, a justificativa para uma revolução violenta, à maneira do blanquismo, teria desaparecido junto com a evolução social. Ao mesmo tempo em que se observavam modificações estruturais na esfera econômica, o Estado passava a ser visto como instrumento de reforma social e regulador dos conflitos entre as classes, a serviço do interesse geral da sociedade. Nesse sentido, haveria um elemento comum entre a teoria do colapso professada pela ortodoxia socialdemocrata e as teses bersteinianas.

Embora ambas fossem completamente opostas quanto à crença na inevitabilidade da crise e de sua necessidade para a transição ao socialismo, cada uma delas traduzia uma confiança inabalável no potencial libertador das forças produtivas. Quaisquer que fossem as características determinantes desse avanço, o socialismo seria visto como a consolidação de certas tendências presentes nos países de capitalismo mais avançado.[11] Contudo, Bernstein parecia estar um passo à frente da ortodoxia socialdemocrata, pois em sua rejeição à teoria do colapso ele reconhecia algumas características apontadas pelas mudanças

---

10 *Idem, Die Voraussetzungen des Sozialismus und die Aufgaben der Sozialdemokratie* (1899). Berlim/Bonn: J.H.W. Dietz, 1984, p. 6.

11 Há que se salientar uma diferença crucial em relação às duas concepções. Conforme Ricardo Musse, "descartada a exigência de uma catástrofe como premissa da transformação social, destacada a importância do presente histórico enquanto fator de correção dos princípios doutrinários, estaria aberto um novo caminho para a superação do capitalismo. Doravante, a passagem ao socialismo não se assenta mais em discutíveis inferências científicas como a previsão de um colapso dedutível das leis da economia ou a confiança numa determinação histórica inscrita no plano geral da evolução humana. A transposição do atualmodo de produção passa a depender exclusivamente da práxis política, isto é, da 'organização' e da ação enérgica dos partidos da Internacional Socialista". Cf. *Do Socialismo Científico à Teoria Crítica, op. cit.*, p. 130-1.

do capitalismo. O autor escreveu em período no qual o capitalismo teria encontrado meios de sair da grande depressão que vivia. Na virada para o século XX, sua fisionomia seria radicalmente alterada, tendo em vista o abandono das políticas de *laissez-faire* e os crescentes processos de cartelização e monopolização das indústrias, o que contribuiria decisivamente para o descrédito de um colapso imediato.[12]

No entendimento de Bernstein, a base para tal avanço seria oferecida não apenas pela luta organizada dos trabalhadores. Ao invés de uma crescente polarização do conflito social entre proletários e burgueses, o desenvolvimento do capitalismo teria apontado também para uma diferenciação maior da estratificação social, cuja expressão residiria na criação e no desenvolvimento das sociedades por ações. Elas atuariam contra a tendência à centralização dos capitais e permitiriam um amplo fracionamento dos capitais já concentrados. Assim, tanto Marx quanto a socialdemocracia estariam enganados a respeito da marcha da concentração econômica. Do mesmo modo, o número de proprietários não teria diminuído. No lugar da riqueza social monopolizada nas mãos de poucos capitalistas, teríamos uma verdadeira difusão da propriedade privada. A paulatina diferenciação da estrutura socialcontradiria a tendência enfatizada pelo marxismo, com a diferenciação profissional e o aumento no nível dos salários como consequência necessária da economia moderna. "Ou a diminuição relativamente crescente do número de capitalistase um bem-estar crescente do proletariado,ou uma numerosa classe média, essa é a única alternativa que o crescimento avançado da produção nos deixa".[13] Quanto à suposta eliminação das empresas médias e pequenas pela grande empresa, Bernstein afirma que, embora o progresso da técnica e da centralização se fizesse em um número cada vez maior de setores industriais, as pequenas e médias empresas mostrariam uma insuspeita vitalidade. Tudo se passaria "como se a grande empresa não absorvesse continuamente as pequenas e médias empresas, mas simplesmente se desenvolvesse ao lado delas".[14]

---

12 No entanto, como Joana El-Jaick Andrade enfatiza,o diagnóstico de Bernstein "explora de modo ligeiro e superficial a nova faceta apresentada pelo capitalismo em sua fase expansionista. Limita-se a enunciar os efeitos produzidos pelas mudanças circunstanciais, que em sua análise ganham caráter definitivo e invariável. Nestes termos, o largo e contraditório processo histórico de expansão industrial atravessado pela Alemanha a partir de meados do século XIX assume, na otimista e problemática análise bernsteiniana, o caráter de processo civilizador, no qual a sociedade dirigir-se-ia progressiva e linearmente no sentido da maior estabilidade, organização e harmonia social". Cf. *O Revisionismo de Bernstein e a Negação da Dialética, op. cit*, p. 154-5.

13 Bernstein, *Die Voraussetzungen des Sozialismus und die Aufgaben der Sozialdemokratie, op. cit.*, p. 78.

14 *Ibidem*, p. 87.

Por trás das formulações a respeito da melhoria no nível de vida em várias camadas da classe trabalhadora e do abrandamento das contradições sociais existe um deslocamento da análise. No lugar da produção capitalista, o olhar de Bernstein volta-se à esfera da distribuição. Não surpreende, portanto, que o autor associe o problema da exploração e da mais-valia a uma forma de injustiça, e não como um elemento estrutural da sociedade capitalista.[15] Em sua intenção de superar os limites da teoria marxista diante das transformações de época, Bernstein passa de uma análise dos fundamentos históricos e sociais do capitalismo para considerações de caráter ético e moral. A luta contra o capitalismo se daria, portanto, a partir de suas injustiças, e não por seus antagonismos e contradições.

A respeito da possibilidade de uma grande crise vindoura, Bernstein é bastante enfático ao afirmar que não haveria sinais à época de um colapso econômico mundial. Na verdade, o autor via na expansão geográfica do comércio mundial e na redução do tempo necessário aos transportes e à troca de informações uma possiblidade de compensação dos desequilíbrios econômicos. Tal expansão extensiva do capitalismo seria mais um elemento a contribuir para o desmonte da teoria do colapso e da crença do marxismo no agravamento das contradições sociais. "Se a crise geral deve ser uma lei imanente da produção capitalista, então ela mesma tem de se verificar agora ou em um futuro próximo. De outro modo, a prova de sua inevitabilidade flutua no ar da especulação abstrata".[16] Além disso, tendo em vista a enorme riqueza criada pelos estados industriais europeus, juntamente com a expansão do sistema de crédito, seria necessário considerar como altamente improvável a possibilidade de uma crise econômica semelhante às anteriores. O sistema de crédito cumpre, aliás, um

---

15 Segundo Colletti, a compreensão equivocada de Bernstein teria como raiz a incapacidade em entender a teoria do valor de Marx e seu conceito central de trabalho abstrato. Na medida em que Bernstein compreende o valor como mera construção mental, e não como resultado necessário da produção capitalista, ele se viu obrigado a transferir o ponto de partida de sua análise da esfera da produção para a esfera da circulação. Consequentemente, a mais-valia teria origem em uma violação na justiça distributiva. Essa concepção equivocada da teoria marxiana do valor seria marca de toda a geração da II Internacional, à qual as obras de Lukács e Korsch, entre outros, procuraram se contrapor. Além disso, Colletti aproxima a visão bersteiniana das teorias proudhonianas, já que ambas enxergariam na exploração uma forma de roubo. "Quando o livro de Bernstein é considerado como um todo, é possível ver que o ponto ao qual seu argumento retorna constantemente e do qual suas teorias derivam é, por um lado, a 'contradição' entre igualdade política e desigualdade social; e, por outro lado, a capacidade de o governo parlamentar em resolver as tensões e conflitos advindos das diferenças de classe, até o ponto em que sua própria fonte é removida". "Bernstein and the Marxism of Second International", *op. cit.*, p. 103.

16 Bernstein, *Die Voraussetzungen des Sozialismus und die Aufgaben der Sozialdemokratie*, *op. cit.*, p, 105.

papel importante nos argumentos do autor, pois segundo sua visão ele poderia suprimir a antítese entre o modo de produção e o modo de intercâmbio tão característica do capitalismo, na medida em que reequilibraria periodicamente as diferenças de tensão entre os dois âmbitos. O crédito também favoreceria a socialização da economia, pois transformaria enormes forças produtivas em propriedade coletiva. Ainda que o crédito sofresse contrações que conduziriam à paralisia geral da produção, seria cada vez mais notória a associação entre empresários que busca regular a produção e frear sua anarquia na forma de carteis, pois estes exerceriam uma ação modificadora na natureza e na frequência das crises. Sendo assim, tal quadro não permitiria mais pensar que uma crise pudesse desnortear a organização atingida pelo mercado e pelas empresas, mesmo que ela fosse de caráter geral. Pelo contrário, as crises ocorreriam de maneira cada vez mais esparsa e amena.

Contestações ortodoxas e a necessidade da crise

As primeiras respostas a essas teses não tardariam a ser publicadas.[17] Uma das primeiras reações da ala ortodoxa do SPD veio com Heinrich Cunow, que contestava os argumentos de Bernstein por meio de uma rudimentar teoria da escassez dos mercados. Em vez de desmentir a crítica de Bernstein à teoria do colapso, Cunow reafirma que o desenvolvimento capitalista redundaria, cedo ou tarde, em uma grave crise econômica e que se prolongaria em uma crise social geral. O erro de Bernstein residiria no valor absoluto que ele atribuíra à evolução da economia no final do século XIX, já que, comparado ao curso tempestuoso do capitalismo nas décadas de 1830 e 40, a evolução do sistema pareceria mesmo um mar de tranquilidade. Porém, essa sequência segura, fundada no domínio monopolista da indústria inglesa sobre o mercado mundial, deveria encontrar limites em seu caráter provisório. De fato, a hegemonia do capital inglês tinha sido decisiva para a ampliação do mercado mundial, não apenas porque tornou possível dar vazão ao excedente econômico, mas também por conta do desenvolvimento dos meios de transporte e da facilitação da circulação de mercadorias. Dessa forma, a tendência às crises industriais e comerciais teria sido mitigada. Por outro lado, essa tendência se revelaria temporária, na medida em que o mercado não seria suficiente para as crescentes exigências da acumulação, em vista da crescente ameaça ao domínio inglês pelo desenvolvimento industrial dos Estados Unidos e da Alemanha. A crise, portanto, assumiria o aspecto de uma progressiva paralisia industrial:

> a indústria verá suas exportações se limitarem, das quais depende sua possibilidade de sobrevivência, embora talvez outros setores ganhem um

---

17 A respeito dessa discussão, cf. o capítulo XI do livro de Paul Sweezy, *Teoria do Desenvolvimento Capitalista*. São Paulo: Nova Cultural, 1986, p. 153-169.

pouco de terreno temporariamente até que presumivelmente se chegue a situação geral similar a que hoje – em medida incomparavelmente menor – existe em alguns ramos de nossa agricultura: uma decadência econômica da qual só se pode escapar de um único modo: com a destruição do sistema econômico existente.[18]

Ainda no quadro da ortodoxia socialdemocrata Conrad Schmidt reiterava a teoria do colapso por outros motivos. Ele acreditava que a essência dessa teoria residiria na questão do subconsumo, rejeitando a explicação centrada na tendência à queda da taxa de lucro. Na verdade, o decréscimo contínuo dessa taxa, assim como o crescimento do exército industrial de reserva, seria um efeito do subconsumo das classes trabalhadoras, e não uma tendência paralela. "A demanda definitiva, ou seja, a demanda de bens de consumo, é a forma vivificante que, trabalhando sobre todos os planos da economia, mantém em movimento o intrincado labirinto da produção".[19] Assim, a distribuição de renda teria uma enorme importância para as possibilidades de expansão da produção capitalista. Se as crises fossem apenas um problema de desproporcionalidade, não seria possível entender por que o capitalismo cava seu próprio túmulo ao se desenvolver. Dessa maneira, a expansão da produção encontraria suas barreiras na demanda por bens de consumo. Por outro lado, bastaria aumentar o poder de consumo das massas trabalhadoras para evitar a crise. Seu instrumento principal seriam as lutas operárias.

Kautsky também não deixaria de criticar imediatamente o diagnóstico de Bernstein. Logo após a polêmica publicação de *Os pressupostos do socialismo*, o líder da ortodoxia socialdemocrata afirmou que não haveria qualquer teoria do colapso nas obras de Marx e Engels e no programa de Erfurt, assim como uma teoria da pauperização, item também atribuído por Bernstein àqueles trabalhos.[20]Do mesmo modo, não faria sentido a noção de que uma crise econômica levaria o proletariado imediatamente à conquista do poder.Bernstein confundiria necessidade com fatalismo. Em contraste, a exatidão da teoria marxista residiria, para Kautksy, na constatação de que o desenvolvimento da

---

18 Heinrich Cunow, "Contribuición a la teoria del derrumbe" (1899). *In*: Lucio Colletti (org.), *El Marxismo y el "Derrumbe" del Capitalismo.Antología sistemática de textos de Marx, Bernstein, Cunow, Schmidt, Kautsky, Tugán-Baranowski, Lenin, Hilferding, Bauer, Luxemburg, Bujarin y Grossmann*. Mexico D.F.: Siglo XXI, 1985 (edição preparada por José Aricó), p. 170.

19 Conrad Schmidt, "Contribución a la teoria de las crises comerciales y de la sobreproducción". *In*: Lucio Colletti (org.), *El Marxismo y el "Derrumbe" del Capitalismo*, op. cit, p. 181.

20 Cf. Karl Kautsky, "Bernstein und das sozialdemokratische Programm" (1899).*In*: <http://www.marxists.org/deutsch/archiv/kautsky/1899/bernstein/kap2.htm#ha>. Acesso em 29 nov. 2013.

CAPITALISMO PERENE

sociedade segue certas direções, e não na probabilidade de uma catástrofe ou na rapidez daquelas tendências. A catástrofe social deve ser uma consequência de determinadas situações sociais e políticas, e não da teoria em si. Mais importante para Kautsky era saber qual seria o estatuto da concentração do capital. Dessa forma, Bernstein ficaria preso à superfície dos acontecimentos, como seu exame da concentração industrial comprovaria. Ao mesmo tempo em que reconhece o fenômeno, ele contrapõe estatísticas a respeito do crescimento da renda. Em vez de ressaltar as tendências do presente, Bernstein ficaria preso a uma mera coleta de dados. A concentração do capital aumentaria as chances dos trabalhadores aderirem ao movimento socialista, já que esse processo andaria de mãos dadas com a expropriação dos produtores imediatos. Porém, ressalta Kautsky, isso não seria nenhuma garantia. Quanto mais a concentração progredir,

> mais ela torna o proletariado grande e treinado, mas também, como vimos, mais ela enfraquece, desencoraja e diminui a massa daqueles que tem interesse na propriedade privada dos meios de produção, os proprietários independentes [*selbständigen Unternehmer*], mais ela enfraquece aqueles cujo interesse reside na manutenção dessa propriedade, mais ela cria também as pré-condições para a produção socialista.[21]

A concentração da produção cria as condições para o socialismo, mas não resolve a tarefa em si. Tal resolução "só pode surgir a partir da consciência, da *vontade*, da luta do proletariado".[22]

Note-se que, embora Kautsky rejeite as críticas de Bernstein, ele continua a enfatizar a ocorrência de um colapso. O autor voltaria anos mais tarde a ressaltar o progresso do capitalismo rumo à catástrofe econômica, desta vez associando a questão do colapso à depressão crônica, tornando as teses de Cunow e Schmidt um pouco mais sofisticadas.Que as crises capitalistas derivem da superprodução pareceria algo óbvio, afirma o autor. Outra questão seria saber

---

21 *Ibidem.*

22 *Ibidem*, grifo original. Segundo F.R.Hansen, mais do que a obra de Marx, teriam sido os trabalhos de Kautsky no fim do século XIX o grande modelo das teses de Bernstein a respeito da relação entre marxismo e o andamento do capitalismo, já que em Kautsky as tendências descritas por Marx teriam se transformado em leis mecânicas e deterministas, realizadas progressivamente e verificáveisempiricamente. Além disso, Kautsky teria utilizado dados empíricos justamente para refutar os argumentos revisionistas e estabelecer uma relação direta entre as leis e as condições materiais do capitalismo. "Dessa maneira, Kautsky reforça a tendência revisionista a ver as condições capitalistas e econômicas em geral como uma série de 'fatos', imediatamente aparentes e disponíveis para utilização imediata". Cf. *The Breakdown of Capitalism. A history of the idea in the Western Marxism, 1883-1983.*London: Routledge & Keagan Paul, 1985, p. 47.

quais as causas dessa superprodução e como elas afetam o conjunto da produção. Assim, somente onde se produz para venda, e não para o autoconsumo, é possível que a superprodução leve a uma crise. No quadro da produção de mercadorias, "a superprodução significa uma produção que supera as exigências do *mercado*, ou seja, que vá mais além da *demanda dos consumidores providosde dinheiro*".[23] Vemos, assim, como Kautsky tem uma visão da crise a partir do subconsumo. As crises periódicas teriam origem onde a produção de mercadorias se desenvolveu em sua forma mais elevada, o capitalismo. Com o proletariado, o subconsumo seria o resultado necessário das condições sociais da própria classe. Marx e Engels teriam identificado nesse fenômeno a causa última e direta das crises periódicas. Ao mesmo tempo, ele não pode ser contrabalançado pelo consumo dos capitalistas, uma vez que esses precisam poupar dinheiro e investir na produção, se quiserem que ela continue a ser lucrativa.

Em resposta a Bernstein, Kautksy também afirma que os carteis constituiriam um elemento novo para as crises. Além disso, ele associa a periodicidade das crises à frequência do desemprego. A duração e o peso, tanto da crise quanto do desemprego, cresceriam cada vez mais no círculo das nações que sucumbem às crises. O agravamento das crises também poderia ser explicado pela expansão geográfica do mercado capitalista. No momento em que este não mais pudesse se expandir e acompanhar e desenvolvimento das forças produtivas, a superprodução se transformaria no fenômeno típico de todos os países avançados e teria como resultado uma depressão crônica. "Portanto, pode dizer-se em geral que as crises se agudizam e se estendem cada vez mais".[24]A produção capitalista poderia, sim, avançar em sua marcha ininterrupta, até mesmo em sue estágio de depressão crônica. Porém, esse desenvolvimento se tornaria cada vez mais insuportável para a grande massa da população, que, diante da miséria crescente, se veria obrigada a buscar uma solução no socialismo. Para Kautsky, em clara referência às proposições revisionistas, uma análise apropriada da evolução do capitalismo e, portanto, uma correta teoria das crises não poderiam se coadunar com a hipótese de uma suavização dos antagonismos de classe. Dessa maneira, o autor retomaria a concepção já esboçada por ele, segundo a qual a maturidade da consciência do proletariado seria o elemento determinante na continuidade da acumulação capitalista.

Kautsky não deixa de ter razão ao apontar para uma falha comum a muitos

---

23 Kautsky, "Teorias de las crisis" (1902). *In:* Lucio Colletti (org.), *El Marxismo y el "Derrumbe" del Capitalismo,op. cit.*, p. 205, grifos originais. Na verdade, o texto de Kautsky, assim como o de Conrad Schmidt, era uma resenha crítica das teses de Tugán-Baranovski acerca do desenvolvimento do capitalismo, expostas no livro *Teoria das Crises comerciais na Inglaterra*, publicado em 1901.

24 *Ibidem*, p. 227.

marxistas: enxergar em tendências passageiras a refutação das características básicas e definidoras da sociedade capitalista. Por outro lado, o apego incondicional a uma ortodoxia entendida em sentido quase religioso, como o marxismo podia ser entendido na acepção kautskyana de ortodoxia, corre o risco não observar em que medida o capitalismo apresenta novas características ao mesmo tempo em que preserva suas relações básicas. Este parece ser um problema de toda uma geração de marxistas e que teve seus reflexos no debate acerca das transformações históricas do capitalismo.

Diante do quadro acima esboçado, é possível dizer que, se Kaustky ofereceu a resposta mais conforme às intenções da ortodoxia socialdemocrata, as principais objeções à teoria do desenvolvimento do capitalismo expressa pelo revisionismo seriam formuladas por uma autora até então secundária nos debates políticos da socialdemocracia alemã. Ambas, porém, marcaram uma virada nas concepções da socialdemocracia a respeito dos caminhos trilhados pelo capitalismo e, sobretudo, quanto às tarefas a serem executadas. Se até o *Bernstein-Debatte* predominava a ideia de que o capitalismo chegaria a seu fim por meios exclusivamente econômicos, aos poucos começaria a se fortalecer a opinião de que o curso do capitalismo, em si mesmo, poderia continuar. Independentemente do tipo de análise que se fez sobre essa evolução, ficaria cada vez forte o papel exercido pela política na superação da sociedade burguesa. A disjuntiva "socialismo ou barbárie" pode ser vista como o exemplo mais claro dessa tendência.

Rosa Luxemburgo e o ataque ao ponto de vista burguês

Rosa Luxemburgo começou a ganhar destaque entre os teóricos da socialdemocracia alemã justamente com suas críticas à explicação de Bernstein a respeito da capacidade do capitalismo em se adaptar a seus limites e contradições. Ao mesmo tempo, essa possiblidade de adaptação do capitalismo justificaria as mudanças nas tarefas políticas propostas pelo autor. Ainda que a exposição mais completa da autora polonesa a respeito do capitalismo só fosse publicada apenas catorze depois com seu livro sobre a acumulação do capital, já seria possível entrever em "Reforma social ou revolução?" um esboço de suas teses posteriores.[25] Ademais, a querela contra o revisionismo ofereceria mais tarde um suporte valioso às críticas de Lukács ao marxismo da II Inter-

---

25 Norman Geras ressalta que, embora o tema do colapso do capitalismo seja fundamental para se entender a obra de Luxemburgo, não se deve explicar seu realce apenas com base na polêmica com Bernstein, já que se tratava de um exagero polêmico por parte da autora. Somente em *A Acumulação do Capital* é que Luxemburgo fundamentaria de maneira mais rigorosa sua teoria. Cf. *A Atualidade de Rosa Luxemburgo*. Lisboa: Edições Antídoto, 1978, p. 13-15.

nacional e à maneira como a classe operária se organizava sob seus auspícios. Se a desaprovação em relação ao modo como a organização da socialdemocracia atravessa toda a obra da autora polonesa, "Reforma social ou revolução?" aparece como uma condensação de suas apreciações. De maneira resumida, pode-se dizer que a crítica de Luxemburg tem dois alvos. O primeiro trata da contestação da tese a respeito da estabilização do capitalismo. As novas características do desenvolvimento econômico apontadas por Bernstein como fatores de auto-regulação do sistema seriam, na verdade, apenas elementos que contribuiriam para a expansão do aparato produtivo. O segundo objetivo de Luxemburgo consistiria em refutar a aparente capacidade de transformação social resultantes da "democratização" do Estado e da sociedade.

Diante das afirmações de Bernstein a respeito da capacidade do capitalismo em amenizar seus conflitos e contradições, a partir da observação dos acontecimentos históricos do fim do século XIX, Luxemburgo procurou enfatizar em que medida o desenvolvimento do capitalismo apontaria na direção contrária. A seu ver, as principais características apontadas por Bernstein, e que comprovariam uma mudança radical no caráter da sociedade seriam totalmente infundadas, na medida em que reforçariam sua tendência imanente às crises. Longe de indicarem uma supressão ou ao menos uma amenização das crises, o desenvolvimento do crédito e a formação de carteis reforçariam os mecanismos internos do capitalismo que o levariam ao desdobramento e ao acirramento de suas contradições. Segundo Luxemburgo, nenhum deles seria capaz de conter a contradição entre o "modo de produção" e o "modo de apropriação", pois ambos separavam a produção da propriedade, reforçando a antítese entre o caráter social da produção capitalista e a apropriação privada de seus produtos por meio do mercado.

Em chave semelhante, ela procura contradizer os argumentos enumerados por Bernstein a respeito da evolução do capitalismo, a começar pelo fato de que a criação e a consolidação das sociedades por ações significariam uma pulverização, ou ainda, uma superação da propriedade do capital.

> Mas o que significa, do ponto de vista econômico, a disseminação cada vez maior das sociedades anônimas? Significa a socialização progressiva da produção na forma capitalista, ou seja, não apenas a socialização da grande produção, mas também a da produção média e pequena, ou seja, algo que não contradiz a teoria de Marx, mas confirma da maneira mais brilhante concebível.[26]

Assim, longe de aumentar o número de pequenas e médias empresas, teria

---

26 Rosa Luxemburgo, "Reforma social ou revolução? (Com um anexo: milícia e militarismo)" (1899).*In*: Isabel Loureiro (org.), *Rosa Luxemburgo. Textos escolhidos*. São Paulo:Editora Unesp, 2011, p. 48.

CAPITALISMO PERENE 49

ocorrido uma socialização da própria categoria "capitalista" – ao invés da figura pessoal do proprietário, o capitalista tornou-se uma pessoa coletiva.

Em suma, nenhum dos fatores apontados por Bernstein seria capaz, ao contrário do que este pensava, de modificar substancialmente a tensão entre a organização tendencialmente social da produção e a anarquia do mercado,[27] evidenciada pela concorrência cada vez mais acirrada não apenas entre as empresas, mas também entre as nações mais poderosas. Em contraposição, eles levariam essas contradições ao extremo, acelerando seu ritmo e dirigindo o sistema a seu colapso.[28]

> Em resumo, portanto, também os carteis, bem como o crédito, aparecem como fases determinadas do desenvolvimento que, em última instância, apenas aumentam a anarquia do mundo capitalista e expõem e amadurecem todas as suas contradições imanentes. Eles intensificam a contradição entre o modo de produção e o modo de troca ao levarem ao extremo a luta entre os produtores e os consumidores. Eles intensificam, ainda, a contradição entre o modo de produção e o modo de apropriação, ao contraporem a supremacia do capital organizado aos trabalhadores, potencializando assim ao máximo a oposição entre capital e trabalho. [...] Dessa forma, em seu efeito final sobre a economia capitalista, os carteis não aparecem como "meio de adaptação" que dissipa suas contradições, mas justamente um dos meios que a própria economia criou para aumentar sua própria anarquia, para expressar as contradições nela contidas, para acelerar sua própria derrocada.[29]

Dessa maneira, à capacidade expansiva do capitalismo deveriam ser contrapostos os limites de seu campo de ação, ou seja, os limites da formação de um mercado mundial. No entanto, Luxemburgo ressalta que tais limites ainda não haviam sido atingidosna virada do século XIX para o XX, já que o mer-

---

27 Quanto à expressão "anarquia da produção", ela constituiria para Luxemburgo um dos três pilares básicos para a "justificação científica" do socialismo, pilares esses resultantes do desenvolvimento do capitalismo. Ao lado da anarquia da produção, que faria do declínio do capitalismo um resultado inevitável, estariam a crescente socialização do processo de produção, que cria os fundamentos para a ordem social seguinte, e a formação da consciência de classe do proletariado. *Ibidem*, p. 8.

28 Sobre a questão do colapso nos textos de Luxemburgo em resposta a Bernstein, Ricardo Musse afirma que, independentemente "da descrição pontual do modo como os novos fatores destacados por Bernstein interagem e interferem na economia, sua interpretação global do capitalismo contemporâneo acha-se particularmente determinada pela tentativa (levada a cabo de forma conclusiva já no primeiro artigo) de reestabelecer a hipótese (e assim a expectativa) de um colapso necessário do capitalismo". Cf. *Do Socialismo Científico à Teoria Crítica*, op. cit., p. 143.

29 Luxemburgo, "Reforma social ou revolução? (Com um anexo: milícia e militarismo)", op. cit., p. 17.

cado mundial ainda estaria em formação e, portanto, o capitalismo ainda não havia atingido seu estágio de maturidade – o que não invalidaria o fato de que o começo da crise do capitalismo estaria próximo.

> Assim que o mercado mundial esteja devida e completamente constituído e não possa ser mais aumentado por expansões repentinas, e que, simultaneamente, a produtividade do trabalho progrida de modo implacável, então, mais cedo ou mais tarde, terá início o conflito periódico das forças do trabalho com os limites da troca, conflito que, por si só, por meio de sua repetição, tornar-se-á cada vez mais brusco e agitado. E se há algo que seja, em especial, adequado para aproximar-nos desse período, de rapidamente produzir o mercado mundial e rapidamente esgotá-lo, trata-se justamente daqueles fenômenos – o sistema de crédito e as organizações patronais –, nos quais Bernstein assenta os "meios de adaptação" do capitalismo.[30]

A noção mesma de colapso deveria ser buscada, segundo sua opinião, nas raízes da teoria marxiana do valor-trabalho, da qual Bernstein pouco entendera.Não nos interessa tanto a conteúdo dessa crítica, que, *grosso modo*, aponta para um paralelo entre a teoria bernsteiniana e a economia política vulgar. Mais interessante do que isso é a maneira como Luxemburgo entende o núcleo da teoria do valor-trabalho. Segundo a autora, o segredo dessa teoria residiria na transitoriedade do capitalismo, ou seja, na constatação de seu colapso. Tendo em vista que o socialismo seria o herdeiro do capitalismo, essa construção teleológica teria permitido a Marx fundamentar suas análises sobre a sociedade burguesa. Na medida em que Bernstein não compreenderia o cerne da obra de Marx, seria quase natural para ele que a ordem capitalista pudesse se adaptar em seu percurso. Da mesma forma, o socialismo teria de ser transformado em um princípio abstrato.

Luxemburgo busca desmistificar não apenas as teses "econômicas" de Bernstein, mas também suas afirmações a respeito da política de reformas como meio privilegiado de passagem do capitalismo ao socialismo, em especial mediante o crescente controle social sobre as condições de produção. Sindicatos, reformas sociais e democratização política do Estado seriam, assim, os meios para a instauração gradual do socialismo. "Como regulamentação da produção, porém, pode-se apenas entender duas coisas: primeiro, a intervenção no lado técnico do processo de produção e, segundo, a determinação da grandeza da produção. Que natureza poderia ter, nessas duas questões, a influência dos sindicatos", se eles, no máximo, apenas conseguem restringir a exploração capitalista a limites "normais", mas nunca superar a exploração?[31]

---

30 *Ibidem*, pp. 20-1.

31 *Ibidem*, p. 25.

CAPITALISMO PERENE

Para a autora, era evidente que os únicos interessados no progresso e no desenvolvimento da produção capitalista, no que tange à técnica da produção, seriam apenas os capitalistas. A luta dos sindicatos se restringiria, então, à luta por melhores salários e à regulação do tempo de trabalho, isto é, à regulamentação das relações de exploração capitalista de acordo com o mercado, a uma organização defensiva dos trabalhadores contra as tendências degradantes do processo de trabalho. A influência sobre o processo de produção permaneceria uma impossibilidade, mesmo que os sindicatos estivessem em plena ascensão.

A crítica de Luxemburgo à maneira como Bernstein compreende a passagem do capitalismo ao socialismo, especificamente por meio da importância de sindicatos e cooperativas e do desenvolvimento da democracia, não deixa de ser uma crítica da integração da classe trabalhadora à sociedade burguesa, que teve impacto direto sobre a obra de Lukács.[32] Dessa maneia, a autora procura contrapor-se a cada um dos argumentos levantados por Bernstein a respeito daquela transição, começando por aquilo que o autor entende por cooperativas. Ao contrário de representar um amplo processo de socialização, elas constituiriam tão somente uma retirada artificial das leis da concorrência, uma vez que dependeriam de demanda local por seus produtos, os quais deveriam ao mesmo tempo ser poucos e de necessidade imediata. A aposta de Bernstein tanto nos sindicatos quanto nas cooperativas resumiria de maneira exemplar a

32 Segundo Isabel Loureiro, o reconhecimento por parte de Luxemburgo a respeito da integração da classe operária alemã só ocorreria de fato com o início da Primeira Guerra Mundial. Em contraste com sua fé na capacidade insurgente das massas trabalhadoras, Luxemburgo seria convencida com o conflito bélico de que a situação da classe era bastante diferente do que se supunha. Ainda que a socialdemocracia tenha sido culpada por abandonar o proletariado à sua sorte, Luxemburgo admitiria que a própria sociedade alemã não esboçara nenhuma resistência à aproximação da guerra. Ela explicaria a renúncia às liberdades políticas "pela 'modernização conservadora' da sociedade alemã, isto é, na Alemanha, os direitos fundamentais vieram de cima para baixo, foram uma concessão de Bismarck após vinte anos de contrarrevolução". Dessa forma, a consciência das massas estaria completamente afastada das liberdades políticas. A submissão dos alemães à autoridade explicaria, portanto, a capitulação da sociedade e das classes trabalhadoras à guerra e ao estado de sítio. Embora Luxemburgo fosse uma típica representante da II Internacional, ela estaria, segundo Loureiro, bastante atenta à dualidade entre, de um lado, o "radicalismo oficial"; de outro, o reformismo característico de sua integração à Alemanha Guilhermina – e nunca teria deixado de criticá-la. "Rosa percebeu desde cedo a contribuição da socialdemocracia para a integração da classe operária à sociedade Guilhermina".Cf. *Rosa Luxemburgo. Dilemas da ação revolucionária*. São Paulo: Editora Unesp, Editora Fundação Perseu Abramo, Instituto Rosa Luxemburgo, 2004, p. 179-80 e 190, respectivamente. Ainda que o reconhecimento explícito do fenômeno só viesse em uma fase posterior da obra de Luxemburgo, acredito que alguns elementos para uma análise da integração da classe operária já estariam presentes no texto publicado em 1899, o qual teria influenciado Lukács profundamente na elaboração de *História e Consciência de Classe*.

51

política bernsteiniana aos olhos de Luxemburgo, já que ela se limitaria a uma luta contra a distribuição capitalista, e não contra a produção. Ambos aspectos seriam, assim, incapazes de remodelar o modo de produção. Tendo em vista a emergência da Primeira Guerra Mundial duas décadas depois, as seguintes afirmações da autora a respeito de Bernstein não deixam de ser impactantes. Bernstein

> anuncia a conciliação com o liberalismo burguês. [...] Os trabalhadores não estão pauperizados, mas, pelo contrário, cada vez mais prósperos, a burguesia é politicamente progressista e até mesmo moralmente saudável; da reação e da opressão nada é visível – e tudo caminha para o melhor dos mundos. [...] o que, então, ele no fundo faz de diferente do que pregar, para a classe trabalhadora, a quintessência da moral burguesa: a conciliação com a ordem vigente e transmissão das esperanças para além do mundo das representações morais?[33]

Em suma, ele renunciaria à consciência de classe operária e sucumbiria ao modo de pensar de uma burguesia em declínio. Por isso, Luxemburgo define as tendências expressas por Bernstein como "oportunistas". Embora elas fossem de longa data no interior da socialdemocracia, apenas no fim do século XIX é que elas ganhariam expressão clara e unificada.

Quanto ao desenvolvimento da democracia, Luxemburgo procura mostrar em que medida suas instituições não acompanham de forma necessária e contínua a evolução do capitalismo. Ao contrário, a coincidência entre ambos seria muito mais uma exceção na história, ou seja, "não se pode constituir um nexo interno absoluto" entre democracia e capitalismo.[34] Embora a autora não negue o papel que esta união cumpriu para a classe trabalhadora, ela enfatiza a opinião de que a democracia já teria cumprido seu papel histórico, unir os pequenos Estados europeus em nações modernas. Na medida em que o desenvolvimento econômico teria produzido uma coesão econômica interna, a "bandagem da democracia política" poderia ser retirada sem nenhum risco para as sociedades burguesas.[35] Ao mesmo tempo, a democracia poderia constituir um obstáculo aos interesses burgueses, o que seria comprovado pela tendência imanenteà expansão do mercado mundial e do capitalismo ao militarismo. O único suporte a ela seria dado pelo movimento operário.

> Se a democracia {como mostramos} se tornou parcialmente supérflua e em parte um obstáculo para a burguesia, inversamente, para a classe trabalhadora, ela é necessária e indispensável. Primeiro, ela é necessária,

---

33 Luxemburgo,"Reforma social ou revolução? (Com um anexo: milícia e militarismo)", *op. cit.*, p. 78, 79 e 81, respectivamente.

34 *Ibidem*, p. 63.

35 *Ibidem*, p. 64.

CAPITALISMO PERENE

pois cria formas políticas (auto-organização, direito de voto e similares) que servirão como ponto de partida e de apoio ao proletariado durante sua remodelagem da sociedade burguesa. Segundo, é indispensável, pois apenas nela, na luta pela democracia, no exercício de seus direitos, é que o proletariado pode chegar à consciência de seus interesses de classe e de suas tarefas históricas.[36]

Assim, o próprio destino da democracia dependeria essencialmente do desenvolvimento do movimento operário. Isso poderia ser observado de fato ao longo da história do capitalismo no século XX, porém com resultados bastante diferentes daqueles esperados pela autora e que seriam analisados pelos autores da teoria crítica. A evolução das sociedades burguesas avançadas mostraria o quanto as reivindicações sociais e políticas das classes trabalhadoras poderiam se coadunar adequadamente ao funcionamento do sistema.

Luxemburgo critica também a concepção bernsteiniana de Estado, com base em uma teoria de seu duplo desenvolvimento. Por um lado, com a evolução do capitalismo, Estado e sociedade tendem a se aproximar, já que o primeiro é chamado a intervir cada vez mais na economia – o que lhe confere, portanto, novas atribuições. Por outro lado, seu caráter de representante do conjunto da sociedade iria aos poucos se esvaindo, deixando claro o fato de que ele não seria nada mais do que o mandatário dos interesses de uma classe. Assim, a autora critica a visão da "neutralidade" do Estado, a partir da qual seria possível implementar medidas que beneficiassem os trabalhadores de maneira crescente. Longe de possibilitar o controle do processo de produção pelos operários, as reformas sociais reforçariam a gerência e a administração capitalista. "A teoria da instauração gradual do socialismo por meio de reformas sociais pressupõe como condição, *e aqui seu centro de gravidade*, um determinado desenvolvimento objetivo, tanto da *propriedade*, quanto do *Estado* capitalistas".[37] Essa disparidade se tornaria visível na política alfandegária e no militarismo. De maneira correspondente, o desenvolvimento da democracia se fez inteiramente paralelo à mudança de caráter do Estado. "Diante disso, a ideia de uma maioria parlamentar social-democrática aparece como um cálculo que apenas conta com um lado da democracia, o formal, enquanto desconsidera totalmente o outro lado, seu conteúdo real".[38]

Nesse sentido, Luxemburgo compartilha, ainda que de maneira específica, o credo da época a respeito dos potenciais emancipatórios contidos no desenvolvimento do capitalismo, pois ela afirma que, de fato, o desenvolvimento das forças produtivas aproximaria o capitalismo do socialismo. Haveria, porém,

---

36 *Ibidem*, p. 73, chaves do original.

37 *Ibidem*, p. 28, grifos originais.

38 *Ibidem*, p. 36.

entre as duas formações sociais uma barreira política e jurídica que impedia a transição – a única coisa que poderia derrubá-la seria a revolução proletária. Podemos ver, portanto, que a autora enseja aqui uma explicação geral para o fato de que o capitalismo perdure como o horizonte de funcionamento da sociedade, a despeito das possibilidades de sua superação. Mas ela permanece, de modo geral, dentro dos moldes teóricos da socialdemocracia alemã, ainda que em chave contrária.

Diante da exposição crítica das ideias de Bernstein a respeito da "adaptação" do capitalismo, Luxemburgo não tem dúvidas em afirmar que o pressuposto mais geral da teoria bernsteiniana consiste em postular uma paralisia do desenvolvimento capitalista, uma vez que o modo de produção continuaria a se desenvolver pela direção dada no período. Porém, isso levaria o sistema ao acirramento de suas contradições. Essa contradição no pensamento de Bernstein só poderia ser explicada, segundo a autora, porque sua teoria considera os fenômenos da vida econômica como partes isoladas de um todo, e não em sua ligação orgânica com o desenvolvimento do capitalismo – veremos como isso tem implicações fundamentais para a teoria marxista posterior.[39] Em vez de ver as crises como fenômenos orgânicos, ou seja, como a única maneira possível ao capitalismo resolver, ainda que temporariamente, a cisão entre a capacidade ilimitada do desenvolvimento das forças produtivas e as barreiras limitadas da valorização, Bernstein as entenderia apenas como simples interferências no curso econômico. Com isso, a teoria da adaptação do capitalismo não passaria da expressão resumida do ponto de vista do capitalista individual.

> De fato, o capitalista individual vê, sobretudo, cada membro orgânico do todo econômico como algo autônomo, inteiro, e além disso, apenas os vê pelo prisma em que agem sobre ele, sobre o capitalista individual, e, por isso, como meras "interferências" ou meros "meios de adaptação". De fato, para o capitalista individual as crises são meras interferências, e sua ausência lhe oferece uma expectativa de vida maior; para ele, o crédito é igualmente um meio de "adaptar" suas forças produtivas insuficientes às exigências do mercado; para ele, um cartel, do qual possa fazer parte, também supera na realidade a anarquia da produção.[40]

Bernstein ficaria preso às determinações da concorrência, tal como os economistas burgueses vulgares, ou seja, suas análises se contentariam apenas com

---

39 É certo que Lukács retira sua teoria da totalidade diretamente dos escritos de Marx. Mas não deixa de ser interessante observar que os termos utilizados por ele são quase os mesmos mobilizados por Luxemburgo em "Reforma social ou revolução?". Não seria um acaso, portanto, o espaço dedicado por Lukács à revolucionária polonesa em seu livro, especialmente pelo reconhecimento de que a autora, em seu confronto com Bernstein, teria resgatado em todas as suas consequências o método marxiano.

40 *Ibidem*, p. 45.

CAPITALISMO PERENE

a superfície da sociedade capitalista. Daí porque ele enxergasse a solução para as contradições e antagonismos do capitalismo em suas próprias estruturas.

Hilferding, Lenin e uma nova fase do capitalismo

Os diagnósticos até agora vistos acerca das transformações do capitalismo giraram em torno da tendência ou da possibilidade de um colapso econômico. As características enumeradas pelos autores serviram para confirmar ou para recusar a necessidade das crises, sem que fossem vistas, no entanto, como definidoras de uma nova fase do capitalismo – embora essa discussão já estivesse de certa forma implícita. Somente com o fim do *Bernstein-Debatte*– cuja data pode ser demarcada pelo inicio da Primeira Guerra Mundial – é que se consolidaria a visão de uma nova etapa do desenvolvimento da sociedade burguesa, caracterizada por dois fenômenos da vida política e econômica que caminham lado a lado, a financeirização e o imperialismo. Dois textos se destacaram nas análises marxistas, *O capital financeiro – Um estudo sobre a fase mais recente do desenvolvimento capitalista*, de Rudolf Hilferding, e *O imperialismo – etapa superior do capitalismo*, de Vladimir Lenin. Já em seus subtítulos fica evidente a demarcação de uma nova etapa histórica da sociedade burguesa.[41]

Ainda que as discussões acerca do revisionismo não estivessem em seu auge, ambas as obras podem ser vistas como respostas às questões lançadas por Bernstein acerca das mudanças na constituição do capitalismo. Mais do que isso, elas dariam origem a duas visões completamente diferentes em relação ao diagnóstico de época, mantendo algumas feições do debate da virada do século XIX para o XX.[42] Da mesma forma, o reconhecimento da nova fase do capitalismo impôs visões divergentes acerca dos destinos da sociedade burguesa.

Vimos como um dos polos da discussão aberta por Bernstein dizia respeito aos efeitos e à própria existência da concentração econômica no fun-

---

41 Conforme Frederico Mazzuchelli, "Não foi por acaso que Lenin se referiu ao imperialismo como a 'fase superior do capitalismo' e que Hilferding se lançou à construção do conceito de 'capital financeiro': as transformações em curso no início do século indicavam que as leis gerais do capitalismo se realizavam através de alterações radicais no modo de existência do sistema".*A Contradição em Processo. O capitalismo e suas crises.* São Paulo: Brasiliense, 1985, pp. 10-11.

42 Deve-se ressaltar, no entanto, que Lenin toma o livro de Hilferding como base para a discussão acerca da concentração bancária e sua importância decisiva para a monopolização do capital. A respeito das divergências dentro do marxismo a respeito do novo caráter do capitalismo, centradas em duas teorias, a do capitalismo organizado e a do capitalismo monopolista, cf. Elmar Altvater, "Il capitalismo si organizza".*In:* Eric J. Hobsbawm (org.), *Storia del marxismo*, vol. 3-1. Turim: Einaudi, 1980, p. 819-876, sobretudo p. 824-32.

cionamento do capitalismo, assim como à consolidação das sociedades por ações. Hilferding partiu dessas mesmas características para chegar, porém, a conclusões bastante diversas. Esses dois aspectos da evolução histórica e econômica estariam fundamentalmente ligados ao nascimento de uma nova forma de capital, o capital financeiro. "Os processos de concentração constituem o traço caraterístico do capitalismo 'moderno', que aparecem, por um lado, na 'abolição da livre concorrência', mediante a formação de carteis e trustes, e, por outro lado, numa relação cada vez mais íntima entre o capital bancário e o capital industrial".[43] Tal relação seria o elemento-chave e constituidor da nova fase do capitalismo, uma vez que os bancos deixaram de ser apenas intermediários no movimento de pagamentos para se transformarem em participantes diretos do processo de produção do capital, em especial por meio da concessão de créditos.

Os bancos colocavam cada vez mais capital à disposição das indústrias para investimento direto na produção, pois o próprio destino das empresas passaria a lhes interessar pessoalmente. Ao mesmo tempo, a possibilidade de que as empresas tivessem a produção paralisada pela imobilização do capital no processo de produção ficava reduzida, sobretudo pelos gastos com capital fixo, uma vez que o volume de capital poderia ser reduzido a um mínimo. Quanto mais o capital na forma de crédito fosse investido na forma de capital fixo, tanto maior o interesse dos bancos no sucesso das indústrias. Assim, essa mudança qualitativa tenderia a fortalecer ainda mais a concentração que saltava aos olhos da maioria dos observadores na aurora do século XX. A fusão dos interesses de bancos e indústrias se mostraria fundamental no crescimento da empresa, já que possibilita eliminar

> a dependência dos excedentes de produção da própria empresa e permite rápidas expansões, frequentemente aos saltos, em tempos de conjuntura mais favorável, sujeitas a demandas intensas e imediatas de capital. Ela só pode manter esse capital onde ele exista em grandes massas concentradas, nos bancos, e deve fazê-lo sem que crie um abalo do mercado monetário. [...] Da própria técnica da operação bancária surgem as tendências que atuam na concentração bancária, assim como essa provoca a concentração industrial; porém, esta representa a causa primária da concentração bancária".[44]

Por sua vez, a associação monopolista tenderia à eliminação do livre--comércio, tornando supérflua parte das operações comerciais e reduzindo as despesas para o restante dos gastos com a produção. Dessa forma, o autor

---

43 Rudolf Hilferding, *Das Finanzkapital. Eine Studie* über die jüngste Entwicklung des Kapitalismus (1910). Berlin: Dietz Verlag, 1955, p. 1.

44 *Ibidem*, p. 121-2.

CAPITALISMO PERENE

define o capital financeiro como o capital bancário em forma de dinheiro que é transformado em capital industrial, e que se desenvolve juntamente com a evolução das sociedades anônimas e alcança seu apogeu com os monopólios. A diferença entre o capitalismo do início do século e aquele de seu período clássico, descrito pela obra de Marx, seria tão decisiva na opinião de Hilferding que ele afirma categoricamente: "um ciclo do capitalismo se completou".[45]

Ao lado da busca por novos territórios e mercados, a cartelização seria uma das maneiras encontradas pelo capital para evitar a queda da taxa de lucro imposta pela concorrência. Ao contrário da opinião de Bernstein, haveria uma tendência crescente à formação de cartéis e trustes, que absorveriam cada vez mais as empresas menores. Hilferding chega a falar de um claro interesse dos pequenos e médios empresários no funcionamento e na expansão do capitalismo, tendo em vista sua dependência em relação às grandes indústrias. No entanto, não deixa de haver alguma semelhança entre os dois autores, pois ambos enxergavam nas recentes características do capitalismo uma forma de organização da produção – muito embora Hilferding enfatize o fato de que a organização da produção capitalista atingida com os monopólios e a financeirização não passasse de uma forma antagônica, já que o controle da produção social permaneceria nas mãos de uma oligarquia. "O desenvolvimento do capital financeiro muda radicalmente a estrutura econômica e com isso a estrutura política da sociedade".[46] Conquanto fosse claro que o capitalismo tivesse alterado substancialmente suas feições, disso não decorreria uma mudança radical em suas bases, uma vez que a acumulação permaneceria voltada para a reprodução incessante dos lucros.

Contudo, o próprio caráter da crise teria se alterado face às transformações na economia. Hilferding afirma, por um lado, que as crises capitalistas não são fenômenos particulares, correspondentes a tal ou qual fase, mas sim tendências cujas raízes se encontram na essência mesma do desenvolvimento capitalista. Além disso, as crises só poderiam se estabelecer justamente porque a produção capitalista deve expandir-se constantemente e por meio do mercado mundial. "Mudanças nas manifestações da crise têm que ocorrer também em consequência dos progressos da concentração capitalista".[47] Ou seja, com a crescente concentração, as empresas pequenas tenderiam cada vez mais a sucumbir diante das crises econômicas, o que não impediria que sua bancarrota levasse junto empresas que tecnicamente estariam em condições de sobreviver. No entanto, as grandes empresas possuiriam tamanha capacidade que poderiam continuar a produzir mesmo em períodos de grande crise. Des-

---

45 *Ibidem*, p. 336.

46 *Ibidem*, p. 507.

47 *Ibidem*, p. 427.

sa maneira, o desenvolvimento da produção capitalista permitiria aumentar o volume daquela parte da produção que prossegue em qualquer circunstância. Hilferding inclusive aventa possibilidade da atenuação das crises por conta da concentração bancária, que tornaria possível uma distribuição muito maior dos riscos mediante a enorme separação entre o volume de negócios e a expansão sobre diversos setores nacionais com diferentes níveis de desenvolvimento.

Da mesma forma que as mudanças no sistema bancário atuariam para evitar o surgimento de crises, as mudanças na indústria agiriam no mesmo sentido, assim como a crescente interpenetração entre indústrias e bancos, especialmente por conta do surgimento das sociedades por ações, o que contribuiria para aumentar a influência dos bancos. Assim, a sociedade por ações permitiriam incrementar a capacidade das empresas em resistir às crises, por conta da maior facilidade que o capital tem para entrar do que em empresas individuais. Além disso, elas poderiam acumular capital mais facilmente e, com isso, possuir reservas para os tempos de dificuldade. Em terceiro lugar, o emprego dos meios de exploração do capital fornecido estaria submetido a um controle mais fácil e por isso mais agudo. "Surge a questão de se a grande mudança na forma de organização da indústria, se os *monopólios*podem ocasionar mudanças qualitativas nos fenômenos de conjuntura por meio sua afirmada supressão da força reguladora do mecanismo capitalista, da livre concorrência".[48] Diante das forças produtivas existentes, seria possível pensar até mesmo em uma expansão ilimitada da produção: "[...] o desenvolvimento das sociedades por ações e, em especial, o desenvolvimento de carteis e trustes significa uma extraordinária aceleração do desenvolvimento capitalista".[49] Diferentemente da ortodoxia socialdemocrata, Hilferding estava bem distante da concepção de um colapso puramente econômico – para o autor, ele só poderia se constituir enquanto colapso social e político.

Dessa forma, a supressão das crises por parte dos carteis seria algo plausível, na medida em que eles regulariam a produção e adaptariam a qualquer momento a oferta à demanda. No entanto, diz Hilferding, essa afirmação passa inteiramente ao largo da natureza das crises. Tal opinião seria válida somente quando se vê a causa das crises na superprodução de mercadorias, pois os carteis poderiam eliminá-las restringindo a produção. Contudo, a causa principal das crises, o caráter capitalista da produção, passaria despercebida. Ela deveria ser vista, ao contrário, na incapacidade do capitalismo em vender mercadorias e, assim, realizar mais-valia, por conta da interrupção da expansão da produção. As perturbações na regulação dos preços, que levariam a relações de desequilíbrio e também à contradição entre as condições de exploração e de re-

---

48 *Ibidem*, p. 437, grifo original.

49 *Ibidem*, p. 527.

CAPITALISMO PERENE

alização, não seriam, portanto, diminuídas pelos carteis, mas sim agudizadas. Afinal, longe de a determinarem, os carteis seguiriam a formação dos preços.

> A anarquia da produção não é superada por meio da redução quantitativa dos elementos individuais e com o fortalecimento simultâneo de sua eficácia e intensidade; de maneira alguma ela pode ser eliminada a passos ou gradualmente. Produção regulada e produção anárquica não são opostos quantitativos, de tal modo que, por meio de remendos, a 'regulação' progressiva da anarquia se torne organização consciente. Essa inversão só pode ocorrer subitamente mediante a subordinação de toda a produção ao controle consciente. Quem exerce esse controle e a quem pertence a produção é uma questão de poder.[50]

Chama atenção a maneira como se desenvolve uma contradição nas ideias de Hilferding, que podem ser vistas como a própria expressão dos dilemas presentes nas teorias da socialdemocracia alemã do início do século XX.[51] Por um lado, Hilferding entrevê a possibilidade de que as transformações do capitalismo possam torná-lo mais resistente às crises. Por outro lado, o autor reafirma a tendência, presente já nos textos de Luxemburgo, da incapacidade do sistema em contornar seus problemas econômicos, restando ao proletariado a tarefa de tomar o poder em suas mãos e redirecionar o funcionamento da sociedade.

Impõe-se aqui uma das questões mais controversas da obra de Hilferding, e que seria explorada mais a fundo pelo autor nos anos seguintes à Primeira Guerra Mundial. Visto que as transformações do capitalismo não apenas ocorriam na esfera econômica, mas também na política, as tarefas do movimento operário deveriam ser repensadas, sobretudo por conta do caráter específico assumido pelo Estado na consolidação do capital financeiro. Um dos principais efeitos da cartelização consistiria em unificar os capitalistas e seu poder, tanto econômico quanto político. Isso permitiria ao conjunto da burguesia exercer seu controle sobre o Estado de forma direta. Com a união de seus interesses, as classes dominantes conseguiriam fazer com que o aparelho político aparecesse como um corpo bem mais unido, em comparação com o período em que dominava o capital industrial e a livre concorrência. Além disso, em uma frase cujas consequências seriam tiradas apenas ao longo do debate marxista no século XX, Hilferding assevera que por meio do Estado "o capital encontra também em outras classes da população uma maior prontidão em apoiá-lo".[52] Ao mesmo tempo, a corrida imperialista também reforçaria os poderes do Estado, dos quais o exemplo mais claro seriam as políticas protecionistas, que visavam

---

50 *Ibidem*, p. 440.

51 Sobre essa expressão, cf. Giulio Pietranera, *R. Hilferding und die ökonomische Theorie der Sozialdemokratie*. Berlin: Merve, 1974, p. 6-7.

52 Hilferding, *Das Finanzkapital, op. cit.*, p. 509.

proteger as indústrias nacionais da concorrência internacional. A exportação de capitais seria, portanto, uma condição para o rápido desenvolvimento do capitalismo, isto é, uma exigência essencial para sua perpetuação. Daí que a combinação dos interesses burgueses com a interpenetração cada vez maior do Estado nos assuntos econômicos fosse um elemento central da nova etapa do sistema.

Para o proletariado, somente a luta contra tal política imperialista, e que tivesse o Estado como alvo principal, garantiria que o colapso do capitalismo levasse à sua vitória definitiva. Ao invés de recair no dilema próprio à burguesia entre protecionismo ou livre intercâmbio, a classe trabalhadora deveria lutar para que a organização social da produção ocorresse, por meio do controle consciente da economia e em benefício de toda a sociedade, e não apenas de uma classe de magnatas. De fato, o capital financeiro estabeleceria o controle social da produção, mas essa forma de socialização seria essencialmente antagonística. Na medida em que todos os ramos da produção dependeriam do capital financeiro, o controle sobre a grande indústria seria uma tarefa simples. Essa função do capital financeiro facilitaria enormemente a tarefa da superação do capitalismo. Bastaria à classe operária tomar do capital o controle exercido sobre a produção por meio da conquista do Estado. Vale a pena citar uma nota em que o autor retoma um texto de sua autoria publicado em 1908 e na qual está presente, de forma sumária, suas concepções acerca do significado do termo "socialização":

> O moderno sistema de tarifas protecionistas, e este é seu significado histórico, inicia a última fase do capitalismo. Para frear a queda da taxa de lucro, lei que move o capitalismo, o capital remove a livre concorrência, organiza-se e, por meio de sua organização, torna-se capaz de fortalecer o poder estatal, com vistas a colocar esse mesmo poder a serviço de seus interesses na exploraçãode maneira imediata e direta. Não mais apenas os trabalhadores, mas toda a população é submetida ao desejo da classe capitalista por lucro. Todos os instrumentos de poder de que a sociedade dispõe são reunidos conscientemente para que se transformem, por meio do capital, em meios de exploração da sociedade. Esse é o estágio imediatamente anterior da sociedade socialista, pois é sua completa negação: socialização consciente de todas as potências econômicas existentes na sociedade atual, não em uma união a favor do conjunto da sociedade, mas sim para aumentar o nível de exploração do conjunto da sociedade em um grau ainda não atingido. Mas a clareza, a obviedade desse estado é que faz com que sua continuação seja impossível.[53]

É possível, portanto, observar como a ação política do proletariado estaria

---

53 *Ibidem*, p. 559, nota 1.Trata-se de um excerto do artigo "A mudança de função da tarifa protecionista".

CAPITALISMO PERENE

intrinsecamente ligada ao estreitamento dos laços entre capitalismo e Estado. O nível de compreensão e maturidade exigido da classe trabalhadora só poderia elevar-se no momento em que os princípios do liberalismo estivessem ultrapassados, na medida em que no capitalismo clássico ainda não era possível vislumbrar o fim último de suas ações, a conquista do Estado. Somente com as transformações na economia e na sociedade seria possível ao proletariado ter acesso aos meios que colocariam fim a sua exploração. É preciso ressaltar que Hilferding ainda não expressava de maneira clarana obra sobre o capital financeiro o modo como a transição entre capitalismo e socialismo seria feita, isto é, se por meio de reformas graduais ou pela derrubada violenta do poder burguês. Somente após a Primeira Guerra Mundial o autor expressaria suas opiniões a respeito da possibilidade de um capitalismo organizado, no qual os trabalhadores consolidariam seu poder por meio de uma paulatina conquista do Estado.[54]

No entanto, o imperialismo seria capaz de arrastar consigo camadas da sociedade de tal maneira que a conquista definitiva da produção por parte dos operários fosse impedida. Em contraste com a teoria de Lenin, Hilferding destaca os pequenos e médios empresários, isto é, a tradicional pequena-burguesia, como os maiores aliados do imperialismo, uma vez que estão diretamente interessados na expansão do capitalismo. De maneira semelhante, a "nova classe média" composta por técnicos e administradores também se interessaria pela expansão do capitalismo, já que se constitui e depende como grupo social dos avanços técnicos e, por conseguinte, da maior composição orgânica do capital para sobreviver.

Trata-se dos empregados no comércio e na indústria e que, por meio do desenvolvimento da grande indústria e da forma social das empresas,

---

54 Segundo Wilfried Gottschalch, antes da guerra Hilferding ainda era da opinião de que a emancipação do capitalismo só seria feita por meio de uma revolução. Somente nos anos posteriores à Primeira Guerra Mundial é que o autor chegaria à conclusão de que as tendências históricas do capitalismo permitiriam uma transição pacífica ao capitalismo. Cf. "Sviluppo e crisi del capitalismo in Rudolf Hilferding". In: Storia del Marxismo Contemporaneo. Volume secondo. Schmidt, Hilferding, Mehring, Bauer, Adler, Renner. Milão: Feltrinelli, 1973, p. 62-3. Embora o livro publicado em 1910 não manifestasse tal concepção de maneira explícita, é possível afirmar que O Capital Financeiro já continha alguns elementos dos trabalhos posteriores de Hilferding, como a possibilidade de que o capitalismo controlasse suas crises e expandisse a produção sem maiores barreiras. A própria concepção da crescente socialização como a antessala do socialismo talvez seja a construção teórica mais permanente em seus escritos. Gottschalch também nota que a concepção de Hilferding acerca das transformações do capitalismo tende a enfatizar em demasia a esfera da concorrência, deixando de lado a produção. Nesse sentido, Hilferding via um predomínio do capital financeiro sobre o industrial, o que não se verificaria historicamente. As críticas de Lenin apontavam para a mesma direção.

experimentaram um crescimento extraordinário e tornam-se os verdadeiros administradores na escala hierárquica. [...] A expansão da grande empresa capitalista mecanizada é, portanto, um interesse vital dos empregados de todas as categorias e faz dos empregados da indústria os mais fervorosos seguidores do desenvolvimento em larga escala do capitalismo.[55]

Embora o desenvolvimento das sociedades por ações e dos carteis e trustes tendesse a piorar a situação dessa "nova classe média", o receio da proletarização faria com que esse grupo tivesse maior aderência à ideologia burguesa. Dessa maneira, ele também se tornaria presa fácil às palavras de ordem do imperialismo, ainda que isso não representasse para o Hilferding uma posição definitiva. Tanto a pequena burguesia tradicional quanto os trabalhadores de escritório e administradores se voltariam cada vez mais contra aqueles que consideravam seus adversários na ordem social capitalista, os proletários.

Duas das tendências analisadas pelo autor austríaco seriam contempladas também por Lenin, mas com significados totalmente divergentes. Da constatação de que a tendência para a concentração era cada vez maior, infere-se um movimento que vai da concorrência para o monopólio, que segundo Lenin constitui o fenômeno econômico mais importante do período.Este seria um movimento inexorável da produção capitalista, inicialmente baseada na livre concorrência.

> Há meio século, quando Marx escreveu *O Capital*, a livre concorrência era, para a maioria dos economistas, uma "lei natural". A ciência oficial procurou aniquilar, por meio da conspiração do silêncio, a obra de Marx, que tinha demonstrado, através de uma análise teórica e histórica do capitalismo, que a livre concorrência gera a concentração da produção, e que a referida concentração, num certo grau do seu desenvolvimento, conduz ao monopólio. Agora o monopólio se tornou um fato. [...] o aparecimento do monopólio, como consequência da concentração da produção, é uma lei geral e fundamental da presente fase de desenvolvimento do capitalismo.[56]

O autor de *O Estado e a revolução* chega até mesmo a falar na substituição do velho capitalismo pelo novo, cujo marco temporal seria o início do século XX, pelo menos na Europa. Enquanto o velho capitalismo se caracterizaria pela exportação de mercadorias, o capitalismo dos monopólios se destacaria pela exportação de capital.

Em contrapartida, com a crescente monopolização da economia, estaria

---

55 Hilferding, *Das Finanzkapital, op. cit.*, p. 523-4.

56 Vladimir Ilitch Lenin, *O Imperialismo, fase superior do capitalismo* (1917). Campinas: FE/UNICAMP, 2011, p. 124.

CAPITALISMO PERENE

aberto um espaço para a socialização da produção. A ideia aqui é clara: com o imperialismo torna-se possível a transição para um novo modo de produção. "O capitalismo, chegado à sua fase imperialista, conduz à socialização integral da produção nos seus mais variados aspectos; arrasta, por assim dizer, os capitalistas, independentemente de sua vontade e sem que disso tenham consciência, para um novo regime social, de transição entre a absoluta liberdade de concorrência e a socialização completa".[57] A união entre indústrias e bancos seria completada pelos crescentes laços com os governos nacionais, que deveriam garantir, por meio da expansão imperial, a conquista de novos territórios e mercados. Até aqui, nada muito diferente da análise de Hilferding.

Para Lenin, porém, o capitalismo monopolista seria não apenas o estágio superior do capitalismo. O autor procurou destacar o fato de que a combinação entre monopólios e financeirização teria criado uma forma parasitária, decadente e até mesmo agonizante de economia – muito embora o próprio autor reconheça que a tendência à decomposição representada pelo capital financeiro e pelo imperialismo não excluiria de antemão o rápido crescimento do capitalismo. De fato, este se desenvolvia mais rápido do que nunca. Porém, sua expansão não apenas seria cada vez mais desigual. Os diferentes tempos de seu desenvolvimento estariam manifestos na decomposição dos países mais ricos em capital, cujo maior exemplo seria a Inglaterra.

> [...] percebe-se com evidência que nos encontramos face uma socialização da produção, e não perante um simples 'entrelaçamento', percebe-se que as relações de economia e de propriedade privadas constituem um invólucro que já não corresponde ao conteúdo, que esse invólucro deve inevitavelmente decompor-se e, se a sua supressão for adiada artificialmente, que pode permanecer em estado de decomposição durante um período relativamente longo (no pior dos casos, se a cura do tumor oportunista se prolongar demasiado), mas que, de qualquer modo, será inelutavelmente suprimida.[58]

Dessa forma, é possível ver que Lenin, em sua tentativa de analisar as contradições do capitalismo, projetou duas realidades simultâneas, um capitalismo em seu máximo desenvolvimento, por um lado, e um capitalismo no auge de sua crise, por outro lado. Assim, formava-se a ideia de que o capitalismo atingia seus limites, impedindo o posterior desenvolvimento das forças produtivas, e cujo maior sinal seria a guerra.

O domínio do capital financeiro sobre o resto da sociedade elevara a classe dos rentistas a um grau superior, assim como se formaram Estado rentistas, que viviam da exploração do trabalho dos países coloniais. Ao mesmo tempo,

---

57 *Ibidem*, p. 131.

58 *Ibidem*, p. 269.

o mundo teria sido compartilhado entre poucas nações, em função do grau de concentração econômica atingido, que forçava os governos nacionais a buscarem fora de seus países maiores oportunidades de lucro. "Aos numerosos 'velhos' motivos da política colonial, o capital financeiro acrescentou a luta pelas fontes de matérias-primas, pela exportação de capitais, elas 'esferas de influência', isto é, as esferas de transações lucrativas, de concessões, de lucros monopolistas, etc., e, finalmente, pelo território econômico em geral".[59] Embora Hilferding também abordasse a questão da expansão imperialista, Lenin procurou enfatizar as disputas entre os Estados europeus como um elemento decisivo na reprodução e expansão do capitalismo.

> Se fosse necessário dar uma definição, a mais breve possível do imperialismo, dever-se-ia dizer que o imperialismo é a fase monopolista do capitalismo. Essa definição compreenderia o principal, pois, por um lado, o capital financeiro é o capital bancário de alguns grandes bancos monopolistas fundido com o capital das associações monopolistas de industriais, e, por outro lado, a partilha do mundo é a transição da política colonial que se estende sem obstáculos às regiões ainda não apropriadas por nenhuma potência capitalista para a política colonial de posse monopolista dos territórios do globo já inteiramente repartido.[60]

Não só estariam dadas as condições para o surgimento de uma nova sociedade, como também a monopolização agravaria o próprio caos, ou, em outros termos, a anarquia do capitalismo. "E juntamente com isso os progressos extremamente rápidos da técnica trazem consigo cada vez mais elementos de desproporção entre as diferentes partes da economia nacional, elementos de caos e de crise".[61] Esta, por sua vez, aumentaria a tendência para a concentração e a monopolização da economia. Dessa forma, o capitalismo teria atingido não apenas uma nova fase em seu desenvolvimento, mas sobretudo uma fase de transição. A única opção restante ao capitalismo na tentativa de sobreviver

---

59 *Ibidem*, p. 265.

60 *Ibidem*, p. 217. Como aponta Lucio Villari, o termo "imperialismo" não era tão recente assim no interior do marxismo, já que Kautsky o utilizara na década de 1890. Comum aos teóricos da II Internacional, entre eles Hilferding, era a ideia de que o imperialismo não constituía uma fase "natural e necessária" do capitalismo, mas tão somente um momento particular da expansão do capital. No entanto, teóricos representantes da Internacional Comunista também comungavam dessa opinião, como mostram os textos de Bukharin. Por sua vez, o ensaio de Lenin contribuiu decisivamente para que o imperialismo fosse visto como a última fase do capitalismo porque pretendia dar um diagnóstico definitivo do vasto processo de transformação do capitalismo mundial a época. Cf. "Il concetto di imperialismo in Lenin e il problema del capitalismo sviluppato". *In:L'Economia della Crisi. Il capitalismo dalla "grande depressione" al "crollo" del '29*. Turim: Einaudi, 1980, p. 36-54.

61 Lenin, *O Imperialismo, fase superior do capitalismo, op. cit.*, p. 136.

CAPITALISMO PERENE

seria a guerra, por meio da qual o sistema buscava eliminar a contradição entre o desenvolvimento das forças produtivas e a acumulação de capital, de um lado, e a partilha das colônias e das esferas de influência do capital financeiro, de outro lado.[62]

Paralelamente à constituição de uma burguesia rentista, classe que mais lucrava com a monopolização da economia e o espólio do imperialismo, o líder revolucionário russo constatava a formação de uma parcela da classe operária igualmente parasitária, cujo peso não seria pequeno para o movimento socialista. Lenin relaciona a cisão no movimento operário entre comunistas e socialdemocratas – as duas tendências fundamentais do movimento operário segundo o autor – ocorrida a partir da eclosão do conflito mundial em 1914, ao que ele chama de "parasitismo" e "decomposição" no capitalismo, fenômenos inerentes ao imperialismo. Assim as camadas superiores da classe operária, a "aristocracia operária", seriam subornadas – o termo é do próprio Lenin – por meio dos superlucros obtidos pelas potências imperialistas. Tratar-se-ia nada menos do que uma camada de operários aburguesados, adaptados ao estilo de vida e à concepção de mundo da pequena burguesia, não apenas a principal base de apoio da II Internacional, mas também o suporte essencial da burguesia em suas guerras imperialistas. "Com efeito, eles são verdadeiros agentes da burguesia no seio do movimento operário, capatazes-operários da classe dos capitalistas ('*labour lieutenants of the capitalist class*'), verdadeiros propagandistas do reformismo e do chauvinismo".[63] Nesse sentido, o próprio desenvolvimento do capitalismo, ao mesmo tempo em que gerou elevados lucros monopolistas para poucos países, criara a capacidade econômica de subornar as camadas mais superiores da classe operária, atraindo-as para o oportunismo e o reformismo, reforçando sua posição social. Ou seja, haveria uma ligação inequívoca entre imperialismo e reformismo. Esse fenômeno teria seus traços mais característicos na classe operária inglesa, uma vez que a Inglaterra era o império colonial por definição, assim como tinha alcançado o maior grau de

---

62 Segundo Fernando Claudín, a teoria leniniana do capitalismo seria insuficiente, pois seu autor afirmava que o capitalismo estaria chegando a uma situação limitecom a fase monopolista. "A guerra mundial, ao passo que determina em Kaustky uma revisão político-doutrinária (na qual a compreensão valiosa de novos fenômenos estruturais do capitalismo fundamenta conclusões políticas oportunistas), em Lenin afirma, ao contrário, as suas convicções: Ao analisar as contradições do sistema, Lenin tende a hipertrofiar a sua faceta destrutiva e minimizar seu aspecto motor, a função que tais contradições desempenham como elemento de dinamização e adaptação do mecanismo capitalista, de transformação de suas estruturas". Cf. *A Crise do Movimento Comunista, vol. 1. A crise da Internacional Comunista.* São Paulo: Global, 1985, p. 60. Sendo assim, as transformações estruturais do capitalismo levariam inevitavelmente ao agravamento linear de suas contradições.

63 Lenin, *O Imperialismo, fase superior do capitalismo, op. cit.*, p. 115.

desenvolvimento do capitalismo à época. Os lucros extraordinários com origem na exploração colonial permitiriam separar a classe trabalhadora inglesa em duas camadas, uma inferior, constituída simplesmente por proletários, e uma superior, formada pelos membros das cooperativas e sindicatos.

No entanto, a extensão do reformismo não seria exclusiva aos operários ingleses. Ao contrário, ela teria atingido toda a organização socialdemocrata dos trabalhadores, fazendo com que tais partidos dessem apoio maciço ao início da guerra mundial – de fato, a análise de Lenin a respeito da aristocracia operária pode ser vista como uma tentativa de explicar os fracassos da política socialdemocrata. "O oportunismo não pode ser agora completamente vitorioso no movimento operário de um país, durante dezenas de anos, como aconteceu na Inglaterra na segunda metade do século XIX, mas em alguns países atingiu sua plena maturidade, passou essa fase e decompôs-se, fundindo-se completamente, sob a forma do social-chauvinismo, com a política burguesa".[64] Nesse sentido, a ideologia imperialista teria conseguido penetrar em camadas da classe trabalhadora europeia, ainda que essas camadas representassem apenas uma minoria. Para Lenin, o reconhecimento da importância política e social dessa divisão no interior do proletariado e, portanto, seu combate seriam essenciais para que as tarefas políticas do movimento operário organizado fossem bem-sucedidas.[65]

Nota-se aqui a ideia de que a classe operária organizada estaria às portas da revolução, bastando saber qual seria a melhor forma de organizar a classe perante um capitalismo moribundo. Certamente, o fato de que a muitos dos países europeus estivessem à época atravessando uma situação revolucionária dava respaldo a essa percepção. Ao mesmo tempo, porém, a crítica às posições

---

64 *Ibidem*, p. 243.

65 Para uma problematização histórica da teoria da aristocracia operária em Lenin, cf. Eric J. Hobsbawm, "Lenin and the 'aristocracy of labour'". *Marxism Today*, London, jul. 1970, p. 207-10. Embora Lenin tenha feito uma análise das raízes sociais do reformismo no texto "Marxismo e revisionismo" (1908), sua acepção mais completa da relação entre trabalhadores só seria atingida com a publicação de sua obra a respeito do imperialismo. Para Hobsbawm, uma das principais dificuldades contidas no conceito de aristocracia operária diria respeito ao fato de que seu autor enxergasse nela apenas uma camada secundária e minoritária dos trabalhadores. Além disso, a posição da massa proletária restante seria bastante ambígua, já que os benefícios advindos da exploração colonial não se restringiriam a um pequeno estrato. Dessa forma, Hobsbawm alega que, diferentemente do capitalismo liberal, carteis e trustes teriam trazido junto com seu assentamento mais concessões aos operários. De maneira semelhante, Claudín critica Lenin por não ter visto nas conquistas da classe operária no início do século XX um sinal da capacidade do capitalismo avançado para absorver uma série de reinvindicações e de utilizá-las para impulsionar sua "racionalização". Cf. *A Crise do Movimento Comunista*, *op. cit.*, p. 61.

reformistas e nacionalistasno seio das classes operárias como um dado maior da restruturação capitalista ficava em segundo plano. A adoção de um ponto de vista reformista, atraído pelas benesses materiais oferecidas pelo capitalismo, deveria ser combatida pela conscientização por meio da organização política dos trabalhadores, visão que tende a ressaltar a adoção do modo de vida capitalista pelos trabalhadores como uma opção subjetiva, e não como uma peça no reordenamento geral do sistema.Como se pode notar, essa teorização marcou boa parte das interpretações do marxismo a respeitodo desenvolvimento do capitalismo à época, desde as concepções de Bernstein até os escritos, muitas vezes antagônicos entre si, de Rosa Luxemburgo e Lenin, sem que se compreendesse como as transformações da própria sociedade foram capazes de lhe dar uma insuspeita sobrevida. Este problema se faria de maneira presente nos trabalhos de Lukács no início dos anos 1920, diante das derrotas sofridas pelas revoluções alemã e húngara.

Capítulo 2

AS ANTINOMIAS DE LUKÁCS

Fetichismo e reificação

O diagnóstico feito por Lukács em *História e consciência de classe* a respeito dos problemas estruturais do capitalismo ganhou fama atravessando o século XX. Embora a obra seja vista frequente e merecidamente como um dos pontos altos do tratamento marxista a respeito da filosofia, é preciso considerar o livro para além de um mero exercício exegético do pensamento ocidental moderno. Se as polêmicas abertas no movimento comunista após sua publicação não bastassem para atestar a novidade representada, a própria história editorial do livro nos mostra como os problemas tratados no livro foram relidos de diversas maneiras à luz do presente histórico – veja-se, por exemplo, a importância da obra nos debates estudantis e da nova esquerda ocorridos na Europa e nos Estados Unidos à época do maio de 1968. Esse período, aliás, assinalou uma verdadeira retomada dos assuntos discutidos nos ensaios, uma vez que novas edições vieram à baila quatro décadas depois da publicação original. Enquanto nos anos 1920 as polêmicas giravam em torno de temas como "dialética da natureza" e consciência de classe, os movimentos contestatórios da década de 1960 trouxeram uma releitura explícita do livro, baseadas no conceito de reificação e com vistas a uma reorganização da esquerda e do movimento socialista, em particular.[1] O próprio Lukács não deixaria de reconsiderar seu trabalho no prefácio escrito para a reedição do texto em 1967, ainda que de maneira bastante crítica, após um longo silêncio a seu respeito.

Como é bastante ressaltado pelos comentários especializados,[2] a descrição

---

1   A respeito da recepção de *História e Consciência de Classe* pelas esquerdas nos anos 1960 e 1970, cf. Stephan Grigat, "Von der positiven zur negativen Dialektik. Fetischkritik und Klassenbewusstsein bei Georg Lukács". *In*: Markus Bitterolf e Denis Maier (org.), *Verdinglichung, Marxismus, Geschichte. Von der Niederlage der Novemberrevolution zur kritischen Theorie*. 1ª ed.Freiburg: ça-ira, 2012, pp. 345-6. Segundo o autor, as várias posições assumidas por Lukács quanto a relação entre classe trabalhadora e partido político teriam feito com que o livro se tornasse um modelo de análise para distintas correntes do marxismo.

2   A bibliografia sobre os conceitos de "fetichismo da mercadoria" e de "reificação" é imensa. Merecem destaque os seguintes textos, que veem as obras de Marx e Lukács

do fenômeno da reificação em *História e consciência de classe* constitui um dos pontos altos do conjunto de ensaios, e toma por basea seção 4 do primeiro capítulo da principal obra de Marx, que trata do fetichismo da mercadoria. No ensaio em que o tema é mais desenvolvido, "A reificação e a consciência do proletariado", Lukács resumiu as teses principais daquele trecho de *O capital*, destacando a importância central da análise da mercadoria na obra de Marx – o autor húngaro chega a dizer que o capítulo sobre o fetichismo da mercadoria conteria em si todo o materialismo histórico. Ambos enfatizaram o fato de que na sociedade capitalista as relações sociais entre os indivíduos assumem a aparência de uma relação entre coisas, ao mesmo tempo em que os produtos dessas relações adquirem propriedades naturais. Tanto o primeiro capítulo d›*O capital* quanto o conjunto de textos lukácsianos tomaram essa descrição como resultado da análise prévia das leis do movimento da sociedade capitalista, descrição esta fundamental para o desdobramento dos conceitos apresentados inicialmente, como mostra o exame da forma mercadoria. Para ilustrar essa descrição, cito um trecho de cada autor.

> O misterioso da forma mercadoria, diz Marx, consiste, portanto, simplesmente no fato de que ela reflete aos homens as características sociais do seu próprio trabalho como características objetivas dos próprios produtos de trabalho, como propriedades naturais sociais dessas coisas e, por isso, também reflete a relação social dos produtores com o trabalho total como uma relação social existente fora deles, entre objetos. [...] É somente a relação social determinada entre os próprios homens que para eles aqui assume a forma fantasmagórica de uma relação entre coisas. Por isso, para encontrar uma analogia, temos de fugir para a região nebulosa do mundo religioso. Aqui os produtos da cabeça humana parecem dotados de vida própria, figuras autônomas, que mantêm relações entre si e com os homens. Assim acontece com os produtos da mão humana no mundo das mercadorias. Isso eu chamo de o fetichismo que adere aos produtos do trabalho, tão logo

---

sob diferentes perspectivas: José Paulo Netto, *Capitalismo e Reificação*. São Paulo: Livraria Editora Ciências Humanas, 1981; György Markus, "Entfremdung und Verdinglichung bei Marx und Lukács". *In*:Rüdiger Dannemann (org.), *Georg Lukács. Jenseits der Polemiken. Beiträge zur Rekonstruktion seiner Philosophie*. Frankfurt am Main: Sendler, 1986, p.71-104; Andrew Arato e Paul Breines, *The Young Lukács and the Origins of Western Marxism*. New York: Pluto Press, 1979, cap. VIII, "Theory of reification", p. 113-41; Jürgen Habermas, *Teoria de la Acción Comunicativa I – Racionalidad de la acción e y racionalización social*. Madrid: Taurus, 1999, seção IV, "De Lukács a Adorno: racionalización como coisificación", p. 433-508; Axel Honneth, *Reificación. Un estudio de la teoria del reocnocimiento*. 1ª ed. Buenos Aires: Katz, 2007, cap. I, "La reificación em Lukács", p. 23-36; Leo Kofler, *História e Dialética. Estudos sobre a metodologia da dialética marxista*. 1ª ed. Rio de Janeiro: Editora UFRJ, 2010, cap. 7, "A dialética da reificação", p. 143-193.

CAPITALISMO PERENE

são produzidos como mercadorias, e que, portanto, é inseparável da produção de mercadorias.[3]

Por sua vez, Lukács escreve: "A essência da estrutura da mercadoria já foi ressaltada várias vezes. Ela se baseia no fato de que um vínculo, uma relação entre pessoas adquire o caráter de uma coisa e, dessa maneira, o de uma 'objetividade fantasmagórica', que em sua legalidade rígida, aparente e inteiramente fechada e racional, oculta todo traço de sua essência fundamental, a relação entre homens".[4]

Curiosamente, parte da bibliografia sobre o conceito lukácsiano de reificação aponta para a inexistência do termo no primeiro capítulo da obra de Marx.[5] De fato, este emprega a expressão (*Verdinglichung*) muito raramente,

---

3   Karl Marx, *O Capital*, t. I, vol. 1. 2ª ed. São Paulo: Abril Cultural, 1983, p. 71; *Marx-Engels Werke*. Berlin:1968, vol. 23, p. 86 - tradução modificada de acordo com a edição alemã. Doravante, as citações das edições brasileira e alemã desta obra serão abreviadas por *C* e *MEW*, com as respectivas páginas e volumes.

4   *HCC*, p. 194; *GuK*, p. 257, tradução modificada. Não é preciso aqui dizer o quanto a análise da reificação permeia o conjunto das duas obras, e não apenas os referidos capítulos e ensaios, bem como os manuscritos que Marx elaborou para a redação de sua principal obra. Para tanto, é suficiente mostrar uma definição sucinta oferecida por um destes textos preparatórios: "No capital, como no dinheiro, determinadas *relações sociais de produção* entre pessoas, se apresentam como *relações de coisas* para com pessoas, bem como determinados relacionamentos sociais surgem como *propriedades sociais naturais* das coisas". Marx, *O Capital, livro I, capítulo VI (inédito)*. São Paulo: Livraria Editora Ciências Humanas, 1978, p. 36, grifos originais. No que concerne a Lukács, a reificação não é exposta somente no ensaio que leva o conceito em seu título, mas também em outros ensaios. Veja-se, por exemplo, o seguinte trecho, extraído do ensaio "O que é marxismo ortodoxo?": "Essa ilusão fetichista, cuja função consiste em ocultar a realidade e envolver todos os fenômenos da sociedade capitalista, não se limita a mascarar seu caráter histórico, isto é transitório. Mais exatamente, *essa* ocultação se torna possível porque todas as formas de objetividade, nas quais o mundo aparece necessária e imediatamente ao homem na sociedade capitalista, ocultam igualmente, em primeiro lugar, as categorias econômicas, sua essência profunda, como formas de objetividade, como categorias de *relações entre os homens*; as formas de objetividade aparecem como coisas e relações entre coisas". *HCC*, p 87; *GuK*, pp. 186-7, grifos originais. Seria possível aqui reiterar as inúmeras citações nas quais os autores definem o conceito e enfatizam sua centralidade nas análises do capitalismo, mas creio que, por ora, as referências feitas são mais do que suficientes para ilustrar as similitudes entre ambos.

5   Cf. por exemplo Fréderic Vandenberghe, *Une Histoire Critique de la Sociologie Allemande. Aliénation et reification*, t. I, "Marx, Simmel, Weber, Lukács". Paris, La Découverte, 1997, "Introduction", p. 26. Este autor afirma que a tradição marxista vê o nascimento do conceito de reificação no primeiro capítulo d' *O capital*, inventando suas próprias origens, pois, apesar da obra de Lukács ser considerada a formulação original do problema, o termo já havia sido empregado por Georg Simmel, por quem Lukács não apenas foi influenciado, mas também com quem manteve contato bem próximo no

optando por enunciar sua teoria do fetichismo por meio da palavra "coisa" (*Sache*) e seus derivados – o termo *Verdinglichung* só aparece quando Marx analisa a fórmula trinitária, no livro III. Analogamente, as relações sociais também aparecem nesta seção do livro como coisas dotadas de poderes próprios. A diferença em relação à análise inicial da mercadoria consiste em que a forma valor foi desenvolvida em suas várias possibilidades, até chegar a sua forma mais abstrata, a que mais se distância em sua aparência, o capital portador de juros, passando por categorias como salário, lucro e renda da terra.[6] Isso significa que as mediações entre as categorias sociais se perdem completamente. As fontes do lucro, ainda visíveis na relação simples entre trabalhador e capitalista, desaparecem por completo. Não são mais apenas os produtos dos diferentes produtores que se contrapõem como coisas, mas todas as forças sociais da sociedade capitalista. O valor tornou-se finalmente aquilo que se apresentava apenas como potência no início da análise do capital, um produto de si mesmo, e todas as determinações do capital terminam por se apagar, isto é, seus elementos reais tornam-se invisíveis ao observador comum.

> Em capital - lucro, ou, melhor ainda, capital - juros, terra - renda fundiária, trabalho - salário, nessa trindade econômica como conexão dos componentes do valor e da riqueza em geral com suas fontes, está completa a mistificação do modo de produção capitalista, a *reificação* (*Verdinglichung*) das relações sociais, a aglutinação imediata das relações materiais de produção com sua determinação histórico-social: o mundo encantado, distorcido e posto de cabeça para baixo, no qual Monsieur Le Capital e Madame la Terre exercem suas fantasmagorias ao mesmo tempo como caracteres sociais e imediatamente como meras coisas.[7]

Trechos como este provavelmente devem ter inspirado Lukács a empregar o termo "reificação", destacando a extensão da coisificação característica da produção de mercadorias a todas as esferas e relações sociais compreendidas pela sociedade burguesa.

Assim, pouco importa que Marx tenha usado muito mais o termo «fetichismo» do que «reificação», já que ambas as formulações tem o mesmo ponto de partida, o fato de que as relações sociais no capitalismo assumem a forma de coisas e comandam as ações e movimentos de seus agentes. Uma comparação entre trechos dos dois textos é suficiente para entender o que se apresenta

---

início de sua carreira.

6   Não quero dizer com isso que o conceito de fetichismo, ou se quisermos, de reificação, dê um salto por todo livro de Marx, surgindo no primeiro capítulo, para só reaparecer na última seção d' *O capital*. Ao contrário, seria possível mostrar que o conceito permeia todo o livro, incluindo o livro II. Mas ao invés de recolher uma série de transcrições, preferi remeter ao tipo de análise que o próprio Marx efetuou.

7   C, III, vol. 2, 279-80; *MEW*, 25, p. 838, grifo meu.

CAPITALISMO PERENE

como mais do que uma simples semelhança. Assim como Marx usou a expressão «reificação» somente depois de ter analisado o conjunto das relações entre as três classes fundamentais do capitalismo – burgueses, proletários e proprietários de terra – Lukács aponta para o fato de que o fenômeno se espraia até a consciência dos indivíduos. Seria possível dizer, como alguns comentadores observam,[8] que Lukács formula uma teoria da reificação para além da esfera econômica. No entanto, é preciso aprofundar este tipo de comentário, pois em geral ele contém uma série de imprecisões, tanto sobre a obra de Marx, especialmente *O Capital*, quanto a respeito dos ensaios lukácsianos. Assim, supõe-se que a teoria que Marx desenvolve em sua principal obra seria economicista. Obviamente, não se pode negar que a atenção do autor esteja voltada para a economia política, como o próprio subtítulo do livro destaca.

Porém, o destaque dado por Marx à economia política não significa, em hipótese alguma, que ele subordine de maneira simplista a totalidade da sociedade, para usar um termo caro a Lukács, às categorias daquela disciplina. Do contrário, seria impossível ao autor de *História e consciência de classe* não apenas se inspirar, mas sobretudo retirar suas análises sociológicas e filosóficas d' *O Capital* e dos manuscritos preparatórios disponíveis em sua época. Um dos grandes méritos de Lukács consiste justamente em ter mostrado que a reificação é não somente um fenômeno básico da sociedade capitalista, insuperável sem a própria superação desta sociedade, mas também como ela é uma categoria chave para a compreensão do conjunto da obra de Marx, e que não pode ser reduzida a uma simples categoria econômica. Desnecessário mostrar exaustivamente o quanto Lukács caracteriza a força do marxismo no método e na categoria "totalidade", e não no predomínio dos motivos econômicos.[9]

Marx centrou seus esforços na crítica da economia política essencialmente por dois motivos. Primeiro, porque seus estudos sobre a filosofia idealista alemã, sobretudo na figura de Hegel, e a situação social das classes trabalhadoras lhe mostraram a necessidade de ir além da crítica ao Estado, que era até 1843-

---

8   Cf. Michael Löwy, "A sociedade reificada e a possibilidade de seu conhecimento na obra de Lukács". *In: Romantismo e Messianismo. Ensaios sobre Lukács e Walter Benjamin*. São Paulo: Perspectiva, 1990, p. 72, assim como Andrew Arato e Paul Breines, *The Young Lukács and the Origins of Western Marxism, op. cit*, e Fréderic Vandenberghe, *Une Histoire Critique de la Sociologie Allemande, op. cit.*, cap. IV, "Le jeune Lukács. Reification et rédemption (première synthèse)", p. 235.

9   Em seu ensaio clássico sobre a teoria do valor e o problema do fetichismo, Isaak Ilich Rubin mostrou que este último constitui uma teoria geral da sociabilidade capitalista. Ver *A Teoria Marxista do Valor*. São Paulo: Brasiliense, 1980, p. 16. Sobre isso, cf. também Andrew Feenberg, *Lukács, Marx and the Souces of Critical Theory*.Totowa: Rowman and Littelfield, 1981, p. 64, cuja tese diz que Lukács foi o primeiro a perceber que *O capital* continha muito mais do que uma simples teoria econômica.

4 o centro de suas atenções. Segundo, a economia política da época mostrava a Marx a melhor formulação teórica sobre os problemas do capitalismo. Ou, como ele havia escrito no prefácio a *Para a crítica da economia política*, que as relações materiais da sociedade só podem ser compreendidas se levarmos em conta que "a anatomia da sociedade burguesa (*bürgerliche Gesellschaft*) deve ser procurada na economia política".[10] Consequentemente, o rumo que Marx seguiu em sua obra não foi casual.

Além disso, tanto Marx quanto Lukács ressaltaram a naturalização que o fenômeno da reificação implica. Aqui surge uma questão cheia de consequências para a teoria marxista, e que remete ao texto de Marx e Engels sobre a ideologia alemã. Embora os homens não saibam, eles equiparam os produtos de seu trabalho como trabalho humano o tempo todo na sociedade capitalista. Mas a "simples" descoberta desse fato não é suficiente para a transformação desta sociedade, pois ele aparece da mesma forma para aqueles que estão presos às relações da produção de valor. Entramos aqui na questão da consciência das contradições da sociedade capitalista e seu papel para a superação destas mesmas contradições. Especial atenção cabe à frase do texto que aponta para o fato de que o tempo de trabalho socialmente necessário impõe-se como "uma lei natural reguladora" com o desenvolvimento da produção de mercadorias.[11] A descoberta de que a determinação da grandeza do tempo de trabalho é um dos segredos ocultos sob o movimento aparente dos valores relativos das mercadorias não é suficiente para ultrapassar sua forma coisificada. O dinheiro tem um papel central aqui, porque é justamente ele – "forma pronta do mundo das mercadorias" – que disfarça em coisas o caráter social dos trabalhos privados. Somente a transparência e a racionalidade nas relações entre os homens e com a natureza, por meio da vida prática, poderia fazer desaparecer o "reflexo religioso" do mundo. Dito de outro modo, somente uma transformação na vida cotidiana, que deixasse de tomar a forma de segunda natureza – o que implica em dar fim à própria forma-mercadoria e à forma-valor –, poderia superar a reificação.

As dificuldades em apreender a forma do valor, ressaltadas pela economia política, estão ligadas ao fato de que a forma de valor do produto do trabalho é a forma mais abstrata, mas também a mais geral, do modo de produção burguês. Ela é tomada como a forma natural e eterna da produção social, o que faz

---

10 Marx, "Para a crítica da economia política". *In:Karl Marx. Os economistas.* 2ª ed. São Paulo: Abril Cultural, 1986, p. 25; *MEW*, 13, p. 8. Sobre o percurso da obra de Marx e, em especial, a necessidade de estudar a economia política, cf. Ernest Mandel, *La Formation de la Pensée Économique de Karl Marx.* Paris: François Maspero, 1967, sobretudo o cap. 2, "De la condamnation du capitalisme à la justification sócio-économique du communisme", p. 27-38.

11 *C*, I, vol. 1, p. 73; *MEW*, 23, p. 89.

CAPITALISMO PERENE

com que se passe por cima de sua especificidade. Como se não bastasse, mais um problema exposto no capítulo sobre a mercadoria se impôs com força ao marxismo. Quanto mais simples a forma mercadoria parece ser, tanto mais fácil parece ser possível penetrar no fetichismo. Em suas formas mais concretas e desenvolvidas, desaparece essa aparência de simplicidade.

Lukács também atentou para o problema da complexidade da reificação conforme o capitalismo se reproduz em níveis mais elevados.

> Se, portanto, o próprio objeto particular que o homem enfrenta diretamente, enquanto produtor ou consumidor, é desfigurado em sua objetivação por seu caráter de mercadoria, então esse processo deve evidentemente intensificar-se quanto mais as relações que o homem estabelece com os objetos enquanto objetos do processo vital em sua atividade social forem mediadas. [...] Para a consciência reificada, essas formas do capital se transformam necessariamente nos verdadeiros representantes da sua vida social, justamente porque nelas se desvanecem, até se tornarem inapreensíveis e irreconhecíveis, as relações dos homens entre si e com os objetos da satisfação de suas reais necessidades.[12]

Dessa forma, o filósofo húngaro conseguiu captar com extrema acuidade o fato de que a reificação impunha uma considerável barreira à transformação radical da sociedade burguesa, já que as formas sociais derivadas da mercadoria se impõem na vida comum e cotidiana dos indivíduos como parte dela própria. As páginas iniciais do ensaio sobre a reificação mostram como Lukács entende o problema da "conformação" das ações e relações sociais no capitalismo como um derivado da forma mercadoria, que penetra no conjunto das manifestações vitais da sociedade e remodela essas manifestações de acordo com sua estrutura e contradições básicas. A autonomização das relações sociais pode ser vista em paralelo com a questão da aceitação da ordem social capitalista, pois se as relações sociais se autonomizam e ganham vida própria, disso decorre uma objetivação e, sobretudo, uma naturalização dos processos sociais, que passam a ser aceitos como dados. Assim como Marx já destacara, a mera percepção do fenômeno mostra-se insuficiente para sua superação, na medida em que é necessário que a produção material da vida comum de todos os indivíduos seja modificada substancialmente. *História e consciência de classe* oferece algumas respostas sugeridas por Lukács para superar a questão – a despeito das dificuldades que as soluções por ele elaboradas possam apresentar.[13]

---

12 *HCC*, pp. 210-1; *GuK*, p. 268, tradução modificada.

13 Em minha dissertação de mestrado procurei mostrar o quanto a concepção lukácsiana de consciência de classe era problemática, porque, resumidamente, não conseguia lidar com a contradição entre seus postulados teóricos e a real situação das classes

A percepção do autor a respeito da importância decisiva que o fenômeno da reificação impunha tanto às análises críticas do capitalismo quanto às formas de superá-lo ficam ressaltadas quando se observa com atenção o termo "formas de objetividade". É bastante conhecida a autocrítica no prefácio à reedição de sua obra em 1967, que rejeita a suposta identificação entre os conceitos de objetivação e alienação. De forma resumida, pode-se dizer que na reavaliação de *História e consciência de classe* Lukács apontou para a indiferença entre ambas as categorias, fruto de seu desconhecimento dos textos do jovem Marx, especialmente os *Manuscritos econômico-filosóficos*. Tal indiferença teria como resultado a negação das tendências ontológicas do marxismo, na medida em que a objetivação não teria sido vista como elemento fundamental do ser social, necessária a toda forma de vida humana. A despeito da parcial rejeição de sua obra de juventude, acredito que o conceito lukácsiano de "formas de objetividade" possa ser de grande ajuda para a reconstrução de sua teoria da reificação, bem como no confronto com os escritos de Marx.[14]

Ao usar tal expressão, Lukács mostrou a complexidade das proposições de Marx no primeiro capítulo d'*O capital*, ressaltando o caráter necessariamente objetivo do fetichismo da mercadoria. No ensaio "O que é marxismo ortodoxo?", ao enaltecer o marxismo em relação às outras tentativas de conhecer a sociedade burguesa e destacar o lugar central da visão da totalidade, Lukács afirma que apenas no marxismo é possível

> que, embora as formas fetichistas de objetividade, produzidas necessariamente pela produção capitalista, nos permitam vê-las como

---

trabalhadoras, especialmente na Europa ocidental. Cf. *Da Revolução à Integração. A trajetória do proletariado vista por Max Horkheimer*. Dissertação (mestrado em sociologia) – FFLCH-USP, São Paulo, 2008, especialmente as p. 28-43. Para uma crítica bem-fundamentada a respeito desse problema, cf. István Mészáros, *Para além do Capital. Rumo a uma teoria da transição. 1ª ed*. São Paulo: Boitempo Editorial, 2002, cap. 7-9, p. 373-468.

14 Entretanto, não deixa de ser espantoso o comentário de Lukács acerca da recepção de seu livro. "Esse equívoco fundamental e grosseiro", diz o autor a respeito da confusão terminológica entre objetivação e alienação, "certamente contribuiu em muito para o êxito de *História e consciência de classe*. O desmascaramento teórico da alienação, como já foi mencionado, pairava no ar e em pouco tempo se tornaria questão central da crítica da civilização, que investigava a situação do homem no capitalismo atual. Para a crítica filosófico-burguesa da civilização – basta pensar em Heidegger –, era muito óbvio sublimar a crítica social numa crítica puramente filosófica, fazer da alienação, social em sua essência, uma *condition humaine* eterna, para utilizar um termo que só surgirá mais tarde". *HCC*, p. 26; *GuK*, p. 26. Embora a crítica lukácsiana não tenha sido endereçada aos autores da *Dialética do esclarecimento*, e tampouco sirva ao livro, tal comentário não deixa de colocar questões a respeito de um texto que tomou o conceito de reificação como peça fundamental e dos problemas em torno de seu uso específico.

CAPITALISMO PERENE

meras ilusões, não são menos ilusórias por serem vistas como necessárias. Suas relações reflexivas, suas "regularidades" [*Gesetzmässigkeiten*], que, embora surgidas do mesmo modo desse solo, também ocultam as relações reais da sociedade capitalista, mostram-se como as *representações necessárias* dos agentes da produção capitalista. Elas são, portanto, objetos do conhecimento, mas o objeto que se torna conhecido nelas e por meio delas não é a própria ordem capitalista de produção, mas a ideologia da classe dominante.[15]

Note-se aqui a proximidade dos termos "objetividade" e "necessárias", o que denota, tanto para Lukács quanto para Marx, o fato de que a transformação das relações sociais em coisas e sua naturalização é um dado objetivo da sociedade capitalista, e não um simples erro da apreensão categorial dos homens em sua vida cotidiana. Assim, o fenômeno da reificação pode ser descrito como um dado não só das representações individuais no capitalismo, mas como um efeito próprio do domínio do capital e sua incessante valorização. Por conseguinte, todas as formas de ação social inscritas pela abstração contida na mercadoria, e que não deixam de se expandir gradativamente no percurso histórico, serão marcadas por essa objetividade. Não foi por acaso que Marx disse que as revelações feitas pela teoria serão sempre paradoxais "do ponto de vista da experiência cotidiana, que somente capta a aparência enganadora das coisas".[16] Como bom leitor da crítica marxiana da economia política, Lukács não poderia ter deixado de ressaltar esse aspecto central.

Além disso, ambos os autores foram categóricos ao afirmar que o resultado do processo de produção capitalista revestia sua forma de aparência como um ser autônomo. Marx referiu-se mais de uma vez ao fato de que os economistas burgueses apreendiam o capital como fonte autônoma de valor. "A forma incompreensível encontrada na superfície e da qual, em consequência, partimos na análise, a reencontramos como resultado do processo, no qual a figura do capital se torna progressivamente mais alheada e carente de relacionamento com sua essência íntima".[17] Dessa maneira, as formas sociais criadas e reproduzidas pela sociedade burguesa opõem-se a todos os indivíduos, burgueses ou proletários, como uma segunda natureza. Lukács enfatizou que todas as classes sociais estavam entregues de modo imediato à reificação, aproximando os pontos de vista dos indivíduos capitalista e proletário, o que significa dizer que todos eles devem adaptar suas atividades a essas leis de aparência natural. O grande desafio posto por essa análise diz respeito, portanto, aos limites do

---

15 *HCC*, pp. 85-6; *GuK*, p. 186, tradução modificada.

16 Marx, "Salário, preço e lucro". *In:Karl Marx. Os economistas, op. cit.*, p. 158; *MEW*, 16, p. 129 (tradução modificada).

17 *Idem*, "O rendimento e suas fontes". *In:Karl Marx. Os economistas, op. cit.*, p. 197.

movimento do capital e à possibilidade de reversão desse quadro sombrio.

A exemplo de Karl Korsch, que dizia ser o marxismo uma teoria da revolução social, Lukács afirmou que a teoria marxista seria a expressão pensada da revolução. A questão que se apresentou aos autores dessa geração pode ser resumida da seguinte maneira: como manter o estatuto do marxismo *enquanto* teoria da revolução se a experiência concreta do movimento socialista e proletário indicava a reversão das expectativas de boa parte de seus membros, sobretudo na Europa ocidental? Tanto o exame de Lukács quanto as explicações de Korsch levavam em consideração o que eles acreditavam ser não apenas uma estagnação da luta emancipatória, encarnada nos diversos partidos ossificados pelos moldes teóricos da II Internacional, mas sobretudo um recuo político e social, ao mesmo tempo em que o método dialético e a relação do marxismo com o pensamento de Hegel deixava de ser relevante. Basta lembrarmos aqui as diversas críticas feitas em *História e consciência de classe* e em *Marxismo e filosofia* a respeito das fraquezas teóricas, táticas e organizativas dos diferentes grupos que postulavam representar a classe trabalhadora de forma verdadeira. É possível dizer que o diagnóstico lukácsiano da reificação tem como um de seus alvos a socialdemocracia europeia da época em geral, e seus representantes alemães em particular, que para o autor recaíam em posições semelhantes às da burguesia, ou seja, que sua estrutura altamente burocratizada e verticalizada, ao impedir um estreito vínculo entre a cúpula organizadora e as massas populares, fazia com que o proletariado recorresse ou em fatalismo ou em voluntarismo.[18]

Na verdade, a crítica de Lukács à socialdemocracia pode ser vista como a expressão mais bem acabada de suas reflexões a respeito da incidência da

---

18 Como afirmou Mészáros, o autor de *A Alma e as Formas* tinha um duplo vínculo histórico com as realidades alemã e húngara, tendo em vista a influência exercida pelos debates intelectuais do início do século em sua terra natal. Sendo assim, embora Lukács tenha produzido muito material sobre os acontecimentos históricos na Alemanha, seu alvo específico seria quase sempre a configuração específica do capitalismo na Hungria e seus efeitos no desenvolvimento do país. No entanto, creio que isso não invalida de forma alguma as críticas lukácsianas endereçadas às organizações e aos partidos operários alemães. Cf. *Lukács' Concept of Dialectics*.Londres: The Merlin Press, 1972, p. 97, nota 4. Além disso, segundo Guido Oldrini, tanto Lukács quanto Antonio Gramscicombateram as tendências políticas expressas pela II Internacional. Porém, Oldrini afirma que a crítica de Lukács em *História e Consciência de Classe* ainda seria insuficiente e desenvolvida apenas a partir dos anos 1930, quando o autor teria assimilado completamente os fundamentos filosóficos da obra de Marx. Ainda que a crítica de Lukács à socialdemocracia tenha continuado depois da publicação de seus ensaios em 1923, creio que o diagnóstico acerca dessa vertente do marxismo não deva ser descartado apenas por conta do "utopismo messiânico" contido na primeira parte de sua obra, como Oldrini parece fazer. Cf. "Gramsci e Lukács, adversários do marxismo da Segunda Internacional". *Crítica Marxista*, São Paulo, n° 8, jun. 1999, p. 67-80.

reificação sobre diversos setores da classe trabalhadora na Europa. Embora o autor não tenha tido apenas o partido alemão e seus representantes como alvo – observe-se a importância que Lukács atribui à discussão a respeito dos mencheviques e ao que ele em várias passagens chama de "marxismo vulgar" –, o modelo de crítica a todas essas variantes do marxismo toma os desenvolvimentos das organizações operárias na Alemanha como a base para o exame dos efeitos nocivos da reificação sobre os trabalhadores. De forma alguma isso constitui um acaso, já que o SPD foi tomado como o modelo de partido proletário a ser seguido pela maioria dos partidos socialistas entre o fim do século XIX e o início do século XX.

A hipótese de que o conceito de reificação é também uma reflexão sobre o desenvolvimento da classe operária da época se apoia no fato de que o problema ganha em complexidade com o desenvolvimento do capitalismo, mas não apenas nisso. A centralidade do conceito de "reificação" em Lukács também diz respeito às próprias tarefas do marxismo de acordo com a evolução dos acontecimentos históricos. Diante da permanência de formas reificadas de consciência de classe, mesmo em um período de crise aguda do capitalismo, a tarefa central do marxismo passa a ser definida como crítica da reificação – que só pode, no entanto, ser superada de maneira prática pelo próprio proletariado, afirma Lukács. Assim, o marxismo pode ser pensado como "antídoto" à reificação.No ensaio 'Mudança de função do materialismo histórico" Lukács afirma algo semelhante: a tarefa do marxismo seria formular um juízo preciso sobre o capitalismo e desvelar sua essência. No entanto, tendo em vista o estado avançado da reificação sobre os trabalhadores, Lukács sustenta que a luta contra ela seria um processo longo, que exigiria lutas obstinadas. O próprio fenômeno da reificação daria sentido ao surgimento do marxismo no interior do capitalismo. Se somente no capitalismo as relações sociais podem aparecer como uma relação entre coisas e ganhar movimento autônomo, não seria por acaso que o marxismo tenha o capitalismo como solo de aplicação clássico. Essa seria uma diferença crucial em relação às formulações originais de Marx a respeito do fetichismo. Enquanto os processos de integração social ainda eram relativamente incipientes no século XIX, e ainda que Marx tenha descrito o desenvolvimento do fetichismo de acordo com a evolução da forma do valor, Lukács assiste – senão ao início do problema – à consolidação da questão, o que em si mesmo só pode ser resultado do conjunto de transformações sofridas pelo capitalismo e das relações dos indivíduos com o conjunto da sociedade, em especial das classes trabalhadoras. Dessa maneira, somente o desenrolar da história permitiu a Lukács desenvolver a temática do fetichismo da mercadoria em toda sua amplitude – e por isso mesmo ela foi tão fecunda para correntes posteriores do marxismo.

Por conta dessa relação entre o conceito lukácsiano e o desenvolvimento do capitalismo, é possível afirmar que o autor não apenas descreveu um fenômeno básico e central da sociedade burguesa. Além de oferecer uma constatação geral a respeito das formas sociais básicas do capitalismo, a obra de Lukács tece uma reflexão histórica com base no conceito de reificação, sobretudo nos vários momentos em que a trajetória de setores do movimento operário europeu é examinada, em especial o destino da II Internacional. Ou seja, para além de uma teoria geral da reificação, *História e consciência de classe* oferece um diagnóstico de época. A relação estreita entre as transformações do capitalismo e o aprofundamento da reificação permitiu ao autor, mesmo que de forma problemática em vários momentos, iniciar uma reflexão sobre um tema desenvolvido posteriormente pela teoria crítica, isto é, a integração da classe trabalhadora às estruturas capitalistas. Diante da crítica à socialdemocracia e, por conseguinte, às concepçõesem jogo a respeito da evolução do capitalismo, é preciso mostrar que, desde o início do livro, o confronto com essas concepções marca a exposição do filósofo húngaro. A questão é posta logo no primeiro parágrafo do ensaio "O que é marxismo ortodoxo?", na célebre frase sobre continuar a ser marxista mesmo que o resultado da investigação contemporânea rejeitasse todas as frases particulares de Marx. O sentido dessa afirmação deve ser lido à luz das discussões travadas desde o *Bernstein-Debatte* a respeito da revisão das teses marxianas perante as transformações do capitalismo, especialmente por conta da força mostrada pelo capitalismo diante de crises e revoluções e do apoio de parcelas importantes da classe operária à política burguesa.

Crítica à II Internacional e necessidade de revitalização do marxismo

Tendo em vista a consolidação do partido socialdemocrata alemão como modelo de organização política da classe operária no início do século XX e especialmente o surgimento da corrente revisionista, Lukács identifica uma cisão no interior do movimento proletário. Em si mesmo, o reconhecimento de um dissenso nos partidos socialistas do período não era novidade, já que os próprios atores do movimento debateram o problema com afinco. A especificidade da argumentação lukácsiana reside em sua descrição desse processo, dando ênfase à sua teoria sobre a consciência de classe. De um lado, trabalhadores que atingiram um nível elevado de consciência e que apontam para a necessidade da revolução socialista. De outro, setores do proletariado entregues à consciência comum acerca das relações sociais capitalistas e, portanto, incapazes de vislumbrar qualquer forma de organização social que vá além das formas sociais burguesas. Essa separação entre dois setores do movimento operário é feita de maneira homóloga à distinção entre as posições da classe burguesa e do proletariado.

Segundo o autor, o que diferencia trabalhadores e burgueses é a possibilida-

CAPITALISMO PERENE

de daqueles de atingir o ponto de vista da totalidade e, com isso, compreender que a sociedade é constituída por processos e relações entre os homens. Como se sabe, Lukács afirma que o proletariado seria a única classe capaz de se desvencilhar da dominação capitalista justamente porque sua força de trabalho é uma mercadoria. Ao vender sua força de trabalho e inserir-se no processo de produção, o trabalhador faz movimentar a naturalização das relações sociais, já que ele é reduzido a mero apêndice da máquina, isto é, ele se torna mero objeto da produção capitalista. Essa mesma objetivação oferece, porém, a própria possibilidade de fuga das malhas da reificação, ou ainda, os pressupostos da superação da reificação, pois o processo de trabalho também mostra como o trabalhador é o sujeito que põe em marcha a produção, e que sua existência imediata o força a reconhecer que ele não é sujeito de sua própria vida.

> Antes de tudo, o trabalhador só pode tornar-se consciente do seu ser social se se tornar consciente de si mesmo como mercadoria. Seu ser imediato o insere – como foi mostrado – como objeto puro e simples no processo de produção. Quando esse imediatismo se mostra como consequência de diversas mediações, quando começa a ficar claro tudo o que esse imediatismo pressupõe, as formas fetichistas da estrutura das mercadorias começam a desintegrar-se: o trabalhador reconhece a si mesmo e suas próprias relações com o capital na mercadoria. Enquanto ele for incapaz na prática de se elevar acima desse papel e objeto, sua consciência constituirá *a autoconsciência da mercadoria* ou, expresso de modo diferente, o autoconhecimento, o autodesvendamento da sociedade capitalista, fundada sobre a produção de mercadorias, sobre relações de mercado.[19]

Assim, o ponto de vista do proletariado seria superior ao da burguesia porque o sujeito e o objeto do processo histórico estariam *potencialmente* reunidos na figura do trabalhador.

A burguesia, ao contrário, não poderia ter essa compreensão da realidade, uma vez que isso colocaria em xeque sua própria posição social. Seu ser social deve ser necessariamente duplicado e cindido, pois, de fato, ele permite formalizar e racionalizar os aspectos mais ínfimos da existência no capitalismo, mas sem que haja controle de todo o processo de produção social. Embora a "dilaceração do homem num elemento do movimento das mercadorias e num espectador (objetivo e impotente) desse movimento" também exista para a burguesia, ela tem de aparecer para esta classe como forma de atividade, como um efeito produzido por ela mesma.[20] Entretanto, não lhe restaria mais nada senão observar os processos sociais enquanto tais, de maneira contemplativa

---

19 *HCC*, p. 340-1; *GuK*, p. 352, grifos originais.

20 *HCC*, p. 336; *GuK*, p. 350.

e sem poder alterá-los substancialmente. As "leis" da realidade capitalista só poderiam se impor por sobre a cabeça de seus portadores e agentes ativos, determinando a ação dos capitalistas como um poder desconhecido e irreconhecível – segundo Lukács, o problema da determinação da taxa média de lucro por parte dos capitalistas constituiria o paradigma dessa tendência.

Por outro lado, estratos da classe operária também se distinguiriam por representarem a figura do trabalhador abandonado ao processo de reificação, que, da maneira semelhante ao conjunto da burguesia, encaram sua própria atividade e as relações sociais que a fundamentam como algo exterior, incontrolável e incognoscível. Isso só pode ser afirmado pelo autor porque ele mesmo reconhece que a reificação é o dado geral da estrutura social capitalista, diante do qual todos, tanto burgueses quanto trabalhadores, estão submetidos *imediatamente*. Considerar a existência de maneira imediata significa levar em conta apenas a aparência objetiva da realidade, tornando inacessíveis suas formas e relações estruturais. A possibilidade oferecida pela posição de classe não constitui, portanto, nenhuma garantia de que os trabalhadores vão superar a reificação, pois

> o proletariado aparece como produto da ordem social capitalista. Suas formas de existência – como mostramos na primeira seção – são constituídas de tal maneira que a reificação deve se manifestar nelas de modo mais marcante e mais penetrante, produzindo a desumanização mais profunda. Portanto, o proletariado partilha a reificação de todas as manifestações de vida com a burguesia. [...] o fato de essa mercadoria poder se tornar consciente de si mesma não é suficiente para resolver esse problema.[21]

Do contrário, bastaria que os trabalhadores fossem reunidos por conta da crescente concentração da organização econômica capitalista para que a consciência de classe fosse além dos limites impostos pela reificação.

É possível dizer, assim, que o pano de fundo da crítica de Lukács àqueles setores do movimento operário é oferecido pelo diagnóstico geral da reificação. Ao mesmo tempo, tal crítica ganha seu sentido específico e histórico por meio do confronto com as posições burguesas, mais precisamente, pela aproximação de certas correntes do movimento operário e do marxismo às formas de consciência burguesa. Desse modo, Lukács traça um paralelo entre os diversos grupos adversários de um marxismo revolucionário: II Internacional, socialdemocracia, revisionismo, oportunismo e menchevismo constituem as frações políticas do movimento operário reunidas sob o denominador comum da passividade e do imediatismo, e resumidas na expressão "marxismo

---

21 *HCC*, pp. 309 e 348, respectivamente; *GuK*, pp. 332 e 357, respectivamente.

CAPITALISMO PERENE

vulgar".[22] Entre os principais alvos dessa análise crítica encontram-se nomes como Bernstein, Kautsky, Hilferding e Otto Bauer.

De acordo com o filósofo húngaro, o ponto de partida do marxismo vulgar seria precisamente a pura e simples aceitação da estrutura social imediatamente dada. O reconhecimento e a superação simultânea desse imediatismo constituiria tarefa central do método dialético, o que definiria uma das funções do marxismo ortodoxo como a superação do revisionismo e do utopismo – tal como Rosa Luxemburgo e Lenin já haviam formulado em suas críticas ao revisionismo e à aristocracia operária. Lukács também enxerga nesse confronto uma luta contra as formas de pensamento burguês sobre o proletariado. "Essa ortodoxia não é a guardiã de tradições, mas a anunciadora sempre em vigília da relação entre o instante presente e suas tarefas em relação à totalidade do processo histórico".[23] O marxismo vulgar teria tomado o mesmo caminho que a economia vulgar burguesa, na medida em que para ambos o caráter processual e histórico da sociedade capitalista se torna obscuro. Suas determinações tendem a aparecer como categorias eternas, comuns a todas as formas de organização social, e o marxismo vulgar tão somente reproduziria tais determinações de forma imediata. Nada estaria mais distante do conteúdo revolucionário do método dialético, segundo o qual o conhecimento da realidade só pode ser alcançado se os fatos isolados da vida social forem integrados em uma totalidade.

Diante disso, Lukács ressalta o paralelo entre o marxismo por ele combatido e as concepções próprias à classe burguesa. Por um lado, a sobrevivência da burguesia dependeria dessa concepção naturalizante e atemporal da realidade social, uma vez que isso é a tradução ideológica das contradições sociais. No limite, admitir o contrário significaria para a burguesia o reconhecimento das barreiras do capitalismo. Por sua vez, o marxismo vulgar chegaria às mesmas conclusões a partir de um suposto refinamento crítico. Ambos os pontos de vista poderiam, sim, ser capazes de descrever acontecimentos históricos de maneira detalhada. No entanto, por não tratarem a história como um processo unitário, como um devir social, eles permaneceriam presos às formas de objetividade próprias da sociedade capitalista.

> Suas relações reflexivas, sua "conformidade à lei", que, embora surgidas do mesmo modo desse solo, também ocultam as relações reais da sociedade capitalista, mostram-se como as representações necessárias

---

22 Embora o termo "oportunismo" não constitua uma autodenominada fração do marxismo, mas sim um termo pejorativo, sobretudo em relação ao revisionismo, todos esses termos constituem os momento em que Lukács identifica a aproximação dos trabalhadores ao ponto de vista burguês.

23 *HCC,* p. 104; *GuK,* p. 198.

dos agentes da produção capitalista. Elas são, portanto, objetos do conhecimento, mas o objeto que se torna conhecido nelas e por meio delas não é a própria ordem capitalista de produção, mas a ideologia da classe dominante.[24]

Note-se como Lukács opera aqui com uma distinção entre "formas fetichistas de objetividade", dadas pela realidade social capitalista e aceitas pelos indivíduos, e "verdadeira objetividade de um fenômeno", caraterizada a partir da unidade entre o conhecimento de seu caráter histórico e o conhecimento de sua função na totalidade social.

Essa mesma unidade seria inatingível tanto para os métodos burgueses quanto para os marxistas vulgares. Ambos seriam incapazes de reconhecer que as formas de objetividade do capitalismo, "nas quais o mundo aparece necessária e imediatamente ao homem na sociedade capitalista",[25]ocultam o fato de que elas são nada mais do que relações entre os homens, isto é, elas devem aparecer necessariamente como coisas e relações entre coisas. Trata-se, para Lukács, do verdadeiro abandono do método dialético, consequência do "aburguesamento do pensamento socialdemocrata".[26] Apenas a teoria dialética desenvolvida em Marx ofereceria a possibilidade de compreender as leis internas do movimento da sociedade enquanto produto das relações humanas, que escapam ao seu controle. Ao permanecer no terreno do imediatismo, o marxismo vulgar teria sido incapaz de reconhecer as tendências do desenvolvimento capitalista, aferrando-se, ao contrário, a algumas de suas etapas particulares – lembremos das acusações de Kautsky e Luxemburgo ao apego dos revisionistas aos dados imediatos da configuração do capitalismo da época. Não seria casual o fato de que o oportunismo tenha se colocado sempre no terreno dos fatos, ignorando a direção tomada pela sociedade ou rebaixando-a a um dever ético e subjetivo, como era o caso da teoria bersteiniana acerca do socialismo. Consequentemente, ele estaria desarmado frente àquelas tendências que ainda seriam atuantes e, além disso, ele nunca estaria em condições de dominá-las, seja intelectualmente, seja no campo da prática. A evolução da socialdemocracia mostraria em medida crescente a desintegração da unidade prática e dialética em favor de uma justaposição inorgânica de empirismo e utopia, de apego aos fatos e ilusionismo vazio.

Para Lukács, algumas teorias formuladas no campo da II Internacional constituiriam um verdadeiro protótipo da aproximação de alguns marxistas às formas de pensar e agir da burguesia. Se desde o início o proletariado ficou exposto ao risco de ficar aprisionado no imediatismo junto com a burguesia,

---

24 *HCC,*p. 85-6; *GuK*, p. 186, tradução modificada.

25 *HCC,* p. 87; *GuK*, p. 187.

26 *HCC,* p. 364; *GuK*, p. 368.

CAPITALISMO PERENE

a evolução política da socialdemocracia teria se mostrado claramente como a forma de organização da classe trabalhadora presa às determinações da reificação. A estrutura dos partidos socialdemocratas impedia que o proletariado atingisse a consciência necessária das contradições que a situação econômica e social da época expunha, o que para Lukács correspondia à defasagem da consciência proletária em relação à crise econômica vivida à época. Isso tornaria a reação da classe trabalhadora muito menos intensa e violenta do que a própria crise. Os efeitos negativos desse modelo de partido seriam de tal gravidade que ele terminou por interromper "artificialmente as mediações já penosamente conquistadas", reduzindo os trabalhadores à sua existência imediata, onde eles são "um simples elemento da sociedade capitalista, e não, *ao mesmo tempo*, o motor de sua autodissolução e destruição. [...] Com a ideologia socialdemocrata, o proletariado recai em todas as antinomias da reificação [...]".[27] Em muitas passagens do livro, a intenção é não apenas salientar os equívocos conceituais daquelas concepções, mas também apontar seus fundamentos na ordem social capitalista e, sobretudo, o peso decisivo da reificação.

A análise do Estado feita por algumas correntes do marxismo da época mostraria, em particular, as insuficiências da teoria e da prática do movimento operário limitado pela naturalização e autonomização das relações sociais. Para Lukács, a crítica marxiana do Estado teria sido posta em segundo plano ou até mesmo esquecida, esquecimento que resulta em sua desaprovação não apenas das concepções de Bernstein, que são seu alvo imediato, mas também das teses de Hilferding a respeito da organização do capitalismo por meio da crescente importância do aparelho estatal, já que ambas apostavam em uma crescente democratização do Estado capitalista como fator de transformação social. A omissão da teoria marxiana do Estado representada por essa vertente teria como efeito a simples e pura aceitação do Estado capitalista como um aparelho político neutro, como uma ferramenta de técnica social a ser apropriada e desenvolvida.Por trás dessa aparente neutralidade se esconderia o fato de que a sociedade capitalista só poderia ser apreendida como organização social inalterável. A ação da classe trabalhadora deveria, pois, limitar-se a conseguir o máximo possível no interior do domínio existente.

> A grande diferença entre os marxistas revolucionários e os oportunistas pseudomarxistas consiste no fato de os primeiros conceberem o Estado capitalista *simplesmente como fator de poder, contra* o qual deve ser mobilizada a força do proletariado organizado, ao passo que os segundos concebem o Estado como *instituição acima das classes,* cujo domínio constitui a meta da luta de classes e da burguesia.[28]

---

27 HCC, p. 389-90; *GuK*, p. 383-4, grifos originais.

28 HCC, p. 471; *GuK*, p. 436, grifos originais.

A ala reformista da socialdemocracia tinha necessariamente de conceber o Estado como objeto de luta, e não como adversário, como uma teoria marxista correta observaria. Isso caracterizaria a semelhança das posições daquela ala com as da burguesia, isto é, o fato de que a ordem capitalista não tenha suas regras e sua validade problematizadas em seu curso normal. Todo marxista deveria ter claro que a separação entre o revisionismo oportunista e o marxismo revolucionário está assentada no conhecimento e na avaliação do Estado capitalista. Para Lukács, sem uma discussão dos fundamentos do Estado na sociedade burguesa, não seria difícil para o aparato de poder controlar as transgressões isoladas que vez por outra se apresentam ao conjunto de suas leis – muito embora o próprio Lukács não faça uma exposição sistemática a respeito dos fundamentos de uma teoria marxista do Estado.[29]

Entretanto, a visão equivocada das relações entre Estado e sociedade não seria exclusiva da ala reformista dos partidos operários. Alguns de seus representantes mais radicais cometeriam erros semelhantes a partir de uma posição oposta no espectro do marxismo. Tendo em vista os acontecimentos do *Biennio Rosso* na Itália, especialmente o controle de fábricas e a formação de conselhos operários na região de Turim entre os anos 1919 e 1920, Lukács afirma em um pequeno artigo intitulado "A crise do sindicalismo na Itália" que as aparentes vitórias do levante socialista na verdade traduziam-se como o triunfo espiritual (*geistig*) do *status quo*. A derrota dos trabalhadores naquele país também estaria assentada numa concepção errônea do caráter do Estado no capitalismo. Embora o sindicalismo revolucionário fosse um avanço em relação à "ideologia contrarrevolucionária da II Internacional", ele seria ao mesmo tempo um recuo diante do marxismo revolucionário, isto é, do partido comunista, pois seus representantes se recusavam a ver algo que para Lukács era óbvio, a necessidade desse partido para a organização da classe.[30]

---

29 Não deixa de ser interessante observar uma passagem na qual Lukács enraíza os equívocos da teoria socialdemocrata do Estado na figura de Ferdinand Lassale, alvo principal da crítica de Marx ao programa de Gotha, e antecessor de Kautsky, segundo Lukács. A ideia de um Estado desligado do desenvolvimento econômico capitalista seria completamente estranha e utópica, uma vez que "impele [*drängt*] para a direção da expectativa de um milagre ou de uma política aventureira de ilusões". *HCC*, p. 388; *GuK*, p. 383, tradução modificada. Para uma avaliação a respeito das raízes do reformismo socialdemocrata na política operária do século XIX, cf. Rolf Hoffrogge, *Sozialismus und Arbeiterbewegung in Deutschland.Von den Anfängen bis 1914*. 1ª ed. Stuttgart: Schmeterling, 2011, especialmente as p. 77-113. O autor procura desenvolver a ideia de que haveria uma dualidade no movimento socialdemocrata alemão desde suas origens, tendo em vista que as eleições se transformavam paulatinamente em peça central das ações do partido: na teoria, o partido socialdemocrata era radical; na prática política, medidas reformistas e eleitoreiras teriam primazia.

30 Lukács, "Die Krise des Syndikalismus in Italien" (1920). *Werke*. Vol. II, *Frühschriften*

CAPITALISMO PERENE

Ações políticas levadas a cabo somente por meio da greve geral ou pela simples ocupação de fábricas não seriam suficientes para sua vitória. Dessa maneira,a própria ideologia sindicalista contribuiria para que o poder capitalista permanecesse intocado. "O principal e fatídico erro do sindicalismo se baseia no fato de que ele localiza a oposição entre trabalho e exploração no local imediato da exploração, e com isso os trabalhadores se opõem apenas ao capitalista, não ao Estado capitalista".[31] Ainda que o sindicalismo revolucionário se opusesse ao oportunismo, ele não poderia se contrapor totalmente, pois não havia superado o núcleo do oportunismo de forma radical.

Apreciação semelhante seria feita a respeito da validade ou não das ações parlamentares de um partido operário. Em outro artigo escrito no mesmo período que os ensaios de *História e consciência de classe*, "Sobre a questão do parlamentarismo", há uma afirmação bastante enfática quanto ao papel cumprido pelas instituições parlamentares no capitalismo: elas seriam "o mais inato instrumento da burguesia" na manutenção de seu poder social.[32] Para o proletariado, ao contrário, o recurso às ações exclusivamente parlamentares constituiria tão somente uma arma defensiva, pois afastaria o conjunto da classe de seus objetivos finais. O uso do voto como a principal ferramenta política seria dado por circunstâncias históricas nas quais o proletariadonão seria capaz de combater a burguesia com seus próprios meios, seja por sua imaturidade, seja pelas relações de força entre as classes. Dito de outra maneira, o expediente à política parlamentar só faria sentido se a revolução não estivesse no horizonte visível, isto é, ele deveria ser usado como preparação para a luta ofensiva e própria do proletariado. De fato, Lukács afirma que, enquanto o capitalismo não entrasse em um processo de dissolução [*Auflösungsprozess*], o proletariado permaneceria na defensiva.

Além disso, não faria muita diferença se esse processo fosse percebido de forma consciente ou não. Importava mais a necessidade de preparar a classe trabalhadora para esse momento. Qualquer tática que não pretendesse e não fosse além do parlamentarismo seria própria dos oportunistas.A crença de que as eleições surtiriam efeitos duradouros e transformadores não passaria de uma ilusão, pois em vez de contribuir para a formação da consciência de classe, ela obscureceria a percepção das contradições da sociedade. Isso ajudaria a explicar o fracasso histórico representado pela aprovação majoritária da socialdemocracia aos créditos da guerra que se iniciou em 1914. Se a relação entre o partido operário e a massa representada pela classe estivesse centrada

---

(1919-1922). Neuwied/Berlin: Luchterhand, 1968, p. 123.

31 *Ibidem*, p. 125.

32 *Idem*, "Zur Frage des Parlamentarismus" (1920).*Werke*. Vol. II, *Frühschriften (1919-1922)*, *op. cit.* p. 97.

apenas na questão eleitoral, os trabalhadores se constituiriam então apenas como "uma multidão aparentemente grande, a qual falha completamente no momento em que se torna necessária uma resistência séria".[33]

Assim como a forma geral da sociedade burguesa, os partidos parlamentares serviriam apenas àquele obscurecimento da consciência, já que eles devem reunir interesses diversos, ao encontro da manutenção do poder burguês. Nesse sentido, a "ala direita e o centro do movimento operário, a socialdemocracia", se mostrariam como auxiliares do capitalismo, sem os quais ele não teria a mínima chance de superar sua crise temporariamente e por si mesmo, ideia que se repetiria no livro publicado em 1923.[34] Encarado dessa maneira, a classe trabalhadora teria de permanecer sempre fragilizada em relação às classes dominantes, pois a socialdemocracia "renuncia espontaneamente à vocação histórica do proletariado, com intenção de mostrar uma saída para os problemas do capitalismo que a burguesia não consegue resolver", assim como assiste de maneira fatalista "como as 'leis' do capitalismo levam em direção ao abismo".[35] Ainda com relação ao texto sobre o parlamentarismo, Lukács destaca o papel central que os conselhos operários teriam enquanto contraponto a essas formas de adaptação do proletariado à sociedade capitalista e, mais especificamente, eles representariam a "morte" da socialdemocracia. O parlamentarismo, em contrapartida, seria capaz apenas de uma autocrítica no interior das categorias burguesas, não uma autocrítica do proletariado, uma autocrítica da sociedade capitalista em busca de sua transformação radical, portanto.[36]

---

33 *Ibidem*, p. 101.

34 *Ibidem*, p. 104. Cf. também a resenha de Lukács sobre um livro de 1924 em homenagem a Karl Kaustky, "Der Triumph Bernsteins. Bemerkungen über die Festschriften zum 70. Geburtstag Karl Kautskys". *Organisation und Illusion. Politische Aufsätze III*. Darmstadt/Neuwied: Luchterhand, 1977, p. 195-203. O título do texto se refere ao objetivo final de Bernstein, segundo Lukács: evitar a revolução. Nesse mesmo texto, Lukács sugere que Bernstein teria inclusive expressado o desejo, ainda que de maneira apressada, de ajudar a burguesia em sua pior crise. Por sua vez, a tarefa de Kautsky consistiria justamente em evitar uma cisão interna no SPD (e consequentemente na II Internacional), que aconteceria se se houvesse analisado seriamente as ideias de Bernstein. Se a cisão não tivesse sido evitada a todo custo, a burguesia poderia ter sidoenfraquecida e o partido proletário posto na ordem do dia. Assim, a teoria kautskyana teria sido capaz de ampliar a teoria reformista de Bernstein para uma ampla camada da classe trabalhadora.

35 *HCC*, p. 390; *GuK*, p. 384.

36 Em contraste com essas afirmações, Lukács afirma no último ensaio de *História e Consciência de Classe* que um dos problemas centrais do programa da Liga Spartacus residiria em sua concepção de que o colapso do capitalismo pode ocorrer antes da consolidação da consciência revolucionária no proletariado. Em decorrência disso, seus formuladores não poderiam aceitar que o movimento operário participasse das

CAPITALISMO PERENE

O nexo da teoria e da prática marxista com o Estado também ganharia colorações pequeno-burguesas diante de algumas formulações a respeito de seu caráter. Nesse sentido, Lukács não apenas afirma uma proximidade entre revisionismo e consciência burguesa. Para o autor também era importante descrever o marxismo vulgar como uma forma rebaixada de consciência de classe, até mesmo próxima da pequena burguesia. "É característico da consciência de classe da pequena burguesia que o Estado apareça efetivamente como o Estado em geral, como o Estado por excelência, como uma estrutura abstratamente soberana".[37] Por meio dessa associação, o filósofo húngaro analisa as teses segundo as quais o Estado seria um simples instrumento técnico na sociedade capitalista, sendo que sua conquista seria suficiente para a transição ao socialismo.Proletários educados à maneira da pequena burguesia, segundo Lukács, não poderiam enxergar na revolução socialista um movimento em direção à emancipação, mas sim uma ameaça geral a seu modo de vida. Isso explicaria, a exemplo dos trabalhadores luddistas e da teoria de Proudhon, porque suas ações políticas teriam caráter imediato, sem que apreendessem o núcleo das transformações em jogo. "Sem conseguir compreender a essência do processo, sua defesa totalmente desesperada volta-se para a luta contra as *manifestações imediatas* que ameaçam sua existência habitual".[38]

Não por acaso, Lukács parte desse paralelo entre as proposições teóricas e práticas do marxismo vulgar e as formas de consciência da (pequena) burguesia para tecer uma crítica a muitos dirigentes de organizações e partidos operários, os quais estariam mais interessados na manutenção da ordem social do que na fundação de uma nova sociedade – essa teria de lhes aparecer necessariamente como algo estranho e hostil. Tendo sua experiência na fracassada revolução húngara como pano de fundo, o autor fez uma crítica severa à maneira como a burocracia sindical teria contribuído para o insucesso do levante operário em sua terra natal. Para ele, tratar-se-ia de uma "sabotagem contrarrevolucionária mais ou menos aberta, efetuada pela burocracia sindical

---

formas de política comandadas pela burguesia, especialmente a política parlamentar. *HCC*, p. 538, nota 8; *GuK*, p. 481, nota 1. Segundo Michael Löwy, Lukács manteria tais posições nos anos que precederam imediatamente a redação e a publicação dos ensaios de *História e Consciência de Classe*. No entanto, com sua aproximação da teoria e da política leninista, Lukács abandonaria essa recusa "esquerdista" em não participar absolutamente das instituições políticas burguesas. Ainda segundo Löwy, o livro de 1923 abriria um novo campo teórico que ao mesmo tempo conservaria e superaria o utopismo característico da transição de Lukács ao marxismo.Sobre isso, cf. o livro*Para uma Sociologia dos Intelectuais Revolucionários. A evolução política de Lukács (1909-1929)*. 1ª ed. São Paulo: Livraria Editora Ciências Humanas, 1979, especialmente o capítulo 3, "Lukács esquerdista (1919-1921), p. 159-85.

37 *HCC*, p. 481-2; *GuK*, p. 443.

38 *HCC*, p. 469; *GuK*, p. 434, grifos originais.

na socialização durante toda a ditadura soviética na Hungria, cuja meta foi a restauração do capitalismo tanto quanto possível sem atritos".[39] Esse objetivo posto por dirigentes operários deve ser entendido dentro do quadro em que o proletariado, mesmo tendo conquistado formalmente o poder, ainda estaria preso aos limites traçados pelo desenvolvimento do capitalismo. Nesse sentido, deixar estruturas sociais capitalistas intactas não seria estranho a esses trabalhadores, afinal, seria natural para eles encarar a conquista do poder como um caminho para o retorno a um capitalismo "legítimo". De maneira semelhante, Lukács estende seu argumento para o fracasso da organização dos sovietes húngaros. Comparado ao proletariado russo, que teria compreendido claramente a essência do Estado capitalista e se guiado pela realidade efetiva, a classe trabalhadora húngara estaria presa a ilusões ideológicas.

Diante desse panorama, vemos como Lukács procura enraizar o marxismo no interior dos processos históricos e sociais. Ele só pode existir porque é um produto direto das lutas de classes, e seus avanços e recuos devem ser vistos da mesma maneira. "A evolução do proletariado também reflete a estrutura interna da história da sociedade, que ele foi o primeiro a reconhecer. [...] O autoconhecimento subjetivo e objetivo do proletariado numa determinada etapa de sua evolução é, ao mesmo tempo, o conhecimento do nível atingido nessa época pela evolução social".[40] Se essa evolução social e política do proletariado é condição imprescindível para o conhecimento e a transformação radical da realidade social capitalista, o que significa que a compreensão da totalidade está intrinsecamente ligada à evolução da organização política da classe, então seria um grave erro voltar a suas formas iniciais. Tal é a acusação de Lukács ao revisionismo, uma vez que a separação por ele operada entre movimento e meta final representaria um retrocesso ao nível mais primitivo do movimento operário. Há aqui uma referência à descrição feita por Marx no "Manifesto comunista" a respeito dos socialistas utópicos, a partir da qual a crítica lukácsiana ao revisionismo é empreendida.[41] Embora os socialistas utópicos pudessem enxergar vários aspectos da sociedade capitalista de maneira crítica, a começar pelos antagonismos de classe, a organização política do proletariado é deixada em segundo plano, de forma semelhante às posições da socialdemocracia no início do século XX.

> Particularmente, a dualidade que aqui se manifesta entre o fatalismo econômico e o utopismo 'ético' referente às funções humanas doEstado (dualidade que se baseia em outros termos mas que se encontra

---

39 *HCC*, p. 484; *GuK*, p. 445, tradução modificada.

40 *HCC*, pp. 99-100 e 103, respectivamente; *GuK*, pp. 195 e 197, respectivamente.

41 Ver Karl Marx e Friedrich Engels, "Manifesto do partido comunista" (1848).*Estudos Avançados*. São Paulo vol. 12, nº 34, Set-Dez 1998, p. 38-40.

essencialmente na atitude da socialdemocracia) significa que o proletariado se colocou no terreno das concepções burguesas e, nesse domínio, a burguesia naturalmente conservará sua superioridade.[42]

Contrapondo-se a esta ideia, Lukács afirma: não se pode separar uma coisa da outra, pois isso significaria justamente esquecer que somente a evolução do proletariado enquanto classe permite a ele conferir sentido revolucionário a sua luta. Ou ainda, essa cisão estabelecida pelo revisionismo impediria completamente a formação da consciência de classe, afastando-a da compreensão da realidade. Assim, o revisionismo permaneceria, à maneira das ciências naturais, preso ao empirismo da vida cotidiana, "no terreno 'natural' da existência".[43] Somente a dupla evolução da organização e da consciência da classe trabalhadora permitiria entrever que a meta final só pode ser vislumbrada e alcançada porque as tendências sociais que levam em direção a ela podem ser reconhecidas. Ao mesmo tempo, a ideia de que o movimento operário deva ser entendido dentro do quadro histórico geral permite entender que a própria existência do revisionismo estaria assentada no desenvolvimento do capitalismo. A discussão dos caminhos seguidos pelas organizações proletárias e o pelo movimento socialista em *História e consciência de classe* pode ser vista de maneira exemplar por meio do exame do conceito de "crise ideológica".

Crise ideológica

Como já foi ressaltado, os ensaios de Lukács foram escritos à luz dos acontecimentos históricos que fizeram com que os levantes operários e socialistas do fim da primeira década do século XX fossem derrotados, exceção feita à revolução russa. O livro constituiu-se como uma resposta particular não apenas aos eventos vivenciados pelo próprio autor enquanto comissário dos conselhos operários húngaros ou da sequência dramática de fatos ocorrida na Alemanha, sobre os quais ele discorreu em muitos artigos. Além dessa reflexão, o livro também pode ser lido como uma análise das confluências sociais que levaram àqueles acontecimentos, em especial a ação decisiva da reificação sobre amplas parcelas da classe trabalhadora. O exemplo mais paradigmático de tais considerações no livro de Lukács é oferecido pelo conceito de crise ideológica, tendo em vista não apenas sua originalidade, mas também as dificuldades trazidas por sua formulação. Sua crítica acerba a diversas correntes do movimento operário organizado e do marxismo devem ser lidas a partir dessa discussão. O reexame do conceito permite averiguar os motivos que fazem do conjunto de ensaios uma obra atravessada por contradições, especialmente

---

42 *HCC*, p. 388-9; *GuK*, p. 383, grifo original.

43 *HCC*, p. 102; *GuK*, p. 196.

marcadas pela crítica radical às formas de sociabilidade burguesa e seus efeitos sobre os agentes sociais, por um lado, e a insistência de Lukács em argumentos cujo tom não escapa de certa abstração e certo idealismo, por outro lado.

Tendo em vista o período de forte agitação política e social no qual foi escrito *História e consciência de classe*, e inspirado pelo debate a respeito das transformações do período, Lukács pode afirmar que o capitalismo estaria vivendo uma época de decadência objetiva. Duas tendências intelectuais distintas se aproximariam por conta de seu fracasso em apreender essa objetividade. Por um lado, as teorias econômicas de então expressariam a capitulação ideológica da burguesia diante do marxismo, pois tiveram de reconhecer que este atinge um nível de compreensão da totalidade social ao qual a consciência burguesa não tem acesso. O exemplo mais claro disso talvez seja o abandono da teoria econômica orientada puramente pelo mercado em favor do reconhecimento da necessidade de organização da produção capitalismo, ponto, aliás, que aproximaria a ciência burguesa do ponto de vista socialista. Por outro lado, como já foi visto, muitos marxistas teriam passado ao campo burguês, tornando parte do movimento socialista influenciado por suas teorias. A suposta necessidade do recurso à filosofia e à ciência burguesa para o conhecimento da realidade, ideal metódico do revisionismo, seria para Lukács sinal da capitulação de parte do movimento socialista.Tal cientificismo de muitos autores marxistas teria como base a extensão da reificação a todas as esferas da atividade humana, e mais especificamente a (certas) fileiras do movimento operário.

> A natureza não-científica desse método aparentemente tão científico reside, portanto, no fato de que ela não dá conta do *caráter histórico* dos fatos que lhe servem de base e de que ela o negligencia. [...] Por conseguinte, aquela "ciência" que reconhece como fundamento de valor científico a maneira como os fatos são imediatamente dados, e como ponto de partida da conceitualização científica sua forma de objetividade, coloca-se simples e dogmaticamente no terreno da sociedade capitalista, aceitando sem crítica sua essência, sua estrutura de objeto e suas leis como um fenômeno imutável da "ciência".[44]

A partir desse exame, Lukács acentua a incapacidade da burguesia em defender sua ordem social por si mesma. Porém, mais importante para ele era o fato de que parcelas significativas da classe trabalhadora passassem a cumprir a tarefa dessa defesa. Que a burguesia "necessita não apenas de trânsfugas do campo do proletariado, mas também – e isso é o principal – que não é mais capaz de dispensar o método científico do proletariado, é claro que sob uma forma deformada", seria evidente para uma classe que não pode vislumbrar o fim

---

44 *HCC*, p. 73-4; *GuK*, p. 177-8, grifos originais, tradução modificada.

CAPITALISMO PERENE 93

da ordem social criada por ela mesma, sob risco de aniquilar a si mesma.[45] A questão seria bem mais espinhosa quando se considera a classe operária. Desse modo, aquele duplo movimento teria consequências fundamentais para o proletariado e a possibilidade de levar a cabo sua luta pela emancipação. Lukács fala de uma "crise ideológica" no seio do movimento operário, tornada visível pela "renegação teórica que abrange de Bernstein a Parvus".[46]

Outro fator importante para compreender as críticas de Lukács ao processo de integração da classe operária no capitalismo diz respeito ao papel exercido pelo nacionalismo, tendo em vista especialmente o apoio massivo tanto de trabalhadores quanto dos partidos socialdemocratas ao conflito armado iniciado em 1914. Ele pode ser visto como o exemplo modelar daquilo que Lukács descreve como crise ideológica. As ideologias nacionalistas não seriam exclusividade de camadas pequeno-burguesas, mas estariam, segundo o autor, presentes no próprio proletariado, especialmente nos países subordinados na ordem mundial. O mais importante, contudo, é entender como o autor observa na aprovação dos créditos algo além de uma simples traição. Ela seria a extensão da lógica social e histórica própria aos oportunistas.

> A vitória sem resistências da burguesia imperialista sobre o conjunto da II Internacional nos dias da mobilização de 1914 e a possibilidade de ampliar e consolidar sua vitória durante a guerra mundial dificilmente poderiam ser compreendidas e avaliadas como "acidente" ou como mera consequência da "traição" etc. Se o movimento operário revolucionário quisesse se recuperar dessa derrota e mesmo utilizá-la como apoio para futuros combates vitoriosos, *seria imprescindível então compreender esse fracasso, essa "traição" no contexto da história do movimento operário; seria preciso entender o social-chauvinismo, o pacifismo etc. como a extensão lógica do oportunismo enquanto orientação.*[47]

Lukács enfatiza: o fracasso do movimento operário organizado só poderia ser entendido em toda sua extensão como consequência direta de seu percurso histórico. Portanto, longe de atribuir qualquer sentido moral às escolhas feitas pela socialdemocracia, o autor as enraíza no interior de um processo social objetivo, em acordo com seu método de investigação, que prioriza o vínculo entre os fenômenos históricos e a totalidade social. Nesse sentido, Lukács considera essa situação a partir de dois fatos: 1) uma parcela significativa das lideranças operárias teria se colocado abertamente do lado da burguesia, ao mesmo tempo em que outra parte estaria com ela aliada, embora sem sabê-lo; 2) essa liderança seria simplesmente aceita por parte importante da classe trabalhadora.

---

45 *HCC*, p. 420; *GuK*, p. 402.

46 *Ibidem, loc. cit.*

47 *HCC*, p. 514; *GuK*, p. 464, grifos originais, tradução modificada.

O reconhecimento desse arranjo histórico o levaria a dizer que o proletariado encontrava-se cindido em suas fileiras, e que isso seria crucial para uma correta ação dos partidos políticos. No entanto, não deixa de ser contraditório que o autor enxergue o problema não no fato de que os trabalhadores ajam dessa maneira, mas que eles sejam convencidos por suas lideranças a tal.

Ao mesmo tempo, seria natural que Lukács concebesse a questão dessa maneira, uma vez que ela é toda centrada na passagem, realizada de maneira externa, da consciência reificada à consciência verdadeira. Em poucos trechos de sua obra ficaria tão clara a divergência a qual suas reflexões remetem: de um lado a intenção de explicar os rumos do movimento operário de acordo com o movimento geral da sociedade capitalista, ou seja, de acordo com sua restruturação na virada do século; de outro, o apego a teses típicas do marxismo da II Internacional a respeito da maturidade do proletariado, a despeito da situação histórica na qual a classe se inseria. Daí que ele se pergunte: "como arrancar dessa liderança aquela grande massa do proletariado, que é *instintivamente* revolucionária, mas *nunca* chegou a uma *clara consciência*"?[48]

Isso nos remete mais uma vez às dificuldades teóricas do livro de Lukács. A insistência do autor em remeter a possibilidade da revolução proletária à questão da verdadeira e da falsa consciência pode ser esclarecida por uma passagem na qual se explica a naturalização das relações sociais e sua aceitação pelos indivíduos porque a sociedade seria em sua essência um poder espiritual, "do qual apenas o conhecimento pode nos libertar".[49]Lukács recorre a esse expediente em outros momentos de seu livro. No ensaio inicial sobre o marxismo ortodoxo, o autor cita uma frase de Marx que diz muito a respeito da importância dada ao processo de conscientização, extraída de suas cartas aos Anais Franco-Alemães: "Ver-se-á então que há muito o mundo sonha com uma coisa da qual basta que ela possua consciência para possuí-la realmente".[50]

A conscientização é vista, portanto, como o "passo decisivo" a ser dado pelo processo histórico para que ele concretize seus potenciais. Esta última citação nos oferece um indício das dificuldades de Lukács em lidar com a crise da revolução proletária e a integração social, justamente porque o autor enxerga a crise do capitalismo como um momento em que a consciência dos trabalhadores poderia ser potencialmente elevada. Lidos na ordem em que foram editados, os ensaios de *História e Consciência de Classe* parecem mostrar as dúvidas de Lukács a respeito da efetividade do processo de conscientização enquanto tal. O caráter contraditório dessas afirmações pode ser atestado pelo confronto com algumas afirmações feitas pelo próprio autor, que reconhece a

---

48 *HCC*, p. 516; *GuK*, p. 465, grifos originais.

49 *HCC*, p. 475; *GuK*, p. 438.

50 *HCC*, p. 65; *GuK*, p. 172.

CAPITALISMO PERENE

necessidade de uma transformação que vá além da simples política: "[...] a verdadeira revolução social só pode ser a remodelação da vida concreta e real do homem e que aquilo que se costuma chamar de economia não é outra coisa senão o sistema das formas de objetivação dessa vida real".[51]Trata-se de saber se essa "remodelação" poderia ser alcançada em vista das configurações objetivas do capitalismo. Lukács acreditava que sim, em grande medida porque ele ressalta a "decadência" do capitalismo em muitas passagens.Dessa forma, os obstáculos postos ao movimento operário organizado, para sua ação consciente, seriam de natureza puramente ideológica. Certamente, não podemos descurar da observação de Lukács de que a ideologia é uma barreira à transformação radical da sociedade capitalista, pois ela seria desenvolvida posteriormente, à luz de mudanças históricas, por uma série de autores. Mas aqui o voluntarismo tantas vezes atribuído à figura do filósofo húngaro parece ganhar sentido, uma vez que bastaria atribuir a consciência verdadeira ao conjunto da classe para que a revolução fosse concretizada.[52]

Essa contradição se expressa de maneira vigorosa no conceito de "crise ideológica", o qual procura dar conta justamente do fato de que "em meio à crise fatal do capitalismo, amplas massas do proletariado ainda vivenciam o Estado, o direito e a economia da burguesia como o único meio possível de sua existência. Segundo essas massas, esse meio deveria ser melhorado em muitos pontos ('organização da produção'), mas ainda assim constitui a base 'natural' 'da' sociedade".[53] Em si mesmo, isso não seria uma surpresa para Lukács. Para o autor, o desenvolvimento da consciência de classe, de sua auto-organização política, levaria bastante tempo até que estivesse maduro o suficiente. Durante

---

51 HCC, p. 383; GuK, p. 379-80.

52 É impossível não fazer referência à crítica severa empreendida por Mészáros a respeito desse aspecto de História e Consciência de Classe. De forma resumida, o autor afirma que, diante da incapacidade de Lukács em reconhecer as tendências do desenvolvimento objetivo do capitalismo e a possibilidade real oferecida para sua estabilização, não restaria mais nada senão a insistência no poder decisivo dos puros fatores ideológicos. "A ênfase irrealista e exagerada colocada nos fatores ideológicos e políticos acompanha passo a passo a fatal subestimação do poder de recuperação do capital e da continuidade de seu domínio. A sugestão de que a estabilidade capitalista existe apenas 'nas mentes dos trabalhadores' – os quais, assim, percebem de uma forma totalmente irracional 'a posição objetiva extremamente precária da sociedade burguesa' – é um exemplo nítido a esse respeito". Para além do Capital, op. cit., p. 388. Com isso, Lukács seria incapaz de explicar materialmente por que vastas parcelas do proletariado haviam aderido ao reformismo. No entanto, embora as críticas de Mészáros sejam bastante pertinentes e tenham sido importantes para este capítulo do trabalho, gostaria de sugerir, ao contrário de sua opinião, que Lukács procura, sim, fundamentar esse fenômeno de maneira objetiva, ainda que contraditória.

53 HCC, p. 475; GuK, p. 439.

o intervalo entre as lutas imediatas e defensivas da classe e sua vitória definitiva, restaria uma série de barreiras colocadas, especialmente onde o capitalismo se desenvolvera. Embora o capital tivesse se concentrado enormemente e feito com que a classe trabalhadora também se concentrasse, ela não teria sido capaz de acompanhar *pari passu* essa evolução tanto em sua consciência quanto em sua organização. Assim, esse desenvolvimento traria consigo o contágio ideológico com as formas de vida capitalistas, tornando camadas da classe trabalhadorapróximas ao modo e estilo de vida da pequena e até mesmo grande burguesia.

Daí que a organização política do proletariado, corporificada no partido comunista, tivesse aos olhos de Lukács um papel essencial na luta contra essa defasagem entre o desenvolvimento do capitalismo e as formas de consciência de classe. A função principal do partido seria tornar consciente o que se apresenta de maneira latente para os trabalhadores, isto é, a experiência cotidiana de vivenciar a força de trabalho como simples mercadoria e que revelaria aos trabalhadores a diferença crucial entre sua posição de classe e os demais grupos sociais no capitalismo. Ao lançar as bases desse processo de conscientização no partido político, tratar-se-ia para Lukács de aceitar que a consciência de classe não se apresenta de maneira unívoca e nem de maneira paralela à crise. Somente assim seria possível entender porque boa parte dos trabalhadores permanece presa à influência intelectual da burguesia e que o desenvolvimento da crise não consiga arrancar o proletariado de seu estado passivo. "O que se mostra aqui é algo muito diferente de um paralelismo simples e linear e uma grande discrepância de maturidade concernente à consciência de classe no interior de camadas de trabalhadores economicamente na mesma posição".[54]

Aqui se apresenta de maneira bastante clara o problema da *ideologia*, especialmente entendida como *pressuposto do funcionamento pacífico da sociedade*, questão que poderia sintetizar radicalmente o conceito de reificação. Isso não significa, porém, que o conceito deva ser entendido como uma simples "força espiritual". O próprio autor procurou mostrar isso, ao fundamentar o fenômeno na estrutura social mais elementar do capitalismo, a mercadoria, e na característica decisiva de sua reprodução, isto é, o fato de que ela se assenta na necessidade permanente de ampliar o domínio do trabalho abstrato. Esse diagnóstico, assentado nas bases objetivas do funcionamento da sociedade capitalista, permitiria a Lukács entrever porque os trabalhadores aceitavam a ordem social como um dado natural. Contudo, sua ênfase nos aspectos puramente "idealistas" do problema dificultou a compreensão dessa análise. Existe, sim, no livro o pressuposto de que o reverso da reificação só pode ser atingido por meios materiais, ou seja, apenas se a base das relações sociais capitalistas for radicalmente transformada, o que implica afirmar o fim da propriedade priva-

---

54 *HCC*, p. 539; *GuK*, p. 482.

CAPITALISMO PERENE

da e do trabalho abstrato. No entanto, dada não apenas a dificuldade de Lukács em compreender as transformações de época do capitalismo, mas também a influência decisiva que o debate da época exerceu sobre o autor, é possível começar a entender porque Lukács não pode ir mais longe em seu diagnóstico.

Um dos limites mais claros, não apenas de *História e consciência de classe,* mas de toda a discussão de época a respeito do problema da aceitação da ordem social pelos trabalhadores talvez esteja expresso no uso que se fez do termo "aristocracia operária", ou, nos termos que o próprio autor coloca, do "aburguesamento"(*Verbürgerlichung*) da classe operária. Lukács descreve essa situação como uma "situação objetiva", que possibilita a existência do menchevismo e de outras correntes no interior do marxismo. Marx e Engels já teriam no século XIX entrevisto o "aburguesamento daquelas camadas de trabalhadores que, devido aos lucros dos monopólios ingleses da época, mantiveram uma posição privilegiada em relação a seus companheiros de classe".[55] Com a consolidação do imperialismo, tal camada teria se desenvolvido por toda parte, tornando-se opositora ferrenha aos trabalhadores revolucionários. No entanto, e de uma maneira que expõe os limites de seu entendimento do problema histórico, Lukács ressalta que esse "aburguesamento" não seria suficiente para explicar o movimento menchevique e, por extensão, o revisionismo e outras alas da socialdemocracia – em primeiro lugar, porque as posições privilegiadas do proletariado estariam abaladas. Seguindo as trilhas deixadas por Lenin a respeito da aristocracia operária, os trabalhadores "aburguesados" constituíram uma parcela mínima, porém importante do movimento operário, uma vez que representariam o perigo permanente de uma "contaminação ideológica". Mesmo que Lukács tenha identificado a objetividade desse fenômeno, tem-se a impressão de que ele não pode extrair todas as consequências dele, já que permanecera preso às determinações teóricas do marxismo da época.

Na visão de Lukács no último dos ensaios, a própria existência de um partido comunista estaria justificada pela divisão interna do proletariado. Como não existiria unidade na consciência da classe e na clareza dos objetivos a serem alcançados, a constituição do partido como uma organização separada da classe se mostraria necessária. Embora Lukács tenha afirmado que o aburguesamento de camadas dos trabalhadores constituísse um fenômeno social objetivo, ele mesmo afirma que a estratificação no interior da classe não teria por base diferenças objetivas, isto é, aqueles critérios que separariam as classes umas das outras – em especial o tipo de relação estabelecida com o processo produtivo:

> aquelas estratificações no proletariado, que conduzem aos diferentes partidos operários, à formação do partido comunista, não são

---

55 *HCC*, p. 539; *GuK*, p. 481.

estratificações econômicas e objetivas do proletariado, mas gradações na marcha do desenvolvimento de sua consciência de classe. [...] Todo operário nascido na sociedade capitalista e crescido sob sua influência tem de percorrer um caminho mais ou menos árduo de experiências, a fim de conseguir compreender corretamente sua própria experiência de classe.[56]

Em contraste, desde a obra de Bernstein, parte do marxismo teria procurado apresentar essas estratificações como essenciais, de maneira que elas seriam vitais para a reformulação da política operária. Para Lukács, a vitória desse tipo de concepção representaria a perda da autonomia e da unidade da classe trabalhadora.

Podemos ver, dessa forma, que os últimos ensaios apontam para uma maior sutileza das opiniões de Lukács, ao mesmo tempo em que outras são aprofundadas. Não por acaso, o mesmo termo seria usado posteriormente para explicar o destino da classe operária nos países avançados, mas sem restringir sua explicação ao conceito de aristocracia operária, como veremos na sequência deste livro. Não se pode dizer o mesmo de Lukács, afinal, o autor manteria a centralidade desse termo. Talvez o texto de Lukács que mais dialogue diretamente com o problema das transformações do capitalismo seja aquele publicado em 1924, no qual o autor faz uma homenagem às ideias de Lenin, morto naquele ano. Mais do que em qualquer outro lugar, Lukács teceu nessa obra comentários a respeito da caracterização do período histórico em que vivia. Para as intenções deste trabalho, não importa tanto saber se a interpretação feita de Lenin é adequada ou não. Mais importante é tentar vislumbrar como Lukács entendia a evolução do capitalismo e suas consequências para a classe trabalhadora. Dentre os momentos importantes da nova etapa que se consolidava naquele período, Lukács destaca a concentração do capital, a colonização e a importância crescente dos bancos. Coloca-se, então, a seguinte questão: constituiriam esses aspectos tão somente a evolução natural do capitalismo, ou seriam eles indícios de uma nova etapa, para qual seriam necessárias novas formas de ação política? De fato, como o autor admite, Lenin não teria sido o primeiro a supor uma nova fase do desenvolvimento do capitalismo, já que tanto Hilferding quanto Luxemburgo teriam reconhecido seus novos fenômenos. O que diferenciaria o líder revolucionário russo de outros teóricos do imperialismo estaria baseado em sua capacidade de ligar concretamente a teoria econômica aos problemas políticos concretos. Segundo Lukács, mesmo Rosa Luxemburgo, que teria desenvolvido uma teoria econômica bastante acurada do imperialismo e ligado as questões de economia à política, não teria sido bem-sucedida em reconhecer as forças sociais e políticas atuantes.

---

56 *HCC*, p. 572; *GuK*, p. 503.

CAPITALISMO PERENE

Embora *Lenin – um estudo sobre a unidade de seu pensamento* tenha sido escrito posteriormente aos textos de *História e consciência de classe*, podemos entrever em suas linhas uma argumentação semelhante, especialmente pela ênfase dada à questão da organização de um partido proletário, fundamental para o surgimento de uma consciência de classe atribuída. Enquanto nos ensaios publicados em 1923esse problema aparece de forma bastante matizada, já que Lukács ora se vincula a uma posição luxemburguista, ora pende para a necessidade de um partido centralizado, no texto em questão o autor já não tem dúvidas: o partido leninista seria a única maneira de fazer com que o proletariado alcançasse uma consciência de classe que desse conta dos problemas sociais centrais. Porém, essa passagem entre luxemburguismo e leninismo característica da obra lukácsiana não diz respeito apenas às suas concepções de partido e a maneira correta de organizar a classe trabalhadora. Ela também se refere à contradição fundamental exposta por Lukács entre a constatação do domínio da reificação e as possibilidades de escapar dela. Isso não significa que uma ou outra dessas vertentes políticas tenha sido bem-sucedida em reverter a naturalização das relações sociais capitalistas. Ao contrário, a tensão entre Luxemburgo e Lenin pode ser um indício também das dificuldades de Lukács em lidar com os desafios que seu tempo histórico lhe impunha.

O problema posto em *História e consciência de classe* reaparece no ensaio posterior, pois Lukács assume que o desenvolvimento do capitalismo torna possível que alguns estratos da classe trabalhadora possam se aproximar da pequena e da grande burguesia, tanto ideologicamente quanto em seu estilo de vida. Se por um lado Lukács ressalta o fato de que o partido leninista rejeite todo e qualquer mecanicismo, por outro ele adverte: "[...] a atividade consciente do partido se baseia em um conhecimento claro da necessidade objetiva do desenvolvimento econômico [...]. É sua tarefa prever qual direção o desenvolvimento das forças econômicas objetivas toma, em que consiste a atitude apropriada do operariado que surge dessas situações".[57]Mas então surge uma série de questões: seria o conceito de "aristocracia operária" suficiente para descrever o estado em que se encontravam as massas de trabalhadores? Não seria esse um conceito incompatível com a descrição do fenômeno da reificação, na medida em que o desenvolvimento do capitalismo conseguia efetivar seu domínio como algo natural, a despeito de suas contradições? Teria de fato o partido leninista reconhecido as tendências centrais do capitalismo da época? Tendo em vista as posteriores discussões realizadas pela III Internacional e especialmente sua dificuldade em identificar a ascensão do movimento nazifascista, a resposta não parece muito favorável a Lukács.

---

57 Lukács, "Lenin. Studie über den Zusammenhang seiner Gedanken" (1924). *In: Organisation und Illusion. Politische Aufsätze III, op. cit.*, p. 237.

Além disso, ainda segundo a influência do leninismo, Lukács também reconhece nas organizações mencheviques e nas lideranças sindicais por elas controladas uma clara expressão da crise ideológica, ou ainda, do fato de que as organizações operárias cujas teorias gravitavam mais ou menos em torno do revisionismo e do oportunismo nada mais seriam que a forma política assumida e ao, mesmo tempo, possibilitada pela crise ideológica. Tais organizações trabalhariam conscientemente na preservação da simples espontaneidade das ações políticas dos trabalhadores e da maneira como elas se apresentam – dependência de um objetivo imediato e fragmentação profissional, por exemplo. O efeito desse trabalho impediria qualquer acesso do proletariado ao ponto de vista da totalidade, o que significaria romper com esses dados imediatos. Em continuidade com sua crítica à situação dos trabalhadores na Itália, Lukács tece a seguinte consideração a respeito do sindicalismo enquanto forma de organização política da classe trabalhadora: "os sindicatos acabam se encarregando mais de atomizar, de despolitizar o movimento e de encobrir a relação com o todo, enquanto os partidos mencheviques cumprem a função de fixar ideológica e organizacionalmente a reificação do proletariado, e de mantê-lo no nível do aburguesamento relativo".[58] Lukács faz uma reflexão semelhante em relação a Kautsky e seus partidários: eles seriam a expressão teórica da crise ideológica.

Já foi dito aqui que algumas das contradições mais agudas de *História e consciência de classe* aparecem nos vários momentos em que Lukács faz uso da expressão "crise ideológica" , especialmente quando vistos em confronto com a situação histórica do período em que ela foi formulada. De forma mais específica, elas estão diretamente relacionadas à maneira como Lukács havia entendido as transformações e a dinâmica do capitalismo entre o final do século XIX e o início do século XX. Embora o livro não ofereça nenhuma teoria acerca do assunto, é possível perceber alguns elementos que definem os contornos das concepções do autor a respeito do assunto. Eles permitem ilustrar como a compreensão de Lukács a respeito da extensão da reificação sobre os trabalhadores e das tarefas decorrentes é entrecruzada por seu diagnóstico mais geral sobre a economia capitalista, sobretudo por meio de suas considerações sobre o problema da crise.

Teoria das crises

Esse aspecto dos escritos de Lukács parece pouco enfatizado pela literatura que se seguiu e procurou dar conta das questões postas pelo conjunto de textos do filósofo húngaro. Não se trata de dizer, evidentemente, que a importância do conceito de crise para Lukács não tenha sido ressaltada pelos comentadores

---

58 *HCC*, p. 547-8; *GuK*, p. 487.

e pela recepção do livro. Pouco lembrado é o fato de que a teoria das crises sugerida por Lukács possui problemas não tão secundários, com questões consideráveis para a leitura do autor a respeito da extensão da reificação e de sua superação. Elas permitem relacionar o conteúdo de seus ensaios com os debates econômicos do período e compreender como o filósofo húngaro, tomado pela luta a favor da resistência socialista face aos ataques da contraofensiva do capitalismo em recuperação, possivelmente deixou de observar tendências de época do capital e sua reorganização diante da crise. Em minha opinião, o problema das crises e de sua superação pelos diversos mecanismos econômicos e políticos introduzidos no fim do século XIX e início do século XX trouxe dificuldades à leitura lukácsiana do momento histórico no qual elaborava seus textos.

Isso é ainda mais espantoso se considerarmos as palavras proferidas pelo próprio autor a respeito da centralidade dos problemas do presente e das tendências históricas nele contidas. Logo no prefácio ao livro, Lukács afirma que a meta principal do livro, compreender a essência do método marxista e aplicá-lo corretamente, deveria tomar por base o conhecimento do presente. Apenas o método marxista, e somente ele, permitiria não apenas entender, mas sobretudo resolver os problemas mais fundamentais da época, a crise, a guerra e a revolução, e por último, mas não menos importante, o ritmo lento do desenvolvimento da revolução. Lukács procura de antemão compreender por que o proletariado não entrou num estágio "verdadeiramente" revolucionário, antecipando as formulações posteriores da teoria crítica. Porém, o próprio autor reconhece ter levado em conta o presente histórico de modo parcimonioso, o que traria consequências importantes no desenvolvimento dos ensaios.

Um autor pode ser reconhecido por sua capacidade de antever fenômenos que em sua época estavam apenas germinando. Ao contrário, seria injusto acusá-lo de não ter previsto acontecimentos que se dariam apenas anos ou décadas depois. Assim, não se trata pura e simplesmente de atribuir a Lukács o erro de não ter compreendido as tendências transformadoras pelas quais o capitalismo de sua época passava, na medida em que estas, tais como as medidas anticíclicas incorporadas pelo aparelho estatal, só seriam efetivadas com a quebra das bolsas de valores em 1929. Não é o caso, pois, de responsabilizar o filósofo húngaro de algo do qual ele não poderia ser culpado, dados os limites estruturais que o período histórico impunha. Trata-se, sim, de avaliar em que medida o diagnóstico lukácsiano acompanhava ou não as discussões contemporâneas a respeito de tais transformações e em que medida elas foram decisivas para a construção de seus argumentos. É preciso, pois, reconstruir como a questão da crise é abordada em *História e consciência de classe*, tendo em vista as discussões sobre a reprodução do capitalismo e a possibilidade ou necessidade das suas crises.

Por um lado, Lukács ressalta a crise como símbolo dos limites da consciência burguesa, já que admitir que o capitalismo esteja em xeque representaria o reconhecimento da necessidade de outra forma de organização social, como visto anteriormente. Por outro lado, o conceito de crise que o autor apresenta parece ser apenas formal, na medida em que não dá conta da possibilidade que a crise representa, tanto para a burguesia quanto para o capital em geral, de um reordenamento da estrutura econômica e social, permitindo que o processo de acumulação volte a seguir seu curso normal.[59] Tampouco existe no livro uma discussão detalhada da teoria das crises, mas somente apontamentos que partem de constatações mais gerais sobre os problemas do capitalismo em sua reprodução. Vários são os aspectos a considerar para entender por que Lukács recorre de maneira limitada à crise e às transformações do capitalismo.

Já vimos no exame da crítica de Lukács ao marxismo vulgar como o proletariado não teria reagido à crise da maneira esperada, uma vez que a social-democracia tornava impossível a compreensão da crise como fenômeno estrutural do capitalismo. Pode-se dizer, assim, que a crise não apenas representou os limites da compreensão teórica da burguesia, mas também restringiu o tipo de resposta prática da classe operária. Daí que exista essa antinomia nas concepções de Lukács, muito em função das visões de crise que imperavam no marxismo da época: a ideia de que ela seria mais ou menos inevitável foi decisiva para que a ação política do proletariado fosse entendida como o elemento fundamental de sua superação. Uma possível reestruturação em curso do capitalismo, que para Lukács seria apenas o resultado negativo de uma política operária malsucedida, não era vista no horizonte teórico do marxismo daquela época – de fato, a noção de que o capitalismo viveria uma fase de "estabilização relativa" só seria formulada após a publicação de *História e consciência de classe*, mais especificamente com o livro de Eugen Varga, *O declínio do capitalismo – a economia de um período de decadência do capitalismo depois da estabilização*, de 1928.

Talvez em nenhum outro texto Lukács expresse de maneira tão clara suas concepções a respeito da crise do capitalismo quanto no ensaio sobre a mu-

---

59 Caberia aqui também citar novamente o comentário de Mészáros, para quem os equívocos do livro de 1923 residiriam, em parte, numa positivação excessiva da política em detrimento da perspectiva mais ampla enaltecida por Marx. A transformação efetiva do capitalismo para uma sociedade socialista só poderia ocorrer se houvesse uma radical transformação no metabolismo e nas relações de produção da sociedade, e não apenas por meio da política, que estaria fadada à renovação dos mecanismos de dominação capitalista. A ausência de uma perspectiva maior em Lukács seria justificada, por um lado, pelas raízes idealistas de suas concepções e, por outro, pelo momento histórico específico no qual escreveu seus ensaios, momento esse que pouco permitiria pensar em alternativas históricas viáveis à reprodução do capital. Ver *Para além do Capital, op. cit.*, p. 79-84.

CAPITALISMO PERENE

dança de função do materialismo histórico. Embora o autor dedique poucas páginas a respeito do assunto, elas mostram de maneira ilustrativa não apenas suas concepções, mas também os problemas aos quais elas se ligam, sobretudo se tivermos em mente o debate de época. Acima de tudo, a crise é vista como um momento de indeterminação do movimento normal do capitalismo, ou ainda, como o próprio autor diz, "um ponto morto no desenvolvimento regular do capitalismo".[60] Somente o proletariado, e aqui parece surgir um dos limites da análise de Lukács, seria capaz de definir uma direção que colocasse as forças econômicas novamente em marcha, em virtude de ele mesmo ser a principal força produtiva. Por não ter acesso ao ponto de vista da totalidade, a burguesia seria incapaz de decidir ativamente os rumos do capitalismo.

À maneira das teorias do subconsumo da ortodoxia socialdemocrata da virada do século, o autor vê na própria existência do proletariado o limite do processo de acumulação do capital, uma vez que a crise seria sempre condicionada pela contradição entre a expansão da valorização e a base estreita em que se assentam as relações de consumo. Desse modo, o fundamento da crise estaria radicado nas relações antagônicas de distribuição, assim como na esteira da contradição apontada pelo marxismo no início do século XX entre a socialização da produção e as forças anárquicas do capitalismo: "na produção proletária trata-se, sabidamente e em primeiro lugar, da luta do sistema econômico organizado com o sistema anárquico".[61] Lukács afirma explicitamente que não analisa as maneiras como as classes burguesas foram capazes, no passado, de colocar aquelas forças mais uma vez em funcionamento, embora ele diga que os métodos para tal sempre foram extra-econômicos – ou seja, para ele, a extensão da produção capitalista não teria nenhum papel a cumprir nessa reorganização, mas tão somente o uso da força.

Não se pode dizer que Lukács não tivesse noção das contratendências que se impunham à crise do capital, pois ele mesmo afirma que o simples prolongamento do desenvolvimento anterior à crise não traria uma solução. Mas o autor não parecia ter muito claro quais seriam essas contratendências para além do plano da consciência, isto é, para além da "crise ideológica". Tanto é assim que Lukács vê na imaturidade do proletariado, em sua incapacidade de transcender sua adaptação à produção como mero apêndice, a causa central para que o antagonismo presente na crise não seja visível. Daí que possa "surgir a ilusão de que as 'leis da economia' teriam saído da crise do mesmo modo

---

60 *HCC*, p. 447; *GuK*, p.421.

61 *HCC*, p. 452; *GuK*, p.424, tradução modificada. Mais à frente, no ensaio crítico a respeito de Rosa Luxemburgo, Lukács toma os termos "organização socialista" e "organização consciente" da economia como equivalentes. Cf. *HCC*, p. 504 e *GuK*, p. 457.

como conduziram a ela".[62] Somente a passividade do proletariado explicaria porque a burguesia teria conseguido fazer com que a acumulação voltasse a seu curso normal.

É certo que Lukács combateu as teses do "marxismo vulgar" com esses argumentos, procurando ressaltar o quanto o proletariado estaria entregue à ordem social se considerasse a transição para o socialismo como a realização das leis imanentes do capitalismo. De fato, Lukács aponta para as limitações dessa concepção de transição, já que seus adeptos tendiam a ver a passagem do capitalismo ao socialismo como uma simples mudança na técnica, ignorando que a economia deve ser entendida em relação à totalidade social. No entanto, talvez o autor não tenha compreendido o momento de verdade que as teses revisionistas continham: mostrar que o capitalismo tinha alcançado meios de superar, ainda que temporariamente, as barreiras que seu próprio funcionamento colocava. Para Lukács, nenhuma socialização ou experimento econômico em direção a qualquer forma de planejamento poderia conduzir a uma mudança no modo de produção. "Estas são – no melhor dos casos – concentrações organizadoras *no interior* do sistema capitalista, nas quais o nexo fundamental da estrutura econômica, a relação fundamental da consciência da classe proletária com a totalidade do processo de produção não experimenta nenhuma modificação".[63]

Não sem alguma surpresa, e diante dos impasses do movimento operário organizado, Lukács chega a admitir em "Observações metodológicas sobre a questão da organização" a possibilidade de que o capitalismo pudesse encontrar soluções "puramente econômicas" a suas contradições, entrevendo um período histórico marcado ao mesmo tempo pela turbulência e pela reorganização do sistema.

> Em qualquer situação em que o capitalismo possa se encontrar, sempre aparecerão possibilidades de solução 'puramente econômicas'; resta saber apenas se essas soluções, saídas do mundo teoricamente puro da economia para a realidade da luta de classes, também são viáveis e executáveis na realidade. Para o capitalismo, portanto, seriam saídas – em si e por si – concebíveis.[64]

Ou seja, se houvesse uma solução, ainda que temporária, às barreiras auto--impostas pelo movimento do capital, elas deveriam passar pelo conjunto da

---

62 *HCC*, p. 448; *GuK*, p. 421.

63 *HCC*, p. 455; *GuK*, p. 426, grifos originais.

64 *HCC*, p. 540; *GuK*, p. 482. Não custa ressaltar que esse texto e o ensaio sobre a reificação foram os únicos escritos por Lukács exclusivamente para a edição do livro, já no final de 1922, período no qual Lukács deve ter refletido acerca de todos os acontecimentos recentes na Europa, inclusive daqueles vividos por ele mesmo.

CAPITALISMO PERENE

sociedade. Para o autor, o proletariado teria um papel decisivo a cumprir nessa questão: somente ele poderia bloquear a solução para uma crise. Ou seja, uma saída à crise do capitalismo que fosse além da esfera econômica tinha de levar em consideração a classe trabalhadora: "o estado da crise faz com seja cada vez mais difícil para o capitalismo evitar a pressão do proletariado com pequenas concessões".[65]Visto de outra maneira, é possível dizer que, sim, o proletariado é decisivo quanto a essa questão, mas tanto positiva quanto negativamente. Ou seja, ele pode também contribuir para que o capitalismo consiga se estabilizar. Levar em conta o papel central da classe trabalhadora parece ter sido exatamente uma das "soluções" encontradas pelo capitalismo ao longo de sua história no século XX, atendendo parcialmente a algumas de suas reivindicações, tais como a democratização do sistema político e a elevação de seu padrão de vida. Para Lukács, no entanto, essa mobilização do proletariado envolveria apenas a maior exploração de sua força de trabalho. Por si só, o capitalismo seria incapaz de oferecer uma resolução aos seus dilemas, ou ainda, tornar novamente possível o curso tranquilo da acumulação. Em uma frase que pode ser considerada clarividente à luz da sequência dos acontecimentos históricos, Lukács afirma a respeito do curso da crise: "Sua ação desimpedida (no sentido do capitalismo) não levaria, contudo, ao seu simples declínio, à transição para ao socialismo, mas sim a um longo período de crises, guerras civis e guerras mundiais imperialistas em grau cada vez maior: 'a um declínio comum das classes em luta', a um novo estado de barbárie".[66]

Ainda que o capitalismo em crise tivesse cada vez mais dificuldades em evitar que a classe trabalhadora fizesse parte de suas soluções, o que ressaltaria a importância de sua luta organizada, isso se apresentaria apenas como tendência. Assim, Lukács enfatiza a necessidade de se compreender esse hiato entre a crise objetiva do capitalismo e a consciência revolucionária como uma crise ideológica. Mesmo que a situação da sociedade burguesa se mostrasse inevitavelmente precária, aos olhos de muitos trabalhadores ela ainda manteria sua antiga solidez, preservando "formas capitalistas de pensamento e sensibilidade".[67] A tarefa fundamental de um partido proletário consistiria, antes de tudo, em mostrar ao conjunto da classe sua própria situação histórica.

Em resposta às teorias de Luxemburgo, Lukács afirma que a simples ação espontânea do proletariado constituiria uma mera reação defensiva frente às tentativas da burguesia de reestruturar o capitalismo. Contando apenas com o espontaneísmo, o proletariado seria incapaz de ir além da condição de mero objeto do processo econômico, isto é, ele agiria tão somente de acordo com

---

65 *HCC*, p. 546; *GuK*, p. 486, tradução modificada.

66 *HCC*, p. 541; *GuK*, p. 482-83.

67 *HCC*, p. 547; *GuK*, p. 486.

as leis da economia capitalista. Essas reações cessariam no momento em que atingissem suas reivindicações, preservando o curso "normal" dos acontecimentos. Nesse sentido, elas seriam semelhantes às ações políticas de movimentos do período pré-revolucionário. Daí que a liderança ideológica do proletariado sobre outras classes afetadas pela crise seja crucial, no entendimento do autor, para que a política revolucionária fosse bem-sucedida. Isso deveria levar os marxistas a reconhecer a importância da política de alianças com outras classes, ao contrário das afirmações de Luxemburgo.

Mas o nome de Rosa Luxemburgo não foi apenas o alvo das críticas de Lukács a seu modelo de organização partidária da classe trabalhadora.É possível também fazer um comentário do tipo acerca da acepção de Lukács sobre o estado do capitalismo na época e da possibilidade de haver ou não um colapso econômico. Podemos ver que existem no livro dois momentos distintos, um a favor da tese de que colapso do capitalismo estaria próximo, e outro, partidário da tese de que o capitalismo estaria em crise, sem que isso significasse sua derrocada, que deveria estar necessariamente ligado à ação da classe operária. Todas essas cisões que acompanham os ensaios têm em sua raiz o nome de Luxemburgo.Assim, é possível afirmar que o diagnóstico de época do livro permaneceu preso a sua teoria do imperialismo, que deixava em segundo plano a análise das modificações estruturais do capitalismo, como os crescentes processos de concentração e centralização do capital, acompanhados pelo crescimento do capital financeiro, para concentrar-se na expansão do mercado capitalista pelo mundo e seus efeitos, dos quais o militarismo se constituía como uma dos mais graves.Como bem observou um comentador, os textos de Lukács se baseiam profundamente na concepção luxemburguista de um colapso iminente do capitalismo, dadas as crises de subconsumo.[68] Isso não deixa de ser, até certo ponto, surpreendente, uma vez que a própria autora tratou dos problemas em torno da centralização e concentração do capital em seus trabalhos anteriores. "Rosa Luxemburgo expôs,contra Bernstein e de maneira apropriada, a fragilidade de uma 'transição' pacífica para o socialismo. Ela demonstrou convincentemente a marcha dialética do desenvolvimento, a inten-

---

68 Sobre a influência da teoria econômica de Rosa Luxemburgo em Lukács, cf. Andrew Arato, "Lukács' theory of reification". *Telos*, 11,1972, p. 26. Em geral, as análises que comparam Lukács e Rosa Luxemburgo se detém mais nos aspectos políticos, especialmente no que diz respeito à organização da classe trabalhadora. Para uma análise que procura as correspondências e tensões não apenas quanto a esses aspectos, mas também examina as concepções a respeito do funcionamento da economia capitalista nos dois autores, cf. Holger Politt, "Georg Lukács über Rosa Luxemburg". *In:* Helle Panke e Internationale Georg-Lukács-Gesellschaft (org.), *Ist der Sozialismus (Marxismus) noch zu retten?Konferenz zum 125. Geburtstag von Georg Lukács. Heft 1.* 1ª ed. Berlin: Helle Panke, 2011, p. 36-42.

CAPITALISMO PERENE

sificação permanente das contradições internas do sistema capitalista [...]".[69]
Chega a ser espantoso que Lukács, chamado de "o filósofo do leninismo",[70] não
tenha se detido em seus ensaios à exposição de Lenin sobre o imperialismo –
exceção feita, como já vimos, à aceitação sem maiores críticas da teoria da aristocracia operária – baseada em boa parte nas teses de Rudolf Hilferding acerca
do capitalismo financeiro, as quais Lukács também parece ignorar, preferindo
se deter em comentários críticos à noção de que o capitalismo se organizava
em torno do Estado.

Quanto à crescente e decisiva participação deste na economia, os ensaios
de Lukács levantam questões importantes em relação aos desenvolvimentos
históricos de sua época. Isso merece atenção especial uma vez que a teoria da
consciência de classe de Lukács, em princípio, pouco leva em conta a passagem
do capitalismo liberal para o monopolista, apegando-se a uma caracterização
geral da ordem social e econômica. Mesmo que Lukács estivesse preocupado
em combater o que acreditava constituir os erros fundamentais da estratégia
política do movimento operário, representado pelas ações da socialdemocracia, ele parece não ter atentado para o fato de que esse mesmo partido apontou
para significativas mudanças no ordenamento social, político e econômico da
época, a despeito dos inúmeros erros cometidos por suas lideranças e intelectuais. Tal comentário se justifica se considerarmos a ideia de que o Estado teria uma importância crucial na passagem do capitalismo para ao socialismo.[71]
Para Lukács, a questão do Estado resumia-se em saber qual seria seu papel na
revolução proletária, sem observar sua ligação intrínseca com o capital. No
fundo, os aparelhos estatais eram vistos como indutores do desenvolvimento, e
não como organizadores da economia. "A questão é, portanto: a função econômica e social do Estado proletário é a mesma do Estado burguês? Pode ele, na
melhor das hipóteses, apenas acelerar ou entravar um desenvolvimento econômico independente dele (*isto é, completamente primordial em relação a ele*)"?[72]

Em resumo, Lukács não atentou para uma das consequências mais importantes das transformações por que passava o capitalismo no início do século
XX, a intervenção consciente na economia, acompanhando em grande me-

---

69 *HCC*, p. 497; *GuK*, p. 453, tradução modificada.

70 A expressão é de Slavoj Zizek e encontra-se em um texto no qual o autor discute a relevância política de *História e consciência de classe*, tanto em relação aos debates entre
os comunistas nos anos 1920 quanto à atualidade do texto. Cf. "Georg Lukács as the
philosopher of Leninism".*In*: Rex Butler, Slavoj Zizek e Scott Stevens, *The Universal
Exception*.1ª ed. London: Continuum, 2006, p. 94-123.

71 Remeto o leitor mais uma vez à minha dissertação de mestrado, *Da Revolução à Integração, op. cit.*, pp. 69-75, onde procuro dar conta, ainda que brevemente, das opiniões
da esquerda europeia a respeito do papel do Estado na organização da economia.

72 *HCC*, p. 50; *GuK*, p. 457, grifos originais.

dida as contradições do marxismo da época. Para o autor, essa intervenção seria uma característica do Estado proletário. Chega a ser espantoso o desdém de Lukács em relação a esses acontecimentos, desprezando as "tentativas de socialização" que aconteciam em diversos lugares da Europa, isto é, de uma reorganização social e econômica que teve no Estado seu centro de gravidade, na Alemanha e na Áustria.

Os comentários mais detalhados de Lukács a respeito do assunto encontram-se no prefácio que escreveu para a brochura de Rosa Luxemburgo, "Greve de massas, partido e sindicato", cuja edição prefaciada pelo autor data de 1921, mesma época da redação de *História e consciência de classe*.[73] Sabe-se muito bem que a relação entre Lukács e Luxemburgo não possui sentido unívoco, já que o autor húngaro ora incorpora os detalhes dos escritos da revolucionária polonesa, ora se contrapõe a eles utilizando-se da figura de Lenin. Não cabe aqui fazer um resumo dessa polêmica, mas sim descrever os diferentes usos que Lukács faz da autora de "A crise da socialdemocracia". Pode-se dizerque, por conta da leitura de textos como "Reforma social ou revolução?", o livro de Lukács está permeado pelas tensões que perpassaram a obra de Luxemburgo. A principal influência, para não dizer problemática, que se instaurou nos ensaios de 1923 diz respeito à possibilidade ou não do colapso da economia capitalista.

Não somente a teoria do imperialismo de Luxemburgo é elogiada, como também seu combate às teses e ações da socialdemocracia alemã. Lukács enaltece os esforços de Rosa Luxemburgo diante do oportunismo da socialdemocracia, que obscurecia, consciente ou inconscientemente, a consciência da classe trabalhadora. Dessa forma, a revolucionária polonesa lutava para que a "justa" consciência da luta de classes fosse pouco a pouco introduzida na consciência do proletariado e transformasse suas ações em ações revolucionárias. Os "oportunistas" teriam privilegiado seus interesses "mesquinhos e míopes", viciando assim as reflexões e os sentimentos do proletariado. Em vez de observar os acontecimentos do ponto de vista dos interesses de classe gerais, ressaltavam a busca pelos interesses pessoais, isto é, referidos à profissão ou à fábrica. Rosa Luxemburgo teria sido, ao contrário do oportunismo socialdemocrata, uma verdadeira líder do proletariado. Além de pressentir os perigos representados pelo que Lukács considerava uma fração da pequena burguesia, a revolucionária polonesa também teria observado com profundidade os acontecimentos históricos de sua época.

---

73 O texto foi traduzido por Michael Löwy e encontra-se como apêndice ao seu livro dedicado à trajetória intelectual de Lukács. Cf. "Prefácio à 'Greve de massas' de Rosa Luxemburg" (1921). *In*: Michael Löwy, *Para uma sociologia dos intelectuais revolucionários, op. cit.*, p. 311-20.

CAPITALISMO PERENE

> Se analisarmos na atualidade a obra de Rosa Luxemburgo, comprovaremos que ela foi a primeira a perceber corretamente o *imperialismo* como a última etapa do capitalismo e suas consequências: a *guerra mundial* e a *revolução mundial*; a que primeiramente descobriu a única arma eficaz contra os perigos do imperialismo: *os movimentos de massas revolucionários*. [...] No momento em que o movimento operário europeu – e sobretudo alemão – se marcava profundamente pelo oportunismo, que não só sabotava as ações mascaradamente, como também se manifestava aberta e teoricamente, Rosa Luxemburgo foi a primeira a impor a teoria da revolução proletária contra a teoria do oportunismo.[74]

É preciso observar que a constatação de que o capitalismo viveria seu último período com o advento do imperialismo significa que os limites da expansão "extensiva" da sociedade capitalista estavam apontados, ou seja, que seus limites de extensão geográfica seriam dados pela tomada dos territórios e continentes como uma apropriação para o mercado mundial. Isso não significa, no entanto, que os limites de sua acumulação e reprodução teriam sido atingidos naquele momento histórico, muito menos que o capital não pudesse superar as barreiras impostas pela crise – melhor seria dizer, como fazia o título original da obra de Lenin, que o imperialismo constitui um estágio superior do desenvolvimento capitalista, no sentido de suas possibilidades de acumulação. Porém, em sentido contrário, Lukács afirma que o livro de Luxemburgo, *A acumulação do capital*, consistiria na análise do imperialismo como uma *nova e última etapa* do desenvolvimento capitalista. Dito isto, a percepção de uma iminente crise, que se confundia com a catástrofe vindoura, não poderia estar relacionada ao fim da sociedade burguesa e o início de uma sociedade emancipada. Se tanto Luxemburgo quanto Lukács não acreditavam que isso estivesse ocorrendo de fato, eles não deixavam de apontar para sua possibilidade imediata.

Lukács concorda com a crítica de Luxemburgo a Bernstein, que teria abandonado qualquer perspectiva real de socialismo ao enfatizar a possibilidade da adaptação progressiva das classes com o desenvolvimento do capitalismo, além da diminuição crescente da força e do significado das crises econômicas. "Na prática, quanto mais se aproximava a crise final do capitalismo, mais o Partido se aproximava da posição de Bernstein, mais oportunista se tornava".[75] Rosa não só teria retomado a verdadeira política revolucionária como também retornava ao verdadeiro método de Marx, diferentemente da socialdemocracia, que não podia ou não queria compreender os "novos tempos". Em seguida,

---

74 Lukács, "Prefácio a 'Greve de massas' de Rosa Luxemburg", *op. cit.*, p. 313-4, grifos originais.

75 *Ibidem*, p. 314.

Lukács retoma a teoria luxemburguista do imperialismo. A acumulação do capital seria um corolário necessário do impulso em ampliar o mercado de forma contínua e ininterrupta.

Chama atenção que neste trecho Lukács pareça inverter o argumento: não é a expansão do mercado mundial que move a acumulação, mas a acumulação do capital é que impulsiona essa expansão. O problema talvez resida na ênfase desmedida que ambos os autores colocaram no mercado, esquecendo que as determinações decisivas e de última instância encontram-se no movimento total do capital, o que inclui, portanto a esfera da produção. Essa não seria, no entanto, uma dificuldade exclusiva do marxismo da época, mas sim de muitas teorias marxistas, inclusive até os dias de hoje. Tal confusão não deixou de ter importantes consequências para os diversos diagnósticos do capitalismo e para as soluções encontradas diante de seus impasses.

"A causa final da guerra acha-se no fato de que todo grupo imperialista-capitalista quer evitar a crise definitiva descarregando-a em outro lado, pois para a produção capitalista em crescimento, não há mercado suficientemente grande".[76] Assim, tendo em vista que a guerra é uma tentativa fracassada em resolver a crise, pois semeia apenas novas guerras mundiais, Lukács deduz que a guerra mundial é *necessariamente* a última crise do capitalismo, e deve, portanto, conduzir à revolução socialista mundial. Em suma, foi por conta disso que Rosa Luxemburgo combateu o oportunismo socialdemocrata. Lukács critica autores como Bauer e Hilferding por tentarem provar que o capitalismo criaria seu próprio mercado, o que significaria que as crises possuiriam um caráter transitório. No fundo, isso representava para Lukács o reconhecimento de que o capitalismo poderia ser um modo de produção eterno ou, pelo menos, que seu desenvolvimento técnico e ilimitado o impediria de levar a si mesmo ao colapso. Ao contrário, a socialdemocracia não compreendia o imperialismo e a guerra que se aproximava, assim como, quando o conflito bélico havia começado, não percebia o começo da crise mundial e as ações a serem extraídas e executadas a partir desse quadro. O imperialismo e a guerra mundial seriam para seus teóricos apenas um hiato no curso normal no funcionamento do sistema.[77]

Um dos motivos para a insuficiência de *História e Consciência de Classe* em relação ao problema das crises reside justamente na crítica que Lukács em-

---

76 *Ibidem*, p. 315.

77 A respeito da semelhança deste comentário de Lukács com as teses de Walter Benjamin sobre o conceito de história e, sobretudo, sua crítica às concepções de progresso da socialdemocracia alemã, ver o ensaio de Michael Löwy, "Revolutionary dialectics against "tailism": Lukács' answer to the criticisms of *History and class consciousness*". *In*: Michael Thompson (org.), *Georg Lukács reconsidered. Critical essays in politics, philosophy and aesthetics*. 1ª ed. Londres/Nova York: Continuum, 2011,pp. 65-72.

preendeu ao modelo marxista que pretendia derrubar. Ao longo de todos os ensaios, é explícita a visão de que a socialdemocracia limita-se a reformular os dilemas encontrados pela burguesia diante dos problemas do capitalismo. Tal como o idealismo alemão e a economia política, na teoria elaborada pelos intelectuais da II Internacional os acontecimentos da história mundial só poderiam ser entendidos na forma de leis abstratas e eternas da natureza. Outra das críticas de Lukács à socialdemocracia da época remete à possibilidade de uma efetiva apreensão da objetividade de um fenômeno, isto é, do recurso desta corrente do marxismo ao arcabouço teórico das ciências naturais.

> Por conseguinte, aquela "ciência" que reconhece como fundamento do valor científico a maneira como os fatos são imediatamente dados, e como ponto de partida da conceitualização científica sua forma de objetividade, coloca-se simples e dogmaticamente no terreno da sociedade capitalista, aceitando sem crítica sua essência, sua estrutura de objeto e suas leis como um fundamento imutável da "ciência".[78]

Essa revisão do marxismo significou para o autor a aceitação das próprias aparências objetivas produzidas pela sociedade capitalista, e, portanto, o afastamento do verdadeiro cerne do método dialético, caracterizado segundo Lukács pela primazia da totalidade. Por fim, o caráter histórico e passageiro da sociedade capitalista tornou-se obscuro, e as transformações de suas formas objetivas não poderiam ser compreendidas.[79]

Não chega a ser estranho, pois, que Lukács tenha de se contrapor a esse tipo de análise com uma teoria do colapso. Isso se evidencia, novamente, no protagonismo e, sobretudo, na maturidade ideológica da classe operária: "desde que a crise econômica final do capitalismo entrou em cena, *o destino da revolução (e com ela o da humanidade) depende da maturidade ideológica do proletariado, da sua consciência de classe*".[80] Lukács acreditava que sem a ação decisiva do proletariado a humanidade estaria entregue à barbárie, o que não deixa de ser verdadeiro, se pensarmos nos acontecimentos históricos que se seguiram nas décadas posteriores à publicação do livro, como o nazi-fascismo e a guerra mundial. No entanto, a visão de uma catástrofe iminente talvez tenha impedido, não só ao autor em questão, como também a todo o conjunto

---

78 *HCC,* p. 74; *GuK,* p. 178.

79 Para José Paulo Netto, *História e Consciência de Classe* representaria um modelo de crítica à II Internacional em um período marcado pelo sucesso revolucionário na Rússia e pela expectativa de um colapso do capitalismo na Alemanha e na Europa central, o que possibilitou uma efervescência criadora por parte de alguns marxistas. No entanto, embora Lukács tenha se esforçado para romper com aquele modelo, tratar-se-ia mais de *"uma ruptura política do que uma ultrapassagem de seu referencial teórico".* Cf. *Capitalismo e Reificação, op. cit.,* p. 22, grifos originais.

80 *HCC,* p. 174; *GuK,* p. 245, grifos originais.

do marxismo, em que pesem suas diversas correntes, de compreender cuidadosamente as modificações nas estruturas econômicas, políticas e sociais. Contraditoriamente, a visão de um colapso imediato do capitalismo pode ser visto como o polo oposto da visão cientificista da teoria marxista, na medida em que as tendências da crise são transformadas também em dados objetivos. Mesmo que Lukács tenha combatido em seus textosconcepções voluntaristas e fatalistas da ação política do proletariado, ele parece não ter atentado a esse problema no âmbito da economia.

No texto sobre a consciência de classe, Lukács postula um paralelo entre o desenvolvimento da crise do capitalismo e a formação de uma consciência revolucionária do proletariado. Já no último dos ensaios, sobre a organização do partido, a posição do autor parece bem mais matizada. Resta saber se apenas dois anos, tempo que separa a redação de ambos, teriam sido suficientes para que suas posições tivessem sofrido tal variação, que não constitui um fundamento para que ele tivesse reelaborado suas teses.[81] É certo que Lukács era veementemente contrário a uma "teoria do reflexo" econômico, já que uma de suas críticas ao movimento operário organizado residia justamente no ataque a concepções imediatistas, que acabavam por afrontar a necessidade intrínseca do marxismo em buscar as devidas mediações. Tais concepções permeavam as teorias catastrofistas, criticadas pelo autor por acreditarem que o processo econômico conduziria a sociedade automaticamente, por meio das crises, ao socialismo. Além disso, Lukács apontava para a necessidade de um espraiamento da crise das esferas econômica e política para os domínios da cultura e da ideologia, tendo em vista o despreparo tanto dos partidos socialistas e comunistas quanto da própria classe operária para lidar com essas questões.

Essa é, portanto, uma das contradições mais agudas do texto lukácsiano, e que recobre o tema da consciência de classe. Por um lado, o autor reconheceu as possibilidades do capitalismo em recorrer a mecanismos até então inéditos para sua sobrevivência, ao mesmo tempo em que a classe operária sucumbia às formas sociais engendradas pelas relações capitalistas, ou seja, à reificação. Por outro, e em função justamente dos impasses do movimento marxista da época, Lukács tinha de apostar em uma mal resolvida relação entre partido e classe, o que o levou a admitir que o proletariado era apenas um mero objeto do processo econômico.

---

81 Segundo Peter Ludz, Lukács abandonaria aos poucos a confiança no colapso do capitalismo diante da crise ideológica do proletariado, que aceitava a realidade capitalista como a única possível. No lugar de uma "crença escatológica", deveria surgir uma análise substancial da sociedade capitalista. Cf. "Der Begriff der demokratischen Diktatur in der politischen Philosophie von G. Lukács". *In:* Georg Lukács, *Schriften zur Ideologie und Politik.* Neuwied/Berlin: Luchterhand, 1967, p. XXXI.

SEÇÃO

II

Capítulo 3

DO COLAPSO AO CAPITALISMO DE ESTADO

Colapso inevitável ou capitalismo organizado?

Se o início do século XX representou um momento de divisão no marxismo e no movimento operário, e que teve como epicentro as transformações do capitalismo observadas desde o final do século anterior, as décadas de 1920 e 1930 não deixaram de apresentar divergências no debate teórico e político. Diferentemente das polêmicas lançadas pelo*Bernstein-Debatte*, as mudanças na estrutura da sociedade burguesa já estavam bem mais assentadas. Se havia alguma dúvida de que a fase liberal do capitalismo havia sido deixada para trás, a crise iniciada em 1929 logo tratou de mostrar o peso decisivo das características delineadas ao longo das discussões no interior do marxismo. Contudo, a direção imposta por esses novos traços continuava a dividir os campos de interpretação. De maneira homóloga ao início do século, as tendências capitalistas foram agrupadas em dois polos distintos. Alguns autores continuaram a afirmar que o capitalismo seguia rumo ao colapso econômico, mesmo que novos elementos estruturais tivessem surgido. Enquanto isso, outros intérpretes destacaram que o capitalismo havia sido capaz de deter a marcha até então inelutável dos acontecimentos justamente por conta do surgimento daqueles novos elementos. Vemos, portanto, que as transformações do capitalismo continuaram a marcar o debate a respeito seu futuro na teoria marxista, agora sob novas condições. Enquanto na passagem de um século a outro o movimento operário teve de lutar para agir dentro da ordem legal, a partir da década de 1920 assistimos à consolidação de partidos socialistas e comunistas nos países europeus, não obstante a derrota de muitas insurreições lideradas pelo movimento operário organizado. Desse modo, a controvérsia "reforma ou revolução" permaneceu no centro das disputas políticas, agora à sombra da construção do socialismo na Rússia. Por outro lado, os anos pós-Primeira Guerra Mundial assistiram ao surgimento e ao fortalecimento dos movimentos fascista e nazista. No decorrer dessa polarização política, a participação do Estado na economia não podia mais ser descartada.

As divisões no seio do marxismo se fariam sentir de maneira particular na constituição de um grupo de intelectuais a partir de meados da década de 1920 e que mais tarde se estruturaria no Instituto de Pesquisa Social em Frankfurt. Como se sabe, o Instituto nasceu em 1923 como fruto das discussões travadas na *"Marxistische Arbeitswoche"* (Semana de trabalhos marxistas), que reuniu nomes como Lukács e Korsch para discutir problemas da crise do capitalismo, bem como questões de teoria marxista. Posteriormente, já instalado em Frankfurt e sob a direção de Carl Grünberg, o Instituto procurou uma abordagem marxista que superasse os problemas causados por seus conflitos internos no início do século XX. Temas como história econômica e os problemas do socialismo na Rússia ganharam destaque até então inédito dentro da academia alemã, abrindo caminho para a constituição de um arquivo a respeito da história do movimento operário. Por sua vez, na esteira das concepções então em voga, o marxismo era visto como uma ciência à parte e que merecia ser representada na universidade alemã tanto quanto o liberalismo e o conservadorismo. Junto com David Riazanov, o novo Instituto tinha como uma de suas principais atribuições coligir as obras de Marx e Engels de maneira sistemática e filológica, no intuito de perscrutar e preservar o sentido original de seus trabalhos.[1]

Não por acaso, a principal figura a discutir os rumos do sistema na fase inicial do Instituto foi o economista polonês Henryk Grossman, não tanto por considerações diretamente históricas, mas sim por conta da reconstrução teórica de grande extensão da crítica da economia política de Marx. O objetivo de sua obra mais conhecida, *A lei da acumulação e do colapso do sistema capitalista*, publicada em 1929, era mostrar como o trabalho de Marx apontava para uma tendência ao colapso do capitalismo em decorrência de suas próprias leis de movimento. Essa tendência deveria ser entendida como efeito do funcionamento da lei do valor. Dessa forma, o problema da acumulação capitalista e de sua crise diria respeito à impossibilidade da valorização do capital seguir adiante. Para comprovar sua tese inicial, Grossman serviu-se da elaboração dos esquemas de reprodução do capital feita por Otto Bauer em artigo intitulado "A acumulação do capital" (1915), que por sua vez procurava elucidar a natureza e a presença de tais esquemas em *O capital*. Segundo Grossman, ao contrário das expectativas de Bauer, para quem os esquemas de reprodução demonstrariam a possibilidade de uma acumulação contínua, eles deixariam claro, se bem examinados e completamente desenvolvidos, que a valorização

---

1   A respeito da formação do Instituto de Pesquisa Social na década de 1920, cf. Martin Jay, *The Dialectical Imagination. A history of the Frankfurt School and the Institute of Social Research.1923-1950*. 2ª ed. Berkley/Los Angeles/Londres: University of California Press, 1996, p. 3-41; Rolf Wiggershaus, *Die Frankfurter Schule. Geschichte. Entwicklung. Politische Bedeutung*. 7ª ed. München: DTV, 2008, p. 19-48; Michael Buckmiller, „Die ‚Marxistische Arbeitswoche' 1923 und die Gründung des ‚Instituts für Sozialforschung'", *in:*Gunzelin Schmid-Noerr e Willem van Reijen (org.), *Grand Hotel Abgrund. Fotobiographie der Frankfurter Schule*. Hamburg: Junius, 1988, p. 141-82.

CAPITALISMO PERENE

do capital deveria encontrar seus limites a partir de um determinado período e não seria mais suficiente para sustentar a acumulação.[2] Ou seja, os próprios mecanismos da reprodução capitalista conteriam em si mesmos as tendências que levariam o sistema ao colapso. Os equívocos cometidos em torno dos esquemas demonstrariam a incompreensão de muitos marxistas a respeito do método de investigação de Marx, assim como não teriam permitido enxergar um dos pilares da teoria marxiana, o que teria constituído uma das falhas do marxismo da II Internacional.[3]

Dessa maneira, o autor também procurou discutir com toda a tradição que o precedeu e que problematizou a questão do colapso e dos rumos que o sis-

---

2   A respeito da importância que os esquemas de reprodução presentes no segundo volume de *O Capital* tiveram para o marxismo no início do século XX, cf. a introdução de José Aricó ao texto de Bauer, *in: Lucio Colletti* (org.), *El Marxismo y el "Derrumbe" del Capitalismo, op. cit.*, p. 333-8. Segundo Aricó, toda a discussão a respeito do assunto, cujo objetivo era compreender o destino do capitalismo, tinha como pressuposto a ideia de que os esquemas elaborados por Marx correspondiam à realidade do capitalismo. Embora Marx tenha descrito com o auxílio dos esquemas a possiblidade de uma reprodução ampliada do capital sob condições de equilíbrio, tal descrição não corresponderia à realidade do capitalismo. As ideias predominantes nesse debate estariam viciadas desde o início pela incompreensão do significado e da natureza da metodologia empregada por Marx. "Somente assim pode dar-se que uma construção teórica de Marx, destinada fundamentalmente a mostrar as condições hipotéticas de equilíbrio da reprodução ampliada (explicamos: mantendo-se constantes as condições da produção) poderia ser utilizada para resolver o problema do destino do capitalismo, o qual remete necessariamente ao problema infinitamente mais complexo de sua lei global de movimento e desenvolvimento". Ibidem, p. 338. Cf. também o trabalho de Roman Rosdolsky, "A polêmica em torno dos esquemas de reprodução de Marx". *In: Gênese e Estrutura de OCapitalde Karl Marx.* 1ª ed. Rio de Janeiro: EDUERJ/Contraponto, 2001, p. 371-419.

3   Como observa Rick Kuhn, há uma notável semelhança entre as abordagens de Grossman e Lukács, na medida em que a crítica aos modelos teóricos da II Internacional passava pela ênfase no método marxiano, abandonado pela ortodoxia marxista do início do século XX. A força interpretativa da obra de Marx e a compreensão das tarefas do presente só poderiam ocorrer por meio desse resgate. Cf. "Henryk Grossman and the recovery of marxism". *Historical Materialism*, London, vol. 13:3, 2005, p. 57-100. Segundo o autor, a reconstrução da teoria econômica marxiana feita por Grossman seria comparável aos empreendimentos não só de Lukács no campo filosófico, mas também à teoria política de Lenin. Segundo Jürgen Scheele, as intenções de Grossman em estudar a fundo a crítica da economia política, evitando considerações puramente empíricas, iriam além do programa original do Instituto de Frankfurt, já que as concepções de Grünberg não estariam tão distantes do marxismo da II Internacional. No entanto, restaria algo do positivismo característico desse marxismo na obra de Grossman. Cf. *Zwischen Zusammenbruchsdiagnose und Positivisumsveredikt. Studien zur politischen und intellektuellen Biographie Henryk Grossamnns (1881-1950).* Frankfurt am Main/ Berlin/Berna/Bruxelas/Nova York/Viena: Peter Lang, 1999, p. 38-41.

tema tomava. Na verdade, é possível dizer que Grossman representa um elo entre as discussões travadas no marxismo do início do século e os debates realizados no Instituto de Frankfurt na década de 1930 e no início dos anos 1940, passando pelas discussões do Instituto nos anos 1920. Grossman retoma o debate a respeito do colapso, na tentativa de mostrar suas insuficiências e apontar para as causas efetivas da crise capitalista. Com exceção de Rosa Luxemburgo, que se ativera às indicações de Marx a respeito dos limites do capitalismo, a questão do colapso teria progredido muito pouco nos debates marxistas. A autora teria reconhecido que, segundo o próprio Marx, "as crises, as perturbações e finalmente o colapso do capitalismo são causados pela valorização insuficiente".[4] Porém, Grossman considerava a tese sobre os mercados não capitalistas como um ponto fraco importante das análises de sua conterrânea. Nos trabalhos de Luxemburgo, a teoria do colapso seria um efeito secundário do funcionamento do modo de produção. Isso significa que a necessidade do colapso não derivaria das próprias leis de funcionamento do sistema. Ao contrário, Luxemburgo simplesmente teria transposto os problemas da esfera da produção para a esfera da circulação.O colapso do capitalismo seria uma mera questão de tempo, ainda que esse intervalo pudesse durar bastante, até que todo o globo terrestre fosse conquistado pelas forças do capital. Sendo assim, seria impossível explicar as causas das crises periódicas e do imperialismo, termos que para Grossman resumiriam as características da nova fase do capitalismo.

Como exemplo mais claro da pobreza teórica na qual a discussão sobre o colapso esteve envolta, o autor cita a discussão entre Bernstein e Kautsky. Por um lado, os argumentos de Bernstein a respeito da possibilidade do fim do capitalismo estariam baseados em considerações de ordem puramente éticas ou morais – lembremos que para Bernstein a questão do colapso na obra de Marx remetia pura e simplesmente a uma especulação filosófica, sem bases sociais e econômicas. Por sua vez, as críticas de Kautsky mostrariam sua incompreensão do método marxiano, uma vez que o líder da socialdemocracia fora incapaz de demonstrar que Marx não havia formulado uma teoria do colapso. Importante para esse equívoco seria também o fato de que Kautsky tecia suas considerações de forma puramente empiricista, isto é, com base apenas na aparência dos acontecimentos. Em ambos a questão da melhoria no nível de vida dos trabalhadores representaria um ponto central para as considerações enganosas da obra de Marx. Se para Bernstein a questão retirava a legiti-

---

4   Henryk Grossmann, *Das Akkumulations- und Zusammenbruchsgesetz des kapitalistischen Systems (zugleich eine Krisentheorie)*. Leipzg: C.L.Hirschfeld, 1929, p. 130, nota 90 (republicado em 1970 pela Neue Kritik Verlag, Frankfurt).Cabe lembrar, como o próprio autor fez, que este trabalho foi fruto de palestras e discussões elaboradas no Instituto de Pesquisa Social entre 1926 e 1927.

CAPITALISMO PERENE

midade de uma teoria marxiana do colapso, seu opositor afirmava que essa era uma tendência passageira. Comum aos dois, porém, era a incapacidade de relacionar o fenômeno a suas causas estruturais e, assim, descrever as tendências básicas das quais o aumento e a queda dos salários seriam expressão. "Por isso, não foi possível chegar no *Revisionismus-Debatte* a uma verdadeira disputa entre Bernstein e Kautsky sobre a teoria econômica do colapso do capitalismo, pois ambos abandonaram a teoria do colapso de Marx nesse ponto importante e até mesmo decisivo, e a luta tratou apenas de poucos pontos importantes, em parte simplesmente de palavras".[5] O resultado dessa controvérsia teria contribuído decisivamente para o obscurecimento da questão do colapso, diante da qual várias alas do marxismo se perderam. De fato, Grossman reconhece que Marx não deixou uma teoria explícita do colapso. Contudo, isso não invalidaria a concepção de que a tendência à crise seria uma ideia fundamental dentro do arcabouço teórico de *O capital*, já que o livro mostrava como a acumulação capitalista tinha de ser limitada. "Para Marx, ao contrário, o colapso é um resultado imanente, que se segue da própria regularidade [*Gesetzmäßigkeit*] do mecanismo capitalista".[6]

Assim, Grossman procurou se contrapor à ideia de que o capitalismo poderia seguir seu rumo indefinidamente, desde que algumas condições fossem cumpridas. No entanto, a observação de que o sistema seguia necessariamente à crise não impedia que houvesse tendências que agissem em sentido contrário. Isso não significaria que a tendência ao colapso tivesse desaparecido no curso histórico do capitalismo, como foi bastante aventado na discussão sobre assunto, mas sim que elas não haviam agido de imediato. Para Grossman, portanto, era necessário avaliar a ação recíproca desses mecanismos. "Do ponto de vista de nosso problema, não se trata, a saber, simplesmente de explicar as crises periódicas no capitalismo, as contrações e expansões periódicas, assim como suas causas, mas da pergunta: quais são as tendências gerais de desenvolvimento da acumulação de capital"?[7] Partindo da discussão travada por Marx no terceiro volume de *O capital*, Grossman enumera algumas contratendências ao colapso. Entre elas estão o desenvolvimento das forças produtivas e o aumento da produtividade da força de trabalho, a diminuição no tempo de rotação do capital, a criação de esferas produtivas nas quais a composição orgânica do capital seja menor, o imperialismo e, por último, mas não menos importante, as crises e a guerra. Se todos os primeiros fatores indicados por Grossman agiriam de forma a restabelecer a rentabilidade perdida durante o desenvolvimento da acumulação, tanto a crise quanto a guerra possuem um

---

5 *Ibidem*, p. 19.

6 *Ibidem*, p. 48.

7 *Ibidem*, p. 104-5.

lugar especial na discussão, por dois motivos. Em primeiro lugar, eles eram as manifestações mais visíveis à época do desenvolvimento da sociedade burguesa. Por isso mesmo, e em segundo lugar, elas tiveram um destaque especial na discussão a respeito da capacidade do capitalismo em se transformar e evitar seu colapso.

O pano de fundo dos comentários de Grossman foi oferecido pelas análises de Nicolai Bukharin sobre o imperialismo e a vitória do socialismo na Rússia. Segundo o autor polonês, Bukharin defendia que o colapso do capitalismo viria por meio de fatores extraeconômicos, mais precisamente por meio da guerra, que agiria como um elemento desestabilizador do aparato produtivo. Somente assim pôde a Rússia passar de uma sociedade feudal para uma sociedade socialista – o mesmo deveria valer para o conjunto dos países de capitalismo avançado. Como os argumentos de Grossman ao longo de todo o livro procuram mostrar, seria um grande equívoco retirar a questão do colapso do movimento interno da acumulação. Assim, ao contrário do que Bukharin acreditava, a guerra deveria ser entendida como parte da estrutura capitalista, cujas ações violentas se mostrariam desde o início da história da sociedade burguesa. Se o colapso fosse um efeito exclusivo da guerra, o capitalismo já deveria ter entrado em sua crise final havia muito tempo. Na verdade, a guerra seria apenas um meio para prolongar a vida do sistema como um todo. Em resposta às teses de Bukharin, Grossman afirma:

> Sem dúvida a guerra pode causar a ruína, sem dúvida a valorização pode falhar se não existir vendas. Por meio dessas formulações, porém, a problemática é encoberta. O verdadeiro problema consiste em mostrar como o lucro, a valorização pode desaparecer, embora o caso mais apropriado para o capitalista esteja pressuposto, ou seja, um estado de equilíbrio no qual uma venda completa de mercadorias apareça como garantida, no qual nenhuma guerra atua de fora e de forma destrutiva, e no qual, porém, o colapso da valorização ocorre necessariamente a partir dos traços internos do mecanismo.[8]

Dessa forma, toda inferência de que a crise capitalista tenha origem em fatores externos ao movimento da reprodução do capital deveria ser rejeitada.

Embora a crise constitua uma interrupção momentânea no curso do capitalismo, e não o pleno desenvolvimento do colapso, o capitalismo tenderia à catástrofe, já que com o crescimento da acumulação a valorização do capital se tornaria cada vez mais difícil. "De fato, sabemos que a crise, segundo a concepção marxiana, é simplesmente um processo de cura do sistema, o estabelecimento do equilíbrio, isto é, da valorização, ainda que violento e com perdas,

---

8 *Ibidem*, p. 132, nota 90.

CAPITALISMO PERENE 121

ou seja, do ponto de vista capitalista, uma 'crise de depuração".[9] Assim, longe de tender a uma crise contínua, o capitalismo apresentaria um ciclo no qual períodos de crise e de prosperidade se alternariam, até que finalmente as bases da valorização estivessem completamente erodidas. Em contraposição, grande parte das discussões marxistas não compreendera esse argumento e tratou a questão do colapso da seguinte forma: "ou foi completamente negado ou fundado de forma voluntarista em momentos políticos e extraeconômicos".[10] Nem mesmo as tentativas de direção econômica por meio do aparelho estatal seriam capazes de opor obstáculos à tendência ao colapso. Elas poderiam, no máximo, deslocar elementos da produção, de maneira a restaurar temporariamente a rentabilidade do capital perdida durante a acumulação. Isso seria apenas contornar o problema, e não dar a ele uma solução definitiva.

Porém, ao contrário do que o texto de Grossman sugere como um todo, o autor foge em alguns momentos de uma compreensão catastrofista do curso dos acontecimentos. Para ele, o fato de que o colapso deva ser concebido como algo necessário, ou seja, como produto das condições objetivas de existência do capitalismo, não significa que não houvesse espaço para a ação das classes. Embora o sistema encontre nas crises o resultado de suas tendências imanentes, isso não excluía a possibilidade de que os conflitos sociais pudessem exercer uma grande influência ao movimento geral da acumulação. Ao contrário, o mesmo processo objetivo que progride em direção ao colapso tornaria possível a existência da luta de classes.

Grossman tem em vista a teoria do capitalismo organizado, cujas raízes remontam ao trabalho de Hilferding sobre o capital financeiro, e que receberia sua formulação mais bem acabada em um discurso proferido pelo economista austríaco em 1927. O contraponto entre as duas linhas de pensamento não poderia ser mais claro, pois Hilferding afirmou:

> Eu sempre pertenci àqueles que negaram qualquer teoria *econômica* do colapso, justamente porque Karl Marx forneceu a prova de que essa teoria econômica do colapso é falsa. Porém, depois da guerra uma teoria *política* do colapso pode ser concebida. Ela foi defendida principalmente pelos bolcheviques, que julgavam que estávamos diante de um colapso imediato do sistema capitalista. Nós fomos desde sempre da opinião que a queda do sistema capitalista não pode ser esperada de uma maneira fatalista, não pode surgir das leis internas do sistema, mas deve ser um ato consciente da classe trabalhadora.[11]

---

9   *Ibidem*, p. 139.

10 *Ibidem*, pp. 58-9.

11   Rudolf Hilferding, "Die Aufgaben der Sozialdemokratie in der Republik" (1927). *In*: Cora Stephan (org.), *Zwischen den Stühlen oder über die Unvereinbarkeit von Theorie und Praxis. Schriften Rudolf Hilferdings 1904 bis 1940*. Bonn: J.H.W. Dietz, 1982, p. 214, grifos originais.

Essa afirmação, à qual Grossman se contrapunha de forma veemente, estava baseada nas observações de Hilferding a respeito do desenvolvimento do capitalismo no início do século XX, e cuja característica central se referia à crescente importância adquirida pelo Estado no funcionamento da economia. Tendo em vista mais uma vez o fim do capitalismo liberal, no qual os mecanismos do mercado agiriam de maneira cega, seria necessário constatar que ele dera lugar a uma economia em que essas forças foram organizadas.

A descrição do capitalismo organizado feita por Hilferding destaca alguns aspectos para além da centralização e da concentração industrial, ou melhor, que tornaram possível amenizar seus efeitos e apontar para uma transformação da própria essência do capitalismo. Em primeiro lugar, a organização técnica da produção, por meio do uso intensivo da química sintética, teria liberado o sistema de sua necessidade cada vez maior por matérias-primas. Isso permitiria que as bases técnicas da produção fossem ampliadas de forma gigantesca. Além disso, o desenvolvimento do setor elétrico viabilizava uma maior concentração e centralização das indústrias. Dessa maneira, as indústrias que nascessem no período pós-liberal já continham a marca dos carteis e dos trustes. Mais importante do que esses aspectos, porém, é o fato de que a empresa privada teria sido deixada para trás no desenvolvimento da organização capitalista. Ao invés de a produção de uma fábrica constituir assunto único e exclusivo de seus proprietários, cada vez mais o conjunto da sociedade percebera que o crescimento da produtividade deveria ser controlado por ela mesma. Em oposição às alegações da ideologia liberal, segundo a qual toda interferência na livre concorrência impediria a iniciativa empresarial e, portanto, as invocações técnicas, os processos de concentração e centralização econômica tenderiam a retirar as bases da livre concorrência, sem que isso constituísse um obstáculo ao desenvolvimento das forças produtivas. Longe de significar o fim do progresso técnico, o capitalismo teria se aproximado de um aspecto crucial do socialismo, a planificação. Haveria, então, uma crescente convergência entre os interesses sociais gerais e o funcionamento da produção capitalista. A última barreira entre os dois modos de produção estaria superada.Mas, para Hilferding, a única instituição social capaz de dirigir e conduzir a organização econômica de forma planejada seria o Estado. "Portanto, capitalismo organizado significa na realidade a substituição fundamental do princípio capitalista da livre concorrência pelo princípio socialista da produção planificada".[12]

Dessa forma, havia para o autor uma contraposição entre a economia liberal e a intervenção estatal que se estabelece nos anos 1920, uma vez que os mecanismos capitalistas mostraram que, entregues a si mesmos, funcionariam de forma anárquica. Com as transformações econômicas e políticas na sociedade

---

12 *Ibidem*, p. 218.

burguesa do início do século XX, estaria aberta a possibilidade de que o Estado se tornasse seu órgão central, desde que ele fosse um Estado democrático, no qual o conjunto da população tivesse voz ativa por meio dos partidos políticos. Ou seja, a concentração e a centralização do capital tornariam possível uma transformação socialista, sem que a crise final ou o colapso tivessem lugar. Esse processo estaria em pleno curso, já que, graças aos esforços da classe trabalhadora, a intervenção estatal permitira que o mercado de trabalho e os salários fossem regulados."O destino pessoal do trabalhador é determinado pela política, que impele ao Estado".[13] Com a organização do capitalismo, a classe trabalhadora poderia garantir uma melhora substancial em seu nível de vida, pois a determinação de seu salário não seria um simples efeito do contrato com os capitalistas. Essa regulação seria um dos primeiros indícios que o capitalismo havia atingido sua fase final.

Daí que o papel atribuído por Hilferding à socialdemocracia se baseasse na formação de um governo de coalizão – vale lembrar que, no ano em que o autor proferiu seu discurso, ele era representante do SPD no parlamento alemão, além de ter sido ministro na República de Weimar. Uma vez que o Estado era entendido enquanto reflexo das lutas de classe que ocorriam na sociedade, a tarefa de influir cada vez mais no funcionamento da sociedade capitalista caberia ao partido dos trabalhadores, que utilizariam o Estado em benefício de todos os grupos sociais, como meio para dominar e liderar a economia. Subentende-se aqui a ideia de que a classe operária havia destruído os privilégios políticos das classes dominantes. Após a conquista da igualdade política, o próximo passo consistiria na derrubada dos privilégios econômicos. Ela só poderia ser conquistada se a forma democrática do Estado fosse mantida e ampliada. Do contrário, seria instaurada uma guerra civil. Vemos, assim, porque Hilferding rejeitava qualquer tomada violenta do aparelho estatal, que se tornou um modelo de ação política marxista após a vitória da revolução russa.

O que mais chama a atenção na teoria do capitalismo organizado não é tanto sua contraposição aos diagnósticos de uma crise final do capitalismo e da necessidade de uma tomada violenta do poder político, mas sim a concepção de que a reestruturação do capitalismo poderia ser perfeitamente conciliada com as estratégias e objetivos do movimento operário, deixando de significar uma derrota sua.[14] Dessa forma, Hilferding aprofunda suas concepções do

---

13 *Ibidem*, p. 219.

14 A respeito do assunto, cf. o texto no qual este parágrafo se baseia: Heinrich August Winkler, „Einleitende Bemerkungen zu Hilferdings Theorie des Organisierten Kapitalismus". *In: Organisierter Kapitalismus. Voraussetzungen und Anfänge*. Göttingen: Vandenhoeck & Ruprecht, 1974, p. 9-18. A respeito da rejeição de Hilferding de uma teoria do colapso e sua relação com os determinantes históricos do período, diz Winkler: "A longo prazo, a teoria do capitalismo organizado certamente ofereceu um ponto de

período anterior a 1914. Se em *O capital financeiro* a ideia de que a passagem ao socialismo consistia uma tarefa política, na década de 1920 o autor reforça seus argumentos tendo em vista o desenvolvimento do capitalismo alemão sob a liderança da socialdemocracia. Com a guerra e os anos que lhe seguiram, a economia alemã teria passado por um crescente processo de concentração de capitais, bem como apoiado fortemente o desenvolvimento de trustes e carteis. Embora o capitalismo estivesse sendo centralizado e dirigido centralmente, ele não poderia deixar de apresentar antagonismos. Sua organização poderia reduzir a instabilidade inerente à produção capitalista e amenizar as crises, ou ao menos seus efeitos sobre os trabalhadores, mas sem que a contradição fundamental entre os interesses do capital e do trabalho fosse superada. Isso só poderia ocorrer se houvesse uma reorganização democrática da economia.

Em contrapartida, Grossman rejeitou a ideia de que a tendência ao colapso teria sido superada pela concentração econômica, assim como pela regulação da produção capitalista. Exaltar a planificação progressiva corresponderia a nada mais do que se aliar à burguesia. Com sua teoria do capitalismo organizado, Hilferding abandonou "os últimos vestígios do socialismo marxista e se colocou no nível da economia política burguesa, a qual glorificada mesma forma – em gritante oposição aos fatos – a progressiva planificação da atual ordem econômica e considera supérfluo o esforço da classe trabalhadora pelo socialismo, na medida em que esse já está realizado".[15] Na opinião de Grossman, a ênfase na ideia de uma planificação representaria não apenas um rebaixamento da teoria marxista em nível teórico. Ela também seria indicação de uma análise incorreta da sociedade, já que uma planificação da economia sobre bases capitalistas seria totalmente impossível. Em contraposição não apenas à teoria do capitalismo organizado, mas também em relação a toda a discussão marxista do período, seria preciso mostrar como as crises não podem

partida do qual as chances de estabilização do sistema econômico capitalista podiam ser determinadas de modo muito mais realista do que da crença em seu colapso necessário. A tendência à intervenção do Estado cada vez mais abrangente, que Hilferding diagnosticara com antecedência, somente ganhou sua forma clássica sob a pressão da crise econômica mundial". *Ibidem*, p. 13. No entanto, a falha essencial desse programa democrático consistiria na sua visível estreiteza. Como exemplo dessa fraqueza, é possível dizer que formas públicas de controle oligopólico, as quais permitiam maior eficiência do que a simples socialização, estavam fora do alcance dos esquemas de Hilferding. Além disso, os perigos representados pela burocratização da economia eram desconsiderados pelos debates da socialdemocracia alemã dos anos 1920. Ou seja, Hilferding não conseguira "antever", segundo Winkler, que a questão da violência e do autoritarismo na Alemanha teria uma significativa influência sobre a futura história do país, desenvolvimento que estaria contido na organização do capitalismo alemão.

15 Grossmann, *Das Akkumulations- und Zusammenbruchsgesetz des kapitalistischen Systems*, *op. cit.*, p. 605.

CAPITALISMO PERENE

ser entendidas como fruto da anarquia da produção ou da concorrência, mas como função da sobreacumulação de capital, da qual o acirramento da disputa entre os capitalistas seria tão somente uma consequência. "Se a acumulação do capital dentro do mecanismo capitalista ocorre com base na concorrência de empresas individuais ou de uma série de associações capitalistas de produção cartelizadas e em luta uma contra outra, isso é em si irrelevante para a origem da tendência ao colapso e respectivamente à crise".[16] Se a troca entre produtores privados estivesse desaparecendo aos poucos, o mesmo seria dito a respeito do próprio valor de troca. Dessa forma, a produção capitalista implicaria, necessariamente, o intercâmbio de mercadorias. O mesmo valeria para o trabalho assalariado, já que os trabalhadores não poderiam vender livremente sua força de trabalho sem o mecanismo da troca. Grossman reduz a concepção de Hilferding de uma organização social da produção a simples especulação. Levando o raciocínio ao limite, a ausência do intercâmbio de mercadorias e do trabalho assalariado representaria o surgimento de uma sociedade na qual as relações de produção se dariam exclusivamente pelo domínio aberto. No fundo, constata-se uma enorme divergência entre os autores na própria caracterização do capitalismo, que retornaria anos mais tarde nas discussões feitas no Instituto de Pesquisa Social.

Tal como grande parte do marxismo de sua época, o economista austríaco pouco teria compreendido a teoria marxiana do valor. Consequentemente, ele não apenas se mostrara incapaz de apreender o núcleo da teoria do colapso como também se equivocara em sua concepção de uma economia regulada pelo Estado e pelos carteis. Os termos "capitalismo" e "regulação" seriam essencialmente antagônicos: uma economia regulada deixaria de ser automaticamente uma economia capitalista; inversamente, seria impossível regular o capitalismo. A cartelização deveria ser vista como um desenvolvimento do modo de produção capitalista, e não como um passo inicial de sua superação, pois subsistiriam a produção de mercadorias e, portanto, o mercado. Mesmo em sua evolução rumo à centralização, o capitalismo permaneceria em suas bases uma sociedade antagônica, tanto na esfera da produção quanto na esfera da distribuição. A única regulação da qual se pode falar seria a da lei do valor. "Uma regulação planificada é impossível sobre a base da produção de valor. Dessa ideia fundamental do sistema marxiano não se mantém nenhum rastro em Hilferding".[17]

O conceito de capitalismo organizado impediria uma compreensão efetiva das relações entre produção e distribuição como um todo, na medida em que as separa de maneira unilateral. Para Hilferding, a produção poderia ser regulada ao mesmo tempo em que o caráter antagônico da distribuição fosse

---

16 *Ibidem*, p. 606.
17 *Ibidem*, p. 613.

mantido. Somente assim o sistema permaneceria capitalista, isto é, embora a produção de mercadorias fosse regulada, os lucros continuariam a fluir para os capitalistas – daí a necessidade da luta política dos trabalhadores. Em contraposição, Grossman afirmou que, uma vez abolido o processo de intercâmbio de mercadorias, não haveria mais antagonismos na distribuição, já que não seria possível comprar e vender força de trabalho no mercado, e tampouco existiria a relação salarial. Essa seria justamente a função da lei do valor, fazer com que todo o excedente da produção social venha para nas mãos dos burgueses, sem que haja a necessidade de extrair mais-trabalho por meio da violência. "É impossível abolir a propriedade privada dos meios de produção e o processo de troca e ao mesmo tempo pretender que na economia regulada do futuro perdure a economia do lucro e que, junto com ela, subsistam o modo de distribuição e de cálculo intimamente entrelaçados com tal produção e baseados no trabalho que cria valor".[18]

Há dois comentários importantes a serem feitos a respeito da crítica de Grossman a Hilferding. Embora o livro sobre a lei da acumulação tenha sido publicado no mesmo ano em que irrompe a grande crise, a qual deixaria definitivamente para trás o liberalismo, não se pode deixar de notar que Grossman, de maneira semelhante a Lukács, subestimou a crescente importância dos mecanismos anticrise que se desenvolviam paralelamente ao colapso da economia capitalista em 1929. Com razão, as concepções de Hilferding devem ser criticadas por enxergarem no Estado um sujeito exterior à dinâmica econômica do sistema, quando, na verdade, seria necessário mostrar como ele não é uma instância independente das necessidades do capitalismo. Assim, longe de afastar-se dos condicionamentos socioeconômicos do desenvolvimento do capitalismo, o Estado é peça indissociável da acumulação do capital.[19] Porém, Grossman parece menosprezar essa condição. O próprio caráter de sua obra ofereceria as razões para tal. Como já foi notado, em sua tentativa de reexaminar e fundamentar uma teoria da crise e do colapso a partir da crítica marxiana, Grossman contrapôs de maneira dualista as tendências que colocariam em xeque a valorização do capital e aquelas que se contraporiam a esse movimento.[20] Tal qual *História e consciência de classe*, há uma tentativa de atribuir

---

18 *Ibidem*, p. 616.

19 A respeito dessa crítica ao papel do Estado nos trabalhos de Hilferding, cf. Giacomo Marramao, *O Político e as Transformações, op. cit.*, p. 161-71.

20 Segundo Manfred Gangl, o trabalho de Grossman representaria uma última tentativa em compreender o desenvolvimento do capitalismo por meio de uma análise puramente econômica, que pressupunha que as condições para a prática e a consciência de classe correta estariam dadas. Em contraposição às teorias da socialdemocracia, Grossman almejava "explicar todas as transformações constatadas da realidade social, que permitiam que tanto críticos quanto defensores da teoria marxista falassem de

CAPITALISMO PERENE

ao capitalismo sua crise final, quando, de fato, mecanismos estabilizadores já se faziam presentes. Nesse sentido, ainda que Grossman pudesse ter razão ao apontar para as falhas teóricas de marxistas como Hilferding, sua reconstrução acabou por ignorar aspectos importantes que foram ressaltados na discussão a respeito do capitalismo organizado.

Por esse motivo é que o trabalho sobre a lei da acumulação e do colapso recebe um lugar especial nas discussões a respeito da estabilidade do capitalismo. Embora tenha negado de forma bastante expressa a possibilidade dessa estabilização, as discussões travadas por Grossman, assim como sua crítica a Hilferding, constituem uma antecipação dos debates travados no interior do Instituto de Pesquisa Social de Frankfurt. Não por acaso, a controvérsia entre Friedrich Pollock e Franz Neumann sobre o caráter do nazismo retoma, ainda que implicitamente, os termos empregados em torno da validade da expressão "capitalismo organizado".

Com a saída de Grünberg do Instituto e a chegada de Horkheimer a sua direção, Grossman perde espaço na discussão sobre economia.[21] Em seu lugar, a figura de Pollock passa a ganhar destaque. Isso não seria fortuito. Não obstante os anos 1930 tivessem sido marcados pela crise, parecia cada vez mais clara aos membros do círculo liderado por Horkheimer a importância de mecanismos e instituições estatais para controlar a economia, na tentativa de impedir o ressurgimento da crise e ao mesmo tempo estimular a produção de mercadorias

---

uma nova fase do capitalismo, a partir da estrutura básica da produção capitalista. As transformações deveriam ser verificadas como manifestações superficiais, que correspondem à essência da acumulação capitalista, para poder comprovar ao mesmo tempo 'a gigantesca coerência do sistema econômico marxiano'". *Politische Ökonomie und Kritische Theorie, op. cit.*, p. 107-8. Porém, isso não invalida, segundo minha opinião, o fato de que a reconstrução levada a cabo por Grossman tenha o grande mérito de apontar para o vínculo necessário entre crise e funcionamento do capitalismo com base em sua essência, isto é, a produção do valor.

21 Muito se comenta, aliás, a respeito do próprio lugar que a economia receberia nas investigações do Instituto. De centro da análise, ela passaria a uma entre as demais disciplinas congregadas em torno da filosofia social. Ao contrário, seria possível mostrar como Horkheimer e os demais membros seguiram os passos de Marx e Lukács na investigação do capitalismo, só que sob condições históricas diversas: como os indivíduos reproduzem suas relações sociais e como o capitalismo consegue se sustentar. O recurso à psicanálise, por exemplo, longe de significar um afastamento das teses de Marx, ressaltaria as maneiras que o sistema encontrou para continuar funcionado. A respeito do lugar da economia dentro do arcabouço da teoria crítica, cf. Rolf Johannes, "Das ausgesparte Zentrum. Adornos Verhältnis zur Ökonomie". *In*: Gerhard Schweppenhäuser (org.),*Soziologie im Spätkapitalismus. Zur Gesellschaftstheorie Theodor W. Adornos.* Darmstadt: Wissenschaftliche Buchgesellschaft, 1995, p. 41-67, especialmente as p. 41-45, nas quais o autor descreve a relação do projeto do "materialismo interdisciplinar" de Horkheimer com a crítica da economia política de Marx.

com o uso máximo da força de trabalho e dos avanços técnicos. Com efeito, a ideia de que o capitalismo atingisse seu colapso, mais cedo ou mais tarde, perderia sua força e daria lugar aos poucos à percepção segundo a qual o sistema poderia encontrar formas de estabilização relativa.

O controle da crise e a centralidade do Estado

A questão do planejamento e da participação do Estado na economia se mostrava fundamental para Pollock muito antes da publicação de seu texto mais conhecido, "Capitalismo de Estado: suas possibilidades e limites", em 1941. A preocupação em analisar as mudanças ocorridas no capitalismo do período remonta a seu trabalho sobre a planificação econômica na União Soviética, editado no mesmo ano em surge a obra de Grossman a respeito da lei da acumulação e do colapso. Da mesma forma, seus textos publicados na revista do Instituto na década de 1930 ressaltavam o vínculo estreito entre economia planificada, o Estado e as soluções encontradas para resolver a crise. Assim, o ensaio sobre o capitalismo de Estado desenvolve aspectos contidos nos textos anteriores para chegar a conclusões incisivas quanto ao percurso tomado pelo sistema. Por um lado, no artigo "Observações sobre a crise econômica" (1933) parte-se do princípio de que a análise deveria ter fatores endógenos como ponto de partida, isto é, a crise mundial fora produzida pelos próprios mecanismos de funcionamento do capitalismo. Por outro lado, o desenvolvimento da intervenção estatal em diferentes países teria sinalizado uma profunda transformação nas próprias leis econômicas que regem o funcionamento da sociedade. Em uma crítica velada às afirmações de Grossman a respeito do modo como a evolução do sistema deveria ser estudada, Pollock afirma que aceitar somente fatos econômicos na explicação dos acontecimentos da época seria ignorar a crescente imbricação entre as esferas econômica e social. Assim, Pollock procurou descrever a especificidade do período histórico, mostrando como aquela crise e as soluções que se apresentaram não se assemelhavam às outras.

No início da década de 1930, a questão mais importante para autor quanto às transformações do capitalismo era saber por que e com que meios ele poderia controlar a crise. Nesse sentido, o Estado teve um papel muito importante, em comparação com o período liberal:

> De fato, a crescente capacidade do Estado não é uma peculiaridade do capitalismo do pós-guerra, mas tornou-se sim previsível e, além disso, determinante para o sistema capitalista. Na crise, a pressão sobre o poder do Estado para intervir no processo econômico intensificou-se tanto natural quanto significativamente, pois as forças da autodireção política econômica liberal, bem como seus meios normais, não são suficientes.[22]

---

22 Friedrich Pollock, "Die gegenwärtige Lage des Kapitalismus und die Ansichten einer

CAPITALISMO PERENE

Para Pollock, o Estado se tornaria o único detentor do capital, sem que a extração de mais-valia perdesse seu lugar. Não se tratava da última crise do capitalismo nem da construção de um novo modo de produção, mas sim da conclusão de uma fase econômica.Ao descrever com o auxílio de números os efeitos da crise iniciada em 1929, Pollock afirma que era cada vez mais amplo o círculo daqueles que enxergavam o fim do capitalismo e a necessidade de um reordenamento por meio de um plano econômico para contrabalançar essa tendência. Os fatores que mais lhe interessavam davam conta das mudanças estruturais da economia, pois elas seriam os de efeitos mais duradouros e ameaçadores ao funcionamento dos mecanismos do mercado.

Em primeiro lugar, Pollock toma os processos de centralização e concentração do capital descritos por diferentes teorias marxistas antes da Primeira Guerra Mundial de maneira diversa, uma vez que a expansão das unidades econômicas emprestava a seus líderes um crescente poder econômico e político. Esse fato teria provocado uma mudança no velho sistema liberal. Se antes o Estado não precisava intervir nas empresas, pois o número de falências era relativamente limitado, com o crescimento gigantesco das empresas industriais e bancárias (e dada sua importância para o todo econômico e político), seria impossível ao Estado permanecer ausente diante da queda daquelas, mesmo que ele se aferrasse aos preceitos do liberalismo. Os processos de concentração e de centralização do capital, aliados a transformações técnicas no processo de produção – que traziam consigo o risco de superprodução e de desemprego em massa –, fizeram com que a tendência à crise se agravasse. Novos mecanismos de controle da economia, diferentes daqueles empregados no liberalismo, se faziam necessários. Do contrário, seria possível contar no futuro "com crises tendencialmente cada vez mais fortes".[23]

Não havia dúvidas para o economista de que a crise iniciada em 1929 poderia ser superada por meios capitalistas, assim como o capitalismo monopolista poderia existir por um longo tempo, o que não ocorreria sem consequências funestas. Os elementos para tal superação já se encontrariam presentes em vastas dimensões. Embora a depressão e a crise fossem àquela altura dos acontecimentos mais profundas do que na época da "livre concorrência", não seria possível esperar o colapso automático do sistema. Pollock usou como exemplo da importância da discussão de um reordenamento econômico planejado o fato de que os países centrais, como Estados Unidos e França, tenham posto

planwirtschaftlichen Neuordnung". *Zeitschrift für Sozialforschung*, Jg. 1, 1932, p. 13 (Reprodução fotomecânica, München, Deutscher Taschenbuch, 1980). Sobre os debates econômicos entre os membros do Instituto para Pesquisa Social, cf. Martin Jay, *The Dialectical Imagination. op. cit.*, p. 16-19 e 142-58.

23 Pollock, "Bemerkungen zur Wirtschaftskrise", *Zeitschrift für Sozialforschung*, Ano 2, 1933, p. 332 (Reprodução fotomecânica, München, Deutscher Taschenbuch, 1980).

esse debate na ordem do dia. A partir dos trabalhos de Lewis Lorwin, Pollock definiu a economia planificada (*Planwirtschaft*) como

> um sistema econômico no qual produção e distribuição são reguladas de forma central por meio de planejamento social, e que se diferenciam em dois tipos principais: a economia planificada capitalista com base na propriedade privada dos meios de produção e, com isso, no quadro social de uma sociedade de classes, e a economia planificada socialista, com as características da propriedade social dos meios de produção e do espaço social de uma sociedade sem classes.[24]

Esse reordenamento só teria sido possível porque as suas pré-condições já estariam dadas. Os mesmos processos de centralização e concentração, que teriam tornado o sistema mais suscetível às crises, permitiriam a um só tempo a realização das tarefas de uma direção econômica centralizada.

É possível dizer que Pollock segue uma tradição no interior do marxismo, ao colocar no centro do desenvolvimento do capitalismo a questão da concorrência e da organização da anarquia representada pelos movimentos do mercado. De acordo com a análise de Elmar Altvater, a tradição marxista seguiu um duplo esquema de articulação para dividir o capitalismo em fases.[25] Por um lado, é afirmada a tese de uma transformação do capitalismo, datada por volta do fim do século XIX, no qual o capitalismo passaria de sua fase de ascensão para sua decadência, o que exprimiria ao mesmo tempo sua crise geral. Todos os fenômenos em torno da crise – expansão e crise do mercado mundial, luta entre frações do capital, por exemplo – são explicados por meio da monopolização. Por outro lado, sustenta-se a tese de uma transformação estrutural do capitalismo, que comprovaria a passagem da concorrência ao monopólio.

"As diversas interpretações desta tese possuem posições muito diferentes, até mesmo opostas. Alguns teóricos veem nessa mudança a expressão de uma organização da circulação, e até a superação da anarquia do mercado".[26] Tal opinião já estava expressa nos escritos de Tugan-Baranowski, o qual acreditava que as crises poderiam ser evitadas se a produção fosse organizada e planificada, isto é, se os dirigentes da produção tivessem consciência perfeita

---

24 *Idem*, "Die gegenwärtige Lage des Kapitalismus und die Ansichten einer planwirtschaftlichen Neuordnung", *op. cit.*, p. 18. Ressalte-se aqui a separação em "tipos", que lembra os textos posteriores de Pollock, e cujas variantes históricas devem ser procuradas entre esses extremos – Pollock chama a atenção também para o fato de que não existia na época uma teoria da economia planificada, sendo seu texto, portanto, um esboço, com indicações a serem desenvolvidas.

25 Elmar Altvater, "Il capitalismo si organizza", *op. cit.*

26 *Ibidem*, p. 824.

CAPITALISMO PERENE

da demanda, e encontraria sua formulação mais bem acabada nas obras de Hilferding. Não deixa de ser curioso que a posição defendida por Pollock se aproxime substancialmente de tais formulações. Isso não significa, de modo algum, que se havia chegado a um acordo a respeito das transformações do capitalismo e, principalmente, do sentido que elas teriam dentro do próprio marxismo. "O paradigma que se funda sobre a organização é desenvolvido – a fim de tornar-se um modelo político – por aqueles teóricos da socialdemocracia que veem na organização do capitalismo a novidade decisiva com respeito ao capitalismo concorrencial".[27] Dentro desta posição, o problema da irracionalidade dos processos de mercado é fortemente acentuado para dar conta das distinções entre as diversas fases de desenvolvimento do capitalismo.

Esse conjunto de questões não passaria despercebido aos membros do Instituto para Pesquisa Social, muito menos por Pollock, já que todos eles procuraram entender se de fato estavam vivendo num novo período histórico, ainda que totalmente contrário às expectativas de uma revolução geral da sociedade. Assim como a palavra "crise" remonta ao ponto em que uma doença levaria o doente à cura ou à morte, também a teoria crítica vê nas crises capitalistas uma situação relativamente aberta, que possibilitaria ao mesmo tempo transformações emancipatórias e a regeneração da reprodução capitalista, em contraposição ao modelo lukácsiano de explicação. "A enorme capacidade do capitalismo de se reproduzir por meio de crises e transformações qualitativas da sociedade precipitou a teoria crítica da sociedade repetidamente para a crise e a obrigou a lidar com uma realidade transformada".[28]

Com as maciças transformações em curso na economia e na política na década de 1930, estabelece-se nas discussões do Instituto de Frankfurt uma periodização do capitalismo diversa em relação a clássicos do marxismo como Lenin e Rosa Luxemburgo. Conquanto ambos acreditassem que as mudanças efetivadas pelo capitalismo monopolista e pelo imperialismo levassem o sistema à sua última fase, a questão ganha contornos diferentes quando se considera os debates iniciados logo após 1929. A visão de uma fase superior do capitalismo é substituída, ou melhor, é anteposta a uma nova fase, cujas características ficariam mais nítidas apenas no decorrer das décadas de 1930

---

27 *Ibidem*, p. 825.

28 Comentário de Thomas Sablowski no texto "Entwicklungstendenzen und Krisen des Kapitalismus".*In*: Alex Demirović (org.), *Modelle kritischer Gesellschaftstheorie. Traditionen und Perspektiven der Kritischen Theorie*.1ª ed. Stuttgart/Weimar: J.B. Metzler, 2003, p. 101. Segundo Sablowski, enquanto a discussão a respeito das crises no marxismo até a grande crise econômica dos anos 1930 girava em torno da comprovação da inevitabilidade da crise e da necessidade do colapso do capitalismo, o trabalho do círculo de Horkheimer no Instituto para Pesquisa Social caminhava numa direção totalmente diferente.

e 40. Em vez de um capitalismo monopolista, estágio superior e até mesmo final do modo de produção burguês, viria à tona um período marcado pela crescente imbricação entre o andamento da economia e os dispositivos estatais e políticos de controle. Certamente, a concepção de que o período vivido pelo capitalismo era marcado pelos monopólios e pelas grandes concentrações ainda subsistia. Contudo, o eixo das análises é deslocado: se antes o peso e a importância adquiridos pelo crescimento das indústrias eram vistos como as causas principais das transformações do sistema, as discussões no Instituto de Pesquisa Social passariam a estar concentradas nas tendências que agiam em sentido contrário aos efeitos provocados pela monopolização da economia. Para Pollock, em especial, o termo "capitalismo monopolista" não descreveria com rigor as principais características da sociedade nazista.

Se o planejamento e a participação do Estado haviam se mostrado como elementos fundamentais na consolidação da nova fase do capitalismo, Pollock chegaria no início dos anos 1940 a uma conclusão radical e ausente de seus textos anteriores: o lucro deixara de ser o motor da economia. Em decorrência disso, a questão de um poder totalitário dos grupos sociais dominantes passara a ser decisiva nas relações entre os indivíduos. O controle das relações de troca faria com que a dominação se impusesse de forma direta, e cujo modelo mais bem acabado seria encontrado na Alemanha governada pelos nazistas. Nesse sentido, as discussões dentro de Instituto de Pesquisa Social seriam circunscritas por dois aspectos. O primeiro, é claro, diz respeito à maneira como se deveria compreender e analisar o nazismo, isto é, se ele representava de fato um novo tipo de sociedade ou uma simples continuação de tendências inerentes ao capitalismo.[29] Em decorrência disso, o segundo aspecto aponta para a relação entre economia e política e ganha traços bastante particulares, se tivermos em mente, pelo menos, a maneira como a questão foi compreendida ao longo dos debates sobre as transformações do capitalismo.

Nos escritos de Pollock, o Estado aparece como instância central para deter a crise econômica e o colapso, o que determinaria o caráter da nova fase do capitalismo. Em função de sua capacidade centralizadora, ele teria adquirido importância decisiva – daí que as expressões "capitalismo de Estado" e "planificação" estivessem intrinsecamente relacionadas nos trabalhos desse autor. Essa alteração qualitativa do sistema não corresponderia, porém, a uma ruptura no curso do capitalismo. A centralidade do Estado apareceria como resultado das próprias forças atuantes no liberalismo. Ou seja, o fato de que o mercado deixe de ser um instrumento adequado para o uso dos recursos disponíveis, ao controlar e coordenar a produção e a distribuição, teria sido uma

---

29 Para um resumo dos debates em torno da caracterização do nacional-socialismo, cf. Wiggershaus, *Die Frankfurter Schule, op. cit.*, p. 314-27.

CAPITALISMO PERENE

consequência de seu próprio funcionamento. "A empresa privada de tamanho médio e a livre troca, a base do gigantesco desenvolvimento das forças produtivas no século XIX, estão sendo gradualmente destruídas pelos frutos do liberalismo, os monopólios e a interferência governamental". [30] Com seu ocaso, as funções do mercado passariam a ser assumidas por um sistema de controles diretos resultantes da interferência governamental, simultaneamente à abolição das liberdades mercantis. Um dos indícios dessa perda de centralidade do mercado seria oferecido pelo controle dos preços, que não mais serviriam para a regulação do processo de produção. A partir da constatação de que o declínio das funções mercantis se fazia presente em diferentes níveis em todos os países industrializados após a Primeira Guerra Mundial, Pollock concluiu que as leis econômicas que ditavam o funcionamento do sistema teriam desaparecido junto com a autonomia do mercado.

Tudo se passa como se o cenário traçado pelo autor fosse uma versão ao avesso da teoria do capitalismo organizado. Na medida em que o mercado perde seu lugar como instância mediadora das relações sociais e, sobretudo, de dominação, estas só poderiam ser entendidas por meio da política, e não apenas da economia.

> O problema genuíno de uma sociedade planejada não reside na economia, mas na política. [...] A substituição dos meios econômicos pelos meios políticos enquanto última garantia para a reprodução da vida econômica altera o caráter de todo um período histórico. Isso significa a transição de uma era predominantemente econômica para uma essencialmente política. [31]

Se todas as esferas da vida social passaram a ser alvo da ação do Estado, então todos os problemas econômicos deveriam ser tratados como políticos. Mais do que isso, até, eles teriam se transformado em problemas de administração. No entanto, ao invés de servir aos interesses da classe trabalhadora por meio da democratização da distribuição, como Hilferding acreditava, o Estado poderia tornar compatíveis as aspirações dos consumidores com os objetivos traçados pelos grupos dominantes, de maneira que as necessidades de uns fossem satisfeitas ao mesmo tempo em que o domínio desses fosse ratificado.

Os grupos dominantes, aliás, não seriam compostos apenas pelos representantes dos monopólios, mas também pela burocracia e pela liderança do partido nazista, assim como pelos militares. Àqueles, como a grande maioria da população, que não pertencessem a esses grupos não restaria mais nada senão

---

30 Pollock, "State capitalism: its possibilities and limits". *Zeitschrift für Sozialforschung*, Ano 9, 1941, p. 202(Reprodução fotomecânica, München, Deutscher Taschenbuch, 1980).

31 *Ibidem*, p. 204 e 207, respectivamente.

submeter-se a seu domínio. Essa junção entre o poder econômico e o poder político seria expressa pelo fato de que o interesse de indivíduos e grupos nos lucros estaria subordinado ao plano geral. O caráter das classes dominantes teria se alterado em função disso. Como resultado das tendências à monopolização do capital, a figura do capitalista teria sido reduzida à de um mero rentista, uma vez que o governo decide a direção dos investimentos.

> Sob o capitalismo privado, todas as relações sociais são mediadas pelo mercado; os homens encontram uns aos outros como agentes do processo de troca, como compradores ou vendedores. A fonte de renda de alguém e o tamanho de sua propriedade são decisivos para a posição social. O motivo do lucro mantém o mecanismo econômico da sociedade em movimento. Sob o capitalismo de Estado, os homens encontram uns aos outros enquanto comandantes ou comandados; a extensão na qual alguém possa comandar ou tenha de obedecer depende, em primeiro lugar, de sua posição no arranjo político, e somente de maneira secundária da extensão de sua propriedade.[32]

Consequentemente, o lucro teria sido substituído pela força enquanto impulso que move a sociedade burguesa, na medida em que as possiblidades de lucro estariam associadas às posições de poder dos grupos dominantes, ao passo que no liberalismo elas estariam relacionadas única e exclusivamente aos indivíduos que detivessem capital. Por sua vez, a extração de trabalho excedente não seria mais feita sob as leis do intercâmbio de mercadorias, mas apropriada de maneira direta. Ou seja, o poder para dominar não seria resultado direto da posição dos indivíduos no processo de produção, ainda que ele fosse importante na separação das classes, mas sim da posição ocupada no aparato político, e a expansão de seu poder teria se transformado no objetivo social principal.

Ao contrário das críticas liberais, segundo as quais o modelo do capitalismo de Estado só funcionaria em situações de emergência, todos os meios técnicos estariam disponíveis para uma produção eficiente sob a direção centralizada e planificadora, tais como a expansão da produção.O capitalismo de Estado teria encontrado meios técnicos para a distribuição de tudo o que fosse produzido, assim como teria reduzido os riscos inerentes à produção de capital. Dessa forma, Pollock vislumbra a possibilidade de que esse modelo econômico continuasse para além do período da guerra, embora ele estivesse intimamente ligado ao terror implantado pelos nazistas:

> somos incapazes de descobrir quaisquer forças inerentes, 'leis econômicas' de tipo velho ou de tipo de novo que poderiam impedir o funcionamento do capitalismo de Estado. O controle governamental

---

32 *Ibidem*, p. 207.

CAPITALISMO PERENE

da produção e da distribuição fornece os meios para eliminar as causas econômicas de depressões, processos de destruição cumulativos e desemprego de capital e trabalho. [...] Onde outrora o economista quebrou sua cabeça para resolver o enigma do processo de troca, ele se encontra, sob o capitalismo de Estado, apenas com simples problemas de administração. De fato, não existem limitações ao capitalismo de Estado, mas elas derivam de condições naturais assim como da própria estrutura da sociedade que o capitalismo de Estado almeja perpetuar.[33]

As restrições impostas às leis de funcionamento do capitalismo valeriam até mesmo para a teoria marxiana da queda tendencial da taxa de lucro, uma vez que, dado o plano geral e a aprovação do grupo dominante, a razão entre mais-valia e capital investido poderia cair próxima a zero sem causar problemas para o andamento do sistema. Em resposta implícita às concepções de Grossman, Pollock afirmava que a queda na taxa de mais-valia poderia ser facilmente contraposta pelo pleno-emprego.[34]

Embora tal sistema se baseasse exclusivamente no uso da força, seria necessária uma parcela de consentimento por parte dos grupos e classes dominadas, na medida em que a dominação política e a propaganda estariam aliadas ao pleno-emprego e ao aumento no padrão de vida, que prometiam uma vida mais segura e abundante àqueles que se entregassem voluntariamente a esse sistema. No entanto, talvez prevendo as críticas que seriam feitas a seu trabalho, Pollock insiste no fato de que, malgrado a solidez da dominação, o caráter antagônico da sociedade capitalista permaneceria, uma vez que os meios de produção estariam separados das classes trabalhadoras, impedindo seu controle e organização pelo conjunto da sociedade. "O capitalismo de Estado oferece a solução de problemas econômicos ao preço da opressão totalitária".[35] Nesse sentido, Pollock presume haver uma distinção entre poder econômico e poder político. É possível constatar, portanto, que sua teoria do capitalismo de Estado comporta certo determinismo, já que as duas esferas sociais seriam vistas de forma separada, de maneira bastante semelhante ao que ocorrera no debate da socialdemocracia alemã nas primeiras décadas do século XX. A visão do Estado enquanto elemento externo às relações sociais da produção capitalista seria mantida nos textos de Pollock, o que ajuda a explicar sua visão dicotômica da relação entre economia e política – a primeira seria a fonte das contradições e antagonismos que colocariam a sociedade burguesa em xeque,

---

33 *Ibidem*, p. 217.

34 Segundo Marramao, a análise de Pollock partiria de um pressuposto contrário às análises de Grossman. Pollock não negaria o caráter catastrófico da crise, mas não seria possível atribuir a ela o *memento mori* do sistema, isto é, o capitalismo poderia encontrar seus próprios meios para sair da crise. Cf. *O Político e as Transformações, op. cit.*, p. 219.

35 Pollock, "State capitalism: its possibilities and limits", *op. cit.*, p. 224.

enquanto a segunda ofereceria elementos que controlam e até mesmo põem em suspenso aquelas contradições. Em nenhum momento Pollock assume as imbricações entre os dois domínios e as soluções que oferecidas pelo controle estatal como momentos de uma mesma totalidade, a acumulação e a reprodução do capital.

Capitalismo de Estado ou capitalismo monopolista totalitário?

Por sua vez, Neumann descrevia os novos horrores perpetrados pelo fascismo, ao mesmo tempo em que criticava o uso da categoria weberiana de "tipo ideal" em Pollock, na medida em que o conceito de capitalismo de Estado daria conta de uma realidade para além da sociedade burguesa. Nesse sentido, Neumann acusou Pollock de se afastar do modelo marxista que pautava as investigações do Instituto para Pesquisa Social, pois a produção mercantil deixava de ter importância em seu sistema, quando seria necessário ater-se à ideia de que o nazismo era uma variante do capitalismo monopolista.De fato, Neumann não tinha em vista apenas o trabalho de Pollock, já que outras teorias a respeito do destino tomado pelo capitalismo também foram revistas, as quais negariam o caráter capitalista da sociedade nazista, como, por exemplo, as teses sobre o domínio da burocracia. Contudo, ao longo da leitura de *Behemoth*, percebe-se nitidamente que uma de suas preocupações centrais consistia em refutar os argumentos favoráveis à existência do capitalismo de Estado.

O alvo das críticas a Pollock constituiu-se especialmente das implicações do conceito por ele esboçado, que descrevia praticamente a impossibilidade de qualquer contradição econômica. Dessa perspectiva, o nacional-socialismo podia aparecer como imune às crises, assim como uma variante mais ou menos estável do capitalismo.Aqueles, tais como Pollock, que postulavam uma diferença decisiva entre o sistema econômico capitalista e o funcionamento da sociedade nazista, incorreriam em graves equívocos, já que seria evidente "que a Alemanha tem resíduos de mercado e, portanto, de preços; mas a escola do capitalismo de Estado sustenta que esses remanescentes não têm importância básica e que a realidade está se aproximando do modelo".[36] A análise deveria mostrar, ao contrário, que o termo "capitalismo de Estado" não valeria incondicionalmente para o nazismo, que deveria ser visto mais como caso limite. Dessa forma, o conceito tampouco faria sentido para descrever o caso americano e o desenvolvimento econômico em outros países.

Para Neumann, os antagonismos do capitalismo atingiram um nível ele-

---

36 Franz Neumann, *Behemoth. The structure and practice of national socialism. 1933-1944.* Chicago: Ivan R. Dee, 2009, p. 224. Para as críticas de Neumann a Pollock, cf. sua carta a Horkheimer, datada em 23 de julho de 1941. *In*: Max Horkheimer, *Gesammelte Schriften*, vol. 17 (*Briefwechsel. 1941-1948*). Frankfurt am Main: Fischer, 1996, p. 103-9.

CAPITALISMO PERENE

vado no nazismo, não sendo possível dirigi-los de forma exclusivamente política – ainda que tais contradições fossem encobertas pela burocracia e pela ideologia da *Volksgemeinschaft*. Do contrário, os grupos dominantes poderiam escolher livremente a forma como a dominação seria efetivada. As aparências levariam a crer que, de fato, a Alemanha nazista constituiria um caso exemplar de capitalismo de Estado. No entanto, essa visão se restringiria à letra da lei, que ajuda a esconder os reais antagonismos sociais. Assim, a análise da estrutura social nazista não poderia estar presa a suas formas legais e administrativas. Não fez o menor sentido para Neumann descrever o nazismo como capitalismo de Estado, já que, se o Estado fosse o único detentor dos meios de produção, seria impossível que uma economia capitalista funcionasse. Fundamentar o conceito de capitalismo de Estado em categorias puramente políticas teria sido a única maneira encontrada por Pollock para escapar desses problemas. Haveria duas maneiras para refutar essa teoria. A primeira seria deduzir sua impossibilidade por meio da teoria. A segunda consistiria em mostrar de forma detalhada a estrutura e o funcionamento da economia alemã. Esse foi o passo escolhido por Neumann – talvez por conta dos problemas mostrados pela explicação puramente teórica de Grossman a respeito das tendências do capitalismo.

Para compreender a maneira como o nazismo pode se estabelecer como forma de domínio e ao mesmo tempo representar um variante do capitalismo monopolista, fazia-se necessária uma análise das tendências históricas da economia alemã, que não se resumiriam apenas à ascensão no NSDAP (*Nationalsozialistische Deutsche Arbeiterpartei*) e tampouco à conquista do poder, mas estariam relacionadas também aos antagonismos internos dessa sociedadede maneira íntima. Assim, a análise feita em *Behemoth* toma como ponto de partida as articulações entre a necessidade de expansão da indústria alemã e sua simbiose com os interesses dos nazistas. "Nosso argumento é que o imperialismo da Alemanha é principalmente a política de sua liderança industrial, totalmente apoiada pelo partido nacional-socialista, e que as outras classes apenas seguiram essa liderança ou até mesmo resistiram a ela".[37] O fato de que membros do partido nazista tenham agido como gângsteres para alcançar posições econômicas de peso não consistiria em uma negação do capitalismo por meio de sua total politização.[38] Ao contrário, isso representaria a afirmação da força vital do capitalismo, pois mostra que poder político sem poder econômico não seria nada. Embora o imperialismo alemão cumprisse uma das metas traçadas

---

37 Neumann, *Behemoth*, *op. cit.*, p. 202.

38 Neumann faz referência à rápida ascensão econômica de Hermann Göring, um dos principais membros do partido nazista alemão. Por meio de atividades ilegais, Göring adquiriu controle de inúmeras indústrias e, assim, pode entrar no círculo das atividades econômicas legais. A respeito disso, cf. *Behemoth*, *op. cit.*, p. 298-302.

por Hitler, a conquista de novos territórios, ele seria uma política dos líderes industriais, que, por sua vez, estavam em busca de maiores lucros. Os setores políticos democráticos da Alemanha de Weimar não foram capazes de deter o poder dos monopólios econômicos. Ao contrário, terminaram por fortalecê--los. No entanto, as ambições imperialistas teriam encontrado um obstáculo no regime democrático de Weimar. Essa contradição fez com que Neumann se perguntasse como foi possível manter essa sociedade unida, dadas as práticas de terror empregadas à exaustação para que as massas fossem contidas e dominadas. Seria preciso, antes de tudo, fazer com que elas aceitassem a guerra como uma necessidade sua.

A doutrinação das massas no nazismo sempre foi acompanhada pelo mais completo terror. Para Neumann, isso seria necessário tendo em vista a contradição flagrante entre o desenvolvimento das forças produtivas e o uso destrutivo que se fazia delas. Mesmo os trabalhadores mais indiferentes à política reconheceriam esse antagonismo e deixariam de apoiar o nazismo.[39] Além disso, a subordinação do Estado aos interesses da grande indústria não poderia ser feita sob um regime democrático, isto é, em um sistema político no qual as organizações de massa e o direito à crítica existissem. Embora o lucro tenha sido a força que moveu essa sociedade, ele não poderia ser mantido em um sistema monopolista sem um poder político totalitário, e esse seria o fator distintivo do nazismo – daí porque Neumann pudesse dizer que o nazismo fosse uma continuação de tendências do capitalismo monopolista alemão.

Vê-se aqui, portanto, que não apenas as teses de Pollock se aproximariam das de Hilferding.[40] A oposição entre o poder dos monopólios e um regime político democrático teria suas raízes na defesa de um Estado democrático contra os excessos do capitalismo – não por acaso, Neumann também foi partidário da socialdemocracia alemã. Por outro lado, é possível observar que o texto de Pollock oferece elementos para se contrapor à ideia de que o predomínio da democracia seria inimigo do funcionamento do sistema, já que uma das

---

39 Para reafirmar sua tese de que a sociedade nazista estava assentada sobre contradições violentas, Neumann relatou formas de resistência passiva por parte dos trabalhadores alemães. Cf. *Behemoth, op. cit.*, p. 347-9.

40 Segundo Helmut Dubiel e Alfons Söllner, a crescente importância da política, para Neumann, não constituiria propriamente uma contradição com o desenvolvimento do capitalismo. Pelo contrário, seria produto de sua evolução. "A complexa relação entre condicionamento social (*gesellschaftliche Bedingtheit*) e autonomia relativa na constituição (*Herausbildung*) do fascismo torna-se clara no conceito de Neumann de 'capitalismo monopolista totalitário'. Ele almeja uma análise estrutural do fascismo, na qual a dominação política e a dominação social não coincidem e, não obstante, atuam na mesma direção: na reintegração do capitalismo depois de uma crise exemplar". Cf. *Wirtschaft, Recht und Staat im Nationalsozialismus. Analysen des Instituts für Sozialforschung 1939-1942*. 1ª ed.Frankfurt am Main: Suhkamp, 1984, p. 27-8.

CAPITALISMO PERENE

variantes do capitalismo de Estado seria sua forma democrática. Tal concepção seria explorada na *Dialética do esclarecimento* e pela teoria crítica no pós-guerra. Sendo assim, os termos "democracia" e "capitalismo" não poderiam ser simplesmente contrapostos, como parece ser o caso tanto em Hilferding quanto em Neumann.

Porém, o quadro apresentado no ensaio "*State capitalism*" seria pouco adequado para descrever a realidade, segundo Neumann, já que o domínio dos nazistas pareceria quase ilimitado. A força das determinações políticas dificilmente levaria à tona as contradições que imperavam no capitalismo alemão. Somente algo acidental poderia destruir tal sistema.

> A política divorciada da economia é uma mera técnica, uma arte. Na era do capitalismo de Estado ela é uma técnica de dominação de massa, uma técnica que de fato foi altamente desenvolvida. Se os requisitos da dominação de massa tornam necessário, o padrão de vida pode ser elevado. Bens de consumo podem ser produzidos em abundância. Se a oposição surge dentro de grupos mais baixos contra tal sistema, esses grupos mais baixos podem ser levados à elite. Um sistema de dominação de massa tão engenhoso pode assegurar a estabilidade do sistema por mil anos. Essa é, de fato, a promessa que Hitler oferece a seu povo. Operações políticas habilidosas poderiam excluir até a mesmo a guerra, já que não existem necessidades econômicas que impelem a ela.[41]

Embora Neumann rejeitasse a ideia de que tal sistema de dominação pudesse existir, ela seria mobilizada com proveito não apenas no livro de Adorno e Horkheimer, mas também na obra de Marcuse, pelo menos se nos ativermos à ligação entre essa dominação, a elevação do nível de vida das massas e a possiblidade de se estabilizar o sistema.

Para o autor de *Behemoth*, ao contrário, o curso do sistema nazista só poderia levar à explosão de suas contradições. Ao mesmo tempo, os interesses das elites não poderiam ser garantidos de outra forma. A economia alemã tornara-se tão monopolizada que não haveria outra saída, já que ela seria altamente vulnerável a mudanças cíclicas. Certamente, o objetivo maior do partido nazista era garantir o poder por mil anos. Mas ele só poderia fazê-lo se protegesse o sistema monopolista que fornecia a base econômica para sua expansão política. A democracia seria um obstáculo ao sistema econômico, pois a força que impulsionava a economia nazista estava diretamente relacionada ao "espírito agressivo, imperialista e expansionista do grande negócio alemão".[42] Por conseguinte, a economia alemã tinha de ser também uma economia de comando, na qual o poder dos monopólios e o controle do Estado

---

41 Neumann, *Behemoth, op. cit.*, p. 226.

42 *Ibidem*, p 354.

140 VLADIMIR FERRARI PUZONE

formavam um amálgama – Neumann descreve seu funcionamento como um "capitalismo monopolista totalitário".[43]

O termo "economia de comando" seria mais adequado para descrever a sociedade nazista do que a expressão "capitalismo de Estado", uma vez que a participação do Estado fortalecera as estruturas sociais e econômicas já existentes, a despeito das mudanças fundamentais que ocorreram em decorrência dessa atuação.Os mercados e a competição não teriam sido abolidos com a crescente importância ganha pelo papel do Estado na economia. Diferentemente do que as teses de Pollock destacavam, os conflitos passariam a se reproduzir em um nível mais elevado. Os processos de cartelização e monopolização não significaram o fim da competição, mas tão somente outra forma sobre a qual esta agiria.

> A economia de comando realmente substitui a competição e o monopólio? Entre essas questões, a principal é se o nacional-socialismo se envolveu efetivamente nos negócios. A atividade econômica direta do Estado foi aumentada de tal modo que fez dela um fator decisivo? Se assim fosse, o capitalismo de Estado estaria realmente operando na Alemanha. Mas certamente não é assim. A parcela das autoridades públicas nos serviços públicos, na produção industrial, no transporte e nos seguros sempre foi grande – maior do que em qualquer outro país.[44]

O poder do capital privado não fora ameaçado pelo capital público. Ao contrário, o primeiro exerceu parte importante no controle das empresas públicas. Assim, Neumann refuta a hipótese de uma crescente nacionalização da economia alemã – todas as posições mantidas pelas autoridades públicas teriam sido estabelecidas antes do regime nazista.

Uma série de características mostraria os fundamentos dessa economia de comando. As políticas de cartelização empreendidas durante o regime nazista mantiveram e solidificaram os padrões de organização econômica que já existiam antes da chegada de Hitler ao poder. Dessa forma, o governo nazista apenas radicalizara tendências que se observavam antes de sua chegada ao poder.

---

43 Na verdade, seria possível dizer que Neumann apenas deu continuidade às teses da teoria crítica nos 1930, segundo as quais o nazismo seria tão somente uma continuação do capitalismo monopolista. A respeito dessas teses, cf. a introdução de Dubiel e Söllner ao livro *Wirtschaft, Recht und Staat im Nationalsozialismus, op. cit.*, p. 7-32. Segundo os autores, antes da divisão entre as teses de Pollock e as de Neumann, a tomada do poder pelos nazistas era entendida de modo geral como o resultado de uma insustentável contradição entre a cultura política liberal da República de Weimar e sua estrutura monopolística da organização econômica. Sendo assim, a passagem da democracia liberal dos anos 1920 para a democracia autoritária do fim da República de Weimar e finalmente para a ditadura nazista não teria sido de modo algum uma interrupção abrupta, mas consequência quase lógica de sua evolução.

44 Neumann, *Behemoth, op. cit.*, p. 295.

CAPITALISMO PERENE

Além disso, a destruição dos competidores levada a cabo pelos carteis e monopólios durante o regime nazista foi feita sob a regulação do Estado, e não de forma direta. Aquela fora obra das próprias indústrias organizadas, sobretudo contra os pequenos e médios empresários. Quanto às mudanças tecnológicas em andamento no período, elas indicariam que o capitalismo tardio não era apenas caracterizado pela rotina e pela administração. Suas forças originais, ou seja, aquelas relativas à competição, continuariam operando, pois impeliam as indústrias à inovação tecnológica.A diferença decisiva entre o período liberal do capitalismo e sua fase monopolista residira no fato de que, sendo os custos e os riscos da introdução de novas técnicas de produção elevados, a ajuda do Estado tornava-se mais do que necessária. Disso, Neumann não discordava de Pollock, que fizera afirmação semelhante no texto sobre a economia planejada. Uma de suas objeções, porém, dizia respeito ao papel exercido pelo mercado na economia alemã, questão fundamental para a teoria do capitalismo de Estado.

Nem mesmo um elemento distinto como o controle dos preços significaria que os mecanismos do mercado tivessem sido abolidos. "O fato de que as tendências dos agentes da produção a reagir adequadamente sejam contidas e estejam sujeitas a restrições não as aniquila".[45] Sendo assim, não se trata de dizer, para Neumann, que o controle de preços tenha alterado substancialmente o caráter da economia e da sociedade nazista. Ao contrário, ele possuiria uma função essencialmente racionalizadora e monopolística, impelindo fábricas que ainda não atingiram esse estado a fazê-lo. O principal objetivo do controle dos preços em uma economia totalitária seria impedir restrições na expansão da economia e que a Alemanha se desviasse de um de seus objetivos principais, a manutenção do estado de guerra. Dessa forma, os controles totalitários tenderiam a mascarar o fato de que a economia nazista procurava se expandir permanentemente com base no pleno emprego. Com isso, Neumann tentava confirmar a tese segundo a qual as leis do mercado continuariam operando, mesmo que não fosse de forma imediata.

> Em vez de ser abolido pela organização [*regimentation*], o mercado funciona de forma invisível e subterrânea, e mantém numerosas decisões econômicas que rejeitam o planejamento e o controle dentro do padrão da organização [*regimentation*]. Os preços ainda desempenham um papel decisivo em determinar quem deve produzir, ou melhor, quem deve produzir mais. [...] O controle de preços não nega o motivo do lucro, mas antes o intensifica.[46]

Não bastassem todas essas dúvidas apresentadas à descrição do capitalismo de Estado, Neumann também criticava Pollock por ter se afastado radicalmen-

---

45 *Ibidem*, p. 312.

46 *Ibidem*, p. 314-5.

te das bases da teoria marxista, uma vez que, abolido o mercado, a lei do valor perderia sua validade. Nota-se aqui uma influência decisiva exercida pela obra de Grossman. De maneira bastante semelhante ao trabalho sobre a acumulação e a lei do colapso do capitalismo, há em *Behemoth* uma clara refutação dos argumentos favoráveis ao capitalismo de Estado por meio de uma defesa intransigente do elo entre sociedade burguesa e lei do valor. Se essa tivesse deixado de ser válida, o que parece estar implícito nos argumentos mobilizados por Pollock, a exploração não seria mais econômica, e nem as classes teriam como base a esfera da produção – a respeito disso, Neumann afirmou que o nazismo não poderia prescindir da propriedade privada e, portanto, as próprias teses acerca do capitalismo de Estado seriam inválidas.

A escolha do título de seu livro sobre o nazismo não se deu por acaso. Em vez de descrever uma sociedade em que o Estado detivesse o monopólio completo do poder social, tratar-se-ia muito mais da dissolução do poder estatal em vários grupos de poder, formados pelas elites da burocracia do partido nazista, dos militares, da economia e da burocracia ministerial. Daí que o termo *Behemoth* expressasse com mais acuidade, segundo a opinião de Neumann, a composição social da Alemanha da época do que a expressão *Leviathan*, em clara referência às obras de Hobbes e a necessidade de um Estado forte para que a ordem social fosse garantida.

Pollock respondeu às críticas feitas ao seu artigo sobre o capitalismo de Estado no texto "Is national-socialism a new order?" (1941), publicado no caderno seguinte da revista do Instituto, detalhando as teses expostas anteriormente.[47] Como o próprio título indica, Pollock procurou mostrar como e por que a Alemanha nazista representava um novo modelo econômico e social, bastante diferente em relação às configurações apresentadas pelo capitalismo liberal, assim como pelo capitalismo monopolista. Embora o termo "capitalismo de Estado" tivesse gerado uma série de dúvidas, principalmente porque segundo o autor seria possível pensar que o Estado fosse o único proprietário do capital, ele descreveria melhor do que qualquer outro as características do nazismo. As razões apresentadas pelo autor são as seguintes. Em primeiro lugar, a nova ordem seria sucessora do capitalismo privado. Segundo, o Estado assumiria importantes funções do capitalista privado. Terceiro, funções importantes para o capitalismo, tais como a venda da força de trabalho e os lucros, continuariam a ter um papel significativo.

Apesar do fato de que muitos termos tenham sido criados para descrever essa nova ordem, a expressão que melhor traduziria seu sentido seria, segundo

---

47   Friedrich Pollock, "Is national socialism a new order?" *In*: *Zeitschrift für Sozialforschung*, Ano 9, 1941, p. 440-55 (Reprodução fotomecânica, München, Deutscher Taschenbuch, 1980).

a opinião do autor, "economia de comando", contraposta a "economia de troca". Seu sentido, porém, é bastante diferente daquele empregado por Neumann. Assim, o nazismo seria uma economia de comando em contraposição ao liberalismo, que por sua vez seria um sistema econômico baseado na troca. "Ao usar esses rótulos, não desejo insinuar que a Alemanha nacional-socialista é um capitalismo de Estado completamente desenvolvido ou uma economia de comando total. Quero enfatizar que o novo sistema alemão se aproxima mais desses conceitos econômicos do que daqueles de *laissez faire* ou de capitalismo monopolista".[48] Muitas das condições de produção e distribuição seriam controladas no capitalismo monopolista de forma semelhante ao que ocorria no nazismo: na Alemanha pré-nazista a quantidade e a qualidade de várias mercadorias eram fixadas por organizações supraempresariais ou por monopólios avançados, independentemente das leis do mercado, e os salários não mudavam necessariamente de acordo com a lei da oferta e da demanda.

No entanto, sob o regime nazista, os monopólios não atuariam como elementos perturbadores, mas assumiriam o controle das funções do mercado enquanto agentes governamentais. Se antes aquelas organizações supraempresariais agiam de forma mais ou menos voluntária, com o nazismo elas teriam se tornado compulsórias e abrangentes. "Em vez de cada grupo industrial específico lutar pelo lucro máximo a expensas de mais e mais interrupções frequentes da produção, eles assumem coletivamente a responsabilidade por coordenar todo o processo econômico e assim por manter a estrutura social existente".[49] Tal desenvolvimento fora acentuado pela economia de guerra, mas estaria na época longe de ter sido completado – em nota, Pollock diz que processo similar ocorria nos Estados Unidos. Seguindo este raciocínio, a fase monopolística da economia alemã apareceria, portanto, como uma transição.

A primeira característica a diferenciar o nazismo de qualquer outra forma de capitalismo residiria na função exercida pela propriedade privada. De forma resumida, é possível dizer que o uso da propriedade privada por seu possuidor seria restringido no nazismo por diversos interesses, que estavam muitas vezes fora da alçada da empresa, pelos representantes do capital industrial e financeiro. Seria possível, pois, falar da destruição da propriedade privada não fosse por uma característica: transferir os negócios para onde os lucros forem maiores. Essa prerrogativa, que antes pertencia simplesmente aos capitalistas, teria passado para as mãos dos grupos governantes como um todo. Seriam estes que decidiriam os objetivos e a direção do processo produtivo. Contra essa decisão, o simples título de propriedade seria impotente. Além disso, Pollock salientou que todos os grupos sociais que não pertencessem a esse grupo controlador

---

48 *Ibidem*, p. 450.
49 *Ibidem*, p. 451.

não possuiriam meios institucionais para fazerem valer seus interesses. Afinal, ou suas organizações foram destruídas, como no caso dos trabalhadores alemães, ou foram transformadas em agências para dominá-los. Por tudo isso, e especialmente pela mudança nas funções da propriedade privada, é que se poderia falar de uma mudança qualitativa na classe dominante sob a vigência do nazismo. Eis aqui outra característica decisiva do novo modelo econômico e social, ou, nas palavras do próprio autor, da "nova ordem". Embora o poder dos industriais fosse enorme, ele seria contingente, se se contasse com a "boa vontade" e a cooperação dos "praticantes da violência".

Em contraposição aos seus textos anteriores, sobretudo o que versava sobre a economia planificada, Pollock ressalta que o nazismo não criou um sistema no qual toda a vida econômica fosse dirigida e cumprida de acordo com um plano bem concebido e detalhado. O que foi chamado de planificação econômica na Alemanha nazista não teria passado de uma colcha de retalhos com medidas de curto prazo projetadas para lidar com as tarefas criadas pelo armamento e pelo estado de guerra. Tendo em vista essa descrição, e especialmente as críticas feitas ao autor no interior do Instituto, muitos acreditaram que não houvera o surgimento de uma nova ordem econômica, mas tão somente o reforço das antigas estruturas monopolistas, que resultariam numa economia de guerra monopolista, deixando a estrutura econômica em si inalterada. No entanto, Pollock afirma que acreditar nesta teoria seria tomar a superfície dos fatos como sua essência. Ao contrário, todas as instituições capitalistas tiveram sua função modificada, tendo em vista que a direção do estado transformou o capitalismo monopolista em capitalismo de Estado.

Isso não significaria que um programa geral para a produção industrial não tenha existido ou que não seguisse os objetivos básicos da economia nazista: pleno emprego, independência das importações e, por fim, produção física ao máximo dos bens de produção, especialmente de armamentos. A economia teria sido dirigida de forma central tendo em vista essas metas, como Pollock havia examinado em seu artigo sobre o capitalismo de Estado. "Tal direção central de toda a economia leva ao atual desaparecimento do mercado enquanto timoneiro da produção. Não se trata apenas de que os preços foram congelados. Mesmo onde as flutuações de preços ainda são permitidas, os preços não podem mais servir como sinais de uma produção crescente ou reduzida".[50]

Porém, mais importante para o autor seria o fato de que a direção central não resultaria meramente da escassez advinda da economia de guerra e, que por conta disso, desapareceria com o fim desta. Ao contrário, e aqui Pollock parece reconhecer um importante aspecto das disputas travadas quanto à planificação econômica, sobretudo se tivermos em mente as questões levantadas

---

50 *Ibidem*, p. 445.

CAPITALISMO PERENE

pela "revolução keynesiana", o objetivo da economia nazista seria expressamente o pleno emprego, sem que houvesse fases de expansão e depressão econômica. Em clara contraposição aos argumentos de Neumann, isso só poderia ser atingido se o mercado deixasse de ser a instância reguladora da economia, que passaria, assim, a estar mais do que nunca nas mãos de uma direção centralizada. A questão seria tão vital que passara a merecer destaque central nas principais economias. Isso talvez indique que Pollock estivesse atento à leitura keynesiana que se fazia da economia, mas que ainda não tinha se estabelecido como *mainstream* das políticas econômicas dos países centrais, o que só aconteceria com a reconstrução da Europa pós-guerra. Mas isso também indica o quanto o problema em si começava a ganhar corpo enquanto questão social. A frase de Pollock que segue pode expressar de maneira cabal o quanto os desenvolvimentos sociais e econômicos do pós-guerra já estavam contidos antes mesmo da consolidação do período de prosperidade das economias capitalistas centrais: provavelmente o pleno emprego "conta mais na cabeça da maioria das pessoas do que seu padrão de vida (dado que esse padrão não seja desesperadamente baixo e que tenha a tendência a melhorar), provavelmente ele conta mais para o homem de pequenos negócios do que a perda de independência, ou mais para o trabalhador do que a perda de sua própria organização".[51]

A intenção aqui não é fazer um balanço sistematizado a respeito das teorias econômicas do nazismo, dada a bibliografia complementar e especializada sobre o assunto. O que se tem em vista é precisar as discussões realizadas pelos membros do Instituto de Frankfurt que pretendiam dar conta das profundas transformações na economia e na política vivenciadas por eles. Dessa forma, será possível entrever os motivos, muitas vezes implícitos, que aparecem no texto escrito por Adorno e Horkheimer. No fundo, o interesse maior suscitado pela discussão da nova fase do capitalismo se refere ao novo modelo de dominação que o nazismo impunha, ou seja, não seria mais possível pensar as relações sociais capitalistas apenas sob o pano de fundo do "contrato" entre capitalista e trabalhador. Novas mediações seriam necessárias para compreender adequadamente os novos tempos.

---

51 *Ibidem*, 452-3.

Capítulo 4

BARBÁRIE E ESTABILIZAÇÃO NA DIALÉTICA DO ESCLARECIMENTO

É possível um capitalismo sem antagonismos e sem barbárie?

Ao contrário de muitos comentários a respeito da *Dialética do esclarecimento*, que em geral destacam a influência das teses de Pollock sobre o capitalismo de Estado no trabalho de Adorno e Horkheimer, é possível notar que elas foram aceitas de forma parcial.[1] Por meio do reexame de alguns trabalhos e discussões travadas pelos autores, podemos inferir que eles não estiveram totalmente satisfeitos com os resultados apresentados pelo debate acerca das transformações do capitalismo e da caracterização do nazismo.É possível dizer, pois, que as discussões polarizadas por Pollock e Neumann quanto ao diagnóstico do presente histórico mostraram-se insuficientes aos olhos dos autores da *Dialética do esclarecimento*.

A ideia de que se estava vivendo um momento de transição histórica não era exclusiva aos trabalhos do economista do Instituto sobre a planificação e o capitalismo de Estado. Como era o costume dentro do círculo liderado por Horkheimer, tanto as concepções de Pollock quanto as de Neumann foram publicadas depois de uma série de discussões entre os especialistas de diversas áreas. Dentro dessas inúmeras controvérsias, a questão de uma nova fase do capitalismo mostrou-se como um ponto no qual os autores se detiveram por algum tempo. Esse desenvolvimento não seria apenas em si importante, já que era necessário entender se ele ocorria de acordo com o movimento interno das relações capitalistas ou se ele havia alterado substancialmente as leis do funcionamento do sistema. Além disso, ele trazia consigo questionamentos fundamentais a respeito do próprio estatuto da teoria marxista e da maneira como o presente histórico da época deveria ser corretamente analisado. Quan-

---

1   A versão de que a teoria crítica nos anos 1940 estaria pautada pelo ensaio de Pollock "Capitalismo de Estado: seus limites e possibilidades" é desenvolvida no livro de Helmut Dubiel, *Wissenschaftsorganisation und politische Erfahrung. Studien zur frühen Kritischen Theorie*. 1ª ed. Frankfurt am Main: Suhrkamp, 1978, especialmente a 1ª parte, p. 17-133. Ver também o texto de Axel Honneth, "Teoria crítica".*In*: Anthony Giddens e Johantan Turner (org.), *Teoria Social Hoje*. São Paulo: Editora Unesp, 1999, p. 503-52.

do se observam não apenas os trabalhos publicados na *Zeitschrift für Sozialforschung*, mas também os protocolos dos debates feitos no Instituto e cartas trocadas entre os autores, percebe-se que a questão não encontrou uma forma final e consensual. Esse caráter seria decisivo na composição dos conceitos e teses de Adorno e Horkheimer.

Tais discussões estabeleceram um diálogo com os diferentes diagnósticos marxistas elaborados até então, em especial a respeito da já discutida passagem do capitalismo liberal ao capitalismo monopolista. Embora as teses clássicas a respeito dos processos de monopolização do capital fossem aceitas pelos membros do Instituto, sobretudo aquelas formuladas por Lenin, ficava cada vez mais clara a especificidade do momento histórico, para o qual confluíam a ascensão dos regimes nazi-fascistas e a formação da União Soviética. Em diálogo não apenas com o texto de Lenin sobre o imperialismo, mas também com as concepções de Hilferding a respeito do assunto, constata-se em um dos protocolos de discussão do Instituto de Frankfurt que a concorrência entre os capitalistas teria levado a seu contrário, ao monopólio. Até aí, nada de muito original em relação aos argumentos levantados dentro do marxismo e do próprio Instituto. Porém, os participantes da discussão, entre eles Horkheimer, eram da opinião de que a monopolização dos capitais não significava necessariamente o fim da competição econômica, uma vez que ela se apresentava "sob a forma da continuidade da concorrência em escala mais elevada e com novos meios (grupos econômicos inteiros, Estados e grupos inteiros de Estados)"[2] – opinião defendida mais tarde por Neumann. Assim, a ideia de que a concorrência existia em grau mais avançado ainda não havia dado lugar à concepção segundo a qual ela teria desaparecido em função dos mecanismos de controle do mercado. Ao mesmo tempo, fortalecia-se a percepção, assentada nos trabalhos de Pollock no início da década de 1930, de que o Estado havia assumido um papel central no capitalismo. "O Estado, que antes simplesmente defendia os interesses da camada dominante de forma indireta e periférica (enquanto 'vigia noturno'), assume agora esse papel aberta e conscientemente".[3]

Aparentemente, os textos sobre a crise e o planejamento estatal teriam influenciado Horkheimer de maneira definitiva, como o exame inicial de seus ensaios na virada dos anos 1930 para 1940 deixa entrever, especialmente em "Os judeus e a Europa" e "Estado autoritário". Conforme as linhas gerais traçadas por Pollock, Horkheimer descreveu o fascismo como a realização das tendências inerentes ao capitalismo liberal. A despeito de suas diferenças vi-

---

2   Henryk Grossmann, Julian Gumperz, Max Horkheimer, Karl August Wittfogel, "Diskussionen aus einem Seminar über Monopolkapitalismus" (1937). *In:* Horkheimer,*Gesammelte Schriften*, vol. 12, *Nachgelassene Schriften (1931-1949)*. Frankfurt am Main: Fischer, 1985, p. 424.

3   Ibidem, p. 425.

CAPITALISMO PERENE

síveis, ambos estariam fundados sob os mesmos alicerces. "Certamente, a fase fascista é completamente dominada [*durchherrscht*] pelas mesmas tendências econômicas que destruíram o sistema de mercado".[4] O progresso das forças produtivas teria levado o sistema a uma crise permanente, e a única maneira encontrada pelos detentores do poder, "descendentes dos livre-empresários", para permanecer em suas posições sociais teria sido a abolição das liberdades burguesas.[5] Se no capitalismo liberal as relações de dominação ocorriam por intermédio do mercado e do contrato de trabalho, o nazismo teria posto fim a essa mediação.A dedução das fases do capitalismo desde a produção mercantil simples até o capitalismo monopolista e o capitalismo de Estado estaria contida no próprio princípio quesempre governou a sociedade burguesa, a troca. Da mesma forma que as ideias de harmonia entre as classes do liberalismo, o fascismo também obscurecia as relações entre dominantes e dominados: "o domínio de uma minoria com base na posse efetiva das ferramentas materiais de produção. A aspiração ao lucro termina hoje naquilo que sempre foi: aspiração por poder social".[6]

De fato, a conclusão a respeito de um renascimento das formas políticas de dominação, que passariam ao largo dos mecanismos abstratos do mercado capitalista, já era perceptível antes que ela fosse formulada explicitamente no ensaio sobre o capitalismo de Estado, como nos mostram os protocolos de discussão do Instituto. "A economia capitalista torna-se cada vez mais economia política em sentido estrito".[7] Os ensaios de Horkheimer no período continuariam nessa direção. Com o ocaso dos mecanismos sociais do capitalismo liberal, a dominação social teve de encontrar outros meios para se efetivar, já que a reprodução do sistema por meio da propriedade privada teria encontrado seus limites. Tais meios seriam políticos. Nesse sentido, o período liberal representaria para Horkheimer tão somente um interlúdio entre formas de dominação direta. A decisão a respeito da maneira como os indivíduos vivem não caberia mais o mercado, mas aos grupos econômicos dominantes que outrora também dependiam do mercado.

Ainda de maneira análoga às concepções de Pollock, Horkheimer também enfatizava que o domínio dos nazistas estava garantido não apenas pelo ter-

---

4   Max Horkheimer, "Autoritärer Staat" (1940/1942). *In: Gesammelte Schriften*, vol. 5, „*Dialetik der Aufklärung*" *und Schriften 1940-1950*. Frankfurt am Main: Fischer, 1987, p. 311.

5   *Idem*, "Die Juden und Europa"(1939). *In: Gesammelte Schriften*, vol. 4, *Schriften 1936-1941*. Frankfurt am Main: Fischer, 1988, p. 308.

6   *Ibidem*, p. 314.

7   Grossmann *et alii.*, „Diskussionen aus einem Seminar über Monopolkapitalismus", *op. cit.*, p. 425.

ror, e nem mesmo pela passividade que parte da classe trabalhadora alemã apresentou durante todo o período – e que seria descrito pelo autor como um processo de adaptação dos indivíduos ao fascismo. O sucesso do nazismo também estaria assentado em bases econômicas, uma vez que ele fora capaz de reverter a tendência do sistema ao colapso e promover uma estabilização do capitalismo.

> A sociedade totalitária possui oportunidades econômicas a longo prazo. Colapsos não se encontram em uma perspectiva próxima. As crises eram os sinais racionais e a crítica alienada da economia de mercado, que, embora cegos, estavam orientados para as necessidades. A fome nos períodos de guerra e de paz aparece na economia totalitária não tanto como perturbação, mas sim como dever patriótico. Não se poderia prever um fim econômico para o fascismo enquanto sistema mundial. A exploração não se reproduz mais pelo mercado e sem objetivos, mas sim no exercício consciente da dominação. As categorias da economia política – troca de equivalentes, concentração, centralização, taxa de lucro decrescente e assim por diante – ainda possuem validade real hoje; ela apenas atingiu sua consequência, o fim da economia política. [...] A economia não possui mais dinâmica própria.[8]

Contudo, ao contrário do que os textos de Pollock tendiam a enfatizar, Horkheimer procurou mostrar em que medida essa mudança estava intimamente atrelada às possiblidades de extração de mais-valia, o que não era ressaltado por seu colega. Segundo Horkheimer, o nazismo fixaria as diferenças extremas que a lei do valor teria produzido, isto é, ele teria fixado as relações entre as classes dominantes e as classes trabalhadoras para que o máximo de mais-valia fosse extraído. Nesse sentido, a exposição do assunto ganha um tom mais semelhante aos argumentos utilizados por Neumann – sem que houvesse, porém, uma aceitação irrestrita das teses afirmadas em *Behemoth*. No ensaio sobre o Estado autoritário, Horkheimer chegou a afirmarque a extração de mais-valia no fascismo seria dominada e distribuída pelo Estado aos industriais e proprietários de terra sob seu antigo nome, o lucro. Isso caracterizaria uma forma mista de economia, a meio caminho entre o capitalismo clássico e a forma mais avançada de Estado autoritário, o socialismo soviético. Ainda que a visão de uma crescente politização das relações capitalistas fosse aceita por Horkheimer, sua ênfase seguia uma direção diferente, pois procurava mostrar como as relações de classe se configuravam na Alemanha de Hitler. O nazismo não teria representado uma superação das contradições do capitalismo. Longe disso, a violência extrema dessa sociedade seria uma maneira encontrada para que seus antagonismos pudessem ser suportados.O que Horkheimer chamou de Estado autoritário – caracterização comum ao fascismo e ao socialismo so-

---

8 Horkheimer, "Die Juden und Europa", *op. cit.*, p. 315-6.

CAPITALISMO PERENE

viético – seria nada mais do que uma confluência entre o fim da economia de mercado e as mudanças operadas na forma de dominação. "A despeito da assim chamada ausência de crises, não existe harmonia. Ainda que a mais-valia não seja mais absorvida como lucro, ela ainda é o ponto central. A circulação é eliminada e a exploração modificada".[9] Não faria sentido, portanto, analisar as mudanças nas formas de dominação sem que seu objetivo principal fosse enunciado.

As sociedades fascistas teriam funcionado de maneira semelhante ao capitalismo que lhes antecedeu, isto é, em benefício dos interesses de um determinado grupo. No entanto, em função do papel central que os aparelhos políticos centralizados adquiriram, o Estado passaria a ser o aparato de uma coalizão entre *Führer*. Esse caráter marcaria uma permanente tensão entre as elites dominantes de tal forma que Horkheimer não descartava sua dissolução por meio de uma disputa entre gangues. "Por trás da unidade e da harmonia está, mais do nunca foi o caso no capitalismo, escondida a anarquia e, por trás da planificação, o interesse privado atomizado".[10] Ao contrário da visão segundo a qual a dominação no capitalismo de Estado seria um bloco monolítico, para Horkheimer havia chances de romper esse contínuo, uma vez que a dominação tenderia a esgotar-se a si mesma. Pelo fato mesmo de que as questões econômicas estivessem se transformando em simples questões técnicas e administrativas, restaria somente a busca pelo poder como justificação para o domínio dos homens.Embora na época as chances de uma vitória mundial do nazismo parecessem reais, sua derrota não significou um rompimento com a dominação, apenas sua forma teria mudado novamente. De fato, Horkheimer ainda parecia ter esperanças de que grupos isolados pudessem reverter esse quadro, como indica sua simpatia no texto sobre o Estado autoritário pelos grupos marxistas à margem da ortodoxia soviética e guiados pela espontaneidade.

Ainda que os novos mecanismos da estabilização e da dominação só ficassem mais claros para Adorno e Horkheimer com o fim da Segunda Guerra Mundial, anteriormente já haveria indícios da questão. Dessa forma, a tarefa dos autores consistiria em analisar a solidez da dominação social no capitalismo, não obstante a derrota de sua forma mais extrema. Ao lado da tese de uma dominação total, também existe outro aspecto em seus trabalhos no período, no qual os autores afirmaram a existência de uma situação de indeterminação na história do capitalismo. Efeito do caráter um tanto incerto do debate, a obra mais conhecida de Adorno e Horkheimer foi atravessada por essas tensões, que fazem mover o texto e ao mesmo tempo indicam novos aspectos da estabilização do capitalismo para os quais a atenção dos autores se voltava pouco a pouco.

---

9   *Idem*, "Autoritärer Staat", *op. cit.*, p. 301-2.

10 *Idem*, "Die Juden und Europa",*op. cit.*, p. 320.

Pode-se dizer, sim, que "Estado autoritário" foi escrito sob o impacto direto das teses de Pollock a respeito do capitalismo de Estado, já que o primeiro termo foi pensado como uma variante do segundo. Entretanto, as observações de Horkheimer indicam que existia uma significativa discordância em relação à teoria do capitalismo de Estado. Dessa forma, o autor procurou destacar as ambiguidades e contradições do conceito de Estado autoritário – e, por conseguinte, do conceito de capitalismo de Estado. Antes de mais nada, ele deveria ser concebido enquanto fenômeno histórico. "A lei de seu colapso é facilmente visível: ela está baseada na restrição da produtividade devido à existência das burocracias".[11] Porém, a compreensão de que as sociedades fascistas estivessem localizadas historicamente não contradiria para Horkheimer o fato de que a propagação dessa forma de dominação fosse algo bastante razoável. Embora os antagonismos do capitalismo tivessem aumentado de forma paulatina, os detentores do poder seriam capazes de aumentar igualmente seu poder. "Não apenas a liberdade, também as formas futuras de opressão são possíveis. [...] Certamente, não são poucos os sinais técnicos de que seu modo de produção centralizado também sobreviva".[12]

---

11 *Idem*, "Autoritärer Staat", *op. cit.*, p. 309. Assim, não parece muito plausível a hipótese de John Abromeit, segundo a qual a crescente intervenção do Estado teria sido o elemento fundamental para as mudanças ocorridas no pensamento de Horkheimer entre o final da década de 1930 e o início da década de 1940. "Na medida em que o capitalismo de Estado aparentemente conseguira controlar as contradições do capitalismo liberal, não se poderia mais basear uma crítica do capitalismo de Estado no desdobramento potencialmente emancipatório de uma contradição entre as forças e as relações de produção. A crítica do capitalismo de Estado e a explicação das tendências universais que ele criou precisam ser localizadas em um nível mais fundamental". *Max Horkheimer and the Foundations of the Frankfurt School*. 1ª ed. Cambridge: Cambridge University Press, 2011, p. 413. Diante dessa dificuldade, não restaria mais nada a Horkheimer senão voltar-se a uma crítica de caráter menos histórico e a favor de um conceito trans-histórico de razão. Embora Horkheimer tenha de fato se utilizado de um conceito de razão que abrangesse todo o desenvolvimento da civilização, e que seria expresso na *Dialética do Esclarecimento*, isso não teria significado um puro e simples abandono da especificidade do momento histórico no qual vivia, como Abromeit sugere. Seria mais acertado falar de uma tensão entre o diagnóstico de uma razão que atravessa a história humana e o desenvolvimento específico tomado pelo capitalismo no início dos anos 1940. Além disso, ao invés de um único fator, parece mais correto suspeitar que uma conjunção de elementos tenha imposto uma modificação drástica das concepções de Horkheimer. Entre elas estariam a guerra e o nazismo, é claro, mas também a perseguição aos judeus, o desenvolvimento cada vez mais autoritário do socialismo soviético, o impacto das teses de Walter Benjamin acerca do conceito de história e, *last but not least*, a congruência com as ideias de Adorno. Embora Abromeit cite a aproximação entre Horkheimer e Adorno como elemento importante para as mudanças no pensamento do primeiro, seu argumento tende a exagerar a ligação entre o conceito de capitalismo de Estado e a suposta ausência de vínculos históricos nos textos da teoria crítica do período.

12 Horkheimer, "Autoritärer Staat", *op. cit.*, p. 309-16, respectivamente.

CAPITALISMO PERENE 153

Na opinião do então diretor do Instituto, o texto de Pollock carecia de um maior trabalho analítico, ainda que ele concordasse com a tese central, a passagem para um novo estágio do capitalismo, comandado pelo Estado. No prefácio à edição de 1941 da revista do Instituto, Horkheimer mostrava a monstruosidade da nova fase econômica, o que não era ressaltado por Pollock. Enquanto no ensaio sobre o capitalismo de Estado a questão do planejamento econômico poderia ser vista como uma técnica de controle dos transtornos provocados pelo funcionamento do mercado, o texto de Horkheimer desta-cava sua união com o terror do domínio nazista. Ao mesmo tempo, a nova fase do capitalismo não era vista como uma ruptura completa com os padrões que regiam o liberalismo. Logo depois de caracterizá-lo como uma sociedade na qual o poder era mediado pelas relações de troca, o que implicava sua des-centralização, Horkheimer destaca que os dualismos típicos da era liberal, tais como entre indivíduo e sociedade, vida privada e vida pública, leis e moral, e economia e política, teriam sido obscurecidos, e não superados pela "nova ordem".

> A racionalidade calculadora da vida dos negócios, denunciada de forma tão áspera pelo fascismo, transferiu-se para a sociedade autoritária. Formalmente, a inteligência dos homens de negócio não foi capaz de impedir que os resultados de seus cálculos espertos, feitos na privacidade de seus escritórios de produção, se desenvolvessem nas leis perniciosas do ciclo econômico, nas crises e na depressão. Agora, na sociedade autoritária, essa mesma racionalidade irracional torna-se loucura com método.[13]

Os comentários em relação ao "capitalismo de Estado" elaborados por Adorno seguiam uma direção semelhante. Em uma carta a Horkheimer, da-tada em 2 de julho de 1941, aquele se pergunta a respeito das possibilidades objetivas do capitalismo de Estado, isto é, se havia de fato uma tendência a evitar a crise por meio da direção centralizada da economia, tal como Pollo-ck postulava, ou se o conceito que expressava as transformações das relações entre Estado e economia não estaria cego aos futuros desenvolvimentos.[14]Para Adorno, apresentar uma economia sem antagonismos dentro de uma socie-dade antagônica parecia um procedimento pouco afeito ao método dialético. Ao discutir as semelhanças do ensaio de Horkheimer com as concepções de Pollock, Adorno comentou que o tema principal de "Capitalismo de Estado" visivelmente teria origem em "Estado autoritário", mas apareceria "de uma ma-

---

13 Max Horkheimer, "Preface" (1941). *In:Zeitschrift für Sozialforschung*, Ano 9, 1941, p. 197 (Reprodução fotomecânica, München, Deutscher Taschenbuch, 1980).

14 Cf. Max Horkheimer, *Gesammelte Schriften*, vol. 17, *Briefwechsel 1941-1948, op. cit.*, p. 96.

neira simplificada e não dialetizada [*entdialektisiert*], que o inverte".[15] Além das alterações sugeridas ao texto, também era crucial para Horkheimer, e Adorno concordava com o "pessimismo" de seu colega, saber quais seriam as chances da perpetuação da dominação em sua forma política imediata. Porém, é preciso lembrar que as classes permaneciam para Adorno um elemento central da sociedade capitalista, muito embora o sistema tenha sido bem sucedido naquele período em torná-las invisíveis. Esta passaria a ser uma das teses centrais da teoria crítica a partir de então. Embora com seus traços específicos, ela daria continuidade ao diagnóstico lukácsiano da reificação.

O assunto começou a ser desenvolvido no ensaio "Reflexões sobre a teoria de classes", no qual Adorno compreendia o fascismo como a forma de organização política mais adequada ao capitalismo monopolista, uma vez que o poder da classe dominante desaparecera por trás da concentração do capital.

> Esta alcançou uma grandeza, um peso próprio, por meio do qual o capital se apresenta como instituição, como expressão da sociedade como um todo. Graças à onipotência de sua realização, o particular usurpa a realidade. No aspecto socialmente total do capital se conclui o velho caráter fetichista da mercadoria, que reflete as relações dos homens

---

15 Carta de Adorno a Horkheimer, datada em 08/06/1941.*In:ibidem*, p. 55. Embora Moishe Postone chegue a conclusões semelhantes às de Adorno a respeito dos textos de Pollock, sua análise vai ao encontro dos comentários de Abromeit sobre Horkheimer. Tendo o autor de *Eclipse da Razão* como figura central, a teoria crítica nos anos 1940 chegaria a um impasse, uma vez que reconhece os limites do marxismo tradicional do qual supostamente partira, mas sem conseguir renovar a crítica marxista ao capitalismo. De maneira sucinta, esse marxismo tenderia a ver as categorias de Marx apenas em termos de mercado e da propriedade privada, deixando de lado a contradição própria aos conceitos marxianos. O exemplo mais bem acabado disso encontra-se no tratamento recebido pela categoria "trabalho", entendida como uma formatrans-histórica de metabolismo social. Influenciado pelas análises de Pollock, Horkheimer terminou por retirar as bases históricas de sua teoria, abandonando quaisquer possibilidades de uma crítica auto-relfexiva. Na *Dialética do Esclarecimento*, o projeto de uma teoria crítica da sociedade se enfraqueceria por completo, uma vez que deixaria de procurar os condicionamentos sociais de sua existência e as condições de uma possível transformação histórica. "O pessimismo crítico, tão fortemente expresso na *Dialética do Esclarecimento* e em *Eclipse da Razão*, não pode ser entendido somente com referência a seu contexto histórico. Ele precisa ser visto também como expressão da consciência dos limites do marxismo tradicional na ausência de uma reconstituição fundamental da crítica dialética do que, a despeito de significativas transformações, permanece uma totalidade social dialética".Cf. "The limits of traditional Marxism and the pessimistic turn of Critical Theory". *In:Time, Labor and Social Domination, op. cit.*, p. 119-20. Ainda que a análise de Postone seja bastante sofisticada e aponte para aspectos significativos do marxismo, não se pode concordar com a tese do abandono das bases históricas e do caráter contraditório das categorias da teoria crítica, como espero que fique claro ao longo deste trabalho.

CAPITALISMO PERENE

como se fossem relações entre coisas. Todas as coisas se tornaram hoje a ordem inteira da existência.[16]

Ao mesmo tempo em que o caráter objetivo da dominação havia se tornado explícito, as relações entre as classes tendiam a se tornar opacas. Para a burguesia isso seria uma vantagem, pois seu domínio social era obscurecido. Para as classes dominadas, ao contrário, sua própria condição enquanto grupo coeso e com interesses semelhantes deixava de representar uma dimensão concreta da realidade social. No lugar dos conflitos de classe, a pura subordinação ao domínio tendia a aparecer como algo naturalizado."A onipotência da repressão e a sua invisibilidade são a mesma coisa. [...] O domínio de classe ajeita-se para que a forma anônima e objetiva da classe sobreviva".[17] Aos indivíduos das classes exploradas não restaria mais nada senão a inserção nessa sociedade por meio das massas. As possibilidades de organizar politicamente a classe trabalhadora teriam sido obscurecidas pela reorganização pela qual a sociedade passara.

Tais mudanças na estrutura social, assim como na própria feição das classes, tornariam necessária a manutenção e a transformação simultânea do conceito de classes sociais. Seria preciso mantê-lo como elemento-chave da análise porque no fim das contas a sociedade capitalista continuava a se mover pela divisão entre exploradores e explorados.Porém, sua transformação se fazia necessária porque os explorados não poderiam experimentar as relações de classe enquanto tais, isto é, dadas as condições do capitalismo da época, os indivíduos não poderiam perceber a si mesmos enquanto membros de uma classe. Daí que Adorno pudesse dizer que a falsidade do conceito de classe teria se tornado visível, uma vez que a igualdade dos indivíduos, tema fundamental da ideologia burguesa, permanecera sob o fascismo, mas travestido pelas relações de poder puras. Por sua vez, a verdade do conceito, a sobrevivência das classes no capitalismo monopolista, teria se tornado invisível. A sociedade de classes havia se escondido por trás da sociedade de massas, que ao mesmo tempo seria o seu aprimoramento.

> A organização total da sociedade por parte do grande monopólio e da sua técnica onipresente ocupou tão completamente a realidade e a mente dos homens que a ideia que as coisas poderiam ser de algum modo diversas tornou-se um esforço quase desesperado. A imagem diabólica da harmonia, a invisibilidade das classes na petrificação de suas relações,

---

16 Theodor Adorno, "Riflessioni su la teoria di classi" (1943). In:Scritti Sociologici. Torino: Einaudi, 1976, p. 338. Tradução cotejada de acordo com "Reflexionen zur Klassentheorie". In: Gesammelte Schriften, vol. 8, Soziologishce Schriften I. Frankfurt am Main: Suhrkamp, 1973, p. 380.

17 Ibidem, p. 335; ibidem, p. 377.

adquire aquele poder real sobre a consciência somente porque a ideia de que os oprimidos, os proletariados de todos os países pudessem unir-se como classe, aparece como irremediável, se se considerar como a impotência e o poder estão atualmente distribuídos.[18]

No comentário de Adorno endereçado a Horkheimer está assinalada uma interessante inversão das relações entre os textos deste e os de Pollock, o que ajuda a desmentir a tese segundo a qual os autores da *Dialética do esclarecimento* teriam sido decisivamente influenciados pela teoria do capitalismo de Estado. Nesse sentido, embora o termo "Estado autoritário" fosse aparentado ao conceito de capitalismo de Estado, o ponto de partida escolhido por Horkheimer para abordar o problema da estabilização em seu ensaio não foram as considerações de Pollock a respeito do assunto, mas um autor até então pouco trabalhado de forma explícita pelos membros do Instituto, Friedrich Engels.

No texto "Do socialismo utópico ao socialismo científico", Engels procurou descrever a evolução da sociedade capitalista de forma esquemática, desde suas origens no feudalismo até o advento da revolução proletária. Dentro desse panorama geral, as contradições da sociedade burguesa teriam crescido de tal forma, especialmente entre a produção cada vez mais organizada e a apropriação privada do excedente econômico, que seria necessário aos capitalistas recorrer ao Estado para que a acumulação de capital pudesse seguir sem sobressaltos. Longe de serem abolidas, as relações sociais capitalistas ganhariam uma forma extremada, na qual o Estado agiria como capitalista coletivo. Ao mesmo tempo, porém, isso indicaria que os problemas do capitalismo apresentariam sua própria solução, uma vez que seria possível harmonizar o modo de apropriação com o caráter social dos meios de produção. Por um lado, a burguesia teria se tornado dispensável ao controle da produção. Por outro, caberia ao proletariado organizado tomar o poder do Estado em suas mãos e dirigir o processo de produção de forma consciente.

> Nos trustes, a livre concorrência se transforma no monopólio, a produção não planejada da sociedade capitalista capitula diante da produção planejada da sociedade socialista que começa a surgir. Mas a exploração torna-se aqui tão evidente que tem de entrar em colapso. Nenhum povo aceitaria uma produção dirigida por trustes e uma exploração tão descarada do todo por um pequeno bando de cortadores de cupons.[19]

Quando recordamos o debate da socialdemocracia no início do século XX,

---

18 *Ibidem*, p. 334; *ibidem*, p. 376.

19 Friedrich Engels, "Die Entwicklung des Sozialismus von der Utopie zur Wissenschaft" (1880). *In:* Karl Marx e Friedrich Engels, *Werke*, vol. 19. Berlin: Dietz, 1973, p. 220-1.

CAPITALISMO PERENE

percebemos uma nítida semelhança entre as concepções então em voga e as teses de Engels acima resumidas. Esse traço não passaria despercebido por Horkheimer. Não por acaso, um dos alvos de seu ensaio sobre o Estado autoritário consistia justamente na evolução política do principal partido político da classe operária na época, que teria contribuído decisivamente para o processo de adaptação dos trabalhadores no capitalismo, assim como à estabilização da economia.É possível ver "Estado autoritário" como uma crítica de Horkheimer às posições da socialdemocracia alemã da primeira metade do século XX.

> A habilidade do capitalismo em sobreviver à economia de mercado anunciou-se há muito tempo no destino das organizações operárias. [...] As grandes organizações promoveram uma ideia de socialização que dificilmente era distinta da estatização, da nacionalização ou da socialização no capitalismo de Estado.[20]

Em vez de organizar a classe trabalhadora no intuito de resistir e superar a ordem capitalista, os partidos e sindicatos operários terminaram por fomentar a submissão de seus membros à sua ordem. Assim, uma mudança no perfil de tais organizações reforçava e ocorria como corolário da monopolização. Ao mesmo tempo em que a economia capitalista se transformava, sua luta por melhores condições de vida teria servido à consolidação das posições de sues líderes e estratos superiores, de maneira semelhante à crescente importância adquirida por administradores e diretores de empresas.

Por outro lado, a menção ao texto de Engels seria importante porque suas ideias se mostraram como uma previsão dos acontecimentos futuros. Embora as concepções da socialdemocracia tomassem os textos tardios de Engels como uma referência a respeito das transformações do capitalismo, já que o desenvolvimento do Estado era concebido como antessala do socialismo, seu autor teria antevisto uma forma de dominação alicerçada na crescente importância que o aparato político adquiriu. Desse modo, Horkheimer estaria dialogando não apenas com a teoria do capitalismo de Estado, mas também com sua antecessora direta, a teoria do capitalismo organizado.

Horkheimer inspirou-se no Engels de "Socialismo utópico e científico" na tentativa de diagnosticar a transição do capitalismo monopolista para o capitalismo de Estado, destacando que a posição central do Estado seria resultado do curso normal do sistema, tal qual o texto engelsiano já havia descrito. Segundo Horkheimer, a teoria marxista teria previsto dois destinos para o capitalismo. O primeiro, de acordo com a concentração tanto de capitais quanto dos trabalhadores na fábrica, seria o colapso por meio de uma crise, excluindo ao mesmo tempo a possiblidade da estabilização por meio de um estado autoritário. O segundo, ao contrário, diria respeito ao triunfo do Estado autoritário. Com

---

20 Horkheimer, "Autoritärer Staat", *op. cit.*, p. 295.

sua vitória, a possibilidade de um colapso teria sido afastada justamente pela crise nascida dos mecanismos de mercado. Tanto em um cenário quanto no outro, a classe trabalhadora teria um papel central a cumprir – no primeiro, ela foi descrita de maneira positiva, uma vez que seria o agente da revolução; no segundo, a economia planejada seria capaz de suprir melhor as necessidades das massas do que no capitalismo liberal, neutralizando seu potencial emancipatório.

Se a atenção de Horkheimer não se dirigiu apenas aos aspectos descritivos do texto de Engels, cabe ressaltar que uma de suas previsões se revelou completamente infundada em vista do curso dos acontecimentos históricos. Ao contrário do que afirmara o parceiro de Marx, uma dominação dirigida de forma centralizada e na qual a exploração fosse ainda maior do que o ritmo normal do capitalismo parecia ser um fato consumado aos olhos de Horkheimer. Para este, a força do fascismo contradiria por completo a afirmação de Engels a respeito do caráter insuportável da dominação de classes no capitalismo de Estado. A situação social na Alemanha teria mostrado justamente o contrário, que a possibilidade da exploração sem disfarces havia se concretizado. Assim, ao compararmos a análise de Horkheimer com as de seu colega de Instituto, não deixa de ser interessante observar que as teses de Pollock sobre o capitalismo de Estado fizessem com que esse caráter insuportável fosse visto como uma característica secundária, ou, que essa sociedade não contivesse antagonismos. De modo algum isso representaria para Adorno e Horkheimer uma simples solução de continuidade entre as fases do capitalismo, isto é, que a análise do capitalismo deveria ser a mesma desde que *O capital* fora publicado.

Em contrapartida, Adorno sugeriu que o capitalismo de Estado corresponderia a uma transformação tão profunda que as relações entre base e superestrutura se apresentavam de maneira bem diferente em relação ao capitalismo liberal. Dessa forma, ele propôs que o novo período histórico não conteria uma ideologia em si. Embora essa formulação fosse revista posteriormente na *Dialética do esclarecimento*, ela aponta para um problema que se tornaria essencial no livro. A questão da consciência adquiria para Adorno uma dignidade que ela não possuía no liberalismo, mas de maneira diversa em relação à problemática lukácsiana. Diferentemente de *História e consciência de classe*, obra na qual a questão ideológica era apresentada como a defasagem da consciência proletária em relação ao desenvolvimento do capitalismo, o âmbito da cultura ganharia contornos cada vez mais decisivos se se quisesse compreender o percurso do capitalismo de forma aguda e abrangente. "Quanto mais totalitário e quanto mais planejado for o capitalismo de Estado, mais séria ela se torna". A gravidade da questão andaria ao lado do que Adorno chamou de

CAPITALISMO PERENE 159

"sua liquidação por meio da forma manipulada consciência das massas".[21] Não se trata, contudo, de uma separação isolada entre as determinações do desenvolvimento capitalista e a consciência dos indivíduos a respeito da totalidade social. Na verdade, os comentários de Adorno apontam para um vínculo intrínseco entre a reprodução do capital e a esfera da cultura no capitalismo avançado, o que não teria ocorrido no período liberal. Nesse sentido, o autor rejeitava expressamente a tese de que a economia não teria mais importância nessa sociedade. Embora para ele o motivo da concorrência tivesse sido "superado" (*"aufgehoben"*) no fascismo, ele não teria sido substituído pela simples vontade de poder (*Machtswillen*), uma vez que esta expressão esconderia a necessidade cega à qual a sociedade burguesa estava submetida.

Portanto, um novo tipo de esforço teórico deveria ser empreendido para que se pudesse dar conta de um fenômeno social que não conseguia ser explicado suficientemente com os meios anteriores da análise. Um dos motivos centrais para essa mudança na perspectiva da teoria crítica da época é bastante conhecido e enfatizado pela literatura a respeito da teoria crítica: a desesperança quanto às possibilidades de uma revolução socialista e a consequente integração das classes trabalhadoras ao sistema social. Ainda que o tema já tivesse sido examinado por Lukács, a trajetória histórica do capitalismo e a especificidade das discussões no seio do Instituto de Frankfurt provocaram uma resposta alternativa a problemas semelhantes. Os acontecimentos históricos daquele momento não permitiam que a teoria da ideologiadesse conta, pelo menos em suas formulações tradicionais, das profundas transformações que estavam ocorrendo na sociedade capitalista. A fórmula de uma falsa consciência, que expressava a discrepância entre o que os agentes sociais pensavam e faziam, não podia mais ser aplicada de maneira simples, pois os discursos de Hitler mostraram que não se tratava mais da universalização de um discurso de classe, tamanha sua irracionalidade. Compreender o percurso irracional da história humana em conjunto com o diagnóstico de época consistia cada vez mais em uma tarefa central.

Adorno e Horkheimer diante da barbárie: transformações da sociedade capitalista, nazismo e natureza

Tendo em vista o quadro esboçado, era urgente para Horkheimer e Adorno a necessidade de renovar a teoria marxista, recorrendo inclusive a outros arcabouços teóricos. Tal qual o procedimento da seção anterior deste capítulo, podemos retraçar essa mudança na orientação geral da teoria crítica a partir de alguns de seus escritos anteriores à publicação de seu livro em conjunto.

---

21 Carta de Adorno a Horkheimer, datada em 30/07/1941. *In*: Horkheimer, *Gesammelte Schriften*, vol. 17, *op. cit.*, p. 113.

Em uma carta endereçada a Felix Weil, Horkheimer faz alusão às passagens em que Marx e Engels afirmaram que a anatomia do homem é a chave para a anatomia do macaco, para explicar como a teoria marxista serve de modelo à compreensão da história: "Uma vez que o fascismo tenha se desenvolvido na Europa, somos agora capazes de descobrir suas qualidades distintivas em estágios anteriores da história, mas seria um erro dizer que, por causa desses traços, o desenvolvimento foi necessário".[22]Embora Adorno e Horkheimer tenham posto em suspenso o modelo de crítica à ideologia originário de Marx, eles continuaram a ancorar sua teoria no modelo marxista.[23] Mas agora a teoria de Marx era transformada numa crítica do processo histórico humano em geral, no qual as relações entre os indivíduos se entrelaçavam com as relações entre os homens e a natureza.

O mesmo pode ser dito não apenas quanto aos escritos de Adorno que datam do período de discussão e redação da *Dialética do esclarecimento*. Em seus primeiros textos a concepção de uma filosofia que tomasse consciência dos problemas da natureza já era indicada, como podemos observar em "A ideia de história natural". Conforme o ensaio, o conceito de história natural diz respeito ao fato de que "a história humana carrega algo como anteriormente dado, sentido como destino, e que nela aparece como o que é substancial".[24] Além disso, Adorno inicia suas "Reflexões sobre a teoria de classes", abordando uma célebre frase do "Manifesto do partido comunista" – "toda história até agora é a história da luta de classes". A partir desse motivo, Adorno pode dizer que a dominação burguesa responde a toda sequência de dominação a que a humanidade esteve submetida em sua trajetória. A crítica da economia política de Marx forneceria uma possível chave para entender o percurso da civilização ocidental:

> Na medida em que evidencia a necessidade histórica que determinou a extensão do capitalismo, *a crítica da economia política torna-se crítica de toda a história*, de cuja imobilidade a classe capitalista deriva o seu privilégio assim como seus antepassados. Reconhecer na sua violência fatídica*a forma última da injustiça, que está inscrita na própria troca de equivalentes*, não significa outra coisa que identificá-la com o passado

---

22 *Ibidem*, p. 397. Carta datada em 13 de janeiro de 1943.

23 As interpretações mais conhecidas a respeito da mudança teórica operada pela teoria crítica no início dos anos 1940 são as de Jürgen Habermas, *O Discurso Filosófico da Modernidade*. 1ª ed. São Paulo: Martins Fontes, 2000, especialmente o cap. IV, "O entrelaçamento de mito e esclarecimento", p. 121-152, e de Seyla Benhabib, "A crítica da razão instrumental", *in:*Slavoj Zizek (org.),*Um Mapa da Ideologia*. 1ª ed. Rio de Janeiro: Contraponto, 1996, p. 71-96.

24 Adorno, „Die Idee der Naturgeschichte". *In:Gesammelte Schriften*, vol. 1, *Philosophische Frühschriften*. Frankfurt am Main: Suhrkamp, 1973, p. 346.

CAPITALISMO PERENE

distante, que se vê destruído por essa troca. Sena era moderna toda opressão que os homens exerceram em todos os tempos sobre os homens culmina na fria miséria do trabalho assalariado livre, assim a mesma expressão da historicidade em situações e coisas – a antítese romântica da razão industrial – se revela como traço de um antigo sofrimento. O silêncio arcaico das pirâmides e das ruínas evidencia a si mesmo no pensamento materialista: ele é o eco do rumor da fábrica na paisagem do imutável. [...] Toda a história é história da luta de classes porque sempre foi a mesma coisa, pré-história.[25]

Nesse trecho é possível perceber um motivo das elaborações posteriores da *Dialética do esclarecimento*, especialmente se tivermos em mente a teoria da história de Benjamin, que vê o percurso dos acontecimentos na humanidade como um conjunto de sofrimentos sem fim, assim como a reapropriação da teoria marxiana do valor.

O impacto das teses de Benjamin sobre o conceito de história foi de tal ordem para os autores da *Dialética do esclarecimento* que Adorno chegou a comentar com Horkheimer não apenas a semelhança entre suas posições e aquelas do então falecido colega de Instituto, mas também o fato de que tais teses seriam o texto que mais se aproximava das intenções teóricas a serem expressas no livro. De maneira semelhante, Horkheimer afirmou que a ideia de Benjamin da luta de classes como opressão universal deveria ser tomada como um axioma.[26] Ao longo da exposição da dialética entre mito e esclarecimento, é possível perceber como algumas das concepções presentes no livro foram fruto desse impacto exercido pelo conceito benjaminiano de história. Além de constituírem um contraponto à visão de progresso, que marcava não apenas as correntes historiográficas tradicionais, mas também o marxismo da II e da III Internacionais, elas permitiram a Horkheimer e Adorno ressaltar algo fundamental no curso dos acontecimentos da época e que estava em geral ausente das considerações a respeito do debate sobre o nazismo e a natureza das transformações do capitalismo, especialmente nas discussões travadas entre Pollock e Neumann: a barbárie. Em contrapartida à visão de que os antagonismos sociais podiam ser administrados sem maiores consequências, os autores estavam atentos para algo que as teses de Benjamin davam especial destaque: "A tradição dos oprimidos nos ensina que o 'estado de exceção' no qual vivemos é a regra. Precisamos chegar a um conceito de história que dê conta disso".[27]

---

25 *Idem*, "Riflessioni su la teoria di classi", *op. cit.*, p. 373-4; "Reflexionen zur Klassentheorie", *op. cit.*, p. 373-4.

26 Cf. carta de Horkheimer a Adorno, datada em 23/06/1941. *In:Gesammelte Schriften*, vol. 17, *Briefwechsel 1941-1948*, *op. cit.*, p. 87.

27 Walter Benjamin, "Sobre o conceito de história". *In*: Michael Löwy, *Walter Benjamin: Aviso de Incêndio. Uma leitura das teses 'Sobre o conceito de história'*. 1ª ed.São Paulo:

De maneira semelhante, a *Dialética do esclarecimento* não cessaria de ressaltar o estreito vínculo entre civilização e barbárie. Em muitos trechos dessa obra podemos constatar como a concepção benjaminiana de história encontrou ressonância.

> Todo aquele que, até hoje, obteve a vitória, marcha junto no cortejo de triunfo que conduz os dominantes de hoje por cima dos que, hoje, jazem por terra. A presa, como sempre de costume, é conduzia no cortejo triunfante. Chamam-na bens culturais, eles terão de conta, no materialismo histórico, com um observador distanciado, pois o que ele, com seu olhar, abarca como bens culturais atesta, sem exceção, uma proveniência que ele não pode considerar sem horror. Sua existência não se deve somente ao esforço dos grandes gênios, seus criadores, mas, também, à corveia sem nome de seus contemporâneos. Nunca há um documento de cultura que não seja de barbárie. E, assim como ele não está livre da barbárie, também não está o processo de sua transmissão, transmissão na qual ele passou de um vencedor a outro.[28]

Conforme essa citação indica, são notáveis as afinidades que as obras de Adorno e Horkheimer possuem quando se compara seus textos do início dos anos 1940 às teses de Benjamin. Os trechos do ensaio de Adorno sobre a teoria de classes a respeito do silêncio das pirâmides parecem uma transposição das frases benjaminianas.O mesmo se pode dizer do texto de Horkheimer sobre o Estado autoritário. A concepção de história segundo a qual os acontecimentos do presente iluminariam os do passado se mostraria fundamental para a compreensão da barbárie nazista e da Segunda Guerra Mundial. Além disso, ela permitiria que aspectos obscuros da sociedade contemporânea, pouco ressaltados nos debates no interior de Instituto de Pesquisa Social, fossem trazidos à luz.

Mas também é possível observar no texto de Adorno a proposta de uma teoria do processo civilizador a partir dos textos de Marx, mesmo que essa não fosse a intenção original do autor de *O capital*. Esse tipo de argumento permitiria a Horkheimer e a Adorno estender características da sociedade capitalista ao conjunto da história humana. É certo que Marx, como o texto de Adorno chama bem atenção, escreveu sobre essa história conjunta no "Manifesto", da mesma maneira que em *Aideologia alemã*. Porém, o destaque maior não era dado à permanência de certas características das relações sociais através de diferentes modos de produção, mas sim às mudanças entre essas diversas sociedades, para compreender corretamente como se daria a passagem entre capitalismo e socialismo. Este é o sentido de um trecho do texto de Marx conhecido

---

Boitempo Editorial, 2005, p. 83.

28 *Ibidem*, p. 70.

CAPITALISMO PERENE

como "Introdução (1857)", que abre os manuscritos preparatórios d'*O capital*, os *Grundrisse*. Ao diferenciar seu método de investigação dos procedimentos da economia política – partir das categorias concretas para as mais abstratas e apresentá-las em sentido inverso –, Marx tece comentários a respeito da relação entre categorias sociais simples e complexas:

> as categorias simples são a expressão de relações nas quais o concreto pouco desenvolvido pode ter se realizado sem haver estabelecido ainda a relação ou o relacionamento mais complexo, que se acha expresso mentalmente na categoria mais concreta, enquanto o concreto mais desenvolvido conserva a mesma categoria como uma relação subordinada. O dinheiro pode existir, e existiu historicamente, antes que existisse o capital, antes que existissem os bancos, antes que existisse o trabalho assalariado. Desse ponto de vista, pode-se dizer que a categoria mais simples pode exprimir relações dominantes de um todo menos desenvolvido, relações que já existiam antes que o todo tivesse se desenvolvido, no sentido que se expressa em uma categoria mais concreta. Nessa medida, o curso do pensamento abstrato que se eleva do mais simples ao complexo corresponde ao processo histórico efetivo.[29]

Seria possível afirmar que a *Dialética do esclarecimento* retomou a lógica de apresentação do conceito de abstração fundada na troca mercantil à maneira descrita por Marx, não fosse o fato de que Adorno e Horkheimer pensavam a história de maneira semelhante às formulações de Benjamin. Ainda que este concebesse o percurso da civilização como um *continuum* de tragédias e sofrimento, concepção não muito distante daquela de pré-história da humanidade em Marx, a trajetória da espécie humana era pensada sobretudo por meio de saltos. Na medida em que Horkheimer e Adorno compreenderam o presente histórico como resultado de um processo global, ou, mais do que isso, pertencente às relações dos homens entre si e com o mundo em sua volta, não lhes faria sentido enfatizar a teoria da história da história em Marx como uma simples progressão. Essa mudança de ênfase estaria ausente tanto dos textos Pollock quanto da análise de Neumann sobre o nazismo e distinguiria a teoria de Horkheimer e Adorno. A barbárie da guerra e do nazismo deu novo significado aos acontecimentos históricos pregressos.

No mesmo ensaio em que Adorno tece reflexões sobre as relações de classe no período fascista, ele aborda um tópico desenvolvido posteriormente em sua obra, a dialética entre estática e dinâmica. Mais uma vez, há a ênfase nas possibilidades que a teoria de Marx oferece para além da crítica da economia política, pensando sua teoria da história não só como a expressão das mudanças estruturais entre diferentes sociedades, mas tambémdos aspectos que resis-

---

29 Marx, "Para a crítica da economia política", *op. cit.*, p. 15; *MEW*, 13, p. 633.

tiram às transformações históricas. "Está implícita aqui uma indicação sobre o modo como se deve conhecer a história. A forma mais recente da injustiça sempre joga luz sobre o todo. Somente assim a teoria pode usar o peso da existência histórica para os fins da compreensão do presente, sem o fardo de sucumbir à autorresignação".[30] Embora o marxismo tenha sido reconhecido, tanto pelos próprios marxistas quanto por seus adversários, como uma teoria do movimento e da dinâmica social, sob o ponto de vista de Adorno seria preciso explorar também o que ele tem a dizer sobre a estática, isto é, sobre a permanência nas relações sociais de características específicas: "a perene renovação esconde a antiga falsidade. [...] O novo não se junta ao antigo, mas permanece como a indigência do antigo, como sua pobreza [...]".[31] A solidez das relações sociais não deveria ser identificada apenas no capitalismo, mas também ao longo das formações sociais que o precederam.

Dessa forma, a especificidade do nazismo marcaria a *Dialética do esclarecimento* de maneira dupla. Por um lado, a tarefa de Horkheimer e Adorno consistia em explicar por que afinal a humanidade havia entrado em um estado de barbárie quando as possibilidades de emancipação dos indivíduos já estavam dadas. Isso se referia às razões históricas do nazismo e do desenvolvimento do capitalismo no período, ou seja, às particularidades do momento no qual viviam os autores. Por outro lado, acompanhado da guerra, dos desdobramentos do socialismo na União Soviética e da perseguição aos judeus, o nazismo teria mostrado a ambos que não se tratava de um simples fenômeno relacionado à estrutura social alemã. A novidade vivida pelos autores na época, para não dizer seu espanto e horror, forçou-os a uma reformulação de seu entendimento sobre o funcionamento da sociedade. Nesse sentido, tais acontecimentos não poderiam ser compreendidos como uma simples consequência dos efeitos da acumulação do capital e da luta de classes. Mais do que isso, foi necessáriode seu ponto de vista que a crítica compreendesse os conflitos sociais não apenas com base na relação entre trabalho e capital, mas sim a partir da própria lógica civilizacional, cujo ápice e modelo mais bem realizado traduzia-se justamente no modelo do capitalismo tardio. O fascismo seria o apogeu de um processo que atravessa o desenvolvimento da civilização ocidental. Ao mesmo tempo, ele teria permitido enxergar as caraterísticas centrais dessa evolução, jogando luz sobre a dominação da natureza e dos homens.[32]

---

30 Adorno, "Riflessioni su la teoria di classi", *op. cit.*, p. 332; "Reflexionen zur Klassentheorie",*op. cit.*, p. 374.

31 *Ibidem*, p. 332-3; *ibidem*, p. 375.

32 Como afirmou Gunzelin Schmid Noerr, o fascismo é visto não apenas como resultado do desenvolvimento específico do capitalismo, mas deveria ter suas raízes procuradas já no alvorecer da civilização ocidental. "Enquanto recaída na barbárie, o fascismo não é somente pano de fundo histórico e situacional da teoria crítica; mais do que isso,

CAPITALISMO PERENE   165

A análise crítica de Adorno e Horkheimer assumiria, portanto, uma dupla face, crítica da civilização e crítica do capitalismo. Esse caráter duplo não se faria sem tensões e nem poderia reduzir uma crítica à outra, embora a crítica ao capitalismo não pudesse ser entendida sem a crítica à civilização ocidental, assim como a crítica da civilização não poderia ser entendida sem que o terror do nazismo apontasse para estruturas profundas da história da espécie humana até então. Haveria, no entanto, um aspecto comum a ambas, na medida em que tanto uma quanto outra procuravam explicar os fundamentos da permanência da dominação dos homens e da natureza.

Mas, afinal, por que seria válida a divisão entre crítica civilizacional e crítica ao capitalismo dentro da *Dialética do esclarecimento*, se uma não pode ser entendida sem a outra? Creio que as considerações feitas no presente trabalho podem ajudar a entender o que a assim chamada Escola de Frankfurt ainda oferece como parâmetro da crítica nos dias de hoje. Afinal, se o diagnóstico do presente histórico no livro descreve o ápice de um processo civilizatório, e não somente uma fase específica do capitalismo, como analisar as sociedades capitalistas depois da barbárie presenciada pelos autores? O que se tem em vista, então, é a discussão a respeito da fertilidade teórica das discussões na *Dialética do esclarecimento* para os acontecimentos históricos posteriores à publicação do livro. Trata-se de mostrar como essa tensão moveu a análise da sociedade oferecida pela obra e como, justamente por meio dessa tensão, os autores chegaram a conclusões frutíferas a respeito dos mecanismos da estabilização capitalista.

O problema da dupla crítica torna-se evidente desde o prefácio do livro, se pensarmos especialmente nas dificuldades que os autores tiveram ao abandonar certos pressupostos anteriores de sua teoria. Dentre esses desafios estava o próprio tipo de linguagem a ser utilizada ou, se quisermos, quais deveriam ser os conceitos mobilizados para uma explicação satisfatória das razões da humanidade não ter entrado "em um estado verdadeiramente humano",[33] tendo em

---

ele oferece a determinação decisiva da sua formulação do problema. [...] O fascismo é a resposta terrorista à crise do capitalismo concorrencial liberal, à desagregação de formas tradicionais de vida sob pressão da industrialização e da adaptação às formas monopolistas de produção. Nesse sentido, ele não pode ser de forma alguma equiparado às formas antigas e pré-capitalistas de exercício imediato do poder. Porém, ele recorre a formas e mecanismos que não podem ser derivados da necessidade econômica para a execução de seus objetivos, mas que se enraízam em camadas profundas da estrutura civilizatória". "Unterirdische Geschichte und Gegenwart in der *Dialektik der Aufklärung*".*In*: Harry Kunneman e Hent de Vries (org.), *Die Aktualität der „Dialektik der Aufklärung". Zwischen Moderne und Postmoderne.* Frankfurt am Main/ Nova York: Campus, 1989, p. 71-2.

33   Max Horkheimer e Theodor W. Adorno, *Dialética do Esclarecimento. Fragmentos filosóficos.* Rio de Janeiro: Jorge Zahar Editor, 1985, p. 11(edição citada doravante co-

vista que a reificação atinge até mesmo as formas de pensamento. A transformação da opinião pública em mercadoria seria a expressão de que nem mesmo a ciência poderia escapar da coisificação imposta pelo todo social. Aceitar as categorias com as quais a ciência e a filosofia trabalharam até então sem maiores reflexões significaria compactuar com a lógica da sociedade burguesa. Ao contrário da convicção lukácsiana de que o proletariado seria o *locus* da resistência e da negação à reificação, e em continuidade com as análises anteriores do Instituto de Pesquisa Social, Horkheimer e Adorno afirmaram que o poder do processo global de produção se fazia cada vez mais forte na sociedade capitalista, resultando na neutralizaçãodas forças de oposição. Assim, a naturalização dos homens não poderia ser dissociada do progresso social.

> O aumento da produtividade econômica, que por um lado produz as condições para um mundo mais justo, confere por outro lado ao aparelho técnico e aos grupos sociais que o controlam uma superioridade imensa sobre o resto da população. O indivíduo se vê completamente anulado em face dos poderes econômicos. Ao mesmo tempo, estes elevam o poder da sociedade sobre a natureza a um nível jamais imaginado. Desaparecendo diante do aparelho a que serve, o indivíduo se vê, ao mesmo tempo, melhor do que nunca provido por ele. Numa situação injusta, a impotência e a dirigibilidade da massa aumentam com a quantidade de bens a ela destinados. A elevação do padrão de vida das classes inferiores, materialmente considerável e socialmente lastimável, reflete-se na difusão hipócrita do espírito. Sua verdadeira aspiração é a negação da reificação. Mas ele necessariamente se esvai quando se vê concretizado em um bem cultural e distribuído para fins de consumo. A enxurrada de informações precisas e diversões assépticas desperta e idiotiza as pessoas ao mesmo tempo.[34]

Esse trecho do prefácio pode ser tomado como uma síntese das análises dos autores a respeito de seu presente histórico, uma vez que resume os principais temas do livro, ao menos para as intenções deste trabalho: extensão da reificação; domínio da razão instrumental por meio da aplicação da ciência e da tecnologia; processos de direção e adaptação das classes e do conflito social. Também é significativo que no prefácio Adorno e Horkheimer constatem os desafios aos quais as discussões precedentes do Instituto de Frankfurt chegaram. Os diferentes resultados do debate a respeito do capitalismo e do nazismo mostraram aos dois autores a necessidade de que o progresso, elemento central do esclarecimento, deveria ser posto em questão. Como já vimos na crítica de

---

mo*DE*); para a edição alemã, cf. Horkheimer, *Gesammelte Schriften*, vol. 5, *"Dialektik der Aufklärung" und Schriften 1940-1950*, *op. cit.*, p. 16 (edição citada doravante como D*d*A).

34 *DE*, p. 14-5; *DdA*, p. 20.

CAPITALISMO PERENE

Horkheimer à teoria socialdemocrata e à teoria do capitalismo organizado, o sucesso e os resultados do planejamento estatal e dos mecanismos de controle da crise econômica, características comuns às sociedades fascistas, socialistas e norte-americana, teriam mostrado que a emancipação em relação à sociedade burguesa seria uma tarefa muito mais complexa do que julgavam os membros do Instituto, não apenas por conta da presença de mecanismos sociais não analisados anteriormente, mas também por conta do enraizamento da sociedade burguesa em estruturas consolidadas antes de seu aparecimento. A análise social deveria conter ao mesmo tempo uma análise da razão, cujo ponto nodal seria oferecido pelo tema do esclarecimento.

> De fato, as linhas da razão, da liberalidade, da civilidade burguesa se estendem incomparavelmente mais longe do que supõem os historiadores que datam o conceito do burguês a partir tão-somente do fim do feudalismo medieval. [...] A ideologia na moda, que faz da liquidação do esclarecimento a primeira de suas causas, presta-lhe uma reverência involuntária e se vê forçada a reconhecer a presença do pensamento esclarecido até mesmo no mais remoto passado. É justamente o vestígio mais antigo desse pensamento que representa para a má consciência dos espíritos arcaicos de hoje a ameaça de desfechar mais uma vez todo o processo que intentaram sufocar e que, no entanto, ao mesmo tempo levam a cabo de maneira inconsciente.[35]

No centro dessa rediscussão há conceitos importantes, como "abstração" e "dominação da natureza". Essas duas expressões devem ser destacadas da constelação teórica do livro porque permitem entrever como funciona a dupla crítica. Entre as dificuldades impostas pelo arcabouço teórico do livro, a discussão acerca da reificação na sociedade capitalista recebe um lugar especial. Para avaliar a maneira como o conceito é mobilizado, é preciso levar em conta qual a distância precisa entre as formulações de Marx a respeito do fetichismo da mercadoria, assim como as de Lukács sobre o fenômeno da reificação, e as respostas dadas por Adorno e Horkheimer em sua reflexão a respeito da dialética entre civilização e barbárie.A noção de reificação aparece, mesmo que não nomeada, desde o início do texto, quando os autores tratam da relação do homem com a natureza. É certo que Adorno e Horkheimer tiveram em conta a estreita vinculação do problema da coisificação das relações sociais, com a especificidade da sociedade movida pelo trabalho abstrato. Mas não deixa de ser interessante levantar um paralelo entre a construção do fenômeno explicado por Lukács e a temática do sujeito e da dominação da natureza.

Tanto o capítulo inicial do livro, "O conceito de Esclarecimento", quanto o excurso sobre o canto XII da *Odisseia* abordam, entre outros assuntos, como a

---

35 *DE*, p. 54-5; *DdA*, p. 68-9.

razão abstrata, fundamentada na troca de mercadorias, nasce com os primórdios da civilização ocidental e com o surgimento do homem enquanto sujeito que domina a natureza. Essa razão seria desenvolvida até o ápice com a sociedade burguesa e culminaria no nazismo. O capítulo inicial é aberto com a definição de esclarecimento, a partir do conceito weberiano de desencantamento do mundo, que expressa a dissolução dos mitos e a substituição da magia pelo saber racional enquanto instância de controle do mundo exterior. "Doravante, a matéria deve ser dominada sem o recurso ilusório a forças soberanas ou imanentes, sem a ilusão de qualidades ocultas".[36]Ao explicar a natureza por meio de padrões constantes, o procedimento da razão esclarecedora seria o mesmo da abstração característica do processo de troca, uma vez que reduz à homogeneidade tudo aquilo que é heterogêneo, que escapa a suas regras.[37] O núcleo do esclarecimento terminou por se traduzir em dominação, ao invés de tornar os indivíduos livre e autônomos. Assim, o saber só poderia se configurar como forma de poder, não apenas sobre a natureza desencantada, mas também sobre os homens – o conhecimento da natureza serviria tanto para dominá-la quanto para subjugar os homens. "O saber que é poder não conhece nenhuma barreira, nem na escravização da criatura, nem na complacência em face dos senhores do mundo".[38] Ao explicar e controlar a natureza por meio de leis, e permitir aos homens que se tornem senhores do mundo, o esclarecimento acaba por reduzi-los a simples objetos da norma, como em um círculo vicioso – tanto quanto o mito, essa razão só pode controlar a natureza por meio da repetição.

> No instante em que homem elide a consciência de si mesmo como natureza, todos os fins para os quais ele se mantém vivo – o progresso social, o aumento de suas forças materiais e espirituais, até mesmo a própria consciência – tornam-se nulos, e a entronização do meio como fim, que assume no capitalismo tardio o caráter de um manifesto desvario, já é perceptível na proto-história da subjetividade.[39]

Dessa maneira, o programa do esclarecimento redundou naquilo que bus-

---

36 *DE*, p. 21; *DdA*, p. 28.

37 Seria necessária aqui uma exposição a respeito da centralidade das análises de Alfred Sohn-Rethel para Adorno e Horkheimer acerca do nexo entre forma mercadoria e formas de conhecimento, cujo ponto central reside no conceito de abstração, isto é, os conceitos abstratos da filosofia e da ciência só poderiam existir por conta do movimento de abstração real na sociedade encarnado pelo dinheiro. Para uma exposição do assunto, cf. o texto de Carlos Henrique Pissardo, *Os Pressupostos Materialistas da Crítica à Razão Cognitiva naDialética do Esclarecimento*. Dissertação (mestrado em filosofia). São Paulo, FFLCH – USP, 2011, especialmente as p. 70-97.

38 *DE*, p. 20; *DdA*, p. 26.

39 *DE*, p. 60-1; *DdA*, p. 78.

CAPITALISMO PERENE

cava eliminar, o mito. Não seria possível pensar o esclarecimento apenas como uma forma de desencantamento do mundo, pois ele teria contribuído para seu oposto, o reencantamento. O esforço em dominar a natureza ao longo da história da espécie terminou por se reverter em segunda natureza, uma vez que esse processo passou a ser aceito como a base naturalizada das relações sociais – sem a dominação do outro não seria possível que a civilização avançasse. Essa seria, em resumo, a essência da dialética do esclarecimento.

> O pensar reifica-se num processo automático e autônomo, emulando a máquina que ele próprio produz para que ela possa finalmente substituí-lo. [...] O procedimento matemático tornou-se, por assim dizer, o ritual do pensamento. Apesar da autolimitação axiomática, ele se instaura como necessário e objetivo: ele transforma o pensamento em coisa, em instrumento, como ele próprio o denomina. [...] Na redução do pensamento a uma aparelhagem matemática está implícita a ratificação do mundo como sua própria medida. O que aparece como triunfo da racionalidade objetiva, a submissão de todo ente ao formalismo lógico, tem por preço a subordinação obediente da razão ao imediatamente dado.[40]

Essa conformação social do pensamento expressaria a unidade impenetrável entre dominação e sociedade, isto é, a dominação operada pelos conceitos científicos e filosóficos só pode ser levada a cabo porque tem como base a dominação na sociedade. Aos indivíduos esse domínio do todo aparece como algo racional, que deve ser efetivado para a realização do todo. Dessa forma, sua racionalidade é multiplicada. "O eu, que aprendeu a ordem e a subordinação com a sujeição do mundo, não demorou a identificar a verdade em geral com o pensamento ordenador, e essa verdade não pode subsistir sem as rígidas diferenciações daquele pensamento ordenador".[41]

A dominação não se traduziria apenas na alienação dos homens em relação aos seus objetos, mas também nas relações entre eles e as de cada indivíduo consigo próprio. A reificação na sociedade moderna tem como uma de suas principais consequências a necessidade de autoconservação do indivíduo, isto é, a necessidade da simples sobrevivência diante do terror a que a sociedade chegara, ao preço da adaptação a seus mecanismos de funcionamento. Todo comportamento que não se encaixe nessa categoria é visto pelo esclarecimento como algo abominável e que deve ser submetido a seu poder. Nesse sentido, o exame da razão abstrata e da dominação deve passar necessariamente por uma investigação acerca da formação do indivíduo enquanto sujeito. Segundo a *Dialética do* esclarecimento, o indivíduo civilizado tem seu eu formado de maneira que ele resista às tentações do mundo exterior, ao mesmo tempo em

---

40 *DE*, p. 37-8; *DdA*, p. 47-8.

41 *DE*, p. 28; *DdA*, p. 36.

que deve renunciar a suas pulsões internas, de modo a seguir seu caminho da autoconservação. Os trechos da *Odisseia* escolhidos por Adorno e Horkheimer ilustram bem esse percurso, especialmente o episódio das sereias, no qual Ulisses se prende ao mastro do navio para que possa apreciar a beleza proibida do canto dos monstros marinhos, ao mesmo tempo em que seus subordinados tampam os ouvidos com cera para que persistam na rota correta, sem se deixar influenciar e soltar o herói da embarcação.

Essa passagem da obra de Homero nos permite fazer alguns comentários quanto aos temas aqui referidos. Protótipo do indivíduo burguês segundo os autores, Ulisses deve proibir a si mesmo a completa fruição do canto sedutor das sereias. Este canto representaria a natureza a ser dominada, tanto a natureza externa, que deve ser transformada em objeto, quanto sua natureza interior, na forma das pulsões do aparelho psíquico, sobre as quais age a figura do eu. O paralelo entre o mundo homérico e o burguês se define no texto na medida em que o herói é obra da "razão ordenadora, que destrói o mito graças precisamente à ordem racional na qual ela o reflete".[42] O texto da *Odisseia* seria uma descrição do trajeto de fuga que o sujeito empreende diante das potências míticas, em busca de sua autoconservação, sendo os monstros seduções da natureza que desviam o eu da trajetória de sua lógica. O indivíduo da autoconservação, ao mesmo tempo o sujeito da sociedade burguesa, só pode sobreviver na medida em que seu saber "tira sua substância de tudo aquilo que é múltiplo, que desvia, que dissolve, e o sobrevivente sábio é ao mesmo tempo aquele que se expõe mais audaciosamente à ameaça da morte, na qual se torna duro e forte para a vida".[43] Dessa forma, sua afirmação só poderia representar a consolidação da lógica da dominação. O recurso de Ulisses para sair vencedor das aventuras é perder-se para se conservar. A isto chamam os autores de astúcia, o desdobramento subjetivo da inverdade objetiva do sacrifício, ou seja, daquela violência que o próprio indivíduo impõe a si mesmo para poder suportá-la. Os autores têm em mente nesta altura do texto as teorias nazistas do sacrifício do indivíduo pelo bem da coletividade, tomando-as como motivo da análise.

> A interpretação mágica e coletiva do sacrifício, que nega totalmente sua racionalidade, é sua racionalização; mas a hipótese esclarecida e linear de que o que hoje seria ideologia poderia ter sido outrora verdade é ingênua demais: as ideologias mais recentes são apenas reprises das mais antigas, que se estendem tanto mais aquém das ideologias anteriormente conhecidas quanto mais o desenvolvimento da sociedade de classes desmente as ideologias anteriormente sancionadas.[44]

---

42 *DE*, p. 53; *DdA*, p. 67.

43 *DE*, p. 56; *DdA*, p. 71.

44 *DE*, p. 59-60; *DdA*, p. 76-7.

CAPITALISMO PERENE

O princípio de sacrifício, efêmero por conta de sua irracionalidade, perduraria ao mesmo tempo por conta de sua racionalidade, que não desapareceu, mas apenas se transformou ao longo do tempo. O sacrifício não cessaria de proclamar a dissolução da natureza cega. O indivíduo, por sua vez, só conseguiria escapar dessa dissolução ao permanecer preso ao contexto natural como um ser vivo que quer se afirmar contra outro ser vivo. O núcleo de toda racionalidade civilizatória é a negação da natureza no homem, em vista da dominação sobre a natureza extra-humana e sobre os outros homens. Essa negação "é a célula da proliferação da irracionalidade mítica. [...] A história da civilização é a história da introversão do sacrifício. Ou, por outra, a história da renúncia".[45]A sobrevivência de Ulisses e, portanto, do indivíduo na civilização depende essencialmente dessa abdicação às pulsões mais primordiais. Do contrário, o próprio advento da civilização estaria em risco.[46]

Os desafios postos pela dupla crítica

Uma fonte de comparação importante, com o intuito de compreender melhor as análises empreendidas na*Dialética do esclarecimento*, encontra-se no livro publicado posteriormente por Horkheimer. Em *Eclipse da Razão* ele afirma que a dominação da natureza não é um dado da essência humana, mas fruto da estrutura social.

> Assim como os ataques das nações imperialistas ao resto do mundo devem ser explicados na base de suas lutas internas, o ataque totalitário da espécie humana em relação a tudo que se exclui dela mesma deriva

---

45 *DE*, p. 60-1; *DdA*, p. 78-9.

46 Essa teoria da formação do sujeito torna evidente as raízes freudianas da *Dialética do Esclarecimento*, especialmente sua versão contida no texto *O Mal-Estar na Cultura*. Freud é bastante enfático ao afirmar que grande parte dos sofrimentos dos homens na sociedade contemporânea advém das imposições que a civilização submete aos seus membros, na tentativa de protegê-los da natureza e de regrar os relacionamentos entre eles. Essa regulação se faz necessária para que um conflito aberto entre os indivíduos não se instaurasse, já que, do contrário, os indivíduos não teriam limites para satisfazer seus desejos. Para a psicanálise freudiana, pois, a essência da civilização é definida como a restrição das possibilidades de satisfação dos indivíduos. "Boa parte da peleja da humanidade se concentra em torno da tarefa de achar um equilíbrio adequado, isto é, que traga felicidade, entre tais exigências individuais e aquelas do grupo, culturais; é um dos problemas que concernem ao seu próprio destino, a questão de se esse equilíbrio é alcançável mediante uma determinada configuração cultural, ou se o conflito é insolúvel".Sigmund Freud, "O mal-estar na civilização" (1930). *In:O Mal-estar na Civilização, Novas Conferências Introdutórias à Psicanálise e Outros Textos. Obras Completas, vol. 18 (1930-1936)*. 1ª ed. São Paulo: Companhia das Letras, 2010, p. 38-9.Neste ponto, a teoria de Freud propõe uma discussão sobre a sociabilidade no capitalismo, o que não passou despercebido aos autores da *Dialética do Esclarecimento*.

mais das relações inter-humanas do que de qualidades inatas do homem. O conflito entre os homens na guerra e na paz é a chave da insaciabilidade da espécie e das atitudes práticas resultantes disso [...].[47]

Este trecho nos impõe algumas dificuldades para a leitura do texto conjunto de Horkheimer e Adorno. Se os conflitos sociais são a chave para se entender o processo de subjetivação da razão, por que os autores não tomam esse conceito como chave explicativa também na *Dialética do Esclarecimento*? Ou seja, em que medida a explicação do desenvolvimento da civilização, com a dialética entre mito e barbárie, pode ser incorporada à explicação do funcionamento da sociedade capitalista, marcado por suas especificidades?

Contra essas questões pode-se argumentar simplesmente que os antagonismos sociais estão ocultos pela total dominação que a sociedade nazista impôs, conclusão à qual Adorno e Horkheimer já haviam chegado a respeito da caracterização do nazismo. À lógica da abstração, fundada na troca de mercadorias, junta-se o fato de que os dominados passaram a ter algo a perder, diferentemente do que dizia Marx no "Manifesto comunista". Sua sobrevivência em tempos da mais pura barbárie sobressai, até porque passam a ser diretamente dependentes de seus líderes, sejam esses o partido, o sindicato, a máfia ou o *Führer*.

Está em questão aqui um dos momentos mais controversos do livro. Como os autores podem associar uma característica da sociedade mercantil capitalista ao nascimento da civilização? Mais do que isso, como pode a abstração, fenômeno que está diretamente ligado à fixação do trabalho abstrato como princípio das relações sociais no capitalismo, sustentar uma teoria da dominação da natureza e do homem que atravessa a própria constituição da espécie? Não deixa de ser surpreendente que um elemento central da teoria marxista, marcado pela especificidade da história, seja utilizado como uma tentativa de reconstruir uma antropologia da época burguesa. A sociedade burguesa moderna, que se acredita a mais avançada da humanidade, teria como base a mesma racionalidade que impera desde o início do mundo civilizado. É essa mesma forma de razão que preside a barbárie do presente histórico. Desse modo, é como se houvesse uma inversão do argumento retirado da teoria do valor de Marx: a razão abstrata, que preside os fundamentos sociais do capitalismo, tem sua origem, na verdade, em tempos imemoriais, desde que o homem procurou dominar a natureza interna e externa, na tentativa de fugir dos medos que o outro impôs ao sujeito.

Da mesma maneira que no livro publicado anteriormente, o conjunto de palestras de Horkheimer relaciona a origem da coisificação aos primórdios da civilização ocidental, atingindo seu ápice com a solidificação do capitalismo: "A reificação é um processo cuja origem deve ser buscada nos começos da

---

47 Horkheimer, *Eclipse da Razão*. 5ª ed. São Paulo: Centauro, 2003, p. 112.

CAPITALISMO PERENE 173

sociedade organizada e do uso de instrumentos. Contudo, a transformação de todos os produtos da atividade humana em mercadorias só se concretizou com a emergência da sociedade industrial".[48]Se seguirmos o raciocínio de Horkheimer e Adorno de que o domínio da natureza refere-se tanto ao domínio da natureza interna dos indivíduos, ou seja, repressão de suas pulsões, quanto à manipulação da natureza externa, é possível dizer que esse domínio não se faz sem resistências. Mais do que isso, o paralelo entre domínio da natureza e o domínio social parece ser um dos pontos principais da argumentação do livro. Tal extensão do domínio teria gerado o que Horkheimer denominou "revolta da natureza", expressa tanto pelos indivíduos quanto por conflitos sociais.

> A resistência e a revolta que emergem dessa repressão da natureza têm acossado a civilização desde seus começos, tanto na forma de rebeliões sociais – como nas insurreições espontâneas de camponeses no século XVI ou nos habitualmente organizados conflitos raciais de nossos dias – como na forma de crime organizado e transtorno mental. Típicos de nossa era atual são a manipulação dessa revolta pelas forças predominantes da própria civilização e o uso da mesma como um meio de perpetuação das próprias condições que a provocaram e contra as quais se insurge. A civilização como irracionalidade racionalizada integra a revolta da natureza como outro meio ou instrumento.[49]

Esse trecho do livro de Horkheimerpode ser elucidativo das questões envolvidas na leitura de*Dialética do Esclarecimento*. Os conflitos sociais, entendidos como a revolta do que foi reprimido durante todo o percurso da civilização, passam a estar sob uma mesma chave. Uma espécie de indiferenciação pode ser extraída daí, afinal, a revolta de camponeses na Alemanha feudal não seria distinta das perseguições nazistas aos judeus. Ambos seriam uma manifestação das contradições da dominação da natureza e social. Mas logo em seguida na citação podemos depreender a especificidade de fenômenos como fascismo e o antissemitismo, expressa pelo termo "manipulação".[50] Ou seja, a dialética entre civilização e barbárie formou a base para explicar os motivos da situação histórica presente, sem a qual não seria possível compreendê-la. De

---

48 *Ibidem*, p. 48.

49 *Ibidem*, p. 99.

50 É certo que os autores não entendem a submissão dos grupos sociais e dos indivíduos ao fascismo como um mero fenômeno de manipulação das consciências; a categoria "ajustamento" seria muito mais apropriada para explicar tal ordem de coisas do que a simples manipulação. "Desaparecendo diante do aparelho que serve, o indivíduo se vê, ao mesmo tempo, melhor do nunca provido por ele". *DE*, p. 14; *DdA*, p. 20. O termo "ajustamento" ficaria explicitado no trabalho de Horkheimer, Cf. *Eclipse da Razão*, cap. 3, "A revolta da natureza", especialmente p. 99-101, bem como o texto de Adorno, "Reflexionen zur Klassentheorie", *op. cit.*

fato, o caráter particular dos fenômenos sociais do capitalismo tardio necessitava de uma análise que tivesse como base os acontecimentos da época. No entanto, reconhecer no capitalismo elementos que estão ancorados na própria trajetória da espécie humana não implica desconsiderar suas particularidades e recair em uma simples filosofia da história.

Este é o conteúdo comum das teses de Jürgen Habermas e Axel Honneth a respeito da *Dialética do Esclarecimento*. Malgrado as diferenças entre os dois autores, ambos partem do mesmo princípio para criticar o texto de Horkheimer e Adorno. De forma resumida, pode-se dizer que o recurso a uma filosofia da história para explicar o percurso da civilização ocidental por meio da categoria "dominação" não estaria atento às possibilidades que outras formas de interação entre os indivíduos ofereceriam como contraponto à razão do esclarecimento. Assim afirma Honneth a respeito das concepções de Horkheimer nos anos 1930 e 1940:

> Somente considerando essa esfera comunitária da prática social diária é que Horkheimer poderia ter descoberto que a reprodução societária nunca ocorre na forma de um cumprimento cego de imperativos funcionais, mas por meio das normas de ação específicas dos grupos. No seu pensamento tinha de se impor a ideia de que as sociedades se reproduzem, em princípio, independentemente da autocompreensão comunitária de seus membros, na medida em que ancoram as demandas econômicas diretamente na natureza das necessidades do indivíduo com a ajuda dos processos sistêmicos de direcionamento.[51]

Assim, o fascismo apareceria aos autores como o ápice da lógica da integração, o que conferiria uma reorientação de cunho antropológico ao conceito lukácsiano de reificação. Ao extrair esse tipo de conclusão, Adorno e Horkheimer teriam negado uma dimensão do progresso civilizatório que não encontraria expressão no aumento das forças produtivas, mas sim na ampliação das liberdades jurídicas e do escopo individual.

Por sua vez, Habermas procura sustentar que a teoria da reificação apresentada em *História e consciência de classe* teria encontrado um desmentido na capacidade integradora do sistema, o que não teria sido previsto por Lukács. Sendo assim, o fundamento da crítica deveria ser buscado em um nível mais profundo. Em sua *Teoria do agir comunicativo* ele afirma que a razão do esclarecimento tem raízes históricas mais profundas do que a racionalidade formal própria às relações de troca, embora seja verdade que o pensamento identificante só ganhe significação universal por meio do valor de troca. "A abstração da troca implica meramente a forma histórica em que o pensamento identificante desdobra sua eficácia histórica universal e determina as formas de in-

---

51 Honneth, "Teoria crítica", *op. cit.*, p. 518.

CAPITALISMO PERENE 175

tercâmbio próprias da sociedade capitalista".[52] Na visão de Habermas, Adorno
e Horkheimer procederam assim porque, em relação a Lukács, conceberiam a
reificação como fenômeno sem limites formais.Enquanto os ensaios do livro
publicado em 1923 confiariam "na natureza subjetiva dos homens como um
reduto resistente a reificação",[53] o mecanismo da coisificação da consciência residiria para Horkheimer e Adorno nos próprios fundamentos antropológicos
da história da espécie, cuja reprodução seria dada pelo trabalho.Diante desse
panorama exposto, Habermas pode dizer que o conceito de reificação é desligado pelos autores de seu contexto histórico.

É possível afirmar, no entanto, que a teoria da reificação em *História e consciência de classe* é, sim, uma teoria da integração, embora com seus limites bem
demarcados – como, de resto, procurou-se mostrar neste trabalho. Horkheimer e Adorno perceberam isso e fizeram da teoria de Lukács um ponto de
apoio essencial para seu diagnóstico de época. O que aparece em Lukács como
uma indicação, a integração do proletariado, seria examinado pela teoria crítica a partir dos anos 1930 e receberia tratamento especial a partir da obra
publicada na década seguinte. Um dos motivos principais para isso reside no
aprofundamento dos determinantes históricos dessa integração. Se no livro de
Lukács eles ainda apareciam como um momento de transição, os mecanismos
de estabilização do capitalismo já eram uma realidade assentada no momento
em que Adorno e Horkheimer publicaram seu livro. Habermas tem, sim, razão
ao afirmar que um dos pressupostos da *Dialética do esclarecimento* é o aprofundamento da teoria lukácsiana. Mas ele se equivoca ao não perceber como
esse aprofundamento ultrapassa uma mera filosofia da história.

Além disso, se seguirmos as teses descritas pelos comentadores da obra, a
dominação no capitalismo tardio seria apenas um derivado do modelo geral
da dominação presente na relação entre homem e natureza. No final das contas, o recurso a uma história da civilização implicaria em um déficit histórico
e sociológico para a teoria. Para Honneth, os autores da obra teriam sido for-
çados a complementar sua teoria antropológica da dominação social, uma vez
que essa construção estaria apoiada basicamente na história da filosofia e da
literatura, sem que o cenário histórico em que foi escrita tivesse sido levado

---

52 Habermas, *Teoria de la Acción Comunicativa*,t. I,*op. cit.*, p. 482. Tradução modificada
de acordo com o texto em alemão, *Theorie des kommunikativen Handels,* vol. I, *Handlungsrationalität und gesellschaftliche Rationalisierung.* 2ª ed. Frankfurt am Main:
Suhrkamp, 1987, p.506.

53 *Ibidem*, p. 468. Na verdade, como bem apontou Grigat, Habermas incorre em outro
erro ao descrever o livro de Lukács, uma vez que as esperanças do filósofo húngaro
contra a reificação não estavam depositadas no gênero humano, mas si em uma classe
específica, o proletariado. Cf. "Von der positiven zur negativen Dialektik. Fetischkritik
und Klassenbewusstsein bei Georg Lukács", *op. cit.*, p. 350.

em conta. Uma crítica rudimentar da divisão do trabalho forneceria tal complemento, sem que ela desse conta, entretanto, dos problemas de distribuição do excedente econômico ou da intensificação do trabalho humano sobre a natureza. A referência à categoria "privilégio" seria insuficiente para explicar a natureza coerciva da divisão do trabalho. O resultado seria uma explicação bastante vaga a respeito do processo de dominação social.

> Tal linha de pensamento, que será de significado central para a percepção de Adorno do tipo de comportamento dos grupos oprimidos, é um por um lado apropriada para corrigir um mal-entendido que a própria *Dialética do Esclarecimento* produz em larga medida; a saber, a enganadora ideia, segundo a qual o processo civilizatório é dirigido pelo sucesso da produção de uma espécie-sujeito que age de maneira unificada, se encontra acima de tudo ali onde a precoce divisão originária do trabalho é levada em conta, e é substituída por uma concepção mais complexa, que tem seu ponto de referência em uma sociedade conflituosa e dividida em classes sociais.[54]

Mas mesmo esse modelo seria insuficiente na visão de Honneth. A solução para as supostas dificuldades trazidas pelo texto seriam solucionadas pelos autores por meio da comparação entre a dominação da natureza e a dominação social, de maneira que todas as propriedades de uma fossem transpostas para a outra. Adorno e Horkheimer teriam sido incapazes de conceber uma forma de dominação social que fosse resultado de um acordo tácito entre os membros da sociedade, isto é, toda forma de opressão dos indivíduos que não fosse baseada no objetivo do controle e da obediência estrita seria excluída de antemão. A filosofia da história impediria qualquer possibilidade conceitual de entrever uma dominação baseada no consenso. Dessa maneira, os conceitos da *Dialética do esclarecimento* pouco serviriam para entender a construção do consenso entre os dominados, que, de forma resumida, seria efetivado quando as orientações normativas desses grupos sociais são bloqueadas por mecanismos institucionais e culturais.

> A analogia entre a dominação da natureza e a dominação social não permitiu levar em conta outro tipo de dominação social senão aqueles ancorados nas técnicas de domínio direto ou indireto [...]. A influência do tema básico da filosofia da história sob a argumentação socioteórica da *Dialética do esclarecimento* é tão forte que Adorno e Horkheimer não podem deixar de compreender os sujeitos socialmente oprimidos enquanto uma vítima passiva e sem intenções das técnicas de dominação, em correspondência com a natureza dominada.[55]

---

54 Honneth, *Kritik der Macht. Reflexionsstufen einer kritischen Gesellschaftstheorie.* 1ª ed. Frankfurt am Main: Suhrkamp, 1989, p. 63.

55 Ibidem, pp. 67-8.

Por fim, não haveria nenhum indício de que tais sujeitos oferecessem quaisquer formas de resistência à dominação, sejam elas sociais ou culturais, e que passariam por realizações autônomas na interação entre os indivíduos.

Contudo, a concepção de que o modelo teórico da *Dialética do esclarecimento* estaria centrado apenas nessa filosofia da história impediria tanto Habermas quanto Honneth de enxergar os possíveis ganhos teóricos e analíticos que o diagnóstico de época do livro ofereceu. O ponto de partida dos críticos de Adorno e Horkheimer parece ser uma visão evolucionista da história da humanidade, na qual haveria um progressivo ganho em termos de autonomia e liberdade – como se a barbárie não se repetisse a todo o momento, ainda mais na história do capitalismo, inclusive no período histórico em que o Estado de bem-estar implantou-se como modelo bem-sucedido. Ao contrário, o próprio caráter fragmentário da *Dialética do esclarecimento* já seria um indício de que tal visão do processo histórico não poderia ser aceita sem críticas. No fundo, a tese de uma aporia seria em última medida falsa porque é incapaz de lidar com a contradição dentro do esclarecimento – reconhecer suas "patologias" não significa abandoná-lo.[56]

O recurso ao desenvolvimento da civilização ocidental não invalida as teses históricas do livro, e nem estas são apenas um complemento à explicação daquele. Ao contrário, elas oferecem um fundamento recíproco para sua argumentação. Essa tentativa de "atualizar" a imbricação entre mito e esclarecimento se faz muito clara nos capítulos sobre a indústria cultural e o antissemitismo. Cabe perguntar-se, evidentemente, se isso seria um problema em si para uma teoria cujo conteúdo é acima de tudo histórico. Há aqui uma tensão muito significativa para a economia do texto. Por um lado, quando os autores fazem da história da civilização um contínuo, eles não podem deixar de incluir a sociedade burguesa nesse movimento. Por outro, parece não ser suficiente explicar o presente histórico apenas por meio de conceitos como o de dominação e autoconservação, muito embora as críticas ao antissemitismo e à indústria cultural tenham de tomar o capítulo inicial e os excursos seguintes como base.

---

56 Para uma reavaliação das considerações de cunho habermasiano, e nas quais estão assentadas as críticas de Honneth, cf. Dirk Auer, "Daß die Naturbefangenheit nicht das letzte Wort behalte. Fortschritt, Vernunft und Aufklärung". *In:*Dirk Auer, Thorsten Bonacker e Stefan Müller-Dohm (org.), *Die Gesellschaftstheorie Theodor Adornos. Themen und Grundbegriffe.* Darmstadt: Primus, 1998, p. 31 e ss. As críticas de Habermas à*Dialética* dizem respeito a possíveis aporias a que o diagnóstico de Adorno e Horkheimer leva, especialmente por deixar a crítica da razão sem fundamentos racionais. Como disse Auer, a situação em que Horkheimer e Adorno se colocam é "apenas a expressão de um beco sem-saída, no qual a razão realmente reside", isto é, "não existem formas diferentes de razão" que possam ser separadas e salvas, como supõe Habermas. Um ponto de vista exterior à razão não seria necessário, já que a própria razão tem de encontrar os meios para sair de seus impasses.

Porém, o problema não está nesse ponto, pois, como mostraram as vigorosas críticas de Benjamin às concepções de história em voga na época, a noção crítica de progresso é central à *Dialéticado esclarecimento* para a compreensão da barbárie, isto é, o nazismo, a perseguição à diferença e a guerra mundial não são fenômenos fortuitos na história do capitalismo, mas estão inseridos em sua própria lógica. Também não se poderia pensar a destruição na sociedade contemporânea sem a categoria "dominação". Tanto Habermas quanto Honneth parecem esquecer que a obra foi escrita num momento em que as possiblidades de escapar do circuito fechado da razão instrumental eram mínimas. É justamente esse aspecto que permite ver na *Dialética do esclarecimento* um modelo para se compreender a estabilização das relações sociais burguesas. De fato, o livro não aponta para as bases sociais da emancipação em relação ao capital. No entanto, reconhecer esse aspecto não significa descartar a explicação dos mecanismos de dominação que se intensificaram ao longo da segunda metade do século XX. Ao fazer isso, os críticos de Horkheimer e Adorno terminam por jogar o bebê junto com a água do banho – não deixa de ser sintomático que nenhum dos comentadores faça um exame aprofundado dos capítulos finais do livro.

Se a *Dialéticado esclarecimento* aceita em grande medida o argumento lukácsiano sobre a reificação – a coisificação se alastra para os domínios mais íntimos da individualidade –, como os autores podem afirmar que os poderes sociais dominam os homens desde os tempos mitológicos? Tratar-se-ia simplesmente de uma ampliação da lógica da abstração ou existiria uma diferença qualitativa entre formações sociais distintas? Como poderia a reificação continuar a ser uma chave interpretativa dos acontecimentos históricos tendo em vista ao mesmo tempo sua especificidade e a continuidade da dialética entre esclarecimento e barbárie? De forma resumida, tais questões podem ser reunidas da seguinte maneira: se não é possível dissociar a história do capitalismo da história da civilização em geral, como entender seus movimentos específicos – se os conceitos que tentam explicar tal particularidade derivam diretamente da explicação de cunho mais geral? Para tentar resolver essa aparente aporia, será preciso avançar para os capítulos em que Horkheimer e Adorno trataram especificamente das questões que mais lhe tocavam em seu presente histórico. Veremos como a teoria da reificação, entendida como uma teoria da integração social, foi desenvolvida nesses textos de maneira inovadora. Em especial, a questão da estabilização do capitalismo é vista de um ponto de vista diferente, mas em estreita conexão com as análises de Lukács e aquelas a respeito do capitalismo no final dos anos 1930 e início da década de 1940.

Indústria cultural: a nova configuração da ideologia

O capítulo sobre a indústria cultural começa com a questão da homogeneização da sociedade alcançada por meio da cultura. Essa discussão serve como um elo entre o exame da razão esclarecedora, que transforma tudo aquilo que é diferente em igual, e as formas encontradas pelo capitalismo para manter coesa a relação entre indivíduo e sociedade. Nesse sentido, entende-se porque os autores deram ao texto o subtítulo "Esclarecimento como mistificação das massas". Uma análise do capítulo pode mostrar como o problema da extensão da reificação, pressuposto da crítica civilizacional, opera em uma sociedade na qual a dominação tornou-se totalitária, e não apenas nas sociedades fascistas. Para isso, a questão da conformação da consciência dos indivíduos por meio da esfera cultural e como resultado da reprodução do sistema se mostrou como uma direção central seguida ao longo da análise de Adorno e Horkheimer. Não seria possível, portanto, enxergar o capítulo sobre a indústria cultural apenas como um excurso sobre o estado da arte no capitalismo tardio. Mais do que isso, ele se revela como um exame profundo das formas encontradas na sociedade burguesa que fizeram com que os indivíduos pudessem suportar seu horror como algo completamente normal, como uma segunda natureza, submetendo-os "ainda mais profundamente a seu adversário, o poder absoluto do capital".[57] Daí que conceitos como "ideologia" e "falsa consciência" recebam um lugar especial no texto.[58]

Ao iniciar o texto com uma crítica a sociólogos conservadores, para quem o capitalismo havia gerado o caos cultural com a dissolução das estruturas tradicionais e da religião, Horkheimer e Adorno procuram mostrar que até mesmo as tendências estéticas opostas à cultura hegemônica acabaram por se enredar em suas categorias. Isso reforçaria o diagnóstico da extensão da lógica da abstração e, portanto, da reificação, já que se pensava anteriormente a arte e a cultura como redutoscapazes de escapar desse fenômeno. Cada vez mais os produtos da indústria cultural cairiam sob o signo da estereotipia. "A cultura sempre contribuiu para domar os instintos revolucionários, e não apenas os

---

57 *DE*, p. 113; *DdA*, p. 144.

58 Segundo Fredric Jameson, o conceito de indústria cultural não poderia ser reduzido a uma teoria da cultura, mas seria "a teoria de uma *indústria*, de um ramo dos inter-relacionados monopólios do capitalismo tardio que fazem dinheiro a partir do que se costumava chamar de cultura. O tópico é aqui a comercialização da vida e os coautores estão mais próximos de uma teoria da 'vida cotidiana' do que de uma 'cultura', em qualquer sentido contemporâneo da palavra. [...] Sua teoria permanece, portanto, não uma *Kulturkritik*, mas uma *Ideologiekritik*: como no marxismo clássico, 'ideologia' é ainda aqui o conceito central e não foi ainda modificado pelas exigências de uma ordem social pós-moderna [...]". *In: O Marxismo Tardio. Adorno ou a persistência da dialética.* 1ª ed. São Paulo: Editora UNESP, 1996, p. 189.

bárbaros. A cultura industrializada faz algo a mais. Ela exercita o indivíduo no preenchimento da condição sob a qual ele está autorizado a levar essa vida inexorável".[59] Haveria com o advento da indústria cultural uma alteração fundamental no papel da cultura. Se, de fato, ela servia para acomodar as relações entre os indivíduos muito antes do aparecimento do capitalismo tardio, a cultura ainda possibilitava o protesto contra a petrificação das relações sociais.

A própria existência da cultura estaria assentada na divisão da sociedade entre grupos privilegiados e grupos desprivilegiados. Enquanto indivíduo que reflete sobre as esferas mais altas do espírito e cria sua obra a partir dessa reflexão, a figura do artista só pode existir graças à separação entre trabalho manual e trabalho intelectual, isto é, a cultura e a arte só poderiam existir porque alguns indivíduos estariam liberados da necessidade imediata do trabalho. Daí que a cultura sempre servisse como justificação para a exploração e a dominação.

> Pois nenhuma autêntica obra de arte e nenhuma verdadeira filosofia jamais esgotou seu sentido em si mesma, em seu próprio ser. Elas sempre estiveram ligadas ao processo real de vidada sociedade, do qual se separavam. Exatamente a rejeição ao culposo contexto de vida a ser cega e rigidamente reproduzido, o gesto de insistir na independência e na autonomia, na separação do vigente reino das finalidades, implica, ao menos de modo inconsciente, a referência a um estado em que a liberdade estaria realizada. Mas a liberdade continua sendo uma ambígua promessa da cultura enquanto esta depender da realidade mistificada, ou seja, em última instância, do poder de dispordo trabalho alheio.[60]

Vê-se aqui como a questão da cultura para a teoria crítica não poderia ser dissociada de sua relação com as formas de reprodução da vida social, uma vez que ela está assentada sobre essas. Porém, até o surgimento da indústria cultural, a esfera artística carregava consigo a pretensão de criticar as relações sociais vigentes, invertendo-as por meio da forma e do conteúdo da obra de arte. Ela só podia fazer isso justamente por conta de sua autonomia em relação à vida cotidiana. Embora fundamentada na divisão do trabalho, a cultura ainda podia representar a ideia de uma sociedade justa, sem que houvesse uma tentativa de harmonizar sua forma e conteúdo à realidade social. Aos olhos da teoria crítica, esse choque representaria a possibilidade da obra de arte transcender a ordem social à qual está subjugada. A indústria cultural, ao contrário, reproduz e vive deliberadamente da forma de produção que separa

---

59 *DE*, p. 143; *DdA*, p. 180.

60 Adorno, "Crítica cultural e sociedade" (1949).*In*: Gabriel Cohn (org.), *Theodor W. Adorno*. 2ª ed. São Paulo: Ática, 1994, p. 80; "Kulturkritik und Gesellschaft".*In*: *Kulturkritik und GesellschaftI, Gesammelte Schriften*, vol. 10. Frankfurt am Main: Suhrkamp, 1977, p. 16.

CAPITALISMO PERENE 181

trabalho manual e intelectual. Com efeito, a autonomia da arte no capitalismo liberal era a comprovação dessa separação, mas ela ainda conseguia conservar sua "oposição à realidade empírica".[61] A novidade representada pela indústria cultural não reside tanto no fato de que as obras de arte assumam um caráter mercantil, já que em sua história anterior isso era algo conhecido. Enquanto domínio separado da vida social, com sua autonomia e regras específicas, a arte na sociedade burguesa só pode existir porque estava ligada ao mercado. As obras de arte puras, que negam o caráter burguês, só puderam fazê-lo justamente porque eram mercadorias. Segundo os autores, a diferença reside no fato de que a cultura industrializada declara abertamente que suas obras não passam de mercadorias, renegando a autonomia da arte.

Diante das transformações que acarretaram a centralização do capital e o predomínio econômico dos trustes, essa possibilidade teria se eclipsado. A cultura e o uso da arte no capitalismo tardio tornaram-se lugares singulares para o exercício do poder social, ao mesmo tempo em que esse exercício pode passar despercebido. Seria impossível à teoria dialética perceber como a sociedade capitalista se reproduz se a cultura fosse vista apenas como um epifenômeno, puro reflexo das estruturas sociais básicas. Ao mobilizar a questão da cultura em sua análise, os autores da *Dialética do esclarecimento* estavam bastante atentos a essa aparente contradição entre base material, sem a qual a cultura não pode existir, e o modo como esta se mostrou um elemento-chave nas novas determinações que a reprodução da totalidade social tomou no século XX.

> Hoje, a possibilidade da obra de arte em si tornou-se altamente questionável com o mais extremo aumento da tensão. O monopólio é o executor: ele elimina a tensão, mas abole a arte juntamente com o conflito. A arte se torna um momento da produção material de forma completa somente nessa ausência de conflito consumada e, com isso, se torna a mentira para a qual ela sempre deu sua contribuição.[62]

Com a paulatina concentração do capital, a arte se transformou em uma esfera privilegiada da reprodução do capital, já que seria possível, ao menos no início, fugir das determinações impostas pela concorrência capitalista. Contudo, ela não apenas se transformou em um campo de investimento. A ampliação da reprodução social fez com que a cultura se tornasse um meio especial para que os indivíduos aceitassem a constituição da sociedade enquanto tal.

Adorno e Horkheimer são bastante enfáticos ao relacionar as funções exer-

---

61 *Idem*, "The schema of mass culture" (1942).*In: The Culture Industry. Selected Essays on Mass Culture*. 1ª ed. London/New York: Routledge, 1991, p. 65; para a edição alemã, cf. "Das Schema der Massenkultur", *in:Gesammelte Schriften*, vol. 3, *Dialektik der Aufklärung*. Frankfurt am Main, Suhrkamp, 1980, p. 302.

62 *Ibidem*, p. 77; *ibidem*, p. 316.

cidas pela indústria cultural ao funcionamento da estrutura capitalista e as modificações pelas quais estapassou. Sendo assim, os autores se contrapõem às concepções segundo as quais a indústria cultural seria resultado único e exclusivo das transformações técnicas na esfera artística ou, o que é pior, da adaptação da produção cultural às necessidades de massificação da arte e, assim, dos próprios consumidores.Não por acaso, Adorno e Horkheimer preferiram o termo "indústria cultural" à expressão "cultura de massas". De fato, eles fizeram uso da expressão em textos anteriores à publicação da *Dialética do esclarecimento*, como atestam os títulos dos ensaios"Arte e cultura de massas" (1941), escrito por Horkheimer, e "O esquema da cultura de massas" (1943), escrito por Adorno. Porém, conforme as análises do livro adquiriam consistência, ficava cada vez mais claro que o termo "cultura de massas" implicava o reconhecimento de que essa cultura industrializada seriaa forma contemporânea da cultura popular ou a expressão espontânea das massas no capitalismo avançado, aceita sem resistência, e não algo imposto a elas.

Nesse sentido, embora a indústria cultural tenha por alvo uma diversão que permita às pessoas se adaptarem ao funcionamento da sociedade, ela não poderia ser reduzida a uma forma de arte "leve", em contraposição à arte autônoma. Tratar a indústria cultural assim significaria desconhecer que essas duas formas de arte sempre foram acompanhadas uma pela outra e elevar o estatuto da cultura mercantilizada. Se, por um lado, a arte autônoma sempre foi recusada para aqueles que dispunham apenas de sua força de trabalho, as formas populares de diversão destacavam o conteúdo falso da arte elevada, baseada na exploração de trabalho, ao servirem como alívio para o ritmo extenuante da produção.

> A arte leve acompanhou a arte autônoma como uma sombra. Ela é a má consciência social da arte séria. O que esta – em virtude de seus pressupostos sociais – perdeu em termos de verdade confere àquela a aparência de um direito objetivo. Essa divisão é ela própria verdade: ela exprime pelo menos a negatividade da cultura formada pela adição das duas esferas.[63]

Dessa forma, Adorno e Horkheimer não podem ser considerados simplesmente como adversários de formas populares de cultura e defensores de uma arte elitista.[64]Contrariamente, é preciso ver o capítulo sobre a indústria cultu-

---

63 *DE*, p. 127; *DdA*, p. 160.

64 Na verdade, é preciso considerar a abordagem da teoria crítica a respeito da arte, especialmente aquela feita por Adorno, de acordo com a evolução histórica que acompanhou tanto o movimento geral da sociedade quanto do material artístico. Assim, o conceito de indústria cultural deve ser localizado perante a recepção das formas de arte industrializada que se impuseram na época, como o cinema e o rádio. Com isso,

CAPITALISMO PERENE

ral e as considerações da teoria crítica sobre arte e cultura enquanto examedo obscurecimento daquela divisão em favor de um mecanismo abrangente e que impede que as contradições sociais se tornem aparentes, reforçando o domínio sobre as classes dominadas. A própria divisão entre arte autônoma e arte popular tenderia a ser suprimida. Ao impor-se como padrão dominante, a indústria cultural reconcilia aqueles dois âmbitos de maneira falsa, pois as intenções críticas da arte são suprimidas e o vínculo com a exploração e a dominação é perdido – não por acaso, a indústria cultural é descrita pelos autores como uma indústria da diversão. Esta seria apenas o prolongamento do trabalho e o esquecimento do sofrimento que ele traz consigo. "Ao processo de trabalho na fábrica e no escritório só se pode escapar adaptando-se a ele durante o ócio. Eis aí a doença incurável de toda diversão".[65]

Longe de serem protagonistas da mudança operada na esfera cultural, as massas de indivíduos dominados constituiriam o objeto por excelência da produção de tais mercadorias, um simples "apêndice da maquinaria" (*Anhängsel der Maschinerie*), cujos moldes seriam dados pela produção industrial.[66] Assim, a indústria cultural se apresenta como um mecanismo social que reforça a naturalização das relações sociais, tal como a relação entre o trabalhador e seu instrumento de trabalho no capitalismo, ao invés de atender aos desejos de indivíduos autônomos. Essa é, aliás, uma tese ressaltada pelos autores ao longo do texto: a indústria cultural tornaria os indivíduos cada vez menos capazes dessa autonomia. A lógica do esclarecimento teria alcançado uma de suas realizações mais duradouras, reforçar o domínio da totalidade social sobre os indivíduos ao mesmo tempo em que mantém a aparência de autonomia contida em seu programa original, ou ainda, a indústria cultural mostra como o esclarecimento terminou por se converter em antiesclarecimento. "O segmento sobre a 'indústria cultural' mostra a regressão do esclarecimento à ideologia,

---

não pretendo afirmar que a evolução posterior das formas populares de arte não contivesse elementos de contestação e crítica à ordem social, questionando as dificuldades envolvidas no tratamento que Adorno deu ao assunto. Tal problema constituiria um trabalho à parte e do qual não tenho competência para tratar. Ao destacar a discussão sobre indústria cultural, pretendo ressaltar tão somente o valor heurístico do conceito, sem esquecer seus pressupostos históricos e sociais. Para uma abordagem que, embora dilua o conceito de indústria cultural como arte de massas, problematiza as considerações de Adorno e Marcuse a respeito da arte popular, cf. Bruce Baugh, "Left-wing elitism: Adorno on popular culture". *In:* Gerard Delanty (ed.), *Theodor W. Adorno, vol. 3 (Sage Masters of Modern Social Thought)*.1ª ed.London/Thosuand Oaks/New Delhi: Sage Publications, 2004, p. 225-37.

65 *DE*, p. 128; *DdA*, p. 162.

66 Adorno, "A indústria cultural" (1963). *In:* Gabriel Cohn (org.), *Theodor W. Adorno, op. cit.*, p. 93"Résumé über Kulturindustrie". *In: Kulturkritik und GesellschaftI, op.cit.*, p. 337, tradução modificada.

que encontra no cinema e no rádio sua expressão mais influente".[67]

O capítulo como um todo ressalta a ligação intrínseca entre a indústria cultural e a ideologia do capitalismo tardio, vínculo que permite ao existente afirmar-se de forma enfática e sistemática. Em especial, os autores sugeriram que a ideologia ganhou contornos que lhe deram transparência.

> "A indústria cultural tem a tendência de se transformar num conjunto de proposições protocolares e, por isso mesmo, no profeta irrefutável da ordem existente. [...] Para demonstrar a divindade do real, a indústria cultural limita-se a repeti-lo cinicamente. [...] A nova ideologia tem por objeto o mundo enquanto tal".[68]

O conceito de ideologia e suas modificações impostas pela realidade social seria um tema de especial importância para a teoria crítica. A relevância do assunto deve ser vista em continuidade com as modificações necessárias do arcabouço teórico marxista diante das transformações do capitalismo. Além disso, o capítulo sobre a indústria cultural também oferece o testemunho do nascimento da própria questão, pois a cultura industrializada adquiria contornos mais precisos justamente na época em que Adorno e Horkheimer se encontravam no exílio. A partir de alguns textos, é possível caracterizar melhor a questão na *Dialética do esclarecimento* e sua relação com a indústria cultural e verificar, sobretudo, como a relação entre os conceitos revela a coesão adquirida pelo sistema.

Enquanto no período liberal a ideologia podia ser vista simplesmente como falsa consciência socialmente necessária, a evolução histórica do capitalismo na primeira metade do século XX tornou esse cenário ao mesmo tempo mais complexo e mais simples. Se antes era possível acusar a ideologia de prestar serviços a interesses particulares, isto é, os interesses das classes dominantes, tal descrição já não seria adequada para um período em que a regulação da economia e a administração da vida social passaram a ser elementos estruturantes do capitalismo avançado. Nesse sentido, o conteúdo original do conceito deveria ser repensado frente à ideia de que a realidade do capitalismo havia sido bem-sucedida em suspender o aparecimento de suas contradições.

> Ideologia significa hoje: sociedade como aparência. Ela é mediada pela totalidade, atrás da qual se esconde a dominação do parcial, que não é, no entanto, redutível sem mais a um interesse parcial; por isso, de certo modo, está, em todas as suas partes, à mesma distância do centro.[69]

---

67 *DE*, p. 16; *DdA*, p. 22.

68 *DE*, p. 138; *DdA*, p. 174.

69 Adorno, "Crítica cultural e sociedade", *op. cit.*, p. 88; "Kulturkrtik und Gesellschaft", *op. cit.*, p. 25.

CAPITALISMO PERENE

A teoria crítica não poderia simplesmente recorrer a essa diferença para se opor aos fundamentos da sociedade. No entanto, a questão teria se tornado mais simples por conta de seu novo caráter imediato. Nesse sentido, a diferença entre a realidade efetiva e o que os indivíduos pensam não precisaria de uma justificativa, pois a própria realidade justificaria a si mesma. Contudo, isso não tornaria as tarefas teóricas e práticas mais fáceis, uma vez que Horkheimer e Adorno ressaltaram a maneira como os indivíduos se identificavam com a realidade social.Assim, a questão remete ao fato de que as relações entre indivíduo e sociedade passaram por uma alteração profunda, que tornou as potencialidades críticas do indivíduo formado no seio do liberalismo extremante duvidosas.

> A ideologia, a aparência socialmente necessária, é hoje a própria sociedade real, na medida em que o seu poder integral e o seu caráter inelutável, a sua existência em si preponderante, substitui o sentido por ela própria arrasado. [...] não há mais ideologias no sentido de falsa consciência, mas tão-somente propaganda a favor do mundo mediante sua duplicação e a mentira provocadora(que não pretende ser acreditada, mas que impõe o silêncio).[70]

Ainda que no período liberal os ideólogos tentassem reconciliar as contradições do capitalismo enfatizando suas aparências, a cisão entre explorados e exploradores se apresentava como algo objetivo.[71] Esse não seria mais o caso no presente histórico da *Dialética do* esclarecimento. A ideologia não precisaria necessariamente mascarar ou esconder as condições de existência da sociedade. Os indivíduos teriam aceitado tacitamente que o capitalismo constituiria o destino inelutável de suas vidas, contra o qual seria inútil resistir. Nesse sentido, embora a indústria cultural atinja o conjunto da sociedade, seu objeto principal são as classes dominadas, de maneira semelhante à descrição do fenômeno da reificação. "Os consumidores são os trabalhadores e os empregados, os lavradores e os pequenos burgueses. A produção capitalista os

---

70 *Ibidem*, p. 88 e 91, respectivamente; *ibidem*, p 26 e 29, respectivamente.

71 A respeito do assunto, Adorno se expressaria da seguinte maneira no texto "Teoria da semiformação" (1959): "Embora nada tenha mudado de substancial no tocante ao fundamento econômico das relações – o antagonismo entre o poder e a impotência econômica – nem quanto aos limites objetivamente fixados da formação cultural, a ideologia se transformou de uma maneira muito mais radical. A ideologia encobre amplamente a grande cisão, inclusive àqueles a quem cabe suportar a carga. Estes ficam emaranhados na rede do sistema durante os últimos cem anos. O termo sociológico para isso se chama integração". *In:* Bruno Pucci, Antônio A.S. Zuin e Luiz A. Calmon Nabuco Lastória (orgs.), *Teoria Crítica e Inconformismo: novas perspectivas de pesquisa.*1ª ed. Campinas: Autores Associados, 2010, p. 16. Para a edição alemã, cf. Adorno, "Theorie der Halbbildung", *in:Gesammelte Schriften*, vol. 8, *Soziologische Schriften I, op. cit.*, p. 100.

mantém tão bem presos em corpo e alma que eles sucumbem sem resistência ao que lhes é oferecido".[72]

Para Adorno e Horkheimer, os filmes seriam, assim como o rádio, um exemplo paradigmático dessa questão, pois toda sua produçãodeve levar os espectadores a se entregarem e se identificarem imediatamente com esta, já que ela buscaem sua grande maioria copiar com a maior perfeição possível os detalhes da realidade.

> O mundo inteiro é forçado a passar pelo filtro da indústria cultural. A velha experiência do espectador de cinema, que percebe a rua como um prolongamento do filme que acabou de ver, porque este pretende ele próprio reproduzir rigorosamente o mundo da percepção quotidiana, tornou-se a norma da produção. Quanto maior a perfeição com que suas técnicas duplicam os objetos empíricos, mais fácil se torna hoje obter a ilusão de que o mundo exterior é o prolongamento sem ruptura do mundo que se descobre no filme.[73]

O cinema se revelaria como uma verdadeira fábrica para o adestramento dos homens, uma vez que seu funcionamento impediria por sua própria constituição qualquer forma de fantasia, isto é, uma dimensão da percepção que não dependesse do quadro previamente construído da obra. Na verdade, todas as formas artísticas abarcadas pela indústria cultural tomariam por base esse formato de produção, marcado pela universalização da estilização e sua necessidade em conformar os consumidores a uma naturalidade.Mesmo que um autor possa infringir as regras de construção da indústria cultural, isso lhe é permitido porque se tratam de incorreções calculadas. Por sua vez, o espectador – o termo não é casual – não precisa prestar atenção a todo o momento, já que, se dominar minimamente o material em questão, saberá de antemão quais serão os desenvolvimentos da obra. Ao sair do espetáculo, ele deve apenas assistir ao processo de reprodução da sociedade, sem poder interferir nele, e tomar essa realidade como a única possível.

> Eis aí o ideal do natural neste ramo. Ele se impõe tanto mais imperiosamente quanto mais a técnica aperfeiçoada reduz a tensão entre a obra produzida e a vida quotidiana. O paradoxo da rotina travestida de natureza pode ser notado em todas as manifestações da indústria cultural, e em muitas ela é tangível.[74]

---

72 *DE*, p. 125; *DdA*, p. 158. Embora seus comentários de restrinjam à comparação feita por Adorno entre a nova forma da ideologia e o positivismo, Deborah Cook oferece apontamentos elucidativos acerca do problema da aceitação da realidade social pelos indivíduos. Cf. *Adorno, Habermas and the Search for a Rational Society*.1ª ed. Nova York: Routledge, 2004, p. 101-6.

73 *DE*, p. 118; *DdA*, pp. 150-1.

74 *DE*, p. 120; *DdA*, p. 153.

CAPITALISMO PERENE

É por isso que Adorno e Horkheimer afirmaram que a indústria cultural opera como um filtro entre a realidade social objetiva e os indivíduos. No lugar de uma experiência que pudesse apreender as relações sociais que constituem a sociedade e, portanto, seus antagonismos e fraturas, interpõe-se entre esses dois polos um prisma que harmoniza as tensões. Sem essa mediação, a vida dos indivíduos se tornaria insuportável. A indústria cultural conforma a vivência que os indivíduos têm da sociedade e torna-se, dessa forma, essencial para sua reprodução.[75]

Por esse motivo, outra característica da indústria cultural é a repetição, que marca a força da ideologia na sociedade contemporânea. Por trás do consumo de seus produtos,a intenção dos espectadores se revelaria como o desejo de servir a esse poder social, o qual é afirmado mais eficazmente dessa forma do que por meio das ideologiastradicionais. Seu poder advém justamente de sua identificação com a necessidade produzida pela sociedade, que por sua vez encontra sua fonte no ritmo incessante e repetitivo da produção mercantil mecanizada. Tal é a força dessa mecanização que os indivíduos não podem perceber nada além das cópias que reproduzem o processo de trabalho."A diversão favorece a resignação, que nela quer se esquecer".[76] Assim, Adorno e Horkheimer podem dizer que toda reificação é um esquecimento, fazendo com que a realidade assuma na ideologia o aspecto de um destino inelutável. Da mesma maneira que já se sabe o conteúdo das obras de antemão, os acontecimentos históricos e as ações dos indivíduos devem estar contidos no movimento da sociedade.Tudo e todos devem se adaptar à reprodução da realidade capitalista.

> As massas desmoralizadas por uma vida submetida à coerção do sistema, e cujo único sinal de civilização são comportamentos inculcados à força e deixando sempre transparecer a sua fúria e rebeldia latentes, devem ser compelidas à ordem pelo espetáculo de uma vida inexorável e da conduta exemplar das pessoas concernidas.[77]

---

75 De acordo com Wolfgang Leo Maar, Adorno daria continuidade às teses de Lukács a respeito da reificação. Enquanto em *História e Consciência de Classe* o conceito é expressão da reprodução simples do capital, em Adorno a reflexão estaria circunscrita pela reprodução ampliada. Assim, a própria experiência da reificação na sociedade contemporânea passaria a estar obstruída. "Como cerne da questão, Adorno destaca que a experiência da sociedade da fragmentação, da impotência real e da ausência de sentido é obstruída para nós. Ao mesmo tempo, apresenta-se a experiência da sociedade integrada, harmônica, socializada em torno ao bem-estar. [...] Em outras palavras, Adorno mostraria como o processo de acumulação necessariamente precisa ultrapassar o plano estrito da chamada 'economia', para abranger o que se poderia denominar de 'produção das condições sociais – no caso, culturais-materiais – de reprodução do capital'". Cf. "A produção da 'sociedade' pela indústria cultural". *Revista Olhar*, São Carlos, ano 2, n° 3, jun. 2000, p. 3 e 6, respectivamente.

76 *DE*, p. 133; *DdA*, p. 167.

77 *DE*, p. 143; *DdA*, p. 179-80.

No capitalismo tardio, todos devem se entregar à felicidade prometida pelas mercadorias culturais e ao poder social. Essa repetição não se faria apenas pela diversão. A indústria cultural trata também de inculcar nos indivíduos o sofrimento ao qual a realidade os impele. A reprodução das situações desespero nas quais os homens sempre terminam nessa sociedade serve para reforçar a promessa de que seria possível escapar delas e continuar a viver.

Porém, é preciso enfatizar que esse controle exercido pelas mercadorias da indústria cultural não seria apenas uma manipulação orquestrada ou a simples aceitação da ordem social pelos indivíduos. Se, de fato, essa é um elemento fundamental para a compreensão do problema, é preciso ter em conta também que sua existência é fundada na ordem social objetiva, caracterizada pelas relações de dominação e exploração. Sinais da coesão do sistema, a uniformização e a aceitação passiva pelos consumidores tem de ser explicadas a partir da dominação dos mais fortes sobre os mais fracos e de sua racionalidade técnica. Em continuidade com as discussões do Instituto de Frankfurt sobre o destino do capitalismo, Horkheimer e Adorno sustentam que a tendência social objetiva da época se encontrava nas intenções dos grandes conglomerados econômicos e seus diretores. Nesse sentido, os monopólios cujos produtos se destinam ao às mercadorias culturais estão subordinados aos setores mais tradicionais da indústria e da produção capitalista, como a indústria química e os bancos. Mas, diferentemente desses, a indústria cultural ainda seria capaz de manter a ilusão de que opera dentro da livre concorrência, o que por sua vez tornaria possível enxergar a compra de suas mercadorias como uma escolha de seus consumidores. "Atualmente em fase de desagregação na esfera da produção material, o mecanismo da oferta e da procura continua atuando na superestrutura como mecanismo de controle em favor dos dominantes".[78]

Da mesma forma que o problema da ideologia, as relações de poder personificadas nos dirigentes não precisariam mais ser encobertas,pois ele fica mais fortalecido "quanto mais brutalmente ele se confessa de público. O cinema e o rádio não precisam mais se apresentar como arte. A verdade de que não passam de um negócio, eles [os dirigentes – VP] a utilizam como uma ideologia destinada a legitimar o lixo que propositalmente produzem".[79] Diante da racionalização do aparato técnico da produção, que exclui uma parcela significativa da população do processo produtivo, a ideologia do capitalismo tardio trata de manter os indivíduos em seu lugar. Assim, a relação entre as classes dominadas e as dominantes aparece como a de uma concessão feita pelos industriais aos trabalhadores. Desde que cada indivíduo encontre seu lugar na hierarquia social e a não a questione, o planejamento social e a indústria cul-

---

78 DE, p. 125; DdA, p. 158.

79 DE, p. 114; DdA, p. 145.

CAPITALISMO PERENE

tural, em particular, poderiam garantir as necessidades de cada consumidor. Isso representaria uma utopia, não fosse o fato de que tais necessidades são dirigidas por fora e à revelia daqueles aos quais elas se destinam. "Na verdade, faz parte do planejamento irracional dessa sociedade reproduzir sofrivelmente tão-somente as vidas de seus fiéis. A escala do padrão de vida corresponde com bastante exatidão à ligação interna das classes e dos indivíduos com o sistema".[80] Seria possível afirmar, portanto, que a indústria cultural mostrou-se como um dos mecanismos privilegiados encontrados pela sociedade burguesa para que as tensões entre indivíduo e sociedade pudessem aparecer como suspensas. O mesmo se pode dizer do conflito entre as classes. No lugar de sua abolição, o que o capítulo de *Dialética do esclarecimento* em questão permite analisar é como esse conflito é visto pelos indivíduos sem que ele se torne um problema em si.

Mas, ao contrário do que pode parecer à primeira vista, os autores também procuraram observar a situação presente das relações de classe e como a indústria cultural se acomodava a elas, reforçando certas tendências dessas relações. Tal é o caso em um texto de Horkheimer intitulado "Sobre a sociologia das relações de classe", escrito em 1943 – alguns de seus trechos seriam transcritos depois no livro *Eclipse da razão*. Seu objetivo era examinar como as diferentes classes haviam se reestruturado perante a monopolização da economia e ao exercício totalitário do poder político, uma vez que o capitalismo voltara a fazer uso de formas diretas de opressão – as quais nunca teriam deixado de ser válidas. Assim, Horkheimer descreve o processo de adaptação das organizações de classe, especialmente dos trabalhadores, às estruturas sociais do capitalismo tardio, em continuidade com as teses apresentadas em "Estado autoritário". O contraponto com o capitalismo liberal mantém-se como um elemento central da análise, pois o texto analisa em que medida as relações entre os trabalhadores e as classes dominantes teriam se transformado substancialmente com o controle da esfera concorrencial. Por um lado, Horkheimer destaca que no século XIX a natureza das classes era obscurecida por alguns motivos. O principal seria a concorrência, que permitia o funcionamento pacífico do corpo social, já que as diferenças entre as classes pareciam estar superadas desde que cada um cuidasse de seus interesses – muito embora, ressalta Horkheimer, a concorrência tivesse implicações diferentes para burgueses e trabalhadores.

Por outro lado, com a ascensão dos movimentos fascistas, a classe trabalhadora passou a entrar na luta concorrencial de maneira a se adaptar à estrutura monopolística da sociedade. Dessa forma, sua relação com as classes capitalistas não se diferenciaria tanto das relações que estas estabelecem entre

---

80 *DE*, p. 140; *DdA*, p. 176.

si. Do conflito entre os indivíduos, a lógica concorrencial passaria a se caracterizar pelas disputas entre os grupos organizados das classes para que a fatia da extração da mais-valia pudesse ser maior. Se a reivindicação por melhores salários constituía para os trabalhadores um primeiro passo concreto para a revolução, isso teria se tornado obsoleto perante a evolução do capitalismo. A classe trabalhadorahavia se integrado à luta pela distribuição da mais-valia, ao menos em sua parcela organizada em partidos e sindicatos. "A luta de classes foi transformada em um sistema de negócios entre unidades monopolistas, um meio para a adaptação de classe, e em guerra".[81] Com essa transformação, os trabalhadores haviam se tornado objeto das próprias organizações operárias, ainda que pudessem tirar vantagens materiais disso. Os líderes operários controlariam a oferta de trabalho assim como os diretores de grandes empresas controlam a matéria-prima, as máquinas e outros elementos da produção. "O fato de que a organização do trabalho seja reconhecida como um negócio, como o de qualquer empresa que busque o lucro, completa o processo de reificação do homem".[82] Isso não deixaria de ter efeitos sobre a consciência dos trabalhadores, que passaria a ser moldada de acordo com as exigências dos líderes sindicais. A ideia de um conflito entre as massas de trabalhadores e a existência da injustiça social fora substituída por um conceito que se relaciona à estratégia necessária ao conflito entre grupos de poder. Os líderes das organizações operárias se assemelhariam às classes dominantes não tanto pelo tamanho de sua renda, mas no controle social que exercem por conta de seus rendimentos. Ambas viveriam da extração de mais-valia, e todas elas procurariam exercer uma função na sociedade para adquirir uma parcela maior de poder sobre os indivíduos. Nesse sentido, Horkheimer chama a atenção para o fato de que as modificações na estrutura da dominação social haviam mantido seu objetivo, a garantia de que o trabalho excedente continuasse a ser extraído.[83]

---

81 Horkheimer, "Zur Soziologie der Klassenverhältnisse" (1943). *In: Gesammelte Schriften*, vol. 12, *Nachgelassene Schriften 1931-1949*, op. cit., p. 85.

82 Ibidem, p. 88.

83 Para Iring Fetscher, as opiniões de Horkheimer a respeito das organizações operárias seriam um reflexo da estrutura sindical norte-americana nos anos 1930-40. O impacto do funcionamento corrupto do *Big Labour* sobre o autor teria sido tão grande que ele teria tomado esses sindicatos como modelo de todas as organizações sindicais no capitalismo, o que resultaria em uma idealização da história do proletariado antes da guerra. Em contrapartida, Kai Lindemann afirma que não apenas essa experiência, ou até mesmo a reação dos sindicatos alemães diante da tomada do poder pelos nazistas, mas também a aceitação da guerra pelos partidos operários em 1914 teriam sido elementos fundamentais para a análise de Horkheimer. Nesse sentido, assim como Adorno em "Reflexões sobre a teoria de classes", Horkheimer estaria interessado na maneira como os interesses de classe haviam se transformado no capitalismo monopolista e nas consequências disso para a organização dos trabalhadores. Cf. Iring Fetscher, "Die Am-

CAPITALISMO PERENE

Ao lado das tendências de integração social, seria fundamental a maneira como o modelo industrial que permeia a sociedade burguesa é reiterado pela indústria cultural. Ou ainda, a indústria cultural tenderia a reforçar os mecanismos de adaptação social que já se mostravam eficientes na contenção da revolta das classes dominadas. Embora os trabalhadores pudessem ser mais bem informados na época, em comparação com o capitalismo clássico, eles teriam aprendido com ela a necessidade de respeitar a injustiça social. Não obstante o funcionamento das organizações operárias tenha se aproximado do modelo das grandes corporações, absorvendo as potencialidades negativas da classe trabalhadora, isso não teria significado necessariamente que a desigualdade social tivesse diminuído. Ela teria recaído sobre outros grupos, para além dos trabalhadores sindicalizados. Nesse sentido, o princípio da desigualdade social e da dominação permanecera.

> A tendência do capitalismo em desapropriar um contingente cada vez maior de pessoas, assim como a estagnação e o empobrecimento, seria complementada pela indústria cultural. As medidas preventivas conscientes, que são tomadas por meio do rádio, da imprensa e dos filmes-reportagens [*Filmberichte*], constituem apenas o complemento visível às tendências inconscientes, que necessariamente resultam do desenvolvimento social e econômico. A perseguição de todo pensamento social independente, que não se reconhece em nenhum dos grupos que lutam por uma fatia maior do poder, e que também não é útil a nenhum dos interesses dominantes, é planejada e levada a cabo não apenas pela indústria cultural, mas tem lugar também dentro de cada membro individual da sociedade.[84]

Aliada à integração das organizações operárias, a indústria cultural se mostraria fundamental para a contenção do ódio das classes exploradas. Do contrário, a injustiça e a ausência de sentido da sociedade seriam percebidas de maneira clara.

---

bivalenz des liberalistischen 'Erbes' in der Sicht von Max Horkheimer. Eine Skizze zu seinem politischen Reflexionen im Exil". *In*: Alfred Schmidt e Norbert Altwicker (org.), *Max Horkheimer heute: Werk und Wirkung*. Frankfurt am Main: Fischer, 1986, p. 298-327; Kai Lindemann, "Das Racketbegriff als Gesellschaftskritik. Die Grundformen der Herrschaft bei Horkheimer". *Zeitschrift für Kritische Theorie*, caderno 11, 2000, p. 63-81. O próprio Horkheimer havia esboçado um aforismo para a *Dialética do Esclarecimento*, intitulado "História do operariado americano". Nesse aforismo, escrito em 1942, ele afirma que os trabalhadores americanos se encontravam diante de uma encruzilhada: ou defendiam privilégios dentro das fronteiras nacionais, ou organizavam-se como classe e lutar pela revolução mundial. No entanto, seus líderes haviam retirado a decisão de cada membro da classe. Cf. "Geschichte der amerikanischen Arbeiterschaft". *In: Gesammelte Schriften*, vol. 12, *Nachgelassene Schriften 1931-1949*, *op. cit.*, p. 260.

84 Horkheimer, "Zur Soziologie der Klassenverhältnisse", *op. cit.*, p. 90.

A lógica do antissemitismo: a conformação pela estereotipia e pela paranoia

Embora a apreensão detalhada das transformações na economia capitalista por parte dos teóricos do Instituto para Pesquisa Social tenha sido um enorme desafio, seus autores procuraram compreender a essência dessas transformações e sobretudo seus efeitos sobre os indivíduos. Mesmo que seu diagnóstico a respeito da passagem do liberalismo ao capitalismo monopolista ou de Estado possa sofrer severas críticas, ainda mais se pensarmos nas características únicas do período entreguerras e do nazismo, o reconhecimento das profundas implicações para a vida cotidiana de algumas estruturas sociais da época pode se se mostrar uma ferramenta valiosa para as análises da sociedade contemporânea. Assim, na medida em que a análise do presente histórico na *Dialética do esclarecimento* não se restringiu apenas ao exame do fascismo, mas procurou dar conta também das sociedades capitalistas avançadas e democráticas, seus autores ofereceram modelos de análise com potenciais explicativos que ultrapassam o período em que a obra foi escrita.

Ligado de maneira estreita ao exame da indústria cultural, a análise do antissemitismo abarcou características centrais que o capitalismo apresentou em sua evolução na primeira metade do século XX, e que contribuíram para que o sistema fosse visto de forma naturalizada. Se os dois últimos ensaios do livro podem ser vistos como uma descrição de época a respeito da ideologia, ou ainda, como as pessoas se submetem ao poder absoluto das coisas no capitalismo tardio – e cuja coesão deve passar pela indústria cultural –, no capítulo sobre o antissemitismo o objetivo era entender aquilo que à primeira vista aparece como inteiramente irracional, mas que deve ser explicado de acordo com seus fundamentos sociais, e que, portanto, possui racionalidade própria. Ao mesmo tempo, como o conjunto do livro atesta, a perseguição aos judeus deveria ser entendida dentro da dialética entre esclarecimento e barbárie. Somente essa duplicidade do capítulo permitiria aos autores investigar elementos até então pouco discutidos a respeito do assunto. E somente assim seria possível entender a racionalidade por trás do extermínio em massa de indivíduos, acontecimento que não poderia ser reduzido apenas à história do nazismo. Adorno e Horkheimer chegariam à conclusão de que o problema ultrapassava os limites geográficos e históricos da Alemanha, como as pesquisas a respeito do antissemitismo e sobre a personalidade autoritária feitas nos Estados Unidos mostrariam posteriormente.

Nesse sentido, a crítica dos autores no capítulo da *Dialética do esclarecimento* não tinha como objetivo apenas os acontecimentos na Alemanha, mas também continha elementos de forte contestação à maneira como a sociedade norte-americana se organizava, ou ainda, à estrutura social do capitalismo avançado. Se o antissemitismo deveria ser compreendido como a realização-

CAPITALISMO PERENE 193

-limite do esclarecimento, sua constituição enquanto questão social só poderia ser entendida se os autores acompanhassem o movimento da sociedade burguesa como um todo, desde o período liberal até o domínio nazista, passando pela sociedade capitalista mais avançada. Assim, embora o genocídio seja uma questão crucial para a compreensão do século XX, ele não pode ser entendido em si mesmo, mas apenas em relação a uma constelação de determinações sociais objetivas. Daí que Adorno e Horkheimer tivessem intitulado o capítulo como "Elementos do antissemitismo".[85]

De fato, quando comparamos os textos da teoria crítica nos anos 1930 com as formulações contidas na *Dialética do esclarecimento*, é possível notar uma clara ampliação do escopo da análise.[86] Talvez o texto mais emblemático das primeiras posições do Instituto de Pesquisa Social a respeito do assunto seja "Os judeus e a Europa". De acordo com este ensaio, o antissemitismo deveria ser explicado tendo em vista o nacional-socialismo, ou seja, não seria possível entendê-lo sem o recurso ao desenvolvimento histórico alemão. Para que a questão judaica fosse compreendida em todos os seus detalhes, seria necessário mostrar como a posição social do judeu estava intimamente associada à esfera da circulação, já que ele aparecia como um indivíduo desenraizado, comumente associado às figuras do comerciante e do banqueiro. Com as mudanças estruturais do capitalismo e o fim da livre-concorrência, a figura do judeu passaria a ser alvo do ódio social resultante dos efeitos da monopoliza-

---

85 Como tem sido a ênfase neste livro, não pretendo abarcar o antissemitismo em todas as suas determinações. O objetivo deste trecho é ressaltar alguns aspectos da análise de Horkheimer e Adorno a respeito do assunto que podem ajudar a compreender o problema da estabilização do capitalismo. Sendo assim, um exame detalhado do antissemitismo, que inclui as pesquisas feitas nos anos 1940 e que resultariam em trabalhos como *The Authoritarian Personality*, ultrapassaria as intenções específicas do presente trabalho.

86 Embora apresente alguns argumentos equivocados, Martin Jay oferece um panorama da questão do antissemitismo na teoria crítica entre os anos 1930 e 1940. Cf. "The Jews and the Frankfurt School: Critical Theory's Analysis of Anti-Semitism". *In:Permanent Exiles. Essays on the intellectual migration from Germany to America.*New York: Columbia University Press, 1985, p. 90-100.Entre os equívocos cometidos pelo autor está sua afirmação segundo a qual o exame do antissemitismo estaria essencialmente ligado à crescente integração da psicanálise no arcabouço teórico da teoria crítica, como se isso não tivesse sido central nos projetos do Instituto de Pesquisa Social desde o início. Além disso, o autor afirma que o marxismo de Horkheimer e seus colegas nos anos 1930 teria sido crucial para que o problema fosse negligenciado. Embora as posições da teoria crítica a respeito do antissemitismo tenham sido alteradas ao longo de sua evolução, isso não significou um puro e simples abandono das posições teóricas originais. Para uma exposição geral das discussões e pesquisas do Instituto de Frankfurt a respeito do antissemitismo à época da redação da *Dialética do Esclarecimento*, cf. Wiggershaus, *Die Frankfurter Schule, op. cit.*, p. 307-13 e 390-423.

ção da economia. "Os judeus são destituídos como representantes da esfera da circulação porque a estrutura econômica moderna invalida toda esta esfera em grande medida. Eles são as primeiras vítimas das ordens dos poderosos que tomaram o controle da função econômica suspendida".[87] Porém, diante não apenas das notícias que Horkheimer recebia no exílio a respeito do extermínio em massa, mas também das incertezas do debate acerca da caracterização do nazismo, a ideia de que o antissemitismo devesse ser entendido exclusivamente com base na estrutura econômica mostrava-se incompleta. Tal é a conclusão a que Horkheimer chega:

> Parece-me que os velhos instrumentos não são mais suficientes – nem mesmo aquele tratado "Sobre a questão judaica". Tanto quanto só é possível entender o antissemitismo a partir de nossa sociedade, mais me parece que a própria sociedade só pode ser entendida devidamente por meio do antissemitismo. [...] As razões para o próprio antissemitismo encontram-se provavelmente em um nível muito mais profundo e também historicamente do que se supõe. Eles não podem ser explicados somente pela economia.[88]

De maneira clara e em sintonia com as mudanças operadas na teoria crítica, vemos aqui como a necessidade de ancorar o desenvolvimento da sociedade burguesa na história da civilização ocidental, assim como a ampliação do escopo teórico, redefiniria a investigação que os autores tencionavam. A perseguição aos judeus não apenas iria mais longe do que a constituição da questão na Europa liberal do século XIX, uma vez que o problema não se limitava mais à adaptação dos judeus enquanto membros da sociedade burguesa. Seria preciso mostrar também como o problema estava ligado à própria constituição da categoria "sujeito". Somente assim seria possível entender como o antissemitismo não se restringiu à sociedade alemã ou mesmo à europeia, mas sobrevive até hoje de diferentes maneiras e vai além do preconceito e da perseguição dos judeus, uma vez que as condições sociais do fenômeno continuaram a existir a despeito da derrota militar do fascismo. Averiguar quais eram essas condições constitui a tarefa central do último ensaio de *Dialética do esclarecimento*.

Isso não significa, porém, que Horkheimer e Adorno tenham simplesmente abandonado uma análise das bases econômicas do fenômeno. Tanto na *Dialética do esclarecimento* quanto no projeto de pesquisa sobre o antissemitismo publicado na última edição da revista do Instituto os autores reafirmam a importância em se compreender o assunto por meio desse recurso. Dessa

---

87 Horkheimer, „Die Juden und Europa", *op. cit.*, p. 325.

88 *Idem*, esboço de carta a Harold Laski datado em março de 1941, *apud* Detlev Claussen, *Grenzen der Aufklärung: die gesellschaftliche Genese des modernen Antisemitismus*. 3ª ed. Frankfurt am Main: Fischer, 2005, p. XXIII.

CAPITALISMO PERENE

forma, eles sustentaram expressamente na obra publicada em 1947 que o antissemitismo moderno possuía um fundamento especificamente econômico, "o disfarce da dominação na produção".[89] Enquanto os judeus fossem vinculados a posições sociais pertencentes à esfera da circulação, o ódio dos trabalhadores perante a injustiça social encontraria uma válvula de escape, uma vez que a relação destes com os capitalistas na esfera da produção apareceria como uma troca justa. Somente no momento em que o dispêndio de seus salários se fizesse no comércio é que eles perceberiam a exploração, de maneira distorcida, associando-a aos judeus. "A responsabilidade do setor da circulação pela exploração é uma aparência socialmente necessária".[90] Desde 1941, a intenção dos autores era estudar o antissemitismo de maneira que seus fundamentos econômicos fossem combinados aos aspectos históricos e psicológicos do problema.

Assim, tratava-se compreender o fenômeno não como um simples reflexo da base econômica, como epifenômeno, o que constituiria um limite externo à análise. Se a perseguição e o extermínio dos judeus fosse apenas uma espécie de pretexto usado pelas classes dominantes alemãs para a conquista de seus objetivos, aquela caracterização teria sua razão. O próprio Horkheimer ainda comungava dessa opinião em seu ensaio a respeito dos judeus. "O ódio aos judeus pertence à ascensão do fascismo. Na Alemanha, o antissemitismo ainda é no máximo uma válvula de escape para as gerações mais novas da SA. Diante da população, ele é utilizado como agitação. Mostra-se que o sistema não recua frente a nada".[91]Contudo, esse não seria mais o caso para os autores na *Dialética do esclarecimento*, já que o antissemitismo iria além das realizações econômicas e políticas do terceiro *Reich*. Alguns aspectos do antissemitismo se apresentavam como uma revolta contra instituições capitalistas, entre eles o repúdio à financeirização da economia.[92] Havia uma lógica própria do fenômeno, e não levá-la em conta corresponderia a acreditar que as massas haviam sido simplesmente manipuladas e levadas ao ódio. De maneira inversa, ao investigar sua especificidade, a questão ilumina aspectos da sociedade burguesa que permaneceriam obscuros se o antissemitismo fosse apenas o reflexo das

---

89 *DE*, p. 162; *DdA*, p. 202.

90 *DE*, p. 163; *DdA*, p. 204.

91 Horkheimer, "Die Juden und Europa", *op cit.*, p. 328.

92 A respeito do assunto, cf. o texto de Moishe Postone, "Anti-semitism and National-Socialism: Notes on the German Reaction to 'Holocaust'". *New German Critique*, Winter, 1980, p. 97-115. Embora Postone tenha razão ao desvincular a questão do antissemitismo em relação a um pretexto econômico, o autor relaciona o problema às categorias mais abstratas e gerais do capitalismo, sem fazer as devidas mediações históricas. Dessa forma, sua análise se mostra pouco afeita à teoria desenvolvida por Adorno e Horkheimer.

condições econômicas. Sua simples denúncia como uma mentira ou um bode-expiatório seria superficial. "Na luta contra o antissemitismo não podemos nos contentar somente com seu desmascaramento enquanto mera ideologia, mas precisamos chegar às raízes daqueles elementos que são genuínos".[93] Ou seja, muito mais do que o discurso dos agitadores fascistas levava a acreditar, as bases para a perseguição e o extermínio já estavam anteriormente dadas e assentadas nos indivíduos que apoiavam aquelas prédicas. Somente assim seria possível a Adorno e Horkheimer afirmar que as condições para o antissemitismo e o preconceito permaneceriam enraizadas na sociedade mesmo após a vitória dos aliados na Segunda Guerra Mundial. Ao mesmo tempo, o exame da questão apontaria para uma passagem significativa na constituição da sociedade capitalista.

Para isso, o ponto de partida da análise do antissemitismo remetia à questão da relação entre os indivíduos e a sociedade, isto é, em que medida as transformações históricas observadas desde o fim do século XIX tornaram aqueles mais fragilizados e propensos a acatar a ordem social sem maiores resistências. A questão que intrigava Adorno e Horkheimer dizia respeito ao fato de que o "comportamento antissemita é desencadeado em situações em que os indivíduos ofuscados e privados de sua subjetividade se veem soltos enquanto sujeitos".[94] Daí porque os conceitos psicanalíticos, sobretudo os de Freud, sejam de fundamental importância no capítulo sobre o antissemitismo. Termos como "falsa projeção" e "paranoia" se mostrariam centrais para o exame das mudanças operadas no funcionamento da sociedade burguesa.[95]

---

93 Institut für Sozialforschung, "Research Project on Anti-Semitism". *Zeitschrift für Sozialforschung/Studies in Philosophy and Social Science*, volume 9, 1941, p. 125(Reprodução fotomecânica, München, Deutscher Taschenbuch, 1980).

94 *DE*, p. 160; *DdA*, p. 200. Dei preferência à tradução do termo alemão "*verblendete*" para "ofuscados" em vez de "obcecados", seguindo a indicação de Gabriel Cohn no texto "Esclarecimento e ofuscação. Adorno e Horkheimer hoje". *Lua Nova*, São Paulo, nº 43, 1998, p. 97. Ademais, esse texto serviu de inspiração para as reflexões contidas neste trecho do livro.

95 Mais tarde, em entrevista com Elias Canetti, Adorno afirmaria que a psicanálise seria um meio privilegiado para se compreender porque o "culto à produção" encontrou guarida nos indivíduos de diferentes sistemas políticos. "Que essa pergunta de fato não se coloque, me parece que vem a significar que aqui o aparato produtivo mobiliza enormes recursos libidinais aos quais pode recorrer para sua constante, e também muito problemática infusão entre as massas". Cf. "Diálogo sobre as massas, o medo e a morte. Uma conversa entre Elias Canetti e Theodor W. Adorno". *Novos Estudos*, São Paulo, nº 21, jul. 1988, p. 128. Seguindo as indicações da teoria crítica desde os anos 1930, Adorno afirma que o uso do arcabouço psicanalítico permitiria à teoria social perscrutar aspectos da sociedade enraizados nos indivíduos, e que de outro modo seriam inalcançáveis ao analista. A respeito da relação entre a teoria crítica e a psicanálise, cf. Sérgio Paulo Rouanet, *Teoria Crítica e Psicanálise*. Rio de Janeiro: Tempo Brasileiro, 1989, es-

CAPITALISMO PERENE

Por meio da análise do antissemitismo, Horkheimer e Adorno mostraram em que medida os indivíduos perderiam a qualidade de verdadeiros sujeitos, uma vez que sua característica central, a reflexão, ficaria subordinada aos ditames da ordem social. O antissemitismo moderno se caracterizaria pela pura redução da raça ao natural, à pura violência. Os judeus atraíram para si a vontade de destruição que a sociedade gera dentro de si mesma. De acordo com a razão do esclarecimento, o judeu seria visto aos olhos dos indivíduos formados na sociedade burguesa como aqueles que não se ajustaram a seu progresso. Eles provocariam repugnância, já que conteriam traços condenados pelo processo de dominação da natureza e dos homens: "os traços da felicidade sem poder, da remuneração sem trabalho, da pátria sem fronteira, da religião sem mito".[96] Ou ainda, o judeu aparece como aquela parte da natureza e dos homens que não se deixou dominar. Diante disso, os pseudo-sujeitos só poderiam reagir de maneira enrijecida. Uma das características centrais do indivíduo antissemita é a imitação incessante dos traços que ele acredita serem típicos do judeu. Somente por meio dessa imitação seria possível a esse indivíduo se autoconservar. "Essa mimese provoca a fúria porque, em face das novas relações de produção, ela põe à mostra o antigo medo que foi preciso esquecer para nelas poder sobreviver".[97] Segundo Adorno e Horkheimer, o antissemitismo mobiliza essa energia de forma psíquica, racionalizando a idiossincrasia que existe na imitação caricata dos supostos traços judeus. Permite-se aos indivíduos a entrega a suas pulsões reprimidas durante o processo civilizador porque elas servem a um fim claro, a destruição daquilo que é imitado. Nesse sentido, existe uma identificação entre o eu que teve seus impulsos recusados no processo de autoconservação e as instâncias sociais que provocaram essa recusa, identificação essa que se personaliza na figura do líder de massas. "O fascismo também é totalitário na medida em que se esforça por colocar diretamente a serviço da dominação a própria rebelião reprimida contra essa dominação".[98]

Nessa mobilização das energias psíquicas dos indivíduos dominados apresenta-se outro elemento fundamental do antissemitismo, a falsa projeção. Se a projeção em si foi um processo natural na evolução da espécie humana, sem o qual o homem não poderia distinguir-se do mundo natural – afinal, todo o objeto do conhecimento carrega consigo atributos daquele que procura conhecê--lo –, a falsa projeção tem esse caráter justamente porque ocorre de maneira a identificar imediatamente o indivíduo com a realidade que o cerca. Os proble-

---

pecialmente as páginas 122-49, nas quais o autor faz uma reconstrução dos conceitos freudianos mobilizados por Adorno e Horkheimer no capítulo sobre o antissemitismo.

96 *DE*, p. 185; *DdA*, p. 229.

97 *DE*, p. 170; *DdA*, p. 212.

98 *DE*, p. 172. *DdA*, p. 215.

mas da projeção não começariam propriamente na atribuição de qualidades do indivíduo ao mundo externo, uma vez que isso faria parte da tomada de consciência da diferença entre os dois âmbitos, mas no momento em que os sujeitos são incapazes de reconhecer a diferença entre os traços que eles projetam sobre o objeto e as características próprias a este. No sujeito antissemita, ocorre uma inversão que falsifica a projeção: suas pulsões reprimidas deixam de ser reconhecidas por ele e são transpostas para o mundo exterior, fazendo com que aquilo que lhe seria mais familiar se torne absolutamente estranho. "Os impulsos que o sujeito não admite como seus e que, no entanto, lhe pertencem são atribuídos ao objeto: a vítima em potencial".[99] Há aqui uma impossibilidade do pensamento negativo, que romperia com os dados imediatos da realidade e levaria o sujeito a perceber a falsidade na qual está inserido. O indivíduo antissemita se assemelha, pois, a um sujeito paranoico.

Se a experiência do indivíduo com a realidade exterior se fizesse de maneira normal, ele seria capaz de distinguir o que ele projetou nos objetos e reconhecer a diferença que existe entre os dois âmbitos. Porém, na medida em que a experiência dos indivíduos no capitalismo tardio é bloqueada em favor de comportamentos estereotipados e constituídos a sua revelia, eles são levados a acreditar que a realidade social obedece a um esquema alucinatório, isto é, ele atribui um sentido arbitrário à realidade, de acordo com os fins cegos do sujeito.

> O patológico no antissemitismo não é o comportamento projetivo enquanto tal, mas a ausência de reflexão que o caracteriza. Não conseguindo mais devolver ao objeto o que dele recebeu, o sujeito não se torna mais rico, porém mais pobre. Ele perde a reflexão nas duas direções: como não reflete mais o objeto, ele não reflete mais sobre si e perde assim a capacidade de diferenciar.[100]

Dessa forma, a falsa projeção implica que o sujeito perca a capacidade de reconhecer o objeto como tal. No caso do antissemita, o alvo de seu ódio deixa de ser reconhecido como um outro indivíduo, que passa a servir simplesmente à aniquilação, pois a diferença que ele representa escapa ao esquema pré-concebido da realidade. A partir disso é possível entender como a razão esclarecida se atualiza e se amplifica no comportamento antissemita. Destituído de sua capacidade reflexiva, o indivíduo atribui uma espécie de onipotência mágica a determinadas ideias pré-concebidas, rígidas e generalizadas.

A paranoia torna-se um modelo de comportamento individual a ser mobilizado dentro do conjunto da sociedade. De maneira semelhante aos mecanismos da indústria cultural, a realidade social deve aparecer a tal indivíduo como um círculo fechado e contra o qual ele não pode fazer nada a não ser

---

99 *DE*, p. 174; *DdA*, p. 217.

100 *DE*, p. 176; *DdA*, p. 219.

CAPITALISMO PERENE

entregar-se a seus movimentos. Essa explicação sistemática da realidade que exclui a participação ativa dos indivíduos em seu conhecimento os autores chamaram de "semiformação" (*Halbbildung*).[101] Como resultado das transformações sociais no seio do capitalismo, a capacidade de reflexão é atrofiada. Embora obrigatória, a interiorização dos imperativos sociais deixava ao indivíduo a possibilidade de que ele reconhecesse o conflito que isso representava. Com a aniquilação do indivíduo passa a existir uma identificação pronta e imediata com os valores estereotipados. Segundo os autores, esse processo foi resultado direto das transformações no seio do capitalismo, uma vez que o domínio dos grandes monopólios se fez eliminado os sujeitos econômicos independentes. No capitalismo tardio, os indivíduos são convertidos em objeto de administração e sua capacidade reflexiva torna-se atrofiada. Suas aspirações são transformadas em algo odioso e isso é utilizado para que sua dominação se mantenha.Se nos momentos iniciais do capitalismo o indivíduo ainda podia organizar sua relação com os outros e consigo mesmo por meio do conflito interno ao aparelho psíquico, na sociedade contemporânea tal faculdade é relegada às instâncias sociais, como a hierarquia, por exemplo. As relações entre os indivíduos aparecem mediadas por processos sociais objetivos e em decorrência disso a fonte dos conflitos e antagonismos sociais permanece oculta. Daí que a experiência direta do indivíduo com as relações sociais seja impedida, ao mesmo tempo em que tudo lhe parece interligado e sem saída. A paranoia se mostra como o sintoma de um indivíduo semiformado: "um membro normal da sociedade substitui sua paranoia pela participação na paranoia coletiva e se agarra apaixonadamente às formas objetivadas, coletivas e comprovadas, do delírio".[102]

Isso não significa que exista na *Dialética do esclarecimento* uma espécie de saudosismo em relação ao passado liberal do capitalismo. Adorno e Horkheimer sabiam muito bem que o processo de individuação servia à adaptação na sociedade e, portanto, à manutenção das posições sociais e de classe. Com as mudanças no seio da sociedade, era necessário mostrar em que medida essa adaptação também mudou seu caráter. Adaptar-se às condições de existência tornou-se mais racional do que a luta da razão individual contra os desígnios da sociedade em dominar seus membros. A própria ideia de individualidade é posta em cheque pelas condições sociais, relembrando a explicação fornecida no texto sobre a teoria de classes: "O progresso da sociedade industrial, que devia ter eliminado como que por encanto a lei da pauperização que ela própria produzira, acaba por destruir a ideia pela qual o todo se justificava: o homem

---

101 Decidi traduzir o termo alemão *Halbbildung* por "semiformação" em consonância com a tradução brasileira do texto já citado de Adorno, "Teoria da semiformação". Na edição brasileira da *Dialética do Esclarecimento*, o conceito é traduzido por "semicultura".

102 *DE*, p. 184; *DdA*, p. 227.

enquanto pessoa, enquanto portador da razão. A dialética do esclarecimento transforma-se objetivamente na loucura".[103]

O processo de semiformação hipostasia esse saber limitado como verdade absoluta e o transforma em justificação do curso tomado pela sociedade. Junto com a indústria cultural, os indivíduos limitam-se à apreensão do factual isolado. Qualquer esforço do pensamento em sair das malhas da reificação lhes aparece como um esforço inútil, já que a sociedade é capaz de oferecer um esquema de explicação pronto: "sob as condições do capitalismo tardio, a semiformação converteu-se no espírito objetivo. [...] Hoje em dia é tão fácil para uma consciência só devassar o absurdo da dominação que ela precisa da consciência doente para se manter viva".[104] Aqui se apresenta uma das teses mais características da teoria crítica: para que a dominação social seja efetivada, é preciso que os dominados internalizem a dominação. Assim, mecanismos como a indústria cultural e a semiformação imposta aos indivíduos são centrais para se entender porque aquele processo de internalização ocorre. Mas ainda haveria para Adorno e Horkheimer uma característica advinda do antissemitismo importante para a análise das sociedades contemporâneas, especialmente quando se tem em vista aquelas que não serviram de sistemas políticos diretamente autoritários.

Uma das ideias-chave do ensaio sobre o antissemitismo é a formulação da expressão "mentalidade do *ticket*". Ela diz respeito à especificidade do antissemitismo no século XX e nos permite pensar nas características únicas do capitalismo tardio e a maneira como o problema da dominação se apresentou com as transformações sociais do período. O uso do termo inglês *ticket* gira em torno de seu significado particular,uma vez que ele expressa o arco de ideias que um candidato ou partido representa em uma eleição, especialmente no contexto norte-americano. Além disso, ela permite uma crítica radical do funcionamento da política por meio do conceito de reificação, traduzido pelo termo "segunda natureza".

> Do mesmo modo que a máquina do partido de massas impõe aos eleitores, com as listas de candidatos, os nomes de pessoas de quem não tem o menor conhecimento e que só podem eleger em bloco, assim também os pontos ideológicos estão codificados em poucas listas. É preciso optar em bloco por uma delas, se não se quiser ter a impressão de que a opinião pessoal é inócua como os votos dispersos em comparação com as enormes cifras estatísticas.[105]

Nesse sentido, a "mentalidade do *ticket*" expressa a aceitação de padrões so-

---

103 *DE*, p. 190; *DdA*, p. 235.

104 *DE*, p. 184; *DdA*, p. 228, tradução modificada.

105 *DE*, p. 187; *DdA*, p. 231.

CAPITALISMO PERENE 201

ciais construídos sem a participação dos indivíduos, mas que para eles ocorre como um momento de escolha e, portanto, de liberdade. Em comparação com o antissemitismo burguês clássico, que se mostrava um tema aberto à escolha, o antissemitismo nazista e do *ticket* testemunharia a imposição do pensamento que não fosse estereotipado, mas que aparece aos indivíduos justamente como seu contrário."Quando as massas aceitam o *ticket* reacionário contendo o elemento antissemita, elas obedecem a mecanismos sociais nos quais as experiências de cada um com os judeus não têm a menor importância".[106] A estereotipia substitui o trabalho categorial, fato típico da produção em série de mercadorias. Isso faz com que haja antissemitismo sem que necessariamente existam judeus, isto é, a lógica do antissemitismo permaneceria na sociedade burguesa mesmo com o fim de seu maior representante. Daí que as raízes do problema devessem ser buscadas muito além da Alemanha nazista – não por acaso, as pesquisas do Instituto no período em que a *Dialética do esclarecimento* foi concebida tinham como uma de suas preocupações centrais o antissemitismo na sociedade norte-americana.

Como atestam alguns comentadores, Adorno e Horkheimer fazem alusão à filosofia kantiana para compreender as formas sociais objetivadas que se impõe aos indivíduos.[107] Para tal, os autores usam da expressão "esquemas sintéticos", tanto no ensaio sobre a indústria cultural quanto no texto a respeito do antissemitismo. Com este conceito, Horkheimer e Adorno pretenderam explicar a passividade dos indivíduos no capitalismo tardio, pois suas ações passavam a ser pautadas por algo semelhante a um "bloco ideológico". Esta ideia se explica na medida em que as relações sociais constituintes e constituídas pelos sujeitos não precisam mais passar pelo crivo da reflexão, mas tão somente pela simples escolha entre esses blocos, tal como alguém escolhe um carro numa loja, para usar a metáfora empregada pelos autores. Dessa forma, as aparências da sociedade burguesa adquirem maior opacidade, tornando seu entendimento

---

106 DE, p. 187; *DdA*, p. 231-2.

107 Cf. o capítulo II, "A formação da indústria cultural", do livro de Rodrigo Duarte, *Teoria Crítica da Indústria Cultural*. 1ª ed. Belo Horizonte: Editora UFMG, 2007, p. 39-75. Ver também os comentários de Wolfgang Leo Maar no prefácio ao livro *A indústria cultural hoje*, organizado por Fábio Ackelrud Durão, Antônio Zuin e Alexandre Fernandez Vaz. 1ª ed. São Paulo: Boitempo Editorial, 2008, p. 7-10. Segundo o autor, e isso vale não somente para a indústria cultural, mas também para a questão do antissemitismo e do *ticket thinking*, "mais do que mera disputa conceitual-vocabular, está em causa a famosa tese da sociedade administrada ou integrada – integração, aliás, que é voluntária, ou seja, passa pelo sujeito em sua sujeição. Não se trata de uma subjetividade prévia e posta, mas em processo, gerada ela própria como objeto no curso da reprodução da formação social: a massa", p. 7. Assim, gera-se uma pseudo-subjetividade, por meio da qual o sujeito se assimila e se integra voluntariamente, por meio da reprodução de um esquema de comportamento rígido e intolerante.

impenetrável, uma segunda natureza. Assim também se explicam os equívocos cometidos em torno do antissemitismo. Os autores não se deixam enganar pelas razões desse engodo, o próprio processo de produção social. Assim como a abstração do trabalho social operada em cada momento nos atos sociais do capitalismo, as diferenças se esfumam na mentalidade do *ticket* – daí porque os autores digam que não apenas o *ticket* antissemita é antissemita, mas sim todo o *ticket* em geral.

Nesse sentido, os indivíduos tornam-se incapazes de ter uma experiência ativa com as relações e instituições sociais, restando-lhes somente a obediência passiva aos conteúdos objetivados de tais padrões sociais.Esse fenômeno não apenas marcaria as ações sociais ligadas ao mercado, mas sobretudo as instituições que outrora garantiam certa autonomia aos sujeitos. A mais importante destas constitui-se pela política. Aos indivíduos só resta escolher entre totalidades, ou aos slogans dos diferentes partidos que lutam por uma fatia maior do poder – poder de dispor sobre o trabalho alheio, como já alertavam os autores. Porém, mantém-se a ilusão de que as escolhas feitas por eles são decisivas e poderiam alterar radicalmente o caráter da sociedade.

> Quanto mais louco o antagonismo, mais rígidos os blocos. É só quando a total identificação com essas potências monstruosas é impressa nas pessoas concernidas como uma segunda natureza e quando todos os poros da consciência são tapados, que as massas são levadas a esse estado de absoluta apatia que as torna capazes de realizações fantásticas. Quando se deixa uma aparência de decisão ao indivíduo, esta já se encontra essencialmente predeterminada.[108]

Certamente, Horkheimer e Adorno faziam referência à disputa entre o bloco norte-americano e o bloco soviético pelo controle do globo terrestre. Mas seu raciocínio pode ser perfeitamente transposto para o funcionamento normal da política democrática, ainda mais quando se pensa em uma divisão bipartidária. Concomitantemente às transformações na relação entre o indivíduo e a sociedade, assim como à possibilidade da experiência das relações sociais, o funcionamento da esfera política prescindiria das escolhas feitas pelos sujeitos. Tudo se passa de maneira semelhante ao automatismo da fábrica. Desde que mantidas as estruturas gerais do funcionamento da sociedade, a exclusão dos meios de produção e a reprodução da mais-valia, os indivíduos podem ter a ideia de que o destino da sociedade está em suas mãos. Isso contribuiria decisivamente não apenas para que os antagonismos sociais fossem obscurecidos, mas também para que as próprias classes dominantes desaparecessem por trás desse véu. "No nevoeiro das relações de propriedade, de posse, do direito de dispor e do gerenciamento, ela se furta com sucesso à determina-

---

108*DE*, p. 190-1; *DdA*, p. 235.

ção teórica. Na ideologia da raça e na realidade da classe só aparece ainda, por assim dizer, a diferença abstrata em face da maioria".[109]

Mais uma vez, Adorno e Horkheimer abordam as dificuldades de um possível processo emancipatório diante de tal quadro:

> A reificação, graças à qual, a estrutura de poder, possibilitada unicamente pela passividade das massas como uma realidade indestrutível, tornou-se tão densa que toda espontaneidade e, mesmo, a simples ideia da verdadeira situação tornou-se necessariamente uma utopia extravagante, um desvio sectário. A aparência ficou tão espessa que a possibilidade de devassá-la assumiu o caráter da alucinação.[110]

Se apenas é possível escolher entre os diferentes *tickets*, isso significa adaptar-se a uma aparência petrificada como uma realidade.

---

109 *DE*, p. 193; *DdA*, p. 238.

110 *DE*, p. 191; *DdA*, p. 235-6.

Seção

III

Capítulo 5

BEM-ESTAR E AFLUÊNCIA NO CAPITALISMO DO PÓS-GUERRA

Problemas introdutórios: caracterização do período e do debate

Após a segunda guerra, vários países da Europa e a sociedade americana viveram um período de abundância material e relativa pacificação dos conflitos sociais. Tais características chamaram a atenção dos mais diversos matizes intelectuais, na medida em que se vivia algo inédito na história do capitalismo. O impacto da barbárie e da destruição causadas pelo conflito mundial deixou uma impressão muito forte sobre boa parte das pessoas que sobreviveram ao conflito. Diante do cenário de devastação, o controle da pobreza passaria a ser um ponto fundamental das políticas de Estado e das relações entre as classes sociais. Pelo menos esse era o cenário e as intenções na Europa devastada pela guerra. Se pensarmos nos Estados Unidos, diferentemente, veremos que o país não sofreu danos materiais internos, o que possibilitou consolidar sua posição de potência no cenário geopolítico internacional.É possível afirmar com alguma certeza que o Plano Marshall, visando a reconstrução da Europa e sua ligação ao bloco de poder norte-americano, foi crucial para o reestabelecimento dessas sociedades, sem esquecer, evidentemente, que a ameaça representada pelos países soviéticos também constituiu um importante estímulo à reorganização do mundo capitalista. A respeito disso, cabe lembrar que a devastação do continente europeu serviu como mola propulsora da acumulação de capital em nível mundial, o que ajuda a explicar o período de crescimento quase ininterrupto até o colapso do sistema financeiro de Breton Woods, em 1971, e a crise do petróleo, iniciada em 1973.

No entanto, o impulso à acumulação de capital não foi o único fator importante para explicar esse período caracterizado como "glorioso". Ao mesmo tempo em que a reconstrução material da Europa serviu de suporte central para os investimentos de capital no período pós-guerra, acelerando a reprodução em escala global, o crescimento dos partidos operários, especialmente os de matriz socialdemocrata, teve um papel fundamental nesse processo de revitalização. Embora os partidos operários tivessem sido aceitos ao longo de um século como elementos da política parlamentar, eles eram considerados adversários da ordem social. Com sua incorporação à "luta eleitoral", tornou-

-se patente o quanto eles eram imprescindíveis ao processo de consolidação dos aparelhos político e estatais. Pode-se assistir no período pós-guerra ao crescimento dessas organizações enquanto partidos políticos majoritários, já que em diversos países do continente europeu os gabinetes e parlamentos foram chefiados em momentos distintos pela socialdemocracia.

Outro processo importante para a compreensão do período foi a crescente mecanização, não apenas no interior das fábricas e indústrias, mas também no seio da vida privada. Basta lembrarmos aqui da expansão de mercadorias ligadas à vida doméstica e que prometia libertar os indivíduos, sobretudo as mulheres, das penosas tarefas do lar e aumentar seu tempo livre. A força deste processo pode ser exemplificada pela criação da expressão "sociedade de consumo" e a preocupação crescente em entender esse fenômeno por toda uma gama de intelectuais.[1] Ao mesmo tempo, o processo de mecanização no interior da fábrica, aliado à reorganização das relações entre operários e a própria estrutura da produção, tornou possível o aumento da produtividade do trabalho.

Podemos dizer, portanto, que a construção do que se costumou chamar de Estado de bem-estar social, e até mesmo do *american way of life*, teve três pilares fundamentais: processo acelerado de acumulação do capital, importância crucial das organizações operárias para o funcionamento do sistema e crescimento da automatização da vida social como um todo. Embora Marcuse não tivesse se detido no movimento geral da acumulação capitalista, ele não deixou de assentar sua análise sobre esses fundamentos da "nova" sociedade capitalista e, sobretudo, analisar seus efeitos sobre os indivíduos.

Diferentemente dos outros capítulos, nos quais foi feito um exame das análises acerca das transformações do capitalismo e sua relevância para a questão da estabilização, a maioria dos autores com os quais Marcuse dialogou não era vinculada ao marxismo. As exceções, sem contarmos os debates no interior da teoria crítica, são o livro de Paul Baran e Paul Sweezy, *Capitalismo monopolista*, e as análises de Serge Mallet a respeito de possíveis mudanças estruturais da classe operária na França do pós-guerra e novas formas de luta política advindas dessas transformações.[2] Embora seja longa, talvez seja útil aqui transcre-

---

1   O exemplo mais famoso desse tipo de reflexão encontra-se na obra de Jean Baudrillard, *A Sociedade do Consumo*. Para uma breve análise desta obra, mas que destaca a maneira como Baudrillard entendia o funcionamento do capitalismo da época e a importância dos objetos de consumo para a vida cotidiana, cf. Douglas Kellner, *Jean Baudrillard. From Marxism to Post-Modernism and Beyond.*1ª ed. Stanford: Stanford University Press, 1989, p. 12-19.

2   De fato, o texto e Baran e Sweezy foi publicado no mesmo ano que *O Homem Unidimensional*, 1964.Além das relações próximas entre Baran e Marcuse, o recurso àquele trabalho se justifica, em minha opinião, porque seus autores procuraram dar conta do

CAPITALISMO PERENE 209

ver uma passagem do primeiro, que elucida bastante o ponto de partida de *O homem unidimensional.*

> Obras importantes da ciência social marxista foram raras nos últimos anos. Com demasiada frequência, os marxistas se satisfizeram em repetir formulações familiares, como se nada de novo tivesse acontecido desde os dias de Marx e Engels – ou de Lenin, pelo menos. Como resultado, os marxistas não puderam explicar evoluções importantes, ou por vezes nem mesmo reconhecer sua existência. A Grande Depressão da década de 1930 se harmonizava admiravelmente com a teoria marxista, e sua ocorrência fortaleceu de muito, é claro, a convicção de que colapsos econômicos igualmente catastróficos eram inevitáveis no futuro. Não obstante, para surpresa de muitos marxistas, duas décadas se passaram desde o fim da Segunda Guerra Mundial sem a repetição de uma depressão grave. Também não contribuíram os marxistas, de forma significativa, para nossa compreensão de algumas das principais características da "sociedade afluente" – particularmente sua capacidade de provocar desperdício público e privado, e as profundas consequências econômicas, políticas e culturais que decorrem dessa característica do sistema.[3]

Não soaria absurdo afirmar que Marcuse poderia ter escrito essas linhas. Os dois livros representaram um esforço em comum para compreender efetivamente as transformações do capitalismo, sem se ater a quaisquer pressupostos ortodoxos, que poderiam ser válidos décadas antes, mas que se mostravam insuficientes diante dos novos desafios impostos pelas mudanças na sociedade burguesa. Isso não descarta, evidentemente, possíveis equívocos a serem atribuídas às obras. De fato, veremos que, embora partindo de uma crítica comum ao marxismo da época, os livros chegarão a conclusões bastante diversas. Uma das primeiras diferenças diz respeito à própria caracterização do capitalismo da época.

Continuando sua crítica à estagnação do marxismo, Baran e Sweezy afirmaram que o marxismo da época teria sido incapaz de compreender a nova configuração do capitalismo por ter se aferrado a uma concepção que enfatizaria a concorrência. Como vimos no capítulo anterior, a discussão a respeito do capitalismo monopolista não constituía uma novidade para os intelectuais

---

desenvolvimento do capitalismo no pós-guerra, especialmente nos Estados Unidos, de maneira semelhante a Marcuse. Além disso, ambos compartilhavam as dificuldades da teoria marxista em fazer uma análise contundente do período.

3 Paul A. Baran e Paul M. Sweezy, *Capitalismo Monopolista. Ensaio sobre a ordem econômica e social americana.* Rio de Janeiro: Zahar Editores, 1966, p. 13. Tradução modificada de acordo com a edição americana, *Monopoly Capitalism. An essay on the american economic and social order.* Nova York/Londres: Modern Reader, 1966, p. 3.

ligados ao Instituto para Pesquisa Social, assim como a própria relevância do termo para a descrição precisa da sociedade da época.

O uso da expressão "capitalismo monopolista" nas obras de Marcuse não é unívoco. Por muitas vezes vemos como o autor se utiliza de outro termo, "capitalismo avançado", ou ainda, da expressão "sociedade industrial avançada".[4] Ainda que procurem descrever a fase do capitalismo posterior à era liberal, eles partem de pressupostos diferentes. Vimos que o conceito de "capitalismo monopolista" ganha força a partir da publicação dos textos de Lenin que procuravam diferenciar o capitalismo do início do século XX de sua forma liberal. A expressão "capitalismo avançado" foi utilizada desde Weber, em especial a partir de *A ética protestante e o espírito do capitalismo*,para denotar a crescente complexidade das estruturas burocráticas e sua imbricação com o funcionamento do capitalismo. Por sua vez, o termo "sociedade industrial avançada" remete aos debates acerca das novas características apresentadas pelo capitalismo, especialmente na Europa ocidental e nos Estados Unidos, e era utilizado por autores que pretendiam de alguma maneira revisar o conteúdo da teoria marxista diante de tais transformações.

Também é possível dizer que, mesmo tomando-se um conceito ou outro, seus significados podem se mostrar contrastantes – veja-se, como exemplo, o uso do conceito "capitalismo tardio" por autores tão diversos quanto Adorno e Ernest Mandel. Quanto a Marcuse, parece não haver uma distinção clara entre os termos, já que ele os usa de maneira indiscriminada. Pode-se dizer que eles seriam sinônimos em sua obra, não fosse por dois detalhes. Como sabemos, o uso do conceito de "capitalismo monopolista" no interior da teoria crítica remete ao debate da caracterização do nazismo. Já foi dito aqui, mas não custa

---

4   De fato, Marcuse se vale da expressão "capitalismo avançado" em *O Homem Unidimensional*. Seria pertinente levar a sério a seguinte conjectura: por que Marcuse faz uso da expressão "sociedade industrial avançada", quando o objetivo de sua análise é fazer uma crítica radical ao capitalismo avançado? Uma das possíveis respostas daria conta do fato de que Marcuse procurava compreender não apenas a Europa ocidental e os Estados Unidos, mas também os países do leste europeu. Com esse escopo ampliado, o emprego da expressão estaria justificado. O próprio Marcuse chega a dizer que a expansão do aparato tecnológico de produção não seria uma exclusividade dos países capitalistas mais ricos, já que seria central também nos países soviéticos. No entanto, como apontou Paul Mattick, por que afinal Marcuse não se utiliza do conceito de capitalismo, inclusive para descrever seus adversários políticos? Isso não levaria à perda da força crítica que Marcuse tanto e corretamente prezava? Cf. *Critique of Marcuse*. New York: The Merlin Press, 1972. Outra resposta, desta vez enunciada por Anthony Giddens, considera a possibilidade de uma aproximação irrefletida de Marcuse à bibliografia existente em sua época a respeito da expansão industrial. Entre os autores enumerados por Giddens estão Ralf Dahrendorf e Daniel Bell. Cf. "O guru improvável: relendo Marcuse". *In: Política, Sociologia e Teoria Social. Encontros com o pensamento social clássico e contemporâneo*. São Paulo: Fundação Editora da Unesp, 1998, p. 263-81.

CAPITALISMO PERENE   211

repeti-lo: no final dos anos 1930 e início dos 40, Marcuse era favorável às teses de Neumann, procurando mostrar em que medida os interesses dos monopólios e oligopólios industriais alemães se coadunavam com as práticas políticas do governo nazista, o que demonstraria a continuidade entre o sistema econômico e político alemão anterior à conquista do poder por Hitler e a ordem social instaurada em 1933.

Se em Marcuse parece não haver uma distinção clara entre os dois momentos, é justamente porque o autor procura preservar ambos os momentos em sua análise. Desta forma, ao empregar o conceito de "capitalismo monopolista", Marcuse faz referência à estrutura econômica geral do período analisado, sem deixar de observar aqueles elementos que permitiriam compreender por que a sociedade burguesa permanece o horizonte das relações sociais a despeito das possibilidades de se construir uma alternativa societária, mantendo características discutidas pela teoria crítica nas décadas de 1930 e 1940. Ou ainda, o uso da expressão "capitalismo avançado" diz respeito precisamente aos elementos distintivos da sociedade contemporânea que permitem uma estabilização das relações sociais capitalistas fundamentais, não obstante suas contradições e crises.

O sentido da expressão "capitalismo monopolista" usada por Baran e Sweezy é ligeiramente distinto. Com a publicação de sua obra, a intenção dos autores era mostrar em que medida a sociedade do pós-guerra era o resultado do desenvolvimento das tendências econômicas e políticas do início do século XX. Nesse sentido, a análise levada a cabo em *Capitalismo monopolista* não seria essencialmente diferentes daquelas empreendidas por autores como Lenin, Hilferding ou Luxemburgo, sem que as discussões do Instituto de Frankfurt fossem examinadas a fundo. No entanto, o caráter particular do trabalho se destaca porque seus autores procuraram entender os motivos que postergavam a crise no capitalismo. Alguns desses motivos seriam bastante similares àqueles que Marcuse destacaria no mesmo ano, senão na forma, pelo menos no conteúdo. Assim, Baran e Sweezy procuram compreender a maneira como o capitalismo era capaz de mobilizar alguns fatores capazes de frear a queda na taxa de lucro.

Por um lado, os autores chamam a atenção para o fato de que nos países capitalistas no pós-guerra, em especial nos Estados Unidos, haveria uma tendência ao crescimento do excedente econômico, ou, se quisermos, uma tendência à incapacidade em realizar a mais-valia acumulada.[5]

---

5   Embora não restem dúvidas de que Baran e Sweezy eram marxistas e mobilizavam as obras dessa tradição, muitas vezes fica claro na leitura do texto que os autores faziam uso de uma linguagem estranha ao vocabulário extraído da obra de Marx. A respeito disso, Laurence Harris afirma que embora os autores se baseassem na explicação marxista a respeito da concentração e da centralização do capital, eles se valeram "de um

Por mais que se procure, é impossível evitar a conclusão de que o capitalismo monopolista é um sistema autocontraditório, que tende a criar um excedente cada vez maior, embora não consiga proporcionar o consumo e o investimento exigidos para a absorção do excedente crescente e, portanto, para o funcionamento tranquilo do sistema. Como o excedente que não pode ser absorvido não será produzido, segue-se que o estado normal da economia capitalista é a estagnação.[6]

Entregue a si mesmo, o sistema capitalista seria incapaz de evitar a tendência à estagnação econômica, pois não encontraria mecanismos que dessem conta de absorver essa mais-valia excedente. Por outro lado, a história do século XX ofereceria inúmeros exemplos de soluções econômicas e políticas encontradas para fazer com que a tendência à estagnação fosse evitada. Entre as mais importantes estariam o que os autores chamaram de "política de vendas", centrada no uso maciço da publicidade, assim como nos crescentes gastos governamentais, resumidos pela expressão "administração civil", e por último, mas não menos decisivo, o recurso à guerra e ao militarismo. "Com a substituição da lei da queda tendencial da taxa de lucro pela lei do excedente crescente, e sendo os modos normais de utilização do excedente incapazes de absorver um excedente em crescimento, a questão de outros modos de utilização deste assumem importância crucial".[7] Os dois primeiros mecanismos enumerados anteriormente são de particular importância neste trabalho, pois ao longo de sua análise, Baran e Sweezy se aproximam de algumas noções empregadas por Marcuse.

De maneira resumida, é possível afirmar que a "campanha de vendas" diz respeito às despesas da circulação do capital. Embora o fenômeno já existisse no capitalismo clássico, apenas no capitalismo monopolista em sua fase mais

---

conhecido teorema da teoria econômica neoclássica para argumentar que seu efeito era um aumento dos lucros das empresas monopolistas. O conceito de capitalismo monopolista da escola neoclássica atribui aos lucros crescentes das empresas monopolistas o estatuto de uma lei que substituiu a lei da taxa crescente de lucro formulada por Marx. [...] Dessa tendência nascem alguns aspectos mais destacados do novo sistema, mas é importante notar que o conceito de 'excedente econômico' proposto por Baran e Sweezy é bastante diferente do conceito de mais-valia de Marx. O excedente econômico é calculado a partir dos preços do mercado e não segundo valores e, o que é mais significativo, baseia-se num juízo de valor relacionado com a natureza dos custos socialmente necessários. Para a sociedade, argumentam Baran e Sweezy, o excedente é o produto total menos os custos de produção, desde que estes sejam socialmente necessários". *In:* Tom Bottomore (ed.), *Dicionário do Pensamento Marxista*. Rio de Janeiro: Jorge Zahar Editor, 1988, p. 54-5, verbete "Capitalismo monopolista".

6   Baran e Sweezy, *Capitalismo Monopolista, op. cit*, p. 113;*Monopoly Capitalism, op. cit.*, p. 108.

7   *Ibidem*, p. 119; *ibidem*, p. 114.

CAPITALISMO PERENE 213

adiantada, ou seja, nos Estados Unidos, é que ele ganharia dimensão fundamental. Assiste-se, pois, no século XX a uma onda crescente do uso da publicidade no intuito de escoar a produção cada vez maior de mercadorias. Ela seria particularmente importante por conta do declínio da concorrência entre os capitalistas, o que dificultaria ainda mais as chances das empresas em investir o excedente econômico.

> Há um século, antes da onda da concentração e trustificação, que iniciou a fase monopolista do capitalismo, a publicidade tinha um papel muito pequeno no processo de distribuição de produtos e de influenciar a atitudes e hábitos dos consumidores. [...] a publicidade cresceu astronomicamente, sendo sua expansão e êxito promovidos continuamente pela crescente monopolização da economia e pela eficiência dos meios colocados a seu serviço – especialmente o rádio e agora, acima de tudo, a televisão.[8]

Diante disso, o expressivo aumento dos custos com a publicidade não constituiria uma irracionalidade das empresas, mas sim um setor indispensável para o funcionamento das empresas. Ela teria se transformado numa ferramenta fundamental para a maximização dos lucros. Seu impacto sore a estrutura econômica seria muito semelhante aos gastos governamentais por meio da arrecadação de impostos, já que faria tanto o consumo quanto a renda nacional aumentar.

Ao mesmo tempo, Baran e Sweezy são bastante enfáticos ao afirmar que sua difusão foi crucial na criação de necessidades nos consumidores, já que esse desenvolvimento constituiria a principal maneira em fazer com que os indivíduos colocassem sua renda em circulação. Nesse sentido, o alcance da publicidade não se fazia por uma intervenção no processo produtivo, mas apenas na esfera da comercialização. Isso não diminuiria de forma alguma seu papel central na manutenção do sistema. "O êxito indiscutível da publicidade, na realização desses objetivos, fortaleceu de muito seu papel como força compensadora da tendência que tem o capitalismo monopolista a estagnar e ao mesmo tempo marcou-o como o principal arquiteto do famoso 'modo de vida americano'".[9] Assim, os autores descrevem como a publicidade foi capaz de fazer com que as pessoas acreditassem que os novos produtos lançados no mercado eram uma necessidade imperativa. Contudo, eles viam com ressalvas a suposição comum à época de que nessa criação residiria uma capacidade da sociedade em satisfazer as necessidades espirituais e culturais de seus membros.

A publicidade seria apenas um dos aspectos do capitalismo monopolista

---

8 *Ibidem*, p. 122-3; *ibidem*, p. 118.

9 *Ibidem*, p. 132; *ibidem*, p. 128.

a fazer com que a demanda efetiva aumentasse. Para isso também contribuiu de forma decisiva o papel do Estado, na medida em que ele assumiria parte do excedente não absorvido pelo setor privado, não interferindo de maneira negativa nos lucros da produção industrial, ao contrário. "As despesas e a tributação governamental, que costumavam ser principalmente um mecanismo para a transferência de renda, tornaram-se em grande parte um mecanismo de criação de renda, colocando em produção capital e trabalho ociosos".[10] Dessa maneira, os autores constatam também que houve uma melhora significativa na vida das classes trabalhadoras em função dos gastos do governo, já que sua capacidade de negociação teria aumentado, assim como o desemprego diminuíra. Seria do interesse de todas as classes, portanto, que o Estado agisse no interesse de absorver a mais-valia não realizada.

No entanto, para os autores toda essa riqueza e conforto criados entrariam em flagrante contradição com os empreendimentos militares dos países capitalistas avançados. Além disso, a exploração da classe trabalhadora atingia níveis nunca antes vistos. A contradição seria ainda maior se se observasse o potencial técnico desenvolvido pelo capitalismo, do qual nem mesmo Marx suspeitara.

> A empresa gigante revelou-se um instrumento de eficiência sem precedente na promoção da ciência e tecnologia, e em sua colocação a serviço da produção de mercadorias. Nos Estados Unidos de hoje, já existem os meios de superar a pobreza, de proporcionar a todos as coisas necessárias à vida e ao conforto, de dar a todos uma educação realmente completa e tempo livre para que se desenvolvam plenamente as possibilidades de cada um – numa palavra, para fugir ao embrutecedor sistema de especialização e isolamento, do qual Marx falara.[11]

A despeito de todo esse potencial, os indivíduos estariam se especializando e se isolandocada vez mais, reduzindo suas capacidades. Embora a sociedade norte-americana fosse a mais rica de todas, a distância entre o que é o que poderia ser nunca teria sido tão grande. "Com efeito, a descoberta da importância decisiva é a de que o capitalismo monopolista, apesar de toda a produtividade e riqueza que criou, fracassou totalmente em fundar as bases de uma sociedade capaz de promover o desenvolvimento saudável e feliz de seus membros".[12]

Baran e Sweezy também estavam atentos às transformações na composição da classe trabalhadora americana, não apenas por conta dos efeitos da crescente mecanização das empresas e da vida social, mas também porque conseguiram captar o processo de integração dos operários nos países mais avançados.

---

10 *Ibidem*, p. 153-4; *ibidem*, p. 150.

11 *Ibidem*, p. 339; *ibidem*, p. 342.

12 *Ibidem*, p. 284; *ibidem*, p. 285.

CAPITALISMO PERENE

"Os trabalhadores industriais são uma minoria decrescente na classe operária americana, e seu núcleo organizado nas indústrias básicas foi, em grande parte, integrado no sistema vigente, como consumidores e como membros ideologicamente condicionados dessa sociedade".[13] No entanto, esse debate seria mais bem expresso pela discussão que parte da sociologia norte-americana e europeia fez no período pós-guerra. Esse debate se mostrou importante na medida em que procurava dar conta dos efeitos das transformações do capitalismo no seio das classes sociais.

Dois autores se destacam em meio a essa discussão, o sociólogo alemão Ralf Dahrendorf e o sociólogo norte-americano Daniel Bell. Comum a ambos os autores era não apenas o exame das transformações do capitalismo efetivadas depois da Segunda Guerra Mundial, mas também o reexame e até mesmo a rejeição explícita dos pressupostos teóricos da obra de Marx, sobretudo a respeito do papel das classes trabalhadoras na supressão das contradições da sociedade burguesa.

No livro *As classes e seus conflitos na sociedade industrial*, publicado em 1959, Dahrendorf procurou dar conta das transformações sociais ocorridas desde a publicação de *O Capital*. Segundo o autor, muitos dos pressupostos teóricos e das análises de Marx deveriam ser revistos à luz do desenvolvimento não apenas do capitalismo, mas também do conjunto das sociedades industriais – separação, esta, bastante comum na época em que o livro foi escrito. De maneira sintética, a expressão "sociedade industrial" pode ser referida a uma forma de organização social da qual o capitalismo constituiria apenas um caso. Nesse ponto, o sociólogo alemão interpreta à sua maneira a caracterização weberiana do capitalismo em geral e da especificidade do capitalismo moderno. Tanto as sociedades industriais quanto o capitalismo seriam marcados pela busca de lucros, pela ênfase no esforço individual e na igualdade.

> Como parece evidente que a produção industrial não é apenas um personagem efêmero da história, mas, provavelmente, permanecerá conosco para sempre, de uma forma ou de outra, segue-se que o conceito de sociedade industrial é extremamente amplo. Sempre que aplicado a sociedades particulares, requererá especificações. De modo geral, no entanto, mantemos a produção mecanizada de mercadorias em fábricas e empresas como característica distintiva das sociedades industriais.[14]

---

13 *Ibidem*, p. 359; *ibidem*, p. 363.

14 Ralf Dahrendorf, *As Classes e seus Conflitos na Sociedade Industrial* (1959). Brasília: Editora da Universidade de Brasília, 1982, p. 46. A respeito da trajetória de Dahrendorf, cf. Antonio Carlos Dias Junior, *O Liberalismo de Ralf Dahrendorf. Classes, conflito social e liberdade*. Florianópolis: Editora UFSC, 2012, especialmente o capítulo 3, "Conflito social e institucionalização dos conflitos na sociedade *post-capitalista*", p. 89-112.

Por sua vez, a principal característica do capitalismo, e que definiria sua essência, estaria radicada na propriedade privada dos meios de produção e na regulação do processo produtivo por meio do contrato privado, isto é, no controle privado dos meios de produção.

Para o autor, embora muitas vezes os termos possam se referir a uma mesma realidade, o que conferiria à expressão "sociedade industrial" um peso ideológico, não se pode perder de vista que se trata de duas realidades distintas. Ao usar esse conceito, Dahrendorf não tem, em princípio, a intenção de ocultar a realidade capitalista. Ao contrário, o conceito de capitalismo não seria suficiente para descrever as mudanças que as sociedades mais avançadas sofreram a partir do final do século XIX. Dessa forma, constitui-se o ensejo para discutir quais seriam as características dessa evolução histórica e em que medida a teoria marxista não daria mais conta delas.

O primeiro desses traços diz respeito às mudanças na forma de propriedade das empresas. Tendo sido observadas já na obra de Marx, a criação e a expansão das sociedades anônimas seriam um fator que desencadearia transformações nos conflitos entre os grupos e classe sociais, alvo maior do texto de Dahrendorf. "O capital – e, portanto, o capitalismo – dissolveu-se e deu lugar, na esfera econômica, a uma série de grupos que em parte concordam, em parte competem entre si e em parte são simplesmente diferentes".[15] Assim, a criação das empresas por ações tornou mais difícil a identificação de um capitalista que controlasse toda a fábrica e fosse alvo das reivindicações operárias. Em seu lugar surgiram as figuras do acionista e do gerente, que personificariam a cisão entre a propriedade do capital e o controle do processo de produção. O efeito principal dessa mudança estaria, portanto, na alteração das bases da legitimidade da autoridade da classe capitalista com relação aos trabalhadores.

No entanto, as transformações históricas do capitalismo não diriam respeito apenas aos capitalistas, mas também teriam efeitos decisivos sobre a composição da classe operária. Ao contrário da suposta expectativa de Marx, segundo a qual a mecanização da produção levaria a uma crescente homogeneização dos trabalhadores, que poderiam cumprir em princípio qualquer função dentro da fábrica, a introdução paulatina de inovações técnicas teria levado à cada vez maior especialização do trabalho. No lugar do operário-padrão, descrito como um "gorila amestrado" por F.W.Taylor,

> encontramos uma série de grupos de status e de especialização, cujos interesses divergem com frequência. As exigências dos especializados quanto à segurança podem prejudicar os semi-especializados; exigências salariais dos semi-especializados podem gerar objeções dos especializados; e, qualquer interesse por parte dos não-especializados

---

15 Dahrendorf, *As Classes e seus Conflitos na Sociedade Industrial*, *op. cit.*, p. 52.

CAPITALISMO PERENE

tende a deixar seus companheiros mais especializados preocupados com os diferenciais.[16]

Segundo Dahrendorf, as previsões de Marx acerca do futuro da classe trabalhadora seriam completamente equivocadas. No lugar da crescente pauperização conjunta dos operários, teria aparecido uma sutil, mas importante estratificação no seio da classe, que levaria à defesa de interesses diversos entre seus grupos.

Além disso, ganharia destaque o problema de uma "nova classe média", representada pelo aumento do número de empregados de escritório e de funcionários ligados à burocracia. Mais do que uma questão de nomenclatura, a consolidação desses assalariados colocaria em xeque uma teoria do conflito social baseada no antagonismo entre capitalistas e proletários, sem esquecer, evidentemente, que tais empregados possuem funções distintas na produção social. Enquanto os trabalhadores de escritório estariam mais próximos dos trabalhadores de fábrica no que diz respeito à situação de classe, os burocratas tenderiam a se aproximar de posições de comando. Porém, essa nova estratificação teria efetivado a cisão no seio das classes sociais básicas, o que o autor chama de "decomposição do trabalho e do capital".

> Ambas as classes tornaram-se, com esses desenvolvimentos, ainda mais complexas e heterogêneas do que já eram, de todo modo, por seu processo de decomposição. Assim como os operários da indústria, os trabalhadores de escritório não têm propriedade nem autoridade, mas eles revelam muitas características sociais bastante diferentes da antiga classe trabalhadora. Do mesmo modo, os burocratas diferem da antiga classe dirigente, apesar de compartilhar o exercício da autoridade. Mais ainda do que a atual decomposição do capital e do trabalho, estes fatos tornam altamente duvidosa a aplicabilidade do conceito atual de classe aos grupos de conflito das sociedades pós-capitalistas. [...] Se alguma vez existiram duas classes sociais grandes, homogêneas, polarizadas e identicamente situadas, hoje, certamente, elas deixaram de existir, de tal modo que uma teoria marxista sem modificações está destinada a fracassar na explicação da estrutura e dos conflitos das sociedades industriais avançadas. [17]

Além das modificações importantes na estrutura das classes, outro processo a contribuir decisivamente para as mudanças no capitalismo estaria baseado na importância crescente que movimentos em prol da mobilidade e da igualdade ganharam ao logo do século XX nos países capitalistas avançados. Assim, a mobilidade social teria se tornado uma característica central dessas

---

16 *Ibidem*, p. 56.

17 *Ibidem*, pp. 60-1.

sociedades. De acordo com Dahrendorf, devemos entender por mobilidade o fato de que as classes superiores seriam capazes de absorver elementos dos grupos sociais inferiores ao longo do processo de industrialização, principalmente por conta do desenvolvimento do sistema educacional. Dessa forma, "as sociedades modernas têm uma tendência persistente a institucionalizar a mobilidade entre as gerações tornando a posição social do indivíduo dependente de suas conquistas educacionais. Onde isto ocorre, nenhum estrato social, grupo ou classe pode permanecer completamente estável por mais de uma geração".[18] Mais importante do que isso, porém, é o fato que a homogeneidade das classes facilitava, de certa forma, a canalização do conflito social.

Por sua vez, a evolução do capitalismo teria levado a uma equiparação do nível de vida entre burgueses e proletários, o que indicaria uma dramática reversão das expectativas da teoria marxista a respeito da pauperização da classe trabalhadora. Com base nas teses de T.H. Marshall a respeito da evolução dos direitos e da cidadania, Dahrendorf procura expor as graduais conquistas dos trabalhadores europeus e norte-americanos ao longo de um século, desde a garantia de igualdade da lei para todas as classes, passando pelo reconhecimento das organizações e partidos operários, até a conquista dos chamados direitos sociais, nos quais se assentou a melhora do nível de vida. Entre esses direitos estão a previdência e a assistência social, universalização da educação, medidas contra o desemprego e o estabelecimento de um salário mínimo. Nesse sentido, "ao institucionalizar certos direitos de cidadão, as sociedades pós-capitalistas desenvolveram um tipo de estrutura social que exclui privilégios e privaçõestanto em suas formas 'absolutas' quanto em muitas outras formas mais suaves".[19]

Ao mesmo tempo, teria ocorrido nas sociedades industriais avançadas uma progressiva institucionalização do conflito entre as classes, marcada pelo crescimento de organizações de representação de interesses, que mostraria a capacidade do capitalismo em lidar com esse antagonismo. Significativo para essa mudança seria a gradativa aceitação de ambas as partes, trabalhadores e burgueses, da rotinização do conflito imposta por sua organização. Ou seja, a redução da violência inerente à luta de classes teria sido acompanhada pela aceitação por parte das classes das regras que passariam a arbitrar o conflito. Disso teria resultado que as lutas institucionalizadas seriam cada vez mais o alvo das organizações operárias, e não mais a derrubada do sistema. No lugar de um campo de batalha, a imagem mais apropriada para o conflito social nas sociedades pós-capitalistas seria a de um mercado, no qual as forças opostas entrariam em disputa de acordo com regras pré-estabelecidas, de maneira que não haveria nem vencedores nem perdedores, mas tão somente uma contínua

---

18 *Ibidem*, pp. 62-3.

19 *Ibidem*, p. 65.

CAPITALISMO PERENE 219

barganha. Não por acaso, essa crescente absorção dos partidos dos trabalhadores se deu paralelamente às mudanças no perfil das empresas e do Estado, que teriam aceitado a redução da intensidade dos conflitos.

> A institucionalização do conflito de classes implica a continuação de sua existência. Mas o conflito de classes institucionalizado dista da luta de classes inclemente e absoluta visualizada por Marx. É muito provável que a maioria das sociedades industriais contemporâneas tenha deixado de ser capitalista. Se isso é verdade, aconteceu não porque elas foram incapazes de enfrentar as contradições e conflitos gerados pela estrutura da sociedade capitalista, mas sim, com maior probabilidade, precisamente porque foram capazes de enfrentar esses conflitos.[20]

Diante do conjunto desses processos, Dahrendorf procura fundamentar a tese segundo a qual o conflito nas sociedades industriais modernas teria por base a desigualdade de poder e autoridade entre os grupos sociais. Conforme o autor, as sociedades pós-capitalistas não girariam mais ao redor das classes, o que não significa, porém, que as fontes de desigualdade tenham sido removidas e, assim, eliminado o antagonismo social. Ao contrário, embora as sociedades industriais tenham passado por transformações essenciais, as relações de dominação e subordinação persistiram. O mesmo tipo de autoridade marcaria ambas as formas sociais, a crença na autoridade racional, baseada na legalidade de normas institucionais e direitos de comando por parte daqueles investidos dessa autoridade. Os conflitos sociais no século XX deveriam ser entendidos, portanto, com base nessa asserção. O suposto fim da disputa entre capital e trabalho teria marcado de vez a superação da sociedade capitalista.

De maneira bastante similar, Daniel Bell também rejeitou o termo "capitalismo" para descrever o tipo de sociedade que havia se instaurado na metade do século XX. Ainda que seu trabalho mais conhecido receba o título de *O fim da ideologia*, publicado em 1960, o autor procurou fundamentar também como as sociedades europeia e norte-americana contemporâneas seriam distintas de suas predecessoras. Essas sociedades seriam muito diferentes da sociedade capitalista do século XIX na medida em que dependeriam essencialmente da ciência e da tecnologia.Nesse sentido, para Bell, os países mais avançados do capitalismo estariam passando a uma nova etapa histórica, denominada "sociedade pós-industrial".As razões para esse novo conceito estariam no fato de que profundas mudanças na estrutura dessas sociedades estavam sendo observadas, especialmente em relação a sua estrutura ocupacional e à influência decisiva exercida pela ciência e pela tecnologia. "Um dos aspectos centrais da sociedade pós-industrial, por exemplo, é a crescente burocratização da ciência e a cada vez maior especialização do trabalho intelectual em partes muito

---

20 *Ibidem*, p. 69.

definidas".[21] O desenvolvimento científico teria evoluído de tal maneira que os próprios processos industriais teriam se transformado substancialmente. Além disso, essa passagem teria como um de seus pilares o fato de que técnicos e cientistas estariam ganhando importância crescente nas decisões políticas. Ainda nessa mesma chave, a própria relação entre sociedade e política teria se modificado. Exemplo disso seria a crescente administração da economia.

> A união da ciência, da tecnologia e da economia nos últimos anos é simbolizada pela frase 'pesquisa e desenvolvimento' (P & D). Daí saíram as indústrias calcadas na Ciência (computadores, máquinas eletrônicas, indústrias óticas, polímeros) que vão dominando cada vez mais o setor manufatureiro da sociedade que indicam o rumo, nos ciclos de produtos, para as sociedades industriais avançadas.[22]

A crescente importância da ciência e da tecnologia nas tomadas de decisões econômicas e políticas também seria decisiva para se compreender o que o autor chamou de o "fim da ideologia". "Na realidade, essa tomada técnica de decisões pode ser encarada como diametralmente oposta à ideologia: uma é calculadora e instrumental, e a outra emocional e expressiva".[23] De maneira semelhante a Dahrendorf, Bell também observava nesses aspectos uma mudança essencial nas estruturas básicas do capitalismo contemporâneo.

> Estava e ainda está presente a sensação de que, em nossa sociedade ocidental, estamos no meio de uma vasta transformação histórica, na qual as antigas relações sociais (ligadas à propriedade), às estruturas de poder existentes (centralizadas em elites reduzidas), e a cultura burguesa (baseada em noções de satisfação restrita e retardada) se estão rapidamente desgastando. A origem dessa sublevação é de natureza científica e tecnológica. Mas é também cultural, desde que a cultura, segundo acredito, conquistou sua autonomia na sociedade ocidental.[24]

---

21 Daniel Bell, *O Advento da Sociedade Pós-Industrial: uma tentativa de previsão social* (1973). São Paulo: Cultrix, 1977, p. 26. Embora o livro tenha sido escrito publicado em 1973, quase dez anos depois de *O Homem Unidimensional*, desrespeitando o critério aqui adotado de levar em conta obras publicadas antes ou em conjunto com o livro de Marcuse, seu emprego pode ser justificado pelo fato de que nesse livro Bell cristaliza teses apontadas em seus trabalhos anteriores.

22 *Ibidem*, p. 40. Além disso, como afirma Sílvio César Camargo, a intenção de Bell ao se utilizar da expressão "sociedade pós-industrial" em contraposição a "capitalismo" diz respeito ao privilégio do autor em ressaltar que as mudanças que ocorriam estavam diretamente relacionadas ao que Marx chamaria de forças produtivas. Por sua vez, o termo "capitalismo" seria mais pertinente com os fenômenos relativos às relações de produção. Cf. *Trabalho Imaterial e Produção Cultural: a dialética do capitalismo tardio.* Tese (doutorado em sociologia) – IFCH-Unicamp, Campinas, 2009, p. 91.

23 Bell, *O Advento da Sociedade Pós-Industrial, op. cit.*, p. 49.

24 *Ibidem*, p. 54.

CAPITALISMO PERENE 221

O ponto de partida de Bell, como parece ser o tom geral do período, é o confronto com a obra de Marx diante das transformações do capitalismo, ou seja, tratar-se-ia de saber se o instrumental teórico marxista ainda seria profícuo perante uma realidade social diversa. Exemplo maior das dificuldades do marxismo em lidar com as mudanças do capitalismo em suas formas mais avançadas seria oferecido pelo conceito de ideologia, na medida em que não haveria espaço na concepção marxiana original ao reconhecimento do estatuto da ciência dentro do funcionamento do capitalismo, sobretudo a respeito das ciências naturais – "a questão da autonomia da ciência nunca foi resolvida satisfatoriamente pelo pensamento marxista".[25] De maneira semelhante, as mudanças na estrutura social, que teriam alterado radicalmente o perfil das classes e o próprio conflito entre elas, colocariam em dúvida a ideia de uma falsa consciência ligada aos interesses da dominação.

No entanto, uma leitura mais detalhada dos textos de Bell revela as limitações de sua interpretação do conceito de ideologia. Em vez de aprofundar o exame da obra marxiana e apontar seus possíveis limites diante da nova configuração histórica do capitalismo, como alguns autores procuraram fazer no período, Bell partiu da interpretação de Karl Mannheim a respeito da questão, especialmente por meio dos pares conceituais que tornaramfamoso o trabalho do sociólogo húngaro, ideologia e utopia, por um lado, e ideologia parcial e ideologia total, por outro. Uma vez que todas as classes apresentariam um conjunto de ideias específicas, mas limitadas pela própria posição social, elas não teriam acesso ao conhecimento do conjunto da sociedade. Tanto para Bell quanto para Mannheim, o problema posto pelo conceito de ideologia não diria respeito a uma falsa consciência socialmente necessária, mas tão somente à determinação e à limitação social das ideias. Somente os intelectuais que não estivessem diretamente ligados às classes poderiam transcender as perspectivas limitadas de cada grupo social e, assim, possuir uma visão mais ampla dos problemas sociais, para além da simples defesa dos interesses de classe. Assim, em uma sociedade em que o conhecimento, a ciência e a tecnologia seriam elementos fundamentais do processo produtivo, não restariam dúvidas quanto à invalidez do conceito original de ideologia.Mais do que isso, Bell sustenta sua tese com base na possiblidade cada vez maior da administração técnica dos conflitos sociais e das necessidades individuais. "Há hoje, portanto, no mundo ocidental, um certo consenso entre os intelectuais a respeito dos problemas políticos: a aceitação do Estado assistencial, a preferência pela descentralização do poder, e pelo sistema de economia mista e de pluralismo político. Neste sentido também pode-se dizer que a era da ideologia terminou".[26]

---

25 *Idem*, "O fim da ideologia no mundo ocidental", *In: O Fim da Ideologia* (1960). Brasília: Editora da Universidade de Brasília, 1980, p. 322.

26 *Ibidem*, p. 326.

Masa ideologia teria sido abandonadanão apenas em um plano geral. As próprias organizações operárias americanas, sobretudo os sindicatos, teriam perdido seu caráter ideológico, passando a negociar cada vez mais diretamente com os patrões, sem que isso implicasse um conflito aberto. Diante disso, pode-se dizer que uma espécie de "racionalidade" tomou conta dessas organizações. Em vez de se pautarem pela transformação social, seus objetivos se tornaram gradualmente mais "realistas", em torno à garantia de estabilidade no emprego e de melhores condições de vida. Ainda que Bell abandone a proposta de uma crítica das formas com que a ideologia passou a se apresentar com as mudanças no capitalismo no século XX, ele não deixa de descrever aspectos importantes dessas transformações. A seguinte citação é ilustrativa do percurso histórico da classe operária nos Estados Unidos:

> De 1940 a 1955, o movimento sindical perdeu sua tonalidade ideológica, concentrando-se no mercado de trabalho. Houve diversas razões para isso. Em primeiro lugar, o sentido de unidade nacional provocado pela guerra; em segundo lugar, a aceitação dos sindicatos pela grande indústria – devido à necessidade de manter uma produção contínua e à percepção de que as organizações sindicais não podiam ser destruídas diretamente; em terceiro lugar, o fato de que os novos sindicatos precisavam consolidar sua posição nas fábricas, mediante o exercício da função de barganha coletiva do trabalho. Finalmente, outra razão foi o ataque aos comunistas nos sindicatos, a partir de 1947, e a eliminação de sua influência. [...] É bem possível que o movimento sindical soçobre lentamente, assumindo a função de sócio menor da indústria [...].[27]

Nesse sentido, o conceito de ideologia não expressaria a ideia de uma câmara obscura, dentro da qual as relações sociais se inverteriam, mas um conjunto de normas que orientariam a prática política. Mas a ideia mesma de uma determinação social das ideias se apresentaria bastante problemática para o autor norte-americano. Assim, seria muito difícil haver uma correspondência unívoca entre um conjunto de ideias e os objetivos de uma classe – daí que a questão dos intelectuais e da possibilidade da administração técnica dos conflitos sociais fosse central para Bell. No fundo, o problema maior estaria no próprio conceito de classe. Embora ele tenha sido muito apropriado na descrição e análise da sociedade capitalistas do século XIX, seu valor heurístico teria se perdido com o advento de uma sociedade em que a tecnologia ganhou cada vez mais importância. Com isso, a propriedade privada teria perdido "gradualmente sua força como determinante do poder e até mesmo da riqueza efetiva. Em quase todas as sociedades modernas a capacitação técnica passou a ser mais importante do que a herança, como

---

27 *Idem*, "O capitalismo do proletariado: uma teoria do sindicalismo norte-americano". *In: O Fim da Ideologia, op. cit.*, p. 175 e180.

CAPITALISMO PERENE 223

determinante da ocupação, e o poder político tem mais importância do que o econômico".[28]

Embora Bell rejeitasse explicitamente a teoria marxista como ponto de partida para as análises do capitalismo do pós-guerra, já que seus conceitos não dariam conta dos profundos desdobramentos provocados pelas transformações na estrutura social das sociedades avançadas, o exame de seus textos, assim como os de Dahrendorf, permite compor um quadro das questões que seriam trabalhadas por Marcuse no início dos anos 1960. Entre os temas analisados pelo autor de *Razão e revolução*, o problema da ideologia e dos antagonismos sociais diante do desenvolvimento da ciência e da técnica, assim como sua crescente importância para a produção industrial, estaria no centro de suas preocupações. Porém, estas passariam longe de caracterizar as sociedades europeias e norte-americanas como "pós-capitalistas" ou até mesmo "pós-industriais", enquanto referências da perda da centralidade do conceito de ideologia, como atesta o subtítulo de *O homem unidimensional – Estudos sobre a ideologia da sociedade industrial avançada*.

As contradições da automação: um estudo de Pollock

Um dos trabalhos mais decisivos para a obra de Marcuse, mas pouco citado quando se tem em vista suas referências, é o livro de Pollock publicado pela primeira vez em 1956 e republicado oito anos depois, *Automação: materiais para a avaliação das consequências econômicas e sociais*.[29] Inserindo-se dentro das atividades do Instituto para Pesquisa Social em seu retorno a Frankfurt, o antigo economista do Instituto procurou dar conta dos efeitos da automação sobre a vida social nos países capitalistas avançados, especialmente a partir da análise de dados extraídos dos Estados Unidos, que, segundo o autor, seriam a sociedade em que esse processo alcançaria maior grau.Ao definir o termo "automação" como "um desenvolvimento técnico que [...] substitui a força de trabalho humana nas fábricas e escritórios por máquinas", o autor tem em vista não somente o aparato técnico envolvido na produção de mercadorias, mas também o recolhimento e a elaboração de informações, por meio da introdução de aparelhos eletrônicos, que se deu concomitantemente à expansão dos

---

28 *Idem*, "O fim da ideologia no mundo ocidental". *In: O Fim da Ideologia, op. cit.*, p. 322-3.

29 Dougals Kellner enfatiza a necessidade de se reavaliar essa obra pouco conhecida de Pollock diante da recepção positiva por parte de Marcuse, assim como sua importância para as teses desenvolvidas em *O Homem Unidimensional*. Cf. "Herbert Marcuse's reconstruction of Marxism". *In*: Robert Pippin, Andrew Feenberg, Charles Webel *et al., Marcuse. Critical Theory and the Promise of Utopia*. 1ª ed. Massachusetts: Bergin & Garvin Publishers, 1988, p. 169-88. De fato, a bibliografia a respeito do livro é inexistente. Nem mesmo a mais conhecida história da Escola de Frankfurt, aquela de Rolf Wiggershaus, se detém nesse trabalho de Pollock.

setores administrativo e burocrático das empresas.[30] Tais tendências teriam sido observadas havia apenas poucos anos antes da publicação do texto, pois sua difusão só se daria após 1945. Sendo assim, Pollock atribui a esse desenvolvimento uma nova fase do processo de produção, na sequência da industrialização característica do século XIX e da racionalização da produção do início do século XX – ao mesmo tempo em que abarca esses processos anteriores. No entanto, seu significado iria muito além do simples emprego de máquinas, seja em partes do processo produtivo, seja em seu conjunto. Sua utilização trouxe consigo efeitos importantes sobre o conjunto da vida social.

Embora a automação tenha como ponto de partida a substituição da força de trabalho por máquinas, o que vinha ocorrendo desde o século XIX, esse processo só teria atingido seu ápice no período pós-guerra. Mais do que o parcelamento das atividades produtivas e sua integração no conjunto do processo, tipificado pela introdução da linha de montagem, a automação teria correspondido a uma mudança no perfil dos operários, que cada vez mais estariam relegados a funções de inspeção e manutenção das máquinas. Ao mesmo tempo, cresceram as atividades ligadas à contabilidade e ao controle dos custos e das vendas.

> No processo conjunto da automação, o posto principal na produção caberá aos engenheiros, aos matemáticos e ao pessoal de pesquisa. Eles são responsáveis por projetar os métodos e a organização do conjunto do processo de trabalho, incorporar máquinas já existentes, construir novas máquinas e os aparelhos necessários a sua coordenação e comando automáticos, fazer com que o percurso do trabalho prossiga tecnicamente imperturbado e, em colaboração com os *managers*, integrar esse todo com as seções restantes da empresa.[31]

Com isso, os operários especializados, que tiveram sua importância reduzida já no processo de racionalização fabril no início do século XX, tenderiam a perder ainda mais sua centralidade na produção de mercadorias. A respeitada diferença entre os trabalhadores do início do século XX e os trabalhadores sob a extensa mecanização da produção, diz o autor:

> Nos grandes Estados industrializados, a figura do operário e do empregado da grande empresa se distingue daquela de seus predecessores do início do século pelo fato de que estes, em regra, ainda tinham uma relação estreita com seu trabalho, enquanto hoje a maior parte dos trabalhadores das grandes empresas, reduzidos como são a operações cada vez mais limitadas e que não deixa margem alguma à decisão

---

30 Friedrich Pollock, *Automation. Materialen zur Beurteilung der ökonomischen und sozialen Folgen*. Frankfurt am Main: Europäische Verlaganstalt, 1964, p. 13.

31 *Ibidem*, p. 17-8.

CAPITALISMO PERENE

individual, se defronta com o próprio trabalho com uma expressão de fastio e indiferença, e até mesmo de hostilidade.[32]

No entanto, Pollock critica a visão, comum à época, de que a automação criaria novos empregos e aumentaria o bem-estar dos trabalhadores, compensando a substituição do emprego de mão-de-obra por máquinas.[33] Ao contrário, ele procura mostrar quais seriam os reais objetivos desse processo.

> Um dos motivos principais da introdução da automação é confessadamente a sua maior produtividade, ou seja, uma poupança *líquida* de salários e vencimentos. Se os trabalhadores desempregados encontrassem novos postos de trabalhonos serviços ou na fabricação de aparelhos de controle, uma poupança líquida de despesas salariais (na mesma quantidade de produtos) não seria possível. Estes seriam simplesmente transferidos para outras atividades, que por sua vez constituem fatores de custo, de modo que se poderia falar de uma mudança nos métodos de produção, mas não de uma maior produtividade. Na medida em que esta última não significa outra coisa senão uma redução do dispêndio de trabalho para cada unidade do produto, não importa se este trabalho foi gasto na fabricação do produto ou na produção ou na supervisão da máquina utilizada para aquela fabricação.[34]

Embora os Estados Unidos tenham vivido uma redução drástica da taxa de desocupaçãona década de 1950, tal fenômeno não contradiria as hipóteses de Pollock. Para o autor, alguns fatores ajudam a explicar esse cenário atípico: a conjuntura econômica excepcional (fruto de isenções fiscais, expansão do crédito imobiliário e gastos governamentais), o ritmo lento da difusão da automação e a pressão de setores da sociedade norte-americana para reduzir seus efeitos, em especial os sindicatos. Por sua vez, e em contraposição à sociedade norte-americana, os países da Europa registravam um baixo índice de automação, o que explicaria a preocupação de seus governos e industriais com a baixa capacidade de suas empresas e a necessidade de importar mão-de-obra de países mais pobres.

Sendo assim, para que a tendência ao desemprego expressa pela automação

---

32 *Ibidem*, p. 295.

33 Pollock fala de "teorias da compensação". *Grosso modo*, elas partiriam da hipótese de um equilíbrio automático sobre o mercado de trabalho, intermediado pelos mecanismos de preços. Assim, na medida em que a mão-de-obra fosse reduzida e, com isso, o trabalho empregado, os custos finais seriam diminuídos e os preços seriam igualmente reduzidos. O resultado seria um aumento do poder aquisitivo da população em geral, que se manifestaria no aumento da demanda por mercadorias, gerando um círculo virtuoso, já que novos postos de trabalho seriam criados. Cf. *ibidem*, p. 213-4.

34 *Ibidem*, p. 202, grifo original.

fosse continuamente compensada, seria preciso que todo o processo econômico passasse pela intervenção planificadora – evidentemente, Pollock se refere à questão amplamente estudada por ele nos anos 1930 e 40. Ao mesmo tempo, o economista alemão reconhece as tendências estabilizadoras do período pós-guerra, sintetizadas pela larga utilização de políticas keynesianas.

> O 'equilíbrio dinâmico' entre a capacidade produtiva e a capacidade de absorção do mercado, necessário para a manutenção da ocupação plena, deve ser mantido por meio de um aumento dos salários em relação à produtividade crescente, da redução do tempo de trabalho, de um melhor treinamento, de uma requalificação efetuada no devido tempo, da subvenção estatal para as áreas desfavorecidas e de um grande sistema de seguridade social.[35]

Nesse sentido, Pollock procura ressaltar por meio da análise de uma série de estatísticas a tendência da indústria americana em demitir trabalhadores à medida que os processos produtivos foram automatizados. Essa tendência seria amenizada com a absorção de trabalhadores no setor civil, especialmente no setor público e em serviços. Embora os efeitos da automação não se fizessem sentir diretamente sobre os interesses de empresários e sindicatos na preservação das condições de prosperidade econômica, eles seriam promovidos sob o arco de sua difusão.

Por outro lado, em uma sociedade na qual os bens de consumo de luxo são uma parte importante da economia, como se verificava nos Estados Unidos, corria-se o risco de oscilações.

> Em uma economia orientada para um nível de vida relativamente alto, a manutenção e, com maior razão, a expansão da produção dos bens de consumo depende em larga medida do fato que os consumidores poupem relativamente pouco, recorram ao crédito e utilizem a maior parte de suas rendas para satisfazer necessidades que superam o respectivo mínimo vital.[36]

Disso é possível depreender que não se poderia basear a estabilidade econômica na demanda por bens de consumo, pois esta estaria ligada às oscilações da confiança dos consumidores. Além disso, para que os investimentos em automação pudessem ser rentáveis, eles deveriam ser feitos em larga escala. Tal qual Baran e Sweezy destacaram, uma das saídas da indústria de bens de consumo para essas dificuldades seria dada pela publicidade e pela obsolescência programada. Assim, haveria por parte dos industriais a forte convicção de que o ser humano seria atravessado por necessidades insaciáveis, o que jus-

---

35 *Ibidem*, p. 221.

36 *Ibidem*, p. 240.

CAPITALISMO PERENE

tificaria o investimento de "novos meios em vista da produção de mercadorias e serviços do consumo de massa e, sobretudo, do consumo de bens supérfluos de massa", assim como serviria de estímulo à produção automatizada.[37]

Diante desse cenário, a tese principal de Pollock, tal como o subtítulo de sua obra indica, se refere aos efeitos sociais da automação sobre o conjunto da vida social. Ainda que o processo de mecanização trouxesse consigo algumas melhorias no nível de vida, como a redução da jornada de trabalho, seu risco maior não estaria de modo algum descartado: reforçar as tendências totalitárias inerentes à sociedade capitalista. Essa preocupação, aliás, é própria dos autores da "primeira geração" da Escola de Frankfurt, que reforçavam a hipótese, colocada nos anos 1940, de que capitalismo e barbárie são termos indissociáveis – como não lembrar da famosa frase de Horkheimer expressa no final dos anos 1930 a respeito da conexão íntima entre fascismo e capitalismo, "quem não quiser falar do capitalismo, deveria também se calar a respeito do fascismo"?[38] Mesmo que o regime nazista tivesse sido derrotado, características centrais da estrutura social e da personalidade fascista permaneceriam essenciais nas sociedades capitalistas do pós-guerra. Por outro lado, os comentários de Pollock também puderam sustentar as teses de Marcuse a respeito dos potenciais libertadores contidos no desenvolvimento da tecnologia. A "nova revolução industrial" indicaria, "pela primeira vez na história humana, uma via para a abolição da pobreza e do trabalho que oprime e atrofia o homem, e isso não apenas para os países mais desenvolvidos, mas em um futuro não tão cinzento para toda a terra".[39] Dessa forma, o autor afirma que, embora tal perspectiva pudesse parecer um tanto utópica diante da miséria real vivida por grande parte dos homens, ela seria plenamente realizável se se fizesse um uso racional das possiblidades dadas.

Ao procurar entender essa contradição entre as tendências autoritárias presentes nas democracias ocidentais e o potencial emancipador contido na utilização racional da técnica, Pollock parte de um paralelo entre o processo de racionalização da produção no início do século XX e aquele da automação na segunda metade.[40] Chama sua atenção o fato de que muitas das consequências de um sejam semelhantes às do outro, em especial a transformação de uma parte da população em uma espécie de *surplus population*, isto é, indivíduos que podem ser facilmente trocados em suas atividades laborais e, ao mes-

---

37 *Ibidem*, p. 241.

38 Horkheimer, "Die Juden und Europa", *op. cit.*, p. 308.

39 Pollock, *Automation, op. cit.*, p. 247.

40 Seria possível também dizer, como fez Marcuse em seu trabalho mais conhecido, que se trata de uma tendência objetiva, imposta pelo próprio funcionamento da sociedade capitalista.

mo tempo, constantemente ameaçados pelo desemprego.Pode-se dizer que Pollock apresenta aqui o outro lado da questão apresentada pelos entusiastas de uma sociedade baseada no conhecimento e na ciência. Segundo o autor, a categoria dos trabalhadores especializados constituiria cada vez mais uma parcela reduzida da população ativa, enquanto os indivíduos com pouca ou sem especialização fariam aumentar o número da população supérflua. Não é preciso avançar muito o argumento para reconhecer os traços dos conceitos de "exército industrial de reserva" e de "superpopulação relativa". Outra tendência iniciada no começo do século XX e aprofundada pela automação diria respeito à separação entre um estrato relativamente exíguo de gerentes, administradores, engenheiros e operários altamente qualificados e uma massa de simples trabalhadores, embora ela fosse contrabalançada pela difusão da indústria cultural e pelo aumento generalizado do bem-estar.

Dessa forma, o autor sugere a imagem de uma sociedade semelhante à hierarquia militar autoritária, na qual o estrato superior e relativamente restrito toma as decisões técnicas e econômicas. Além disso, tendo em vista o grau de calculabilidade alcançado, não seria demasiado reafirmar o caráter altamente manipulador de tal grupo dirigente. Em contrapartida à visão positiva que autores como Bell possuíam a respeito do papel crescente da administração técnica dos problemas sociais, Pollock indica a permanência do problema de uma falsa consciência com vistas à dominação. "Subsiste o perigo que esse considere com grande desprezo a massa incapaz de juízo, facilmente influenciável com os meios da técnica propagandística moderna e domesticada pela participação no consumo de uma infinidade de mercadorias sempre crescente".[41] O temor diante da possibilidade de uma sociedade totalitária estaria justificado na medida em que aquela massa crescente de trabalhadores sem qualificação e de desempregados não poderia ser sustentada, segundo o autor, por uma sociedade regida apenas pelo mercado. Encontramos aqui mais uma vez ecos das preocupações do economista do Instituto dos anos 1930 e 40. Com isso, Pollock remete o leitor, de maneira implícita, às insuficiências de uma sociedade baseada apenas nos princípios liberais e às diferentes alternativas abertas por seus limites.[42]

Não por acaso, as análises de Pollock a respeito da passagem entre o capitalismo liberal e o capitalismo de Estado continuariam a ser importantes na compreensão da evolução das sociedades burguesas avançadas no pós-guerra. As mudanças na composição das classes, especialmente nas classes trabalha-

---

41 *Ibidem*, p. 310.

42 Cabe perguntar-se, no entanto, em que medida o autor não o teria excluído de antemão a formação dos diferentes *welfare states*, muito embora eles se mostrassem como uma "exceção histórica", fundada sob condições materiais bastante específicas.

CAPITALISMO PERENE

doras, e a imbricação entre o desenvolvimento técnico-científico e a produção de mercadorias fariam parte de um reordenamento mais amplo das relações entre economia e política, ou ainda, entre sociedade e Estado, na esteira das transformações analisadas desde o início do século XX. Um autor em especial daria continuidade às teses do primado da política no capitalismo e da passagem a um novo ordenamento social, que colocaria em xeque o próprio caráter mercantil da sociedade burguesa: Jürgen Habermas. Seus trabalhos do início da década de 1960 constituem uma das fontes importantes para a discussão feita por Marcuse.

Uma tentativa de síntese: a obra de Habermas no início dos anos 1960

A obra de Habermas, cujo ápice é atingido com sua *Teoria do agir comunicativo*, começa a deslindar seus pressupostos em meados da década de 1960, quando o autor passa a ganhar destaque nas discussões sociológicas e filosóficas da Alemanha Ocidental. De forma resumida, é possível dizer que suas preocupações giravam em torno do que ele mesmo chamou de uma "reconstrução do materialismo histórico", em função das transformações do capitalismo a partir do final de século XIX e da necessidade da teoria crítica em revisar seus fundamentos diante das mudanças históricas. No centro dessa mudança estaria o reexame de muitos conceitos marxistas e sua reelaboração à luz de teorias sociais consideradas até então à margem da tradição frankfurtiana. Entre suas obras do período, talvez a que mais se destaque seja *Mudança estrutural da esfera pública*, publicada originalmente em 1961 e resultado de sua tese de livre-docência defendida em Marburg. Igualmente importante em seu percurso intelectual, os textos contidos no livro *Teoria e práxis*, publicado pela primeira vez em 1963, servem de complemento aos temas trabalhados na obra a respeito da esfera pública.

Como já foi bem ressaltado, o trabalho sobre a esfera pública constitui uma confluência de discussões anteriores, entre elas, as que foram feitas em *História e consciência de classe* e *Dialética do esclarecimento*.[43] Além disso, o livro

---

43 Peter Uwe Hohendahl chega a dizer que o livro de Habermas representa um elo perdido na caracterização da indústria cultural feita no livro de Adorno e Horkheimer, pois neste trabalho a discussão da cultura perderia força devido à ausência de uma análise determinada do capitalismo organizado. Habermas teria, assim, inaugurado uma discussão em meio à nova geração da teoria crítica. "O desenvolvimento da história humana, culminando no capitalismo monopolista e seu pré-requisito, a indústria cultural, é explicada enquanto uma dialética descontrolada da *ratio*, isto é, menos por meio de uma teoria social do que pelos princípios de uma história intelectual ou ideológica. [...] Habermas, por outro lado, trabalha por uma explicação sócio-histórica que procede a partir da constelação histórica do início do século XIX". "Critical Theory, Public Sphere, Culture. Jürgen Habermas and his critics".*New German Critique*, nº 16, Winter,

também sustenta um debate com a obra de Marcuse, publicada poucos anos depois. Muito embora seja possível perceber no livro alguns elementos centrais das obras posteriores do autor, pode-se afirmar também que *Mudança estrutural da esfera pública* constitui por si mesmo um trabalho autônomo, tendo em vista sua recepção e reelaboração por outros intelectuais.[44] Sendo assim, ele se mostra bastante útil na construção de uma síntese dos debates a respeito das transformações capitalistas do pós-guerra, na medida em que procura dar conta da crescente contradição entre o desenvolvimento do capitalismo tardio e a necessidade de estruturas sociais mais democráticas por meio da pressão das classes trabalhadoras.[45]O trabalho de Habermas procura descrever a mudança paulatina operada na esfera pública desde as reflexões iniciadas por Kant até o advento do que o autor chama de "Estado da socialdemocracia". De forma resumida, o conceito de esfera pública burguesa procurou dar conta de um espaço de discussão, inicialmente literária e na sequência política, localizado nos interstícios do Estado e da sociedade civil: "A esfera pública política provém da literária; ela intermedeia, através da opinião pública, o Estado e as necessidades da sociedade".[46]

Com origens na formação de um público consumidor de cultura, consoli-

---

1979, p. 90.

44   Como diz Wolfgang Leo Maar, o livro "é dotado de uma existência 'em si', independente do percurso restante da elaboração de seu autor. Contudo, para além disso, ele é autônomo num segundo sentido provavelmente ainda mais relevante. Nele se encontram posições e condicionantes ausentes da produção habermasiana e que assim consolidam como que uma contribuição por assim dizer 'definitiva' no âmbito de uma orientação intelectual e cultural voltada à práxis, correspondente a uma demanda social existente em determinada época que ajuda a equacionar teoricamente. O projeto objetivado no livro adquire autonomia e vida própria em relação a seu próprio autor; constitui um prisma socialmente selecionado para uma questão que, em determinada situação histórica, 'pede', por assim dizer, sua apreensão adequada". Com relação ao livro de Marcuse publicado em 1964, "esta última obra pode até ser mesmo considerada uma sequência bem-sucedida no projeto enfeixado por Habermas relativo à esfera pública. Uma continuidade tendo em vista o aprofundamento da produção social das formas de socialização em seus dividendos, tanto no plano do espírito subjetivo, quanto do espírito objetivo". *In:* "Esfera pública como conceito dialético: ilusão e realidade". *Problemata. Revista Internacional de Filosofia*. João Pessoa, vol 3, nº 2, 2012, p. 203 e 204, respectivamente.

45   Cf. o texto de Moishe Postone a respeito do conceito de esfera pública, "Politcal theory and historical analysis". *In:* Craig Callhoun (ed.), *Habermas and the Public Sphere*. Massachussetts: The MIT Press, 1992, p. 164-77.

46   Jürgen Habermas, *Mudança Estrutural da Esfera Pública.Investigações quanto a uma categoria da sociedade burguesa*.Rio de Janeiro: Tempo Brasileiro, 1984, p. 46; *Strukturwandel der Öffentlichkeit. Untersuchung zu einer Kategorie der bürgerlichen Gesellschaft*.17ª ed. Frankfurt am Main: Suhrkamp, 1990, p. 90.

da-se uma instância social cuja autoridade é dada por seus próprios membros, e a crítica, tanto da cultura quanto da sociedade, seria feita por um corpo de cidadãos reunidos de maneira irrestrita, isto é, "com a garantia de liberdade de assembleia e associação e a liberdade de expressar e publicar suas opiniões".[47] Por meio da própria estrutura da troca mercantil, que garantiria a igualdade entre seus participantes, os cidadãos burgueses passaram a solidificar uma instituição na qual pudessem garantir e ampliar sua liberdade por meio do diálogo racional. Assim, a esfera pública forma-se de início como um âmbito no qual a burguesia se contrapunha a formas de poder ligadas aos restos do feudalismo e às monarquias absolutistas. Por meio da discussão pública entre cidadãos, ela pretendia por a própria dominação vigente em questão. No entanto, esse modelo de esfera pública estaria essencialmente ligado à forma clássica e liberal do capitalismo.

A partir do fim do século XIX, com o desenvolvimento de uma série de instituições e organizações sociais incipientes ou até mesmo ausentes do liberalismo, a esfera pública passa por uma transformação radical. O resultado dessa mudança, correlata àquelas já enumeradas e analisadas aqui, poderia ser resumido segundo Habermas pela passagem de uma cultura libertária e autônoma, que iria de encontro às formas de dominação tradicional, para uma cultura destinada a solidificar a dominação social do capitalismo tardio. Vejamos em linhas gerais como são descritas as principais características do que ele mesmo chama de "decadência da esfera pública".

Central para a explicação de Habermas é a passagem da forma liberal do Estado para um aparato diretamente interventor na sociedade – e a partir daqui vemos como os textos de Pollock ressoam nas análises habermasianas do período. Embora o Estado não possa ser visto de modo algum como um simples "vigia noturno", mesmo antesdo final do século XIX, como ressalta Habermas,não deixa de ser importante marcar as diferenças entre um período e outro, já que intervenção estatal começa se consolidar enquanto elemento essencial da reprodução social justamente naquele período. No auge do liberalismo as relações mercantis e o processo de produção eram deixados à esfera privada porque funcionariam de maneira estável e sem maiores problemas. Ao Estado estavam relegadas as funções de resguardar a ordem e de receber impostos. Os conflitos entre as classes sociais não estariam representados de forma direta nos aparelhos estatais – sua intervenção seria restringida ao uso da força policial. Com as mudanças históricas e estruturais assistidas desde a metade do século XIX, as coisas já não se apresentariam da mesma forma. O crescimento dos recursos investidos pelo Estado na acumulação capitalista

---

47 *Idem*, "The Public Sphere: an encyclopedia article" (1964). *New German Critique*, nº 3, Outono, 1974, p. 49.

seria acompanhado, em especial, pelo reconhecimento das outrora ignoradas pautas políticas das classes trabalhadoras.

À medida que os indivíduos antes excluídos da participação política reivindicam direitos sociais, a esfera pública perde seu caráter libertador e, ao mesmo tempo, mostra que a relação entre Estado e sociedade passa a ser travejada por interesses de grupos específicos.

> Processos de concentração e processos de crise arrancamda estrutura antagônica da sociedade o véu que encobre a troca de equivalentes. Quanto mais ela se mostrasimplesmente como um relacionamento coercitivo, tanto mais urgente se torna a necessidade de um Estado forte. [...] Só quando *novas* funções são acrescidas ao Estado é que a barreira entre ele e a sociedade começa a balançar.[48]

Evidentemente, para Habermas a própria questão da livre troca está na base das modificações do capitalismo. Vimos que a regulação da esfera da circulação trouxe consequências importantes na estrutura do capitalismo, como os trabalhos de Pollock procuraram demonstrar exaustivamente. O fim do livre intercâmbio de mercadorias seria acompanhado pela entrada em cena de atores políticos até então ausentes ou postos em segundo plano.

Mas ao invés de servir para uma abertura democrática das instâncias de decisão, a atenção aos interesses imediatos dos trabalhadores teria servido a uma crescente representação de interesses específicos, o que contribuiria decisivamente para a descaracterização da esfera pública.Nesse sentido, a esfera pública não conseguiu cumprir seus ideais de livre acesso e universalização ao longo de seu desenvolvimento. Enquanto a ajuda aos grupos sociais desfavorecidos permaneceu como uma atividade privada no liberalismo, a consolidação dos processos de centralização e concentração do capital foi acompanhada de uma crescente imbricação entre setores públicos e privados. Com isso, a assistência às classes trabalhadoras tornou-se um assunto do Estado.

> A desvinculação da esfera pública frente aos interesses privados fracassou assim que as próprias condições em que deveria ocorrer a privatização dos interesses foram envolvidasna disputa dos interesses organizados. Os sindicatos não só formam no mercado de trabalho um contrapeso organizado, mas pretendem influir sobre a própria legislaçãopor meio dos partidos socialistas; os empresários, as "forças conservadoras do Estado" de modo geral, como eles têm sido desde então chamados, vão de encontro a isso com a imediata conversão de sua força social privada em força política. A lei antissocialista de Bismarck é um caso exemplar; mas o seguro social que ele organiza à mesma época também mostra

---

48 Idem, *Mudança Estrutural da Esfera Pública, op. cit.*, p. 172-3; *Strukturwandel der Öffentlichkeit, op. cit.*, p. 228-9, grifo original, tradução modificada.

em que medida a intromissão do Estado na esfera privada precisa ceder às pressões vindas de baixo. As intervenções do Estado na esfera privada a partir do final do século passado permitem reconhecer que as grandes massas, agora admitidas à participação, conseguem traduzir os antagonismos econômicos em conflitos políticos: as intervenções vão em parte ao encontro dos interesses dos economicamente mais fracos, em parte também servem para repeli-los. Uma nítida contabilidade quanto a interesses privados coletivos de um ou de outro lado não é sempre fácil de fazer em caso isolado. De um modo geral, no entanto, as intervenções do Estado, mesmo onde tenham sido obtidas contra interesses "dominantes", estão no interesse da manutenção de um equilíbrio do sistema que não possa mais ser assegurado através do mercado livre.[49]

Assim, políticas de seguridade e assistência social poderiam ser perfeitamente combinadas com a manutenção da dominação de classe, que em momento algum entraria em questão. A intervenção do Estado passa a se dar fundamentalmente na esfera do intercâmbio de mercadorias e do trabalho social, ou seja, o Estado determinaria cada vez mais a produção capitalista. Mais do que isso, Habermas aponta em seu livro para uma crescente interpenetração entre Estado e sociedade. A paulatina indistinção entre as fronteiras do poder político e da sociedade civil seria crucial para que as bases da esfera pública fossem erodidas no capitalismo avançado.

Tendo em vista o uso contínuo da propaganda pelos meios políticos em busca da afirmação de interesses particulares, o autor pode afirmar que a esfera pública burguesa torna-se cada vez mais despolitizada. Teria se formado, com isso, um setor intermediário entre os setores socializados do Estado e os setores estatizados da sociedade, sem que houvesse um público formado por pessoas privadas e que pensasse politicamente. A partir dessa descrição, Habermas entrevê o problema da organização política das classes e a relação com seus membros, tendo em vista também o fato de que o poder de compra tornou-se um elemento mediador dos anseios individuais. Ao mesmo tempo, tais reivindicações são passíveis de administração econômica e política. "O processo, politicamente relevante, do exercício e do reequilíbrio dos poderes transcorre diretamente entre as administrações privadas, as associações, os partidos e a administração pública; o público enquanto tal é inserido esporadicamente neste circuito de poder e, só então, também para fins de aclamação".[50] Nesse sentido, as decisões políticas também são afetadas pela cultura da integração: a participação em processos decisórios fica cada vez mais restringida a questões secundárias, de maneira paralela ao consumismo cultural.

---

49 *Ibidem*, p. 174; *ibidem*, p. 230, tradução modificada.

50 *Ibidem*, p. 208; *ibidem*, p. 268-9, tradução modificada.

A isso está relacionado o fato de que as empresas procuram pouco a pouco utilizar-se das *public relations*, isto é, elas se dirigem a um público em geral para afirmar seus interesses comerciais. Elas o fazem por meio de um suposto bem-comum sobre o qual seus interesses estariam assentados. "A manipulação dos consumidores empresta suas conotações à figura clássica de um público culto de pessoas privadas e se aproveita de sua legitimação: as funções tradicionais da esfera pública são integradas à concorrência de interesses privados organizados".[51] A mercantilização da esfera pública envolve, sobretudo, uma transformação no conceito de publicidade, ou ainda, em termos habermasianos, uma "subversão". Por um lado, em relação à esfera pública liberal, ela remetia às questões gerais da sociabilidade burguesa, dando vazão à sua crítica. Por outro, com o desenvolvimento do capitalismo tardio, a publicidade se transforma em peça fundamental da comercialização das opiniões.

> A crítica competente quanto a questões publicamente discutidas cede lugar a um mudo conformismo, com pessoas ou personificações publicamente apresentadas; *consent* coincide com o *good will* provocado pela *publicity*. Outrora, 'publicidade' significava a revelação da dominação política perante a utilização pública da razão; *publicity* resume as reações de um assentimento descompromissado.[52]

Na medida em que empresas sugerem a seus clientes a consciência de fazerem parte de uma comunidade pública, o Estado deve se voltar aos indivíduos enquanto consumidores. Daí que o poder público também passe a fazer uso da publicidade.

Não deixa de ser interessante ressaltar que no bojo dessas transformações, tanto do Estado quanto do capitalismo em geral, Habermas fale em uma "refeudalização" da sociedade. Ao descrever a crescente imbricação entre Estado e sociedade, Habermas tem em vista uma mudança no binômio conceitual clássico do marxismo, base e superestrutura. A elevação do nível de vida de grande parte da população nos países capitalistas avançados teria feito com que o interesse pela emancipação da sociedade não pudesse mais ser expresso em termos puramente econômicos. Sendo assim, o conceito de alienação perderia sua forma econômica expressa pela miséria. A teoria da ideologia teria se tornado problemática por conta da introdução de elementos da superestrutura na base. A intervenção estatal na economia e o sustento dos grupos sociais mais vulneráveis no mercado por meio de políticas públicas faria com o que o trabalho social deixasse de seguir leis econômicas imanentes. A própria relação de dependência da política em relação à economia teria se estilhaçado.

Da mesma maneira, a dominação deixaria de ser expressa por uma rela-

---

51 *Ibidem*, p. 227; *ibidem*, p. 289-90.

52 *Ibidem*, p. 229; *ibidem*, p. 292, tradução modificada.

ção de poder fixada em um contrato de trabalho. A interpenetração entre Estado e sociedade foi acompanhada por uma mudança no direito, cuja maior expressão seria os contratos coletivos de trabalho. Isso teria significado uma transformação profunda na forma clássica da lei burguesa, pois cada vez mais os contratos seriam efetivadosnão entre pessoas privadas, mas entre o Estado e grandes organizações sociais. No entanto, Habermas chama atenção para o lado inverso desse processo, a privatização do direito público, na medida em que tarefas da administração pública são paulatinamente transferidas para instituições fora do Estado.

Essas novas relações entre economia e política seriam fundamentais para a erosão das bases da teoria marxista, uma vez que o portador clássico da revolução, o proletariado, estaria dissolvido enquanto classe. Ou seja, além das tendências de fragmentação interna do operariado, tendo em vista o aumento quantitativo dos empregados de escritório, as garantias sociais por meio de acordos políticos teriam colocado em xeque a forma com que a classe trabalhadora se relacionaria com o conjunto da sociedade capitalista.

> [...] a exclusão da disposição sobre os meios de produção já não está ligada com a privação de compensações sociais (renda, seguridade, educação, etc.), de tal forma que esta situação objetiva teria também que se experimentar subjetivamente de algum modo como proletária. Hoje em dia não cabe constatar uma consciência de classe, especialmente uma consciência revolucionária, nem sequer nos estratos nucleares da classe operária.[53]

Para o marxismo da teoria crítica, isso não deixaria de ter consequências profundas.

Na medida em que o capitalismo organizado foi capaz de atingir uma estabilidade relativa com um elevado nível de ocupação e produção, a crítica deveria examinar o problema da satisfação das necessidades na esfera cultural, e não tanto as necessidades básicas. Nesse sentido, Habermas fala de uma "ortodoxia silenciada": as categorias da crítica da economia política e da teoria do valor seriam transpostas para a crítica da cultura, tal qual teriam feito os autores da "primeira geração" da teoria crítica, mas sem que essa transposição fosse comprovada. Apenas por meio desse recurso é que a teoria crítica procuraria entender o surgimento de formas de organização social capitalista que asseguravam suas posições e que teriam produzido uma espécie de "permanente reforma institucionalizada", de tal forma que o capitalismo pudesse ser autorregulado.

No entanto, as dificuldades teóricas não se limitariam a isso. A própria te-

---

53 *Idem*, "Entre ciencia y filosofia: el marxismo como crítica" (1963). *In: Teoria y Práxis. Estudios de filosofia social*. Madrid, Editorial Tecnos, 1987, p. 217; "Zwischen Philosophie und Wissenschaft: Marxismus als Kritik". *In:Theorie und Praxis. Sozialphilosophische Studien*. 4ª ed. Frankfurt am Main: Suhrkamp 1978, p. 229.

oria marxista do valor e a crítica da economia política teriam seu arcabouço questionado pelas transformações do capitalismo, e poucos seriam os marxistas capazes de investigar essas mudanças – entre os poucos, Habermas cita Paul M. Sweezy, Paul Baran e Maurice Dobb. Sua principal objeção diz respeito à conciliação da lei tendencial da queda da taxa de lucro com a crescente produtividade do trabalho e a mecanização da produção. Do mesmo modo, seria necessário revisar a teoria diante da importância crescente tomadas pela ciência e pela tecnologia, que teriam se transformado nas principais forças produtivas capitalistas. Ou seja, ciência e tecnologia teriam se transformado nas principais fontes do valor. É possível dizer, de maneira sumária, que Habermas atribui ao instrumental teórico do marxismo uma indiferença frente ao crescimento da produtividade observado ao longo do desenvolvimento do capitalismo. Sob o ponto de vista habermasiano, não seria plausível afirmar uma queda da taxa de lucro simultânea ao aumento da taxa de mais-valia. "[...] se aceitássemos este argumento como sólido, então a lei que deve servir de apoio não é suficiente para explicar o fim de que nos países capitalistas avançados a taxa média de lucro não tenha mostrado ao longo dos últimos oitenta anos nenhuma tendência unívoca de modificação a longo prazo, apesar do crescente nível dos salários".[54]

Outra das possíveis debilidades da crítica da economia política em entender as mudanças no capitalismo diz respeito à questão das necessidades do capitalismo. Segundo Habermas, embora o próprio Marx tivesse levado em consideração as determinações históricas e geográficas dos custos da reprodução da força de trabalho, ele não teria considerado de maneira sistemática o fato de que o capitalismo pudesse revolucionar os elementos "históricos e morais" na determinação do valor da força de trabalho. Assim, ao contrário das expectativas de Marx, o capitalismo teria se mostrado capaz de aumentar e de mudar desde a raiz as necessidades básicas das classes trabalhadoras. Isso só seria possível na medida em que a elevação da produtividade fizesse parte do cálculo do valor, o que não seria observado pela teoria do valor marxista – a partir do incremento da produtividade, possibilitado pela introdução de máquinas e pela racionalização da produção fabril, o valor surgiria *per se*, assegurando ao mesmo tempo uma taxa de lucro admissível e a elevação dos salários.

> Certamente, o sistema reproduz a partir de si a tendência a limitar, sobre a base de relações de produção antagônicas, a força de consumo da grande massa da população; no entanto, sob o pressuposto de uma teoria revisada do valor-trabalho, uma regulação política das relações de distribuição não seria incompatível com as condições de uma produção orientada à maximização do lucro.[55]

---

54 *Ibidem*, p. 245; *ibidem*, p. 258.

55 *Ibidem*, p. 248; *ibidem*, p. 261.

Traduzindo essa colocação para as dificuldades da teoria marxista apontadas por Habermas: os marxistas teriam ignorado as consequências econômicas da democratização do capitalismo.

Habermas cita no texto "Entre ciência e filosofia: o marxismo como crítica" o trabalho do economista inglês John Strachey, *O capitalismo contemporâneo*. Membro do partido trabalhista inglês e bastante atuante na formulação e execução de políticas públicas na Inglaterra do pós-guerra, ele procurou aliar a crítica marxista ao capitalismo com as considerações keynesianas. Sua intenção era demonstrar como a classe trabalhadora teve um papel fundamental na domesticação das tendências perversas da sociedade capitalista. Strachey debateu não apenas com a teoria marxista, especialmente com os marxistas-leninistas, mas também com as próprias conclusões de Marx a respeito do funcionamento do sistema capitalista. No centro desse debate estaria a questão da influência recíproca entre economia e política. Assim, o autor destaca como uma das transformações essenciais do século XX o controle do capitalismo exercido pela democracia, isto é, pelas lutas dos trabalhadores a favor do aumento de seu nível de vida. As lutas operárias não apenas teriam sido vitais para a democratização da sociedade burguesa, mas também cruciais para evitar seu colapso absoluto.

> Chegamos à paradoxal conclusão de que foi justamente a luta das forças democráticas *contra* o capitalismo que salvou o sistema, não apenas alcançando melhores condições de vida para os assalariados, mas também mantendo aberto o mercado indispensável para o produto final, que a tendência autodestrutiva do capitalismo para uma distribuição cada vez mais desigual da renda nacional havia encerrado de outra maneira.[56]

Por sua vez, o capitalismo teria dado nova forma às instituições democráticas: fazer com que o aumento do nível de vida do conjunto da população se desse passo a passo com o aumento da produção, de modo a evitar que crises econômicas e políticas ocorressem. Para que tal tarefa pudesse ser posta em prática, seria necessário que os trabalhadores garantissem o direito à associação e à organização política, especialmente por meio dos sindicatos. Segundo o autor, estes seriam cruciais para que as consequências econômicas da democracia fossem efetivadas. Para isso, no entanto, seria necessário que a representação política dos trabalhadores fosse fortalecida.

É certo que a teoria crítica como um todo não se deteve de forma especial sobre a teoria de Keynes a respeito da demanda efetiva, muito menos seus su-

---

56 James Strachey, *El Capitalismo Contemporaneo* (1956). Cidade do México: Fondo de Cultura Económica, 1974, p. 166, grifo original.

cessores.[57] Talvez mais relevante do que a crítica teórica, era importante para os membros da "primeira geração" considerar os efeitos sociais das técnicas de intervenção estatal na economia e no conjunto da vida social, o que pode ser constatado a partir dos trabalhos de Pollock na década de 1930. De fato, o keynesianismo só foi colocado em prática como política governamental após o fim da Segunda Guerra Mundial. Tanto Habermas quanto Marcuse estiveram atentos a sua importância, muito embora o autor de *Eros e civilização* tenha citado poucos exemplos de autores dessa seara. O alvo mais claro de suas críticas, e de quem emprestaria o termo "sociedade afluente" de maneira irônica, se constituiria da figura de John Kenneth Galbraith, autor de obras que procuravam destacar a importância decisiva da ação governamental sobre a economia norte-americana, a despeito da ideologia corrente naquele país dos malefícios que essa intervenção causaria. Galbraith ficaria mais conhecido por seu trabalho publicado pela primeira vez em 1967, a respeito do "novo Estado industrial", conceito a partir do qual entendeu as transformações do capitalismo com base na crescente importância do conhecimento científico e técnico para o funcionamento da economia. Além desse trabalho, outra obra sua mereceu destaque no cenário intelectual, *Capitalismo Americano*.[58]

Nessa obra, o economista norte-americano faz um panorama da economia dos Estados Unidos, tendo como pano de fundo a questão da necessidade da intervenção estatal como um contrapeso ao crescimento gigantesco de monopólios e oligopólios. Galbraith avaliou os desafios postos pelos processos de concentração econômica à visão de que a livre concorrência, que em princípio garantiria liberdade aos indivíduos, não criaria um poder que os oprimisse, já que não existiriam empresas grandes o suficiente para fazê-lo.Não apenas toda a tradição da economia, mas também das ideias-comuns dos americanos estariam baseada nisso.Para o autor, essas ideias teriam por base a economia política clássica, isto é, a economia política do período liberal. Tendo em vista a ojeriza que a presença do Estado causa na mentalidade americana, bastaria, segundo o autor, evocar a ideia de que um Estado forte representaria a passagem ao socialismo.

A respeito do modelo clássico da concorrência, as seguintes afirmações de Galbraith podem servir como resumo da questão:

---

57 Não tenho condições de debater a fundo as teses de Keynes. Minha intenção é apenas apresentar um quadro no qual se inseriram tanto as obras de Habermas do período quanto de Marcuse. Para o leitor interessado num histórico bastante conciso e esclarecedor das políticas econômicas estatais, com ênfase no contexto inglês, cf. Simon Clarke, *Keynesianism, Monetarism and the Crisis of the State*. London /Vermont: Edward Elgar, 1988, cap. 8-10, p. 193-286.

58 Traduzido no Brasil apenas pelo título *Capitalismo*. Rio de Janeiro: Zahar Editores, 1960.

CAPITALISMO PERENE

> Evidentemente, ou ele solucionaria os problemas fundamentais da economia, incluídas as grandes questões da eficiência social, ou, como no caso da grave depressão, não tomava em consideração o problema a eficiência, em suas várias formas, era garantida pela pressão exercida pelas empresas privadas para produzir barato, a progredir no mesmo passo dos outros, e pelo papel de um preço determinado impessoalmente ao passar as vantagens aos consumidores e ao voltarem as demandas destes aos produtores. A mesma estrutura do preço, movida por salários flexíveis e uma teoria que identificava o ato de poupar com o ato de investir, ia muito bem para impedir o desemprego.[59]

Ao mesmo tempo, esse modelo excluía de antemão qualquer papel ao Estado que não fosse o de um vigia noturno. "[...] o modelo baseado na concorrência também excluía o poder exercido em nome do bem-estar e das boas intenções. Bem-intencionada ou não, tal intervenção era, na melhor das hipóteses, supérflua e, o que é pior, prejudicial".[60]Nesse sentido, somente a Grande Depressão vivida na sequência da crise de 1929 alteraria o cenário favorável a uma atuação governamental que levasse em conta o nível de vida da população. Dessa forma, Galbraith ganharia destaque em seu país como um ferrenho defensor do *New Deal* e da necessidade de políticas públicas que garantissem não apenas uma renda mínima aos trabalhadores, mas também garantias sociais como assistência médica e seguro-desemprego.

Essa discussão acima resumida mostraria para Habermas que a dominação no capitalismo tardio voltaria a fazer uso da esfera política a fim de se legitimar. Em um texto que dialogaria de maneira explícita com *O homem unidimensional*, ele diz que a política havia deixado de ser apenas um elemento superestrutural, ou seja, teria havido uma mudança fundamental na relação entre economia e sistema de dominação. Isso porque, se no capitalismo clássico a dominação se fazia por meios puramente econômicos, ou seja, não necessitava de elementos coercitivos e ideológicos exteriores à produção, o problema teria mudado de figura no século XX. Assim, Habermas acredita poder afirmar que as bases ideológicas da dominação se alteraram.

> Ora bem, visto que o poder exercido indiretamente através do processo de troca é controlado, por seu turno, mediante uma dominação pré-estatalmente organizada e estatalmente institucionalizada, a legitimação já não pode deduzir-se de uma ordem apolítica, isto é, das relações de produção. Neste sentido, renova-se a coação à legitimação direta que existia nas sociedades pré-capitalistas.[61]

---

59 *Ibidem*, p. 35.

60 *Ibidem*, p. 41.

61 Habermas, "Técnica e ciência como 'ideologia'" (1968). *In: Técnica e ciência como 'ideologia'*. Lisboa: Edições 70, 2006, p. 69.

Na medida em que não pode voltar a usar de pura e simples dominação, a sociedade burguesa tem de fazer uso de um "programa substitutivo" a partir da atividade estatal que compensa as "disfuncionalidades" da livre troca. Seria preciso, portanto, o assentimento das massas e a garantia de estabilidade de funcionamento do sistema, diante da qual a política ganharia ares de mera administração técnica – em vez de uma política que se orientasse para fins práticos, em suma, orientada por critérios que excluíssem a sua discussão (e impedindo que os elementos da interação social entrassem em jogo).

Diante das transformações pelas quais o capitalismo passou a partir do final do século XIX e que marcaram a passagem de sua forma liberal para o capitalismo tardio, Habermas afirma que a tese de Marcuse, segundo a qual técnica e ciência passariam a servir à legitimação da dominação, seria fundamental para compreender aquela transição – ainda que Habermas seja bastante crítico das concepções marcuseanas do assunto. Uma das consequências centrais assumidas por Habermas diz respeito às fontes da teoria crítica, ou seja, a teoria crítica não poderia mais se basear somente numa crítica da economia política. Na medida em que a ideologia da troca justa teria desmoronado, não seria mais possível criticar a dominação capitalista de forma direta – no entanto, os resultados a que Habermas chega são bastante distintos em relação a Adorno, Horkheimer e Marcuse.

Outro componente importante das análises habermasianas, tanto a respeito da reconfiguração do capitalismo quanto das dificuldades em se formar uma esfera pública, é o desenvolvimento da indústria cultural e a questão da integração social. Habermas procura chamar atenção para uma crescente aproximação da esfera pública com a esfera do consumo e, consequentemente, para o enfraquecimento das fronteiras entre os negócios, dentro dos quais cada indivíduo burguês procurava reproduzir sua vida, e a sociabilidade que ligava esses indivíduos isolados. Dessa forma, Habermas esforça-se por compreender um fenômeno que ganharia cada vez mais importância nas sociedades capitalistas do pós-guerra, o lazer. A característica principal do tempo de lazer consiste, como ressalta o autor, numa continuidade entre o tempo de trabalho gasto em um dia e o tempo restante, isto é, o tempo de lazer passa a existir essencialmente como uma extensão da jornada de trabalho. Essa determinação negativa do tempo livre resultaria na impossibilidade de uma comunicação racional entre os indivíduos a respeito das questões centrais da sociedade. "Se as leis do mercado, que dominam a esfera do intercâmbio de mercadorias e do trabalho social, também penetram na esfera reservada às pessoas privadas enquanto público, o raciocínio tende a se converter em consumo e o contexto da comunicação pública se dissolve nos atos estereotipados da recepção isolada".[62]

---

62 *Idem, Mudança Estrutural da Esfera Pública, op. cit.*, p. 190-1; *Strukturwandel der*

CAPITALISMO PERENE 241

Além disso, e tendo por base a discussão sobre indústria cultural na *Dialética do esclarecimento*, Habermas procurar mostrar como a própria esfera pública se transforma gradualmente em um bem de consumo. Ainda que antes de sua mudança estrutural a esfera pública também já estivesse assentada sobre a comercialização dos bens culturais, ela teria permanecido até certo momento histórico fora das relações de troca, pois os indivíduos que nela se encontravam não o faziam enquanto consumidores, mas simplesmente como pessoas privadas. Com o advento e a consolidação da indústria cultural, a própria discussão pública torna-se alvo da mercantilização e, por conseguinte, passa a obedecer a assuntos e parâmetros pré-estabelecidos.

> Exatamente através da intermediação comercial é que sugiram os posicionamentos críticos e estéticos que se sabiam independentes do mero consumo. Exatamente por isso é que, contudo, a função do mercado também se limita a distribuir bens culturais, retirando-os do consumo exclusivo dos mecenas e dos *conoisseurs* aristocráticos. Os valores de troca ainda não alcançam nenhuma influência sobre a qualidade dos próprios bens [...]. Não mais apenas a difusão e a escolha, a apresentação e a embalagem das obras – mas a própria criação delas enquanto tais se orienta, nos setores amplos da cultura dos consumidores, conforme pontos de vista da estratégia de vendas do mercado. Sim, a cultura de massas recebe o seu duvidoso nome exatamente por conformar-se às necessidades de distração e diversão de grupos de consumidores com um nível de formação relativamente baixo, ao invés de, inversamente, formar o público mais amplo numa cultura inata em sua substância.[63]

Assim, ainda que uma espécie de "cultura geral", tenha se expandido, possibilitando que mais pessoas tornassem-se letradas, essa expansão teria sido feita às expensas da complexidade das mercadorias culturais, ou seja, cada vez menos seria pedido ao público reflexão própria, o que facilita a recepção dessas mercadorias. No lugar de uma esfera pública em que se discutam os fundamentos da sociedade e sua reprodução, ela se transforma em espaço para a consolidação dessas mesmas relações sociais. A respeito da disseminação da imprensa e das novas formas de comunicação, acompanhada pela redução das pautas políticas no jornalismo, Habermas tece o seguinte comentário:

> À base do denominador-comum do assim chamado *human interest*, surge o *mixtum compositum* de um entretenimento ao mesmo tempo agradável e facilmente digerível, que tende a substituir a captação totalizadora do real por aquilo que está pronto para o consumo e

---

Öffentlichkeit, op. cit., p. 249.

63 *Ibidem*, p. 195; *ibidem*, p. 253-4.

que mais desvia para o consumo impessoal de estímulos destinados a distrair do que leva para o uso público da razão.[64]

Ao mesmo tempo, os contornos da privacidade e da autonomia dos consumidores tornam-se incertos, pois a esfera pública do capitalismo avançado tende a absorver o conjunto de questões da existência privada. Isso não significa, porém, que o modelo de consumo imposto pela indústria da cultura seja algo exclusivo das classes trabalhadoras e despossuídas. Ao contrário do que se poderia esperar, Habermas afirma que as camadas de consumidores de cultura de massa se localizam preferencialmente em grupos sociais que buscam ascensão, isto é, cujo status ainda necessitaria de legitimação cultural. Só a partir desse grupo é que o consumo cultural se expandiria. Isso nos leva à constatação, feita duas décadas antes por Adorno e Horkheimer, de que a indústria cultural não tem por objeto uma classe específica, mas possui, sim, caráter totalizante. "A decadência da esfera pública literária se sintetiza mais uma vez nesse fenômeno: está rebentado o campo de ressonância de uma camada culta criada para usar publicamente a razão; o público fragmentado em minorias de especialistas que não pensam publicamente e uma grande massa de consumidores por meio da comunicação pública de massa".[65] Assim, Habermas pode dizer que essa passagem se efetiva por meio de uma "cultura de integração". Esta expressão seria retraduzida por Marcuse em função de suas preocupações intelectuais pessoais, diante da evolução tomada pelas sociedades capitalistas avançadas

---

64 *Ibidem*, p. 201-2; *ibidem*, p. 260.

65 *Ibidem*, p.207; *ibidem*, p. 266.

Capítulo 6

MARCUSE E A MECÂNICA DA SUBMISSÃO

Diante do quadro histórico apresentado pelas sociedades capitalistas mais avançadas no período entre 1945 e 1974, não causa estranheza que os argumentos de Marcuse tenham sido recebidos como "pessimistas". Afinal, nunca antes na história da humanidade o progresso técnico havia logrado a satisfação de inúmeras necessidades básicas e criado a sensação de bem-estar para camadas sociais que até então se caracterizavam pela miséria. Tudo se passaria como se a sociedade tivesse enfim chegado a um patamar civilizacional a ser preservado, ainda mais depois da catástrofe das décadas anteriores. Em contraste com essa avaliação, Marcuse chamaria a atenção não só do público acadêmico, mas de mais leitores do que havia imaginado a teoria crítica, para contradições essenciais da sociedade capitalista do pós-guerra. Os motivos para o sucesso de seu texto também ajudam a explicar a perenidade de sua análise crítica – muito embora a recepção de Marcuse tenha sido bastante prejudicada por conta de uma atribuída "paternidade" dos movimentos contestatórios dos anos 1960. Sob o signo da crítica à racionalidade imperante, método tão característico da teoria crítica, Marcuse delinearia os contornos a respeito de sua compreensão das estruturas sociais e dos acontecimentos do período.

No segundo capítulo de *O homem unidimensional*, Marcuse abordou de maneira mais detalhada as características que diferenciariam as sociedades capitalistas avançadas de suas predecessoras. Para analisar esse conjunto de aspectos sociais, ele se valeu explicitamente do problema da estabilização, muito embora tenha manifestado dúvidas se se trataria de um acontecimento temporário ou de uma transformação estrutural dos antagonismos sociais, de tal modo que eles pudessem ser tolerados por seus agentes.

Podemos dizer que ambos os movimentos se fizeram presentes. Por um lado, a estabilização das economias capitalistas no pós-guerra mostraria seus limites no final dos anos 1960, resultando nas duas crises do petróleo, na ruptura dos acordos de Bretton Woods, e no desmonte do Estado de bem-estar social a partir de políticas estatais conservadoras, que cortaram gastos governamentais e confrontaram as classes trabalhadoras de maneira até mesmo violenta. Por outro lado, não deixa de ser verdade afirmar que houve uma transformação estrutural dos conflitos sociais, na medida em que o confronto entre as classes não poderia mais passar ao largo de instituições de amplo espectro, como sindicatos e partidos, além do Estado, é claro. Restaria saber, porém, se essas formas de mediação dos conflitos sociais tornaram a transformação social radical uma simples utopia, o que significa dizer, em última instância, que não seria mais possível esperar dessas formas senão a pura e simples adaptação à sociedade existente.

Dessa forma, Marcuse aprofunda alguns temas e conceitos introduzidos em seus textos anteriores, escritos entre as décadas de 1940 e 60. Para isso, ele faz uma breve descrição do estado de coisas nos principais países capitalistas, destacando as políticas de integração da oposição ao sistema social.

> As principais tendências são familiares: concentração da economia nacional nas necessidades das grandes corporações, sendo o Governo uma força estimulante, sustentadora e por vezes até mesmo controladora; deslocamento dessa economia para um sistema mundial de alianças militares, acordos monetários, assistência técnica e planos desenvolvimentistas, assimilação gradativa das populações de operários e "colarinhos brancos", de tipos de liderança nos negócios e no trabalho, de atividades das horas de lazer e aspirações em diferentes classes sociais; fomento de uma harmonia preestabelecida entre a erudição e o propósito nacional; invasão da vida privada pela intimidade da opinião pública; abertura da alcova aos meios de comunicação em massa.[1]

Assim, veremos como Marcuse procurou averiguar as principais tendências históricas do período, mobilizando, ainda que por vezes de maneira implícita, as discussões intelectuais travadas no pós-guerra.

Racionalidade tecnológica

Da ordem de problemas enfrentada pela obra de Marcuse, poucos conceitos foram tão trabalhados e comentados pela posteridade quanto o de tecnologia.[2] Nesse sentido, seria possível dizer que ao redor desse conceito gravitaram

---

1 Herbert Marcuse, *A ideologia da sociedade industrial. O homem unidimensional.* 6ª ed. Rio de Janeiro: Zahar, 1978, p 38; *One-Dimensional Man. Studies in the ideology of advanced industrial society.*2ª ed.Londres/Nova York: Routledge, 2007, p. 21, (tradução modificada). Doravante, as citações da obra de Marcuse, tanto em português quanto em inglês, serão feitas mediante as respectivas abreviações, *OHU e ODM*, seguidas das páginas correspondentes.

2 Dentro da extensa bibliografia a respeito, os seguintes textos fazem um resumo do tema: Hans-Dieter Bahr, *Kritik der "Politischen Technologie". Eine Auseinandersetzung mit Herbert Marcuse und Jürgen Habermas.* Frankfurt am Main: Europäische Verlaganstalt, 1970; William Leiss, "Marcuse and his Critics". *Philosophy of the Social Sciences,* 2, 1972, p. 31-42; Andrew Feenberg, "The Bias of Technology".*In:* Robert Pippin,

CAPITALISMO PERENE   245

os demais temas de suas análises. Central para o entendimento do diagnóstico do autor a respeito das transformações do capitalismo, o tratamento da questão data bem antes de suas análises a respeito do capitalismo no período pós--guerra – poderíamos dizer, até mesmo, que as preocupações com a tecnologia têm suas raízes já na influência exercida por Martin Heidegger sob o jovem Marcuse.[3] O ponto de partida para qualquer análise a respeito do assunto não deve se limitar, pois, às considerações feitas no livro *O homem unidimensional*, mas deve antes partir de seu famoso ensaio publicado na antiga revista do Instituto de Frankfurt, mais especificamente em sua edição de 1941, dedicada às discussões levantadas pelo nazismo. Com efeito, não deixa de ser esclarecedor mostrar em que medida o exame da questão nos anos 1940 pode lançar luz sobre o tratamento posterior do problema.[4]

Uma leitura rápida do ensaio "Algumas implicações sociais da tecnologia moderna" indica elementos-chave que seriam retomados na avaliação das sociedades capitalistas avançadas da segunda metade do século XX: racionali-

---

Andrew Feenberg, Charles Webel *et al.*, *Marcuse. Critical Theory and the Promise of Utopia*, op. cit., p. 225-256.

3   Sobre o tema, cf. os seguintes textos: Rolf Ahlers, "Technologie und Wissenschaft bei Heidegger und Marcuse".*Zetischrift für philosophische Forschung*, Bd. 25, H. 4, 1971, p. 575-90; Alfred Schimdt, "Existential-Ontologie und historischer Materialismus bei Herbert Marcuse".*In*: Jürgen Habermas (ed.), *Antworten auf Herbert Marcuse*. Frankfurt am Main: Suhrkamp, 1968, p. 17-49; Andrew Feenberg, *Heidegger and Marcuse. The Catastrophe and Redemption of History*. New York/Londres: Routledge, 2005; Fredrick Olafson, "Heidegger's Politics. An Interview with Herbert Marcuse".*In*: Robert Pippin, Andrew Feenberg, Charles Webel *et al.*, *Marcuse. Critical Theory and the Promise of Utopia*, op. cit., p. 95-104. As próprias ligações entre a obra de Marcuse e o autor de *Ser e Tempo* não estão ausentes de controvérsias, já que alguns autores afirmam que Marcuse nunca foi de fato heideggeriano, enquanto outros entendem que Heidegger seria um ponto de apoio decisivo em toda a obra de Marcuse. Certamente, isso se deve ao fato de que aquele deu igual importância ao problema da tecnologia. No entanto, gostaria de chamar atenção para o fato igualmente fundamental de que uma possível leitura das consequências sociais da tecnologia já estava contida nos trabalhos de Marx, dos quais Marcuse parte.

4   Autores como Douglas Kellner e Detlev Claussen são unânimes em apontar a importância do ensaio publicado em 1941 para a sequência de trabalhos de Marcuse, ressaltando que as raízes das teses de *O Homem Unidimensional* já estariam presentes duas décadas antes. Cf. *Herbert Marcuse and the Crisis of Marxism*. 1ª ed. Berkley/ Los Angeles: University of California Press, 1984, sobretudo cap. 8, "Marcuse's theory of advanced industrial society: *One-Dimensional Man*", p. 229-75, e "Im Universum der totalen Verdinglichung – Technik und Vernunftskritik". *In*: Detlev Claussen (org.), *Spuren der Befreiung – Herbert Marcuse.Materialen zur Einführung in sein politisches Denken*. Dramstadt/Neuwied: Luchterand, 1981, p. 155, respectivamente. O livro de Kellner, em especial, constituiu para este trabalho uma fonte valiosa de informações, das quais fiz uso com bastante proveito.

dade tecnológica; tecnologia enquanto elemento decisivo na organização da dominação social; relações sociais cada vez mais intermediadas pelas máquinas; supressão do pensamento crítico pelo todo social; absorção dos grupos sociais opositores à ordem; e por fim, mas não menos importante, o tema das necessidades individuais e sociais.

Porém, cabe perguntar: se os motivos da obra marcuseana do pós-guerra já estavam dados em seus textos anteriores – de Marcuse e do restante da teoria crítica – por que então se justificaria uma análise exaustiva de *O homem unidimensional*? Creio que por dois motivos. Primeiro, pelo desenrolar da história, que apresenta novos desafios à sua compreensão. Segundo, pelo fato mesmo de que características centrais do capitalismo permaneceram básica e contraditoriamente as mesmasnesse evolver. Dessa maneira, Marcuse pode dizer, vinte anos após a vitória sobre o nazismo, que a ameaça de uma catástrofe iminente e provocada pelas armas de destruição em massa era real, e que a contradição com as possibilidades de uma sociedade emancipada permanecia flagrante. Ambos os polos dessa oposição aparentemente insolúvel radicariam no desenvolvimento irracional da tecnologia.

De antemão, é possível dizer que, embora Marcuse apresente os temas que perpassaram o conjunto de sua obra posterior já nos anos 1940, ele só os desenvolve de forma completa duas décadas depois. Isso ocorre na medida em que os conceitos só tiveram sua evolução por conta do próprio percurso histórico. Se lembrarmos dos comentários de Marx no prefácio à *Contribuição à crítica da economia política* mencionados no capítulo 4 deste livro, podemos dizer que conceitos fundamentais para a compreensão da sociedade burguesa podem surgir antes de seu alvorecer. No entanto, eles só poderiam ser desenvolvidos de forma consequente no momento em que o capitalismo tivesse se assentado. Algo semelhante se passa com os termos mobilizados por Marcuse. Embora eles tenham sido apontados desde antes do fim da guerra, apenas a consolidação do capitalismo tardio permitiria que eles fossem utilizados em sua extensão mais completa.

Assim, a remissão ao texto de 1941 fornece o quadro geral para as teses desenvolvidas por Marcuse duas décadas depois. Esse pano de fundo pode ser traduzido pelo conceito central examinado pelo autor quando ainda era ligado ao Instituto para Pesquisas Sociais, o de racionalidade tecnológica. Esse termo serviria a Marcuse como elemento aglutinador das características que ele julgava centrais nas transformações do capitalismo. Na esteira de Horkheimer e Adorno – e de seus predecessores Marx, Weber e Freud – tanto o ensaio da década de 1940 quanto a o livro publicado no auge dos "trinta anos gloriosos" tomam o conceito de razão como a manifestação do que havia de mais essencial e contraditório na sociedade.

CAPITALISMO PERENE

Assim, para começar, é preciso dizer o óbvio. Se em 1941 os integrantes da teoria crítica se encontravam numa situação bastante delicada, por conta do exílio, do domínio nazista na Alemanha e da guerra mundial, o cenário seria alterado com o fim do conflito bélico e o desenvolvimento de inúmeras modalidades de acordos sociais que beneficiariam larga parcela das classes dominadas nos países centrais – sem esquecer, certamente, da crítica radical e severa empreendida por Marcuse ao que se entendia por democracia e Estado de bem-estar social. Enquanto o livro de Horkheimer e Adorno trata da extensão da dominação e da exploração num ambiente de terror e catástrofe, a obra de Marcuse aborda aqueles mesmos termos, mas vistos pelo prisma da abundância material e do progresso social em tempos de paz. Podemos dizer também que o mesmo se passa entre o ensaio a respeito da tecnologia moderna e o livro publicado em 1964, na medida em que Marcuse se esforçou por mostrar no primeiro em que medida a tecnologia estaria aliada a meios terroristas, enquanto no segundo o uso da tecnologia podia aliar perfeitamente ascensão social e dominação. No entanto, algo parece ter permanecido, especialmente quando se tem em conta o conceito de uma nova racionalidade, levada a cabo pelas mudanças profundas sofridas pelo capitalismo na primeira metade do século passado, e que são determinantes para o desenvolvimento da maquinaria e da produção em massa.

> No decorrer do processo tecnológico, uma nova racionalidade e novos padrões de individualidade se disseminaram na sociedade, diferentes e até mesmo opostos àqueles que iniciaram a marcha da tecnologia. Essas mudanças não são o efeito (direto ou derivado) da maquinaria sobre seus usuários ou da produção em massa sobre seus consumidores; são, antes, elas próprias, fatores determinantes no desenvolvimento da maquinaria e da produção em massa.[5]

Fica evidente aqui que Marcuse pensava na relação entre a passagem do liberalismo ao capitalismo monopolista, especialmente pelo processo de concentração e centralização do capital, e nas mudanças nas forças produtivas necessárias ao andamento da acumulação.

Mais do que isso, e na esteira do diagnóstico tão característico da teoria crítica desenvolvida a partir de então a respeito do lugar do indivíduo na sociedade contemporânea, as mudanças na racionalidade imperante na sociedade tiveram graves consequências para essa relação. Dessa forma, o autor empreende no texto uma comparação entre os tipos de indivíduo e de racionalidade

---

5   Herbert Marcuse, "Algumas implicações sociais da tecnologia moderna". *In:Tecnologia, Guerra e Fascismo*. São Paulo: Editora da Unesp, 1999, p. 74; "Some social implications of modern technology". *In: Technology, War and Fascism. Collected Papers of Herbert Marcuse*, vol. 1.Londres/Nova York: Routledge, 2004, p. 42.

que marcariam as distintas fases da vida social capitalista.

> A sociedade liberal era considerada o ambiente adequado à racionalidade individualista. Na esfera da livre concorrência, os feitos tangíveis do indivíduo que transformava seus produtos e ações em parte das necessidades da sociedade eram as marcas da sua individualidade. No decorrer do tempo, no entanto, o processo de produção de mercadorias solapou a base econômica sobre a qual a racionalidade individualista se construiu. A mecanização e a racionalização forçaram o competidor mais fraco a submeter-se ao domínio das grandes empresas da indústria mecanizada que, ao estabelecer o domínio da sociedade sobre a natureza, aboliu o sujeito econômico livre.[6]

Com a passagem do liberalismo para o capitalismo dos monopólios ocorreu, portanto, uma mudança na racionalidade que dirige a sociedade. No lugar da racionalidade individualista, forjada na luta da burguesia contra a sociedade feudal, e que permitia ao indivíduo a possibilidade de vislumbrar outros padrões de sociabilidade, tem-se então uma racionalidade tecnológica, que atinge não só seus agentes diretos, mas permeia todo o conjunto social e até mesmo as formas de protesto contra ele. Ela termina por moldar os padrões de julgamento e as atitudes dos homens, tornando-os predispostos "a aceitar e introjetar os ditames do aparato".[7]

Dito de maneira mais precisa: a individualidade acabou por se adaptar totalmente ao mecanismo social, não encontrando mais canais para sua expressão. Consequentemente, e em congruência com as teses gerais da discussão travada pelos teóricos críticos, ela passou a ser objeto de coordenação e organização em ampla escala. Em vez de se guiar pelos próprios padrões, o indivíduo passou a ser moldado de forma externa, por padrões que dizem respeito a tarefas pré-concebidas. O indivíduo é avaliado por sua eficiência, isto é, por suas respostas adequadas ao comando do aparato técnico da produção. De tal forma essa racionalidade expandiu-se que ao indivíduo não restaria nada senão adaptar-se. "O mundo tinha se racionalizado a tal ponto, e esta racionalidade se tornou tal poder social, que o indivíduo não poderia fazer nada melhor do que adaptar-se sem reservas".[8] Trata-se, enfim, de uma submissão altamente racional ao aparato tecnológico, com a máquina personificando a racionalidade e a eficiência. É preciso notar, porém, quetal submissão não é racional por partir do indivíduo, mas por conta da racionalização do processo, que é dirigido a essa finalidade. Ao mesmo tempo, não se adaptar significaria um enorme risco à própria vida.

---

6 *Ibidem*, p. 76; "Some social implications of modern technology", *op. cit.*, p. 43.

7 *Ibidem*, p. 77; *ibidem*, p. 44.

8 *Ibidem*, p. 78; *ibidem*, p. 45.

CAPITALISMO PERENE   249

Marcuse também já operava neste ensaio com a união entre psicanálise e análise social, tão característica de sua obra posterior, pois já na década de 1940 observava que as pulsões dos indivíduos ligam-se à sociedade de maneira a torná-los dóceis e obedientes:

> [...] o povo foi treinado a identificar suas crenças e lealdades com as organizações. As relações entre os homens são cada vez mais mediadas pelo processo da máquina. Mas os equipamentos mecânicos que facilitam o contato entre os indivíduos também interceptam e absorvem sua libido, desta forma distanciando-a do reino por demais perigoso no qual o indivíduo se encontra livre da sociedade.[9]

Ao constatar que a lógica de operação das máquinas, própria das ciências da natureza, é transferida para o domínio das ações humanas, Marcuse usa a expressão "mecânica da submissão", que "se propaga da ordem tecnológica para a ordem social" e que trata de buscar a eficiência em ambas as esferas.[10] Ou seja, aos homens é imposto um padrão mecânico de comportamento, assim como normas de eficiência competitiva.

O mesmo esquema científico que serve para padronizar e intensificar a produção, eliminando o desperdício e, portanto, aumentar os lucros, tornou-se a racionalidade a ser adotada pelos indivíduos. Estes assumem para si uma sequência de reações semiespontâneas e normas prescritas, tal qual o funcionamento das máquinas, ao mesmo tempo em que deixam de ver as potencialidades não realizadas pela racionalização. "Ao manipular a máquina, o homem aprende que a obediência é o único meio de se obter os resultados desejados".[11] A razão, que outrora permitia aos indivíduos vislumbrarem sua libertação, teria levado em seu processo de transformação à perpetuação das formas de existência atuais. Uma década depois, Marcuse expressaria sua análise social por meio da psicanálise freudiana com maior acuidade.

No prefácio a *Eros e civilização* ele procurou sintetizar em que consistiriam as novas relações entre indivíduo e sociedade, retomando as teses da teoria crítica produzidas nos anos 1940. Com o desenvolvimento do capitalismo, o indivíduo, entendido como instância de resistência aos imperativos da ordem social, passa a ser absorvido pela sociedade, por meio de sua "existência pública". Ou seja, as atribuições das políticas de assistência social e reprodução da força de trabalho consolidadas no período pós-guerra fizeram com que sua relação com o todo social mudasse significativamente. Dessa forma, as próprias categorias da psicanálise deveriam ser vistas sob uma nova perspectiva.

---

9   *Ibidem*, p. 81; *ibidem*, p. 47.

10 *Ibidem*, p. 82; *ibidem*, p. 48.

11 *Ibidem*, p. 80; *ibidem*, p. 46.

A psicologia pode ser elaborada e praticada como uma disciplina especial enquanto a psique logrou sustentar-se contra o poder público, enquanto a intimidade foi real, realmente desejada e obedecia a seus próprios moldes; se o indivíduo não tem a capacidade nem a possibilidade de ser por si mesmo, os termos da psicologia convertem-se nos termos das forças sociais da sociedade que definem a psique.[12]

O que Marcuse procura empreender com o texto apresenta-se, portanto, como uma dupla tarefa: por um lado, resgatar os conceitos e temas da teoria freudiana e mobilizá-los na crítica da realidade existente; por outro lado, criticar a própria psicanálise como meio de adaptação dos indivíduos à sua existência social.

Em outro texto escrito no pós-guerra, Marcuse procura demonstrar como os conceitos originais da psicanálise freudiana devem ser vistos sob nova luz, de acordo com o desenvolvimento da sociedade capitalista.[13] Em especial, caberia analisar como as relações entre indivíduo e sociedade foram alteradas desde que os escritos de Freud foram publicados, de maneira que a própria noção de "eu" deveria ficar em suspenso. Assim, Marcuse mostra como as transformações sociais substituíram o modelo freudiano de indivíduo, alguém capaz, em princípio, de refletir acerca das instâncias que o cercam e retransformá-las em sua psique, o que implicaria, portanto, certa autonomia individual. Ao contrário, ocorre que o indivíduo teria se transformado num átomo social, fazendo com que ele perdesse suas características atribuídas por Freud. Isso não seria em si um obstáculo à psicanálise, pois essa "obsolescência" revelaria traços fundamentais do capitalismo avançado.

Para mostrar como as novas relações entre indivíduo e sociedade implicaram em dificuldades para uma concepção psicanalítica pura, Marcuse afirma que a formação do eu diante das instâncias sociais repressoras, e que formariam a estrutura básica da personalidade, deixariam de ser pouco a pouco mediadas pelo pai. Entra em questão, portanto, a investigação de novas modalidades de socialização do indivíduo, que passam da esfera privada para instâncias cada vez mais controladas pelo conjunto da sociedade e por meio de instituições como os meios de comunicação em massa e a escola. Marcuse faz alusão aos trabalhos do Instituto para Pesquisa Social reunidos no volume *Autoridade e família*, destacando as principais características que, a seu ver, determinariam uma nova fase da sociedade burguesa a partir dos anos 1930:

---

12 *Idem,Eros e Civilização. Uma interpretação filosófica do pensamento de Freud*. Rio de Janeiro: Zahar Editores, 1975 p. 25.

13 Trata-se do texto publicado em 1963, intitulado "A obsolescência da psicanálise", cuja versão brasileira encontra-se no volume 2 de *Cultura e Sociedade*. Rio de Janeiro: Paz e Terra, 1999, p. 91-111. Nesse ensaio, Marcuse retoma e resume algumas das principais teses de *Eros e Civilização*.

CAPITALISMO PERENE

essa situação, em que ego e superego se formavam na luta com o pai como representante paradigmático do princípio de realidade, é uma situação histórica: ela deixou de existir com as transformações da sociedade industrial que se produziram no período do entreguerras. Enumero alguns fatos conhecidos: passagem da livre concorrência à concorrência organizada, concentração do poder nas mãos de uma administração técnica, cultural e política onipresente, produção e consumo de massa que se expandem automaticamente, sujeição de dimensões outrora privadas e anti-sociais de existência ao adestramento, manipulação e controle metódicos.[14]

O declínio do papel paternal sob a formação do eu seria acompanhado também pela decadência da empresa familiar e privada, isto é, os processos de concentração e centralização industrial e de constituição de sociedades anônimas, assim como o crescimento das organizações profissionais, fizeram com que o indivíduo jovem não precisasse aprender e interiorizar os comportamentos sociais necessários com a família: "a criança aprende que *não* é o pai, e sim os companheiros de brincadeiras, os vizinhos, o chefe do bando, o esporte, o cinema que são autoridades no que se refere ao comportamento intelectual e corporal adequado".[15] Dessa forma, em oposição à tese de uma refeudalização da sociedade defendida por Habermas, quando a teoria crítica enfatiza a substituição da autoridade do pai na formação do eu por processos cada vez mais anônimos é possível dizer também que seus autores destacam o fato de que capitalismo fortalece suas relações sociais básicas, uma vez que a dominação se faz de forma cada vez menos pessoal.

O mais importante nesse processo é que o indivíduo perde cada vez mais a capacidade de possuir um eu autônomo. Em seu lugar, passa a se destacar cada vez mais o fenômeno das massas, nas quais a relação entre o eu e o outro se dá de forma imediata. "Na estrutura da sociedade, o indivíduo torna-se um objeto administrado, consciente e inconsciente, e obtém liberdade e satisfação em seu papel *como* um tal objeto: na estrutura psíquica o ego se contrai de tal maneira que já não parece capaz de manter como um eu distinto do id e do superego".[16] Dessa forma, o indivíduo perde a capacidade de perceber as várias dimensões da realidade que formam sua personalidade e passa a se identificar sem mais com seus semelhantes e com os princípios que regem o funcionamento da sociedade. Mais tarde, Marcuse apontaria para uma identificação entre esse indivíduo e a sociedade unidimensional.

Na medida em que os processos psíquicos básicos e fundamentais da for-

---

14 *Ibidem*, p. 94.

15 *Ibidem*, p. 100, grifo original.

16 *Ibidem*, p. 95, grifo original.

mação do eu não são apenas históricos, mas constitutivos do ser humano, eles não desapareceriam com as transformações sociais, mas teriam seu estatuto e lugares alterados. A massa constitui-se, assim, como o lugar privilegiado para se observar esses processos com as transformações do capitalismo, especialmente porque na relação entre seus membros e os líderes configura-se a especificidade do princípio de realidade numa sociedade capitalista transformada. Note-se que a relação entre massa e líder, marcada pela regressão do eu a estágios primitivos de sua formação, não apenas perpassa os estados totalitários "puros", mas são fundamento também das relações de domínio da sociedade capitalista avançada como um todo.

Por meio do exame da nova racionalidade que passava a imperar no capitalismo, Marcuse pode estabelecer uma relação entre tecnologia e dominação que seria fundamental no decorrer de seus trabalhos. De forma lapidar, o autor afirma que a tecnologia constitui-se como um instrumento de controle e dominação, ao contrário da visão, corrente no senso comum, segundo a qual a tecnologia seria um elemento neutro dentro da sociedade. "A tecnologia, como modo de produção, como a totalidade dos instrumentos, dispositivos e invenções que caracteriza a era da máquina, é assim, ao mesmo tempo, uma forma de organizar e perpetuar (ou modificar) as relações sociais, uma manifestação do pensamento e dos padrões de comportamento dominantes, um instrumento de controle e dominação".[17] O exemplo histórico mais bem acabado dessa relação entre tecnologia e dominação seria representado pelo nazismo, sistema social que elevou ao máximo o uso de formas científicas e racionalizadas de produção industrial, usando ao mesmo tempo de opressão e terror. Tamanho foi o impacto exercido pela organização social alemã do período que Marcuse diria explicitamente que a tecnologia em si mesma seria manipuladora do poder. Podemos observar, assim, que os termos "tecnologia", "industrialização", "racionalização" e "dominação" formam uma constelação teórica fundamental para as análises do autor, e que seriam retomadas nas décadas seguintes à publicação do último número da revista do Instituto.

O nazismo seria apenas a expressão das formas mais avançadas que o capitalismo assumiu no início do século XX. Tendo em vista a luta concorrencial entre as indústrias, Marcuse afirmou que o uso da tecnologia no aparato de produção favoreceria as empresas maiores e mais concentradas, caracterizadas por um "equipamento industrial mais altamente mecanizado e racionalizado".[18] Com o auxílio da bibliografia existente à época a respeito da industrialização e do uso massivo de novas técnicas de produção e organização fabril, incluindo

---

17 *Idem*, "Algumas implicações sociais da tecnologia moderna", *op. cit.*, p. 73; "Some implications of modern technology", *op. cit.*, p. 41.

18 *Ibidem*, p. 76; *ibidem*, p. 43.

CAPITALISMO PERENE 253

aí a sistematização da "administração científica" formulada por Taylor, Marcuse procurou traçar as principais características dessa racionalização da produção capitalista. Central para as intenções do autor seria a estreita conexão entre os processos de centralização e concentração industrial, que, como sabemos, datam desde o final do século XIX, e a inovação tecnológica aplicada à produção de mercadorias. Para Marcuse, a aplicação de novas invenções e máquinas no processo fabril seria essencial para a simplificação deste e sua eficiência econômica, evitando-se quaisquer desperdícios. "Sob estas circunstâncias, a utilização lucrativa do aparato dita em larga escala a quantidade, a forma e o tipo de mercadorias a serem produzidas e, através deste modo de produção e distribuição, o poder tecnológico do aparato afeta toda a racionalidade daqueles a quem serve".[19]

Ao mesmo tempo, a necessidade de expansão permanente do aparato de produção capitalista movido pela produção de mais-valia determina a necessidade de inovações técnicas incessantes e sua pronta aplicação.[20] Sem isso, a acumulação de capital não poderia sobreviver. A certa altura do texto, Marcuse formula o problema de maneira sintética: "A eficácia em termos de razão tecnológica é, ao mesmo tempo, eficácia em termos de eficiência lucrativa, e a racionalização é, ao mesmo tempo, padronização e concentração monopolistas".[21]

Marcuse procura mostrar, antes de tudo, que na primeira metade do século XX ocorreu uma substancial modificação da tradicional relação entre as forças produtivas e as relações de produção, mas que seria visível em todas as suas consequências apenas no período pós-guerra.[22] Evocamos aqui os termos consagrados da teoria marxista para ressaltar o significado daquilo que para Marcuse seria essencial no desenvolvimento recente da sociedade capitalista, a

---

19 Ibidem, p. 77; ibidem, p. 44.

20 A respeito do vínculo estreito entre o conceito de racionalidade tecnológica e as categorias marxianas, remeto o leitor ao texto de Christian Fuchs, Emanzipation! Technik und Politik bei Herbert Marcuse. Aachen: Shaker, 2005, especialmente o cap. 2, "Herbert Marcuses Techniksoziologie", p. 117-34.

21 Marcuse, "Algumas implicações sociais da tecnologia moderna", op. cit., p. 81; "Some implications of modern technology", op. cit., p. 47.

22 Segundo Furio Cerutti, Marcuse teria rejeitado em O Homem Unidimensional o desenvolvimento histórico da distinção marxiana entre forças produtivas e relações de produção, de maneira que a ciência e a tecnologia determinariam o todo social. Isso impediria Marcuse de observar possíveis tendências transformadoras no seio da sociedade. Somente no ensaio de 1941 é que o autor ainda não havia rejeitado completamente a técnica, deixando algumas possibilidades de investigação abertas. Cf. "Technik und Politik". In: Institut für Sozialforschung (org.), Kritik und Utopie im Werk von Herbert Marcuse.1ª ed. Frankfurt am Main: Suhrkamp, 1992, p. 110. Na verdade, seria preciso dizer que Marcuse está criticando a visão tradicional do marxismo a respeito do assunto, construída após a morte de Marx.

mudança tecnológica. Tais transformações seriam fundamentais para a compreensão da estabilização característica do Estado de bem-estar social. O que importa, em especial, para a análise aqui ensejada, é apontar como os temas trabalhados por Marcuse ao longo do livro publicado em 1964, e que dizem respeito sobretudo ao problema da estabilização, gravitam ao redor desse tema mais amplo, as mudanças nas forças produtivas e das relações de produção.

Uma das diferenças cruciais das primeiras formulações de Marcuse acerca do caráter da tecnologia e em relação aos seus textos das décadas de 1950 e 1960 reside no contraste que o autor estabelece, em 1941, entre técnica e tecnologia.[23] Logo no início do ensaio acerca das implicações sociais da tecnologia moderna, Marcuse subsume o escopo da técnica dentro do espectro mais amplo da tecnologia. "A técnica por si só pode promover tanto o autoritarismo quanto a liberdade, tanto a escassez quanto a abundância, tanto o aumento quanto a abolição do trabalho árduo".[24] Enquanto a técnica é descrita como sinônimo do aparato técnico da produção industrial, incluídos os setores de transporte e comunicações, a tecnologia é vista como um direcionamento específico desse aparato por grupos sociais e pelo próprio conjunto da sociedade. Daí porque a afirmação de Marcuse sobre a tecnologia esteja ligada essencialmente ao controle e à dominação social. Além disso, é possível afirmar que na década de 1940 Marcuse relacionava os termos "técnica" e "tecnologia" diretamente aos conceitos marxistas de forças produtivas e relações de produção, isto é, aos instrumentos de trabalho disponíveis e desenvolvidos em determinado estágio, e à mobilização que as relações sociais faziam deles, de maneira semelhante à contraposição entre o potencial ilimitado do aparato técnico e as limitações da valorização capitalista, tal qual exposto por diversas teorias marxistas do início do século XX.[25]

---

23 De acordo com Samir Gandesha, o conceito de tecnologia seria carregado de ambivalências por toda a obra de Marcuse, até mesmo em seus livros mais conhecidos, como *Eros e Civilização* e *O Homem Unidimensional*. A respeito dessa crítica, cf. "Marcuse, Habermas and the critique of technology". *In:* John Abromeite W. Mark Cobb (orgs.), *Herbert Marcuse. A critical reader*. New York/Londres: Routledge, 2004, p. 188-208. Para uma versão mais matizada a respeito da trajetória dos conceitos de técnica e tecnologia pela obra marcuseana, consulte-se o texto de Marília Pisani, *Técnica, Ciência e Neutralidade no Pensamento de Herbert Marcuse*. Tese (Doutorado em filosofia) – CECH-UFSCar, São Carlos, 2008, sobretudo as p. 12-19 e 48-64.

24 Marcuse, "Algumas implicações sociais da tecnologia moderna", *op. cit.*, p. 74; "Some implications of modern technology", *op. cit.*, p. 41.

25 A respeito da semelhança entre a teoria do capitalismo monopolista e as teses de Marcuse sobre técnica e tecnologia, cf. o texto de Stefan Breuer, *Die Krise der Revolutionstheorie. Negative Vergesellschaftung und Arbeitsmetaphysik bei Herbert Marcuse*. Frankfurt am Main: Syndikat, 1977, especialmente as p. 146-74. Para Breuer, Marcuse tenderia a ressaltar a estabilização do capitalismo como efeito de intervenções políticas

CAPITALISMO PERENE

Na sequência de sua obra, Marcuse tenderia a deixar de lado a ligação entre técnica e neutralidade, ou ainda, relutaria em descrever o conceito de técnica de maneira pura, como se as próprias forças produtivas não contivessem em si mesmas elementos que servissem à dominação. No centro dessa mudança em sua abordagem estariam os desenvolvimentos que o aparato produtivo do capitalismo avançado alcançara em seu período de crescimento e estabilização depois da segunda guerra mundial. Ao mesmo tempo, a recepção da *Dialética do Esclarecimento* constitui um ponto central na mudança de suas concepções.[26]Visivelmente inspirado pelas teses de Horkheimer e Adorno, Marcuse afirma que o elemento básico que liga as racionalidades pré-tecnológica e tecnológica é a dominação do homem pelo homem, a despeito de todo o

---

na esfera econômica, dando continuidade às análises de Hilferding, Lenin e Pollock.

26 Segundo Roger Behrens, os temas do livro de Horkheimer e Adorno, especialmente a discussão a respeito da razão, atravessam toda a obra de Marcuse. Para Behrens, a teoria crítica desses três autores toma a razão como um elemento social inteiro, e não como uma razão cindida em diferentes aspectos, uns mais desenvolvidos que outros, a exemplo da teoria habermasiana. Cf. Übersetzungen. Studien zu Herbert Marcuse. Mainz: Ventil, 2000, p. 46-51. O próprio Habermas reconhece essa relação entre os dois textos, ainda que de forma bastante problemática. Embora o autor só fosse analisar a *Dialética do Esclarecimento* de forma detida em sua *Teoria do Agir Comunicativo*, o embate com as teses desse texto já se faziam presentes desde o início de sua carreira intelectual, como vimos no capítulo anterior. Em "Técnica e ciência como 'ideologia'", Habermas afirma que o conceito marcuseano de racionalidade deitaria raízes na discussão feita no livro de Horkheimer e Adorno sobre a dominação da natureza e do homem. O processo de racionalização no ocidente não estaria relacionado apenas aos aspectos analisados por Weber – modificação a longo prazo das estruturas sociais e crescente separação das esferas sociais, cada uma constituindo sua legalidade própria. Mais do que isso, Habermas chama atenção para as raízes freudianas do tema. Ao invocar imperativos técnicos, a manutenção da dominação seria ocultada, o que só ocorre porque a ciência e a técnica são *a priori* voltadas para a dominação. Para Habermas, essa crítica deveria dispor de um projeto histórico alternativo de ciência e técnica, o que de seu ponto de vista seria impossível, já que tal projeto implicaria uma mudança na espécie humana como um todo. Cf. "Técnica e ciência como 'ideologia'", *op. cit.*, p. 49-52. Aqui Habermas parece explicitar a insuficiência de seu entendimento dos conceitos postos em circulação pela *Dialética do Esclarecimento*. De forma breve, pode-se dizer que ele não pode conceber uma transformação das relações sociais mais básicas enquanto relações históricas na medida em que considera a razão de forma dualista, e não dialética. Tudo se passa como se houvesse algo a priori a ser salvo no desenvolvimento histórico da espécie humana, sem que ele tivesse em seu conjunto significado uma história de catástrofes e barbárie, mas sim um processo evolutivo. A crítica de Claus Offe segue um argumento semelhante a Habermas. Porém, ao dizer que Marcuse abandonaria o contexto capitalista do uso da tecnologia, ele parece se esquecer da influência central que o livro de Adorno e Horkheimer exerceu sobre Marcuse. Cf. "Technik und Eindimesionalität. Eine Versoin der Technokratiethese?". *In:* Jürgen Habermas (org.), *Antworten auf Herbert Marcuse, op. cit.*, p. 75.

progresso que existiu na passagem entre as duas formações sociais correspondentes. Ao mesmo tempo, a diferença crucial entre estas diz respeito à objetivação da dominação social, isto é, cada vez mais os homens sentem o domínio das forças sociais dissociados da dependência pessoal. "Enquanto a ciência libertou a natureza de fins inerentes e despojou a matéria de todas as qualidades que não as quantificáveis, a sociedade livrou os homens da hierarquia 'natural' da dependência pessoal e relacionou-os entre si de acordo com quantidades quantificáveis – a saber, como unidades de força de trabalho abstrato, calculáveis em unidades de tempo".[27] Embora muito mais objetivo, esse domínio não significaria uma racionalidade elevada. Ao contrário, a racionalidade tecnológica encontraria seus limites "na escravização progressiva do homem por um aparato produtivo que perpetua a luta pela existência".[28] Assim, na raiz dessa racionalidade está a própria organização do trabalho social. Isso constituiria aos olhos de Marcuse uma forte contradição, já que a "sociedade industrial avançada" integra as forças outrora negativas, e cujo resultado seria aparentemente o surgimento de uma nova estrutura social. Ao contrário, a dominação permaneceria o elemento estruturante do capitalismo. Só que agora ela não se realizaria apenas por *meio* da tecnologia, mas *como* tecnologia.

De maneira semelhante à tese central da Dialética do Esclarecimento – segundo a qual o mundo contemporâneo nunca fora tão esclarecido, o que não impediu, mas reforçou a barbárie, ou ainda, saber e poder estariam intrinsecamente relacionados – Marcuse descreve a sociedade capitalista avançada como aquela que uniu a maior exploração do homem e da natureza com o uso da ciência e da racionalidade. Dessa maneira, o termo racionalização conteria em si um antagonismo.

> A gerência científica e a divisão científica do trabalho aumentaram enormemente a produtividade do empreendimento econômico, político e cultural. Resultado: o mais elevado padrão de vida. Ao mesmo tempo e com os mesmos fundamentos, esse empreendimento racional produziu um padrão de mente e comportamento que justificou e absolveu até mesmo as particularidades mais destrutivas e opressivas do empreendimento. A racionalidade e manipulação técnico-científicas estão fundidas em novas formas de controle social.[29]

Marcuse enxergaria nas transformações do capitalismo novas maneiras encontradas para que a dominação de suas forças sociais pudesse ser reforçada. Essas novas formas de controle não apenas seriam o resultado direto da imbricação entre ciência e produção social, mas também inerentes à estrutura

---

27 *OHU,* p. 152; *ODM,* p. 161, tradução modificada.

28 *OHU,* p. 142; *ODM,* p. 148, tradução modificada.

29 *OHU,* p. 144; *ODM,* p. 149.

CAPITALISMO PERENE

do pensamento científico. Assim, Marcuse retoma o argumento a respeito da quantificação e da matematização do mundo operada pela ciência, bem como a rejeição de tudo o que lhe escapa como irracional e sem sentido. Ao mesmo tempo, não poderia haver por parte da ciência um julgamento a respeito do que a realidade é ou poderia ser – a questão mesma careceria de significado. "Com relação às formas institucionalizadas de vida, a ciência (tanto pura como aplicada) teria, assim, uma função estabilizadora, estática, conservadora. Até mesmo suas conquistas mais revolucionárias seriam apenas construção e destruição em harmonia com uma experiência e uma organização específicas da realidade".[30]

O que Marcuse chama de "*a priori* tecnológico" não seria mais nada senão a expressão do desenvolvimento da ciência enquanto método de controle não apenas da natureza, mas também das relações sociais. Em contraposição a suas ideias no início da década de 1940, ele afirma que a visão instrumental da natureza "*precede* o desenvolvimento de toda organização técnica particular".[31] Dessa maneira, uma interpretação que levasse em conta a neutralidade da técnica estaria fadada ao engano. Seria preciso destacar, ao contrário, em que medida o pensamento científico seria movido pela mesma lógica da dominação. Embora essa relação umbilical entre ciência e dominação já estivesse presente desde os primórdios da civilização, como pretendia a *Dialética do esclarecimento*, ou ainda no surgimento do pensamento científico moderno, no final da Idade Média, ela só se manifestaria com todas as consequências diante da barbárie nazista e da Segunda Guerra Mundial. À sua maneira, Marcuse define essa questão como própria de uma sociedade tecnológica. "Não me preocupo com a relação histórica entre racionalidade científica e social no início do período moderno. O meu propósito é demonstrar o caráter instrumentalista *interno* dessa racionalidade científica em virtude da qual ela é tecnologia apriorística, e o *a priori* de uma tecnologia *específica* – a saber, tecnologia como forma de controle e dominação social".[32]

Essa análise se contrapõe aos pressupostos das análises de Habermas e Bell. Embora ambas tivessem objetivos diferentes, não deixa de haver um forte elemento em comum entre elas: em si mesma, a produção capitalista não representaria uma ordem política, ou seja, dela estaria ausente a questão da dominação. O grande problema de fundo seria uma concepção estanque da relação entre os âmbitos da economia e da política. Em Bell, a imbricação entre ciência/tecnologia e a produção capitalista faria com que os conflitos sociais pudessem ser administrados. Para Habermas, o sistema teve de fazer uso de

---

30 *OHU*, p. 159; *ODM*, p. 169.

31 *OHU*, p. 150; *ODM*, p. 157, grifo original.

32 *OHU*, p. 153; *ODM*, p. 161, grifos originais.

elementos externos à produção para ganhar vida nova. Dizer que o problema da dominação no funcionamento do capitalismo seja encoberto pelas relações de produção não significa afirmar que ele não exista. O sucesso da naturalização do capitalismo perante os indivíduos é explicado por Marcuse justamente pela expansão de seu aparato de produção pelo conjunto da vida social, o que fortaleceu a aparência de que o sistema funcionaria sem a imposição de um poder. A inspiração de Marcuse no modelo da *Dialética do esclarecimento* permitiu entrever algo que escapou àqueles autores. Se de fato a dominação no capitalismo tardio modificou substancialmente suas características, isso não aconteceu a despeito da esfera produtiva, mas por conta da importância que ela ganhou para a totalidade social. Uma diferença crucial entre a forma clássica da dominação no capitalismo e sua evolução nas sociedades burguesas avançadas deveria ser investigada por meio das diferentes mediações pelas quais a reprodução das relações sociais capitalistas se fazia – enquanto Horkheimer e Adorno investigaram a indústria cultural e o antissemitismo como aquelas novas mediações, Marcuse enfatizou o problema da racionalidade tecnológica e a criação de falsas necessidades.

Nesse sentido, a relação entre as análises de Marcuse e Habermas funcionaria de maneira homóloga àquela entre o modelo expresso na *Dialética do esclarecimento* e a teoria do capitalismo de Estado de Pollock. Marcuse apontaria para algo problemático nos textos de Habermas: a legitimação da dominação no capitalismo avançado não seria fruto de uma semelhança com as sociedades pré-capitalistas, nas quais a coação à ordem se daria de maneira direta, mas da reprodução ampliada do capitalismo. Ele estaria longe, portanto, de compreender as transformações do capitalismo enquanto superposição de elementos políticos (ou da "superestrutura") ao funcionamento normal da economia – visão dualista presente nos textos de Pollock e que já aparecia nos textos iniciais de Habermas, mas que seria desenvolvida em sua obra posterior.

Para reforçarmos as raízes das concepções de Marcuse na obra de Horkheimer e Adorno, tomemos mais uma vez o livro *Eros e civilização* como exemplo. Segundo um comentário já consagrado, essa obra de Marcuse consistiria sua versão pessoal de uma dialética do esclarecimento.[33] De fato, os termos do

---

33 Cf. Rolf Wiggershaus, *Die Frankfurter Schule, op. cit.*, p. 553. Embora Wiggershaus tenha razão ao reconhecer as semelhanças entre ambos os livros, sobretudo por constituírem-se de uma crítica à dialética entre civilização e dominação social com base, em parte, na psicanálise freudiana, seria possível dizer que os desdobramentos do capitalismo no pós-guerra fizeram com que Marcuse refinasse sua análise de 1955 e, assim, retomasse com maior vigor os temas presentes no livro de Adorno e Horkheimer. Nesse sentido, as teses afirmadas em *Eros e Civilização* a respeito do capitalismo tardio ganhariam maior profundidade em *O Homem Unidimensional*. É possível dizer, portanto, que Marcuse aprofunda seu diagnóstico apresentado em *Eros e Civilização* a respeito

CAPITALISMO PERENE

"Prefácio político" ao texto são bem próximos ao conteúdo da obra de Adorno e Horkheimer, como atesta a centralidade do termo "dominação". A semelhança das análises salta ainda mais aos olhos quando comparamos ambos os prefácios. Assim como na obra de 1947, Marcuse também confessa sua crença anterior no potencial emancipatório da ciência:

> as realizações da sociedade industrial avançada habilitariam o homem a inverter o rumo do progresso, a romper a união fatal de produtividade e destruição, de liberdade e repressão por outras palavras, a aprender a *gaya sciencia* de como usar a riqueza social para moldar o mundo do homem de acordo com os seus Instintos Vitais, na luta combinada contra os provisores da Morte.[34]

Desta forma, seria evidente que a carência e o trabalho supérfluo eram artificiais, já que as possibilidades de sua libertação estavam dadas pelo potencial técnico que as forças produtivas capitalistas colocavam à disposição da sociedade. No entanto, Marcuse reconhece que essas mesmas forças são decisivas para o aprofundamento da dominação. "As próprias forças que tornaram a sociedade capaz de amenizar a luta pela existência serviram para reprimir nos indivíduos a necessidade de tal libertação".[35] Mesmo a forma da dominação teria mudado, na medida em que as forças sociais dominantes não precisariam mais justificar seu poder. Para além da crítica à racionalidade capitalista, portanto, a análise feita em *O homem unidimensional* se aproxima de mais um aspecto crucial já examinado exaustivamente por Horkheimer e Adorno, a saber, as novas formas de dominação instituídas com o desenvolvimento do capitalismo.

A classe operária integrada

A expressão "contenção da transformação social" tornou-se bastante associada à imagem de Marcuse e do conjunto da teoria crítica. É muito comum afirmar que a teoria crítica teria abdicado de qualquer vínculo com as práticas políticas e com as classes trabalhadoras. A exceção, pelo menos quanto às ligações entre teoria e prática, seria representada por Marcuse. No entanto, em relação ao conjunto de problemas tratados neste trabalho, talvez seja mais

---

da internalização das forças sociais, recorrendo a um exame mais detalhado do desenvolvimento das forças produtivas e das falsas necessidades, questões que serão analisadas na sequência deste livro. Esse aprofundamento também pode ser verificado pelos diferentes objetivos dos livros. Enquanto o trabalho sobre a teoria freudiana estabelece uma visão de conjunto do percurso da civilização humana, a obra publicada em 1964 faz uma análise histórica do capitalismo avançado.

34 Marcuse, *Eros e Civilização, op. cit.*, p. 12.

35 *Ibidem, loc. cit.*

pertinente se perguntar não pela ausência desses vínculos, que pode e deve ser problematizada, mas sim pela maneira como as análises de Marcuse a respeito da inserção das classes trabalhadoras no capitalismo tardio podem gerar frutos para a compreensão dos problemas da estabilização.

As preocupações com o problema da assimilação de largos setores da classe operária não eram novas na obra de Marcuse, como podemos ver pelo exame de seu artigo para a edição de 1941 da revista do Instituto de Frankfurt. A partir de então, este passaria a ser um tema constante de suas análises e que culminaria com a publicação de *O homem unidimensional*. Já dissemos antes que o debate a respeito do assunto constitui um fio condutor entre os livros aqui estudados. De fato, o problema seria analisado em suas diversas facetas a partir da obra de Horkheimer. Um breve resumo da questão pode se mostrar útil no entendimento de sua evolução.[36]

É bastante conhecido o fato de que os trabalhos do Instituto para Pesquisa Social nos anos 1930 tenham como ponto de partida a derrota das revoluções socialistas na Europa ocidental no início do século XX, sobretudo a revolução alemã. Sem sombra de dúvida, é possível afirmar que os ensaios da revista do Instituto tiveram por objetivo compreender as causas desse fracasso. Para isso, foram mobilizados diversos especialistas em diferentes áreas do conhecimento para explicar por que os trabalhadores não conseguiram ter sucesso em sua empreitada política. No entanto, ao longo dos ensaios e artigos, é possível perceber que um dos fatores essenciais para a explicação não residia apenas na repressão violenta às organizações operárias.

Para uma compreensão mais completa do fenômeno, os trabalhos e pesquisas do Instituto chegaram à conclusão que haveria um componente regressivo em muitos membros da classe operária. Tal componente estaria relacionado, *grosso modo*, a uma estrutura de personalidade autoritária e sadomasoquista, engendrada pelo funcionamento do capitalismo pós-liberal. Nesse sentido, a psicanálise seriadesde então elemento central nas explicações da teoria crítica, com especial destaque no período para os escritos de Erich Fromm. Trabalhadores e indivíduos de outras classes dominadas reproduziriam um padrão de comportamento avesso às expectativas de solidariedade classista. Aos olhos de Horkheimer eFromm, figuras centrais do Instituto nos anos 1930, isso seria fundamental para entender por que muitos operários alemães teriam apoiado as hostes nazifascistas e ajudado na ascensão de Hitler ao poder.

---

36 Esse resumo está baseado em minha dissertação de mestrado. Ainda que a autocitação seja algo a se evitar em um trabalho acadêmico, acredito que a remissão a esse trabalho anterior possa mostrar como a questão é muito mais complexa do que os parágrafos a seguir mostram. Meu intuito com o resumo do problema é apenas precisar o pano de fundo construído e sobre o qual os textos de Marcuse se apoiam.

CAPITALISMO PERENE 261

Embora entre os anos 1930 e 37os teóricos do Instituto já vissem com bastante preocupação os processos de adaptação dos trabalhadores aos mecanismos de dominação social, a teoria crítica ainda pretendia contribuir diretamente para a formação de uma consciência de classe emancipadora, mostrando as contradições sociais mais significativas. Com a publicação de "Teoria tradicional e teoria crítica" há uma ruptura com essa expectativa. Diante do massacre de vários trabalhadores organizados e seus movimentos, ao mesmo tempo em que muitos proletários apoiavam o autoritarismo do governo Hitler, Horkheimer tomaria distância em relação às formulações do início dos anos 1930. A teoria crítica se via forçada a estar separada do proletariado e a se resguardar enquanto memória do marxismo.

Se, de fato, os conceitos da teoria freudiana contribuíram enormemente para as análises da teoria crítica, era evidente para os intelectuais do Instituto que esse recurso não seria suficiente para entender a complexidade do problema. Ao lado da teoria do caráter autoritário e sadomasoquista, foi necessário tecer uma reflexão em torno da questão da reificação, tal qual lançada por Lukács na década anterior. Sem o recurso aos ensaios de *História e consciência de classe* não se pode compreender como os autores puderam tecer diagnósticos sobre a derrota da revolução socialista. Assim, ficaria cada vez mais claro que a estrutura social do capitalismo conseguia impor aos indivíduos a aceitação da ordem das coisas como algo naturalizado. Certamente, a teoria lukácsiana não seria aceita sem críticas por parte dos autores de Frankfurt. Em especial, cabe citar a crítica de Horkheimer ao modo como a construção lukácsiana esteve assentada em uma concepção problemática de filosofia da história.

Com a violência imposta pelo regime nazista e o irromper da segunda guerra mundial, o quadro explicativo da integração ganharia contornos cada vez mais acentuados, especialmente se tivermos em vista as transformações no seio da própria teoria crítica. Conhecida pela expressão "crítica da razão instrumental", essa virada nos trabalhos da teoria crítica foi marcada, como visto no capítulo sobre a *Dialética do esclarecimento*, por uma compreensão radical dos processos de racionalização ao longo de toda história ocidental. O problema da integração estaria, desde então, relacionado à crítica da razão, assim como à crítica da dominação da natureza e dos homens. Mas, ao contrário da simples rejeição das análises anteriores, temos aqui elementos adicionais, que permitiram aos autores compreender por que os indivíduos e a sociedade encontram na barbárie o estado normal de coisas. Como sabemos, a própria noção de indivíduo teve de passar por uma séria reavaliação diante dos acontecimentos históricos.

O mesmo se pode dizer sobre o conceito de classes sociais. Sob o ponto de vista da teoria crítica do período, a experiência da integração social seria a maneira com a qual os indivíduos poderiam sobreviver diante da catástrofe nazista e da guerra. Os laços que uniriam os trabalhadores individuais estariam tão completamente aniquilados que pouco adiantaria falar à época de um processo que possibilitasse e revertesse a integração. Ao mesmo tempo, o conceito de massas foi mobilizado para dar conta das novas modalidades de relacionamento entre indivíduo e sociedade. De forma grosseira, é possível dizer que o termo "massa" diz respeito à nova configuração que a classe trabalhadora ganha com o desenvolvimento do capitalismo, além é claro da mudança nas relações entre indivíduo e sociedade, levadas a cabo também por conta do desenvolvimento técnico. "A solidão, a própria condição que manteve o indivíduo contra e além de sua sociedade, tornou-se tecnicamente impossível".[37]

Diante desse quadro, Marcuse pode retrabalhar alguns pontos esmiuçados nas análises anteriores do Instituto de Frankfurt. De maneira sucinta, é possível dizer que a análise sobre a integração nos anos 1930/40 se mostra como a antessala dos acontecimentos do pós-guerra. Ela foi um prenúncio do que estaria por vir na medida em que várias das características que marcaram a ascensão e a solidificação do Estado de bem-estar social já estavam contidas nas políticas estatais dos anos anteriores ao fim da segunda guerra mundial. Assim, o ensaio de 1941, "Algumas implicações sociais da tecnologia moderna", pode novamente oferecer algumas pistas a respeito da questão da integração na obra de Marcuse. Vimos como Marcuse teceu comentários semelhantes aos de Horkheimer a respeito do declínio da individualidade no capitalismo pós-liberal. De maneira semelhante, a crítica ao estatuto das classes nas sociedades burguesas da época foi marcada por essa passagem.

Para Marcuse, um dos aspectos centrais do capitalismo pós-liberal consiste na indiferença da sociedade perante o pensamento crítico. Um indício do desprezo diante da dominação e da heteronomia estaria representado pelo fato de que bandeiras outrora empunhadas pelo movimento operário foram absorvidas por seus adversários, sobretudo pelo movimento fascista. Temas caros à análise marxista como a crítica ao imperialismo e aos processos de concentração econômica foram tomados pelo nazismo para justificar sua política expansionista e a repressão aos opositores ao governo.[38] Mais do que isso: esse entrecruzamento entre a teoria marxista tradicional e seus mais ferrenhos opositores demonstraria como a racionalidade crítica pode ser absorvida pela racionalidade tecnológica. A força original dos conceitos desenvolvidos ao

---

37 *OHU*, p. 81; *ODM*, p. 74.

38 Não deixa de ser interessante observar que o partido nazista se chamasse nacional-socialista. A apropriação de temas tradicionais do marxismo também seria o índice das próprias dificuldades teóricas e práticas do marxismo da época. Para uma interessante problematização da questão, cf. Neumann, *Behemoth, op. cit.*, pp. 191-3.

CAPITALISMO PERENE

longo da história e da organização dos movimentos dos trabalhadores perderia seu vigor conforme o desenvolvimento do capitalismo acarretasse a absorção dos trabalhadores à vida cotidiana da sociedade. Daí porque Marcuse tenha se esforçado desde o início de sua carreira intelectual para revitalizar o marxismo, buscando novas fontes para a fundamentação do materialismo histórico, como diz o título de um de seus primeiros ensaios – diferentemente do ambiente intelectual do pós-guerra, que simplesmente advogou o fim da teoria marxista diante das transformações do capitalismo e do lugar ocupado pelos trabalhadores, em especial.[39]

> À medida que estas afirmações se tornam parte da cultura estabelecida, no entanto, parecem perder seu poder de ataque e se fundem ao antigo e ao familiar. Esta familiaridade com a verdade mostra a que grau a sociedade se tornou indiferente e insensível ao impacto do pensamento crítico. Pois as categorias do pensamento crítico preservam seu valor de verdade somente quando levam à completa realização das potencialidades sociais que vislumbram, e perdem seu vigor se determinam uma atitude de submissão fatalista ou assimilação competitiva.[40]

Vários fatores contribuíram para o ofuscamento do pensamento crítico, a começar por aquilo que o autor chamou de "expansão do aparato industrial" por todas as esferas da vida.

Sabemos que a história do capitalismo deu origem a processos de concentração e centralização do capital. Ao mesmo tempo, a mecanização serviu para o aumento da produtividade, já que, com o uso crescente das máquinas no processo de produção, o tempo socialmente necessário à produção de mercadorias declinou, fazendo com que a jornada de trabalho aumentasse a parcela de trabalho não pago. A expansão da mais-valia relativa foi crucial como elemento impulsionador do uso das máquinas e de reorganização dos processos internos de produção. Essa ampliação da racionalidade tecnológica determi-

---

39 Não cabe aqui, é verdade, uma análise minuciosa da maneira como Marcuse entendia o marxismo, começando pela reapropriação das categorias heideggerianas, passando pelo confronto com a teoria hegeliana e com a psicanálise freudiana, e desembocando no apoio aos novos movimentos da esquerda, como o feminismo e o movimento estudantil. Destaco a necessidade de Marcuse em reformular os conceitos e problemas do marxismo unicamente para mostrar como o autor entendia de maneira profunda o enraizamento comum entre certos temas do marxismo tradicional e os partidos fascistas. Para uma exposição detalhada dessa trajetória, remeto o leitor ao texto de Alfred Schimdt, "Herbert Marcuse – Versuch einer Vergegenwärtigung seiner sozialphilosophischen und politischen Ideen". *In:* Institut für Sozialforschung (org.), *Kritik und Utopie im Werk von Herbert Marcuse, op. cit.*, pp. 11-50.

40 Marcuse, "Algumas implicações sociais da tecnologia moderna", *op. cit.*, p. 86; "Some social implications of modern technology", *op. cit.*, p. 51.

nou uma mudança nos padrões de comportamento, como vimos acima: o controle dos indivíduos passou a ser feito de forma cada vez mais internalizada, isto é, em vez de controles externos rígidos, os indivíduos aprenderam que, para se adaptar à expansão desse aparato, era necessário mais do que nunca o autocontrole.[41] Para sobreviver, segundo uma formulação aguda de Marcuse, os indivíduos têm de necessariamente imitar o comportamento de seus semelhantes.

No entanto, somente a expansão do aparato industrial não ajuda a explicar a impotência social do pensamento crítico. Para isso foi decisivo que setores importantes de oposição social tenham sido absorvidos, e cujo exemplo mais evidente é o destino do movimento operário. Esses grupos, dos quais se originou a racionalidade crítica, já não possuiriam mais esse potencial negativo, na medida em que sua organização foi "padronizada pelo aparato". Para Marcuse, seus órgãos e instituições encontravam-se

> impregnados pela racionalidade tecnológica que molda os interesses e as atitudes daqueles que dependem dela, de modo que todos os objetivos e valores transcendentes são eliminados. [...] Os valores de verdade críticos, nascidos num movimento oficial de oposição, têm sua importância modificada quando este movimento se incorpora ao aparato. Ideias como liberdade, indústria produtiva, economia planejada, satisfação de necessidades veem-se então fundidas com os interesses de controle e competição. O sucesso organizacional palpável suplanta assim as exigências da racionalidade crítica.[42]

Tal processo teria sido aparentemente o resultado inevitável da expansão industrial e de seu "exército de dependentes". Sua organização e suas reivindicações só poderiam ser bem-sucedidas se fossem coordenadas em grande escala, o que explica porque "os grupos de oposição foram se transformando em partidos de massa e suas lideranças em burocracia de massa. Esta transformação, no entanto, longe de dissolver a estrutura da sociedade individualista e

---

41   Não seria por acaso que um autor atento como Antonio Gramsci tivesse percebido com clareza esse processo de reorganização não só do aparelho produtivo, mas também da vida dos trabalhadores, no texto "Americanismo e fordismo". Para uma interessante avaliação a respeito da proximidade de alguns aspectos das análises de Gramsci e da teoria crítica, em especial de Adorno e Horkheimer, cf. o texto de Alex Demirović, "Rekrutierung von Intellektuellen im Fordismus. Vergleichende Anmerkungen zu Horkheimers und Adornos Analyse der Kulturindustrie und Gramscis Analyse der Zivilgesellschaft". *In:* Oliver Brüchert e Christine Resch (orgs.), *Zwischen Herrschaft und Befreiung. Politische, kulturelle und wissenschaftliche Strategien. Festschrift zum 60. Geburtstag von Heinz Steinert.* Münster: Westfälisches Dampfboot, 2006, p. 55-69.

42   Marcuse, "Algumas implicações sociais da tecnologia moderna", *op. cit.*, pp. 87-8; "Some social implications of modern technology", *op. cit.*, p. 52.

criar um novo sistema, sustentava e reforçava suas tendências básicas".[43]

Ao mesmo tempo em que a crescente organização do aparato produtivo teria resultado na absorção burocrática das organizações proletárias, esse processo também correspondeu à massificação das classes dominadas. O crescimento do número de trabalhadores, aliado à questão da despersonalização e da urbanização que acompanha o desenvolvimento do capitalismo, passou a ser tema da análise social desde meados do século XIX. Pode-se dizer até mesmo que este é um dos temas constituintes do nascimento da sociologia. No entanto, quando se tem em vista a evolução das análises a respeito do tema, percebe-se claramente seus tons conservadores, já que a ascensão dos trabalhadores e a diluição de seus membros em grupo "amorfo" constituiria um perigo à ordem social burguesa. Ainda que essas análises fossem tomadas como ponto de partida pelos teóricos de Frankfurt, seu conteúdo sofreria uma inflexão completamente diversa. De forma sucinta, é possível dizer que, embora a integração dos indivíduos na massa aparecesse como um fenômeno social desestabilizador, ela teria sido crucial para o seu contrário, a saber, para a efetivação da ordem na parte mais recôndita dos indivíduos.

Dessa maneira, Marcuse procura entender a massificação dos indivíduos como resultado direto do desenvolvimento do capitalismo. Em vez de representar um risco à manutenção da sociedade, esse processo estaria estreitamente relacionado à exploração e à dominação. "O peso e a importância das massas aumentam com o crescimento da racionalização, mas ao mesmo tempo são transformados em uma força conservadora, ela própria perpetuando a existência do aparato".[44] Para mostrar como a individualidade se encontrava sob novos parâmetros, assim como os grupos sociais que outrora representavam a negatividade são paulatinamente incorporados à sociedade, o autor diz:

> Quase todos se tornaram membros potenciais da multidão, e as massas fazem parte dos instrumentos cotidianos do processo social. Como tais, podem ser facilmente manipuladas, pois os pensamentos, sentimentos e interesses de seus membros foram assimilados ao padrão do aparato. [...] As massas coordenadas não anseiam por uma nova ordem, mas por uma fatia maior da ordem dominante. Através de sua ação, elas lutam para corrigir, de forma anárquica, a injustiça da competição.[45]

A massa, portanto, seria um mecanismo social com uma incidência profunda sobre os indivíduos, que de "unidade de resistência e autonomia" passam a ser maleáveis e adaptáveis.[46] Em vez de por a eficiência e coerência do

---

43 *Ibidem*, p. 88; *ibidem*, p. 53.

44 *Ibidem*, p. 89; *ibidem, loc. cit.*

45 *Ibidem*, p. 90; *ibidem*, p. 54.

46 *Ibidem*, p. 91; *ibidem*, p. 55.

sistema em risco, a massa teria facilitado a progressiva coordenação da sociedade e o crescimento da burocracia autoritária.

Com o fim da Segunda Guerra Mundial, Marcuse escreveu um texto em forma de teses, no qual procurou esboçar as tendências sociais que lhe pareciam centrais para o desenvolvimento futuro. De forma resumida, os temas das teses giravam em torno da possibilidade da reconstrução de uma política organizada da classe trabalhadora, que se opusesse, no entanto, tanto aos partidos socialdemocratas quanto às organizações pautadas pela política soviética – muito embora Marcuse tenha expressado no texto certa esperança no aprofundamento das medidas socialistas nas sociedades do leste europeu.

Nesse texto Marcuse já apontava explicitamente para a necessidade de se entender as novas configurações das relações entre as classes como expressão direta das transformações do capitalismo. Ao comentar o tipo de política que a União Soviética praticava, ele é explícito: as tendências comunistas seriam *"a expressão e o resultado de uma mudança estrutural dentro da classe trabalhadora* em sua relação com as outras classes. A transformação da forma de dominação do capital (sob a qual a justificação política da linha comunista está baseada) também deve ser entendida a partir dessa mudança estrutural".[47] Assim, é possível observar que, logo após o fim da Segunda Guerra Mundial, Marcuse se colocava o problema de uma classe trabalhadora "aburguesada" (*verbürgerlicht*) criticando e ampliando o tema que já aparecia em *História e consciência de classe*. Marcuse chama a atenção para o fato de que o termo "aburguesamento dos trabalhadores" não faz referência somente ao conceito de "aristocracia operária", empregado com bastante frequência pelo marxismo, e cujo exemplo maior estaria nos textos de Lenin, *Que fazer?* e *Imperialismo. Fase superior do capitalismo*. Para ele, falar em aristocracia operária seria insuficiente para dar conta da assimilação da classe trabalhadora no capitalismo, já que o conceito abrangeria uma parcela restrita da classe.

Embora Marcuse tivesse ressaltado nesse texto que a classe trabalhadora continuava a determinar o desenvolvimento conceitual da teoria, seria preciso reconhecer que o movimento operário revolucionário encontrava-se fragmentado. Assim, ele descreve o estado das organizações dos trabalhadores à época: a socialdemocracia teria se incorporado à ordem social; os trotskistas se encontravam divididos e desamparados; os partidos comunistas não estariam dispostos a fazer a revolução, embora fossem a única forma política anticapitalista dos trabalhadores e, portanto, sua única base para uma revolução. Por isso mesmo, Marcuse não deixou de ressaltar que, pela organização de seus

---

47 Marcuse, "33 Teses" (1947). *In: Tecnologia, Guerra e Fascismo, op. cit.* p. 294, grifos originais; "33 Thesen". *In: Nachgelassene Schriften. Band 5: Feindanalysen. Über die Deutschen*. Lüneburg: zu Klampen, 2007, p. 129, tradução modificada.

CAPITALISMO PERENE

interesses nacionais, a União Soviética constituía-se como barreira a uma possível revolução socialista nos países ocidentais, na medida em que subordinava as estratégias dos partidos comunistas às suas intenções.

A oposição ao tipo de política empreendida pela União Soviética seria o primeiro passo para fazer com que os problemas retornassem ao seu ponto de origem, as relações entre as classes. Assim, Marcuse reforçava a ideia de que seria preciso compreender uma mudança estrutural na forma de dominação do capital. A expressão mais clara dessa transformação estaria radicada na sobrevivência da socialdemocracia, que monopolizara novamente,como no início do século XX, o movimento organizado dos trabalhadores fora dos partidos comunistas, assim como na própria aceitação da ordem por esses últimos partidos e no fato de que não houve um movimento revolucionário de peso após a queda de Hitler. A socialdemocracia teria simplesmente continuado sua política de colaboração entre as classes, anterior à chegada ao poder dos fascistas.

Entretanto, embora o desenvolvimento da socialdemocracia tivesse como base a formação de uma aristocracia operária, "a profundidade e a amplitude do aburguesamento vão bem além da camada da aristocracia operária. Na Alemanha e na França, os·agentes do aburguesamento no período pós-fascista não são em primeiro lugar os expoentes principais da aristocracia operária".[48] Tampouco esse fenômeno poderia ser explicado pela dominação da burocracia sobre as organizações operárias, como algumas vertentes do marxismo afirmaram ao longo do século XX.

Diante do que foi dito, o aburguesamento dos trabalhadores constitui para Marcuse um dos principais desafios a serem compreendidos pela teoria marxista. Ele deveria ser visto como um fenômeno de classe objetivo, e não em relação a um impulso revolucionário ausente ou insuficientede setores da classe, como a socialdemocracia poderia ser em princípio descrita. Portanto, ressalta Marcuse, ele deveria estar relacionado à "integração econômica e política de uma grande parte da classe operária no sistema do capital", mais precisamente, a uma mudança na estrutura da exploração.[49] Nos anos que se seguiram às "33 teses", Marcuse procurou fundamentar esse fenômeno objetivo a partir da mudança estrutural das forças produtivas, ou seja, a partir tanto do desenvolvimento dos meios de produção, corporificado na crescente mecanização industrial, quanto da mudança nas características da força de trabalho. A questão ideológica não seria restrita, como seria o caso em Lukács, a uma simples defasagem entre o estado da consciência proletária e o desenvolvimento do capitalismo, possibilitada pela presença de elementos burgueses dentro da classe trabalhadora, crítica que Adorno e Horkheimer já tinham em mente

---

48 Ibidem, loc. cit.; ibidem, p. 130, tradução modificada.

49 Ibidem, p. 295; ibidem, loc. cit.

268   VLADIMIR FERRARI PUZONE

nos anos 1940.A diferença entre estes autores e Marcuse residiria muito mais
numa questão de ênfase, especialmente por conta das questões que a evolução
do capitalismo entre a publicação de suas obras colocou. A reestruturação da
reprodução social e da acumulação do capital era vista na *Dialética do esclarecimento* por meio do papel que a cultura ganhava, o que não significa uma simples transposição da lógica econômica para a produção estética, como afirma
Habermas – como já foi dito, trata-se muito mais de uma concepção diversa a
respeito da reprodução da totalidade social. O mesmo se pode dizer de *O homem unidimensional*: a mudança na racionalidade tecnológica é fruto de uma
alteração substancial na maneira como a totalidade social se reproduziu. Tanto
aquela defasagem da consciência proletária quanto a semelhança de alguns
traços na consciência de burgueses e proletários seria efeito da reestruturação
do aparato técnico da produção capitalista.

Nesse sentido, Marcuse chamou atenção para uma fusão entre Estado e
capital, com a regulamentação estatal e administrativa da exploração, e que
ganhava centralidade na nova configuração do capitalismo,culminando, anos
mais tarde, na regulamentação do trabalho típica dos países com Estado de
bem-estar social. O livre contrato de trabalho teria dado lugar aos contratos
acordados de maneira pública, circunscrevendo a integração da classe operária.
De fato, o crescimento da participação dos trabalhadores na divisão do produto social seria de tal monta que ele possibilitaria a cooperação com o capital."A
única alternativa seria a reversão objetiva do aburguesamento, o rompimento
da integração por meio das contradições do capitalismo que se desenvolvem,
e que também por isso necessariamente minariam a base econômica sobre a
qual o capital mantém a integração".[50] Mas as perspectivas nos países centrais
do capitalismo não favoreceriam tal alternativa. Segundo Marcuse, a classe
operária estava enfraquecidanos EUA; na Inglaterra, o desenvolvimento do
socialismo sindical e antirrevolucionário levaria ao aperfeiçoamento da integração; a França estaria dividida entre fascismo, sindicalismo e comunistas
soviéticos, assim como a Alemanha. "As contradições em desenvolvimento do
capitalismo tendem ao fascismo ou ao socialismo de Estado antirrevolucionário – não à revolução".[51]

Ainda que as sociedades centrais do capitalismo avançado tivessem uma
evolução diferente daquela prognosticada por Marcuse, pode-se dizer que as
tendências relativas ao aburguesamento da classe trabalhadora seriam refor-
çadas nas décadas seguintes. Comparada ao ensaio de 1947, a descrição de *O
homem unidimensional* corrobora o diagnóstico de que os partidos da classe
trabalhadora nos países centrais estariam mais interessados em sua consoli-

---

50 *Ibidem*, p. 296-7; *ibidem*, p. 132, tradução modificada.

51 *Ibidem*, p. 297; *ibidem*, *loc. cit.*

CAPITALISMO PERENE

dação nos aparatos políticos do que em efetivar uma mudança social radical. De fato, a inserção dessas organizações pode trazer benefícios materiais a uma parcela importante das classes trabalhadoras. Mas, com isso, as possibilidades da transformação, levada a cabo pela classe que personificou a oposição ao todo, estariam ofuscadas, se se levasse em conta a trajetória de seus maiores partidos na Europa Ocidental.

> O partido trabalhista britânico, cujos líderes competem com sua contrapartida conservadora pelo avanço dos interesses nacionais, encontra dificuldades para defender até mesmo um modesto programa de nacionalização parcial. Na Alemanha Ocidental, que tornou ilegal o partido comunista, o partido socialdemocrata, tendo rejeitado oficialmente seus programas marxistas, está provando convicentemente sua respeitabilidade. Esta é a situação nos principais países industriais do ocidente. [...] Quanto aos fortes partidos comunistas da França e da Itália, eles testemunham a tendência geral das circunstâncias ao aderirem a um programa mínimo que arquiva a tomada revolucionária do poder e concorda com as regras do jogo parlamentar.[52]

Não custa lembrar aqui, a título de exemplo, que entre as décadas de 1950 e 1970 os partidos operários tradicionais tiveram seu maior crescimento em termos eleitorais no período pós-guerra.[53] Esse crescimento, no entanto, foi acompanhado por um enfraquecimento de suas bases sociais e por uma alteração em seus objetivos provocada pelas mudanças no capitalismo. Mesmo que os partidos comunistas nacionais contivessem em seus programas a luta pela revolução socialista, eles teriam passado a desempenhar um papel de partidos de oposição legais. Daí o sentido da frase de Marcuse, segundo a qual eles seriam um testemunho "da profundidade e da integração capitalista, e das condições que fazem a diferença qualitativa de interesses em conflito aparecer

---

52 *OHU*, p. 39; *ODM*, p. 22-3, tradução modificada. Em 1959, o partido socialdemocrata da Alemanha Ocidental, herdeiro do partido operário fundado no século XIX com a ajuda de Marx, rompe com o programa políticoe os modelos explicativos expressados pelo marxismo. "O partido socialdemocrata transformou-se de um partido da classe trabalhadora em um partido do povo. Ele quer colocar a serviço da liberdade e da justiça as forças que foram liberadas por meio da revolução industrial e da tecnização de todas as esferas da vida". "Godesberger Programm der SPD. 15 November 1959 (Auszug)". *In*: Axel Kuhn, *Die deutsche Arbeiterbewegung*. Stuttgart: Reclam 2004,p. 346.

53 A respeito do assunto, cf. a introdução de Perry Anderson ao livro *Mapping the West European Left*, editado por Perry Anderson e Patrick Camiller. Londres: Verso, 1994, p. 1-22, e o livro de Geof Eley, *Forging democracy. The History of the Left in Europe, 1850-2000*. New York: Oxford University Prees, 2002, sobretudo o capítulo 19, "Closure: Stalinism, Welfare Capitalism and Cold War, 1947-1956", p. 299-328.

como diferenças quantitativas dentro da sociedade estabelecida".[54] A força dessa aparência foi tão grande à época que ela seria tomada por muitos analistas como um modelo da ruptura das sociedades avançadas em relação ao capitalismo que as precedeu, como vimos no exame da obra de Dahrendorf.

A análise de Marcuse a respeito da classe trabalhadora não parte de uma rejeição *a priori* de suas organizações e partidos. Ao contrário, ele procura mostrar em que medida as mudanças no modo de produção, sobretudo a reorganização técnica da produção, afetaram a posição do proletariado europeu ocidental e americano, que outrora representou uma ameaça ao conjunto do sistema. Se tivermos em vista a visão tradicional do marxismo a respeito da relação entre o aparelho produtivo e o lugar nele ocupado pelos trabalhadores, talvez a questão fique mais clara. Sabemos que o marxismo clássico tendia a ver o aparato técnico como um elemento social neutro, e diante do qual a passagem ao socialismo representaria uma continuidade do progresso levado a cabo pelo capitalismo. Aqui vemos porque Marcuse criticaria a versão dominante das leituras da obra de Marx:

> A teoria marxista clássica encara a transição do capitalismo para o socialismo como uma revolução política: o proletariado destrói o aparato *político* do capitalismo, mas conserva o aparato tecnológico, submetendo-o à socialização. Há uma continuidade na revolução: a racionalidade *tecnológica*, liberta de restrições e destruições irracionais, se mantém e se consuma na nova sociedade.[55]

Marcuse tem em vista aqui as teorias desenvolvidas pelo marxismo não apenas na II Internacional, mas também pelo marxismo soviético, que pautou por muito tempo as análises da esquerda mundial.[56] Assim, a intenção de Marcuse era mostrar em que medida boa parte dos opositores ao capitalismo estavam, na verdade, enredados em sua própria lógica. A modificação qualitativa das relações sociais vislumbrada por Marx teria de passar necessariamente por uma modificação na própria estrutura tecnológica, isto é, a relação dos trabalhadores com os meios de produção teria de superar o trabalho alienante e alienado. Sob hipótesenenhuma isso teria ocorrido nos assim chamados países socialistas, muito menos nos países capitalistas avançados – o que desmenti-

---

54 *OHU*, p. 40; *ODM*, p. 23, tradução modificada.

55 *OHU*, pp. 40-1, *ODM*, p. 24, grifos originais, tradução modificada.

56 Como se sabe, Marcuse publicou um livro, *Soviet Marxism* (1958), no qual procurou dar conta das especificidades e do caráter ideológico da corrente que norteou em grande medida as políticas operárias no pós-guerra. Embora o autor procure mostrar como as sociedades soviéticas constituíam apenas uma variante da racionalidade tecnológica do capitalismo avançado, acredito que uma análise exaustiva da obra não seria pertinente neste trabalho, que tem por foco o exame dos problemas da estabilização próprios ao capitalismo.

ria a ideia de que Marcuse ficaria preso nas análises contemporâneas ao seu livro a respeito de uma sociedade industrial pós-capitalista. No entanto, não se pode dizer que mudanças estruturais não tenham ocorrido nessas sociedades avançadas.

Em que consistiriam, pois, os elementos centrais na mudança da estrutura do aparato produtor e que redundariam na alteração do lugar social da classe trabalhadora? Ao todo, Marcuse cita em *O homem unidimensional* quatro características que, a seu ver, seriam fundamentais para a compreensão da integração da classe operária ao capitalismo avançado: 1) o caráter do trabalho teria sido modificado por conta dos efeitos da mecanização; 2) haveria uma mudança na composição da classe trabalhadora; 3) a integração dos trabalhadores não seria apenas social, mas também cultural; 4) por fim, haveria um enfraquecimento da posição negativa do trabalho. Vejamos esses elementos um a um, a fim de precisar o conteúdo da análise marcuseana.

Para começar, é preciso dizer que para Marcuse a personificação da racionalidade tecnológica não seria reduzida apenas à organização das fábricas e aos meios de produção. Ela diria respeito também à adaptação do comportamento dos trabalhadores e sua postura diante da máquina. A imagem tradicional dos trabalhadores nos mostra um indivíduo que aos poucos pode tomar consciência de sua relação com os meios de produção, tal como a teoria da consciência de classe em Lukács postulava. O processo de trabalho conteria em potencial a possibilidade de que o trabalhador enxergasse a si mesmo como um objeto diante do aparato técnico, o que o despertaria para a relação coisificada entre ele e a ferramenta que opera, abrindo espaço para a interrupção do contínuo da dominação das relações sociais sobre os homens. Segundo Marcuse, porém, essa forma de consciência teria sido barrada pelo desenvolvimento ao aparato técnico de produção e sua produtividade crescente.[57] Em vez de se tornar algo insuportável, a submissão dos indivíduos às relações sociais enquanto coisas teria se tornado aceitável. Isso não quer dizer, porém, que a atividade fabril tenha se tornado mais agradável. De maneira semelhante ao trabalho de Pollock a respeito da automatização, vemos em *O homem unidimensional* que a disseminação da mecanização não significou necessariamente uma diminuição dos sofrimentos dos trabalhadores. Pelo contrário, constata-se que a velocidade do trabalho aumentou, que os operários passaram a ser mais vigiados e que eles se isolaram uns dos outros.

---

57 Em alusão ao processo de tomada de consciência pelo proletariado durante a crise do capitalismo e a dificuldade deste mesmo processo diante da estrutura do capitalismo do pós-guerra, Claussen afirma: "A teoria revolucionária do colapso se baseia em uma experiência universal da catástrofe; no entanto, o funcionamento normal do capitalismo tardio parece mutilar a capacidade para essa experiência". "Im Universum der totalen Verdinglichung – Technik und Vernunftskritik". *Spuren der Befreiung, op. cit.*, p. 154.

A mecanização, tanto no interior das fábricas quanto no conjunto da vida social, teria reduzido a quantidade e a intensidade do trabalho enquanto "gasto de músculos". O gasto de energia física do trabalho estaria dando lugar paulatinamente ao "gasto cerebral". Diante disso, afirmar que a desumanidade da exploração estaria ligada somente à dor física e à miséria do trabalho seria um engano, posto que entraria em contradição com a realidade de um capitalismo que necessitava cada vez mais recorrer às energias psíquicas dos indivíduos. Ou seja, isso implica dizer que as alterações no processo de trabalho também incidem sobre o mais íntimo dos trabalhadores, sua sexualidade e seu inconsciente. "O processo mecânico rompe no universo tecnológico a mais íntima privacidade da liberdade e une sexualidade e trabalho num automatismo inconsciente e rítmico".[58] Como o próprio autor afirma, a questão da integração da classe operária não diz respeito apenas ao consciente. Leitor atento da psicanálise freudiana, Marcuse procurava entrever também a maneira como o domínio do todo sobre os indivíduos também passava por mediações inconscientes.

No terceiro capítulo de *O homem unidimensional*, o autor empreende uma discussão a respeito do estatuto da arte e da sexualidade enquanto esferas que teriam possibilitado a resistência do indivíduo face aos ditames do conjunto da sociedade. Embora estivessem intimamente ligadas ao domínio de classe, já que nem todos tinham acesso à cultura, ambas as esferas representariam na fase liberal do capitalismo a possibilidade de vislumbrar as contradições sociais. No entanto, com o desenvolvimento da sociedade burguesa, essa outra dimensão da existência social ficaria obnubilada – como sabemos, a realidade conseguiria se impor como a única forma de existência possível. Tanto a alienação artística quanto a esfera da sexualidade representam, na visão de Marcuse, possibilidades de sublimação, a partir de uma irreconciliabilidade com o princípio de realidade imposto. Porém, na medida em que elas são abrangidas e incorporadas pela racionalidade dominante, elas tornam-se dessublimação. "Sua incorporação à cozinha, ao escritório, à loja; sua liberação comercial para os negócios e a distração é, em um sentido, dessublimação – substituindo satisfação mediada por satisfação imediata".[59]

Isso só é possível justamente porque a sociedade capitalista avançada foi capaz de oferecer bens e necessidades que anteriormente estavam ao alcance de poucos, de tal forma que os prazeres que esse bem-estar material traz consigo promoveram a coesão e contentamento sociais. Esses dois aspectos estão intimamente ligados ao fato de que os interesses do conjunto da sociedade tenham se tornado também o dos indivíduos, pois foram interiorizados por seus

---

58 *OHU*, p. 45; *ODM*, p. 30, tradução modificada.

59 *OHU*, p. 82; *ODM*, p. 75, tradução modificada.

CAPITALISMO PERENE

impulsos mais íntimos. Segundo Marcuse, haveria, portanto, uma modificação histórica na mobilização social das energias pulsionais do indivíduo.

Com a progressiva mecanização, não só da produção, mas de todo o conjunto social, ocorreu um processo de deserotização do trabalho e demais atividades dos indivíduos. Ou seja, não apenas o tempo de trabalho necessário à produção social foi diminuído, mas também o gasto libidinal que o acompanhava. Consequentemente, tem-se um aumento da experiência e da satisfação puramente sexuais. Em contraste com as energias eróticas, que guardariam um potencial não-domesticável e negativo, as energias puramente sexuais poderiam ser mais facilmente administradas.

> Assim, diminuindo a energia erótica e intensificando a energia sexual, a realidade tecnológica *limita o alcance da sublimação*. Reduz também a *necessidade* de sublimação. No aparelho mental, a tensão entre o que é desejado e o que é permitido parece consideravelmente reduzida e o Princípio da Realidade não mais parece exigir uma transformação arrasadora e dolorosa das necessidades instintivas. O indivíduo deve adaptar-se a um mundo que não parece exigir a negação de suas necessidades mais íntimas – um mundo que não é essencialmente hostil.[60]

Portanto, a partir da ligação entre as transformações do aparato técnico da produção capitalista e as alterações no funcionamento da psique, Marcuse sustenta que os indivíduos passam a ser pré-condicionados à aceitação espontânea do mundo que os cerca. Para Marcuse, trata-se da forma de sociabilidade imposta pelo desenvolvimento do capitalismo. Ora, isso implica dizer também que, embora a liberdade e a igualdade tenham se expandido no capitalismo, o arcabouço teórico da psicanálise permitiria distinguir justamente o contrário, que a afluência e o bem-estar estão alicerçados sobre a repressão: a satisfação das necessidades se faz ao preço de uma redução na psique individual das fontes do princípio de prazer e da liberdade, ou seja, a resistência pulsional contra o princípio de realidade. Ou seja, a psicanálise permitiria descrever aspectos do quais outras análises da época não davam conta, pois estas se atinham à superfície dos acontecimentos.

> Essas tendências bastariam para confirmar a hipótese de Freud de que a repressão aumenta com o progresso da civilização, enquanto seus benefícios materiais e culturais são repartidos entre um maior número de homens subjugados. Os beneficiários estão inextricavelmente ligados às instâncias de produção e distribuição de bens de consumo, que crescem cada vez mais e ampliam sem cessar o aparato gigantesco, o qual precisa dessa expansão para defender tais instâncias dentro e fora das fronteiras

---

60 *OHU*, p. 83; *ODM*, p. 77, grifos originais, tradução modificada.

nacionais; o povo transforma-se em objeto de administração.[61]

Por outro lado, o progresso técnico e o bem-estar permitem que a libido seja introduzida na produção e troca de mercadorias. Dessa forma, Marcuse pode falar de uma mobilização e uma administração da libido que se torna agradável aos indivíduos, o que explica muito a respeito da "submissão voluntária, da ausência de terror, da harmonia preestabelecida entre necessidades individuais e desejos, propósitos e aspirações socialmente necessários".[62] Trata-se, pois, de um tipo de satisfação "que gera submissão e enfraquece a racionalidade do protesto", na medida em que o princípio de prazer ajusta-se à realidade, já que perde as exigências que o fazem se opor à sociedade estabelecida.[63] Não por acaso, a dominação progressiva no capitalismo pode ser perfeitamente aliada a um maior grau de liberdade sexual – ou, numa aproximação entre Marcuse e Foucault, a expansão inaudita do discurso sobre a sexualidade estaria aliada a uma ratificação do poder social.[64] Ao mesmo tempo, a esfera íntima pode ser completamente devassada, isto é, a barreira entre a existência privada e a existência pública teria sido rompida. Ao contrário da dessublimação repressiva, a sublimação preservaria a consciência das renúncias que a sociedade impõe ao indivíduo. Ao desenvolver esse argumento, Marcuse faz uso da expressão "consciência feliz", em alusão à figura hegeliana da consciência infeliz. "Esta sociedade transforma tudo o que toca em fonte potencial de progresso *e* de exploração, de servidão *e* satisfação, de liberdade *e* de opressão. A sexualidade não é exceção".[65]

Na medida em que o instinto de morte é um componente essencial das conquistas técnicas do capitalismo avançado, a crescente capacidade desta sociedade para manipular o progresso técnico aumenta sua capacidade para manipular e controlar esse instinto. Isso significa que a coesão social é fortalecida nas instâncias individuais mais íntimas.

---

61 Marcuse, "A obsolescência da psicanálise", *op. cit.*, p. 107.

62 *OHU*, p. 85; *ODM*, p. 78.

63 Ibidem, *loc. cit.*

64 Sobre o assunto, cf. "A obsolescência da psicanálise", *op. cit.*, p. 105-6. Mais especificamente a respeito da integração da sexualidade à imposição das formas de dominação no capitalismo, veja-se o seguinte trecho, na página 106: "Era nessa esfera que habitava a liberdade ilícita, a perigosa autonomia do indivíduo sob o princípio de prazer: sua limitação autoritária por parte da sociedade testemunhava a profundidade do conflito entre indivíduo e sociedade, ou seja, em que extensão a liberdade era reprimida. Agora, com a integração dessa esfera ao campo dos negócios e dos divertimentos, a própria repressão é recalcada: a sociedade não ampliou a liberdade individual, e sim seu controle sobre o indivíduo. E esse aumento do controle social não é alcançado através do terror, mas através da produtividade e da eficiência mais ou menos útil do aparato social".

65 *OHU*, p. 87; *ODM*, p. 81, grifos originais, tradução modificada.

CAPITALISMO PERENE

> Assim como essa sociedade tende a reduzir e até a absorver a oposição (a diferença qualitativa!) no âmbito da política e da cultura superior, também tende a fazê-lo na esfera instintiva. O resultado é a atrofia dos órgãos mentais em perceber as contradições e alternativas e, na única dimensão restante da racionalidade tecnológica, vem a prevalecer a *Consciência Feliz*.[66]

Essa consciência feliz se caracteriza por acreditar que o sistema é racional e pode entregar as mercadorias que lhe forem necessárias. Dessa maneira, a evolução do aparato de produção capitalista faz com que os indivíduos o vejam como uma instância moral, sob a qual eles submetem seus sentimentos e ideias. Marcuse parece formular aqui, portanto, a existência de um vínculo entre o desenvolvimento da racionalidade tecnológica e seu fortalecimento na estrutura psíquica dos indivíduos enquanto supereu, o que condiz com as teses da teoria crítica de um enfraquecimento do indivíduo. Nesse sentido, é possível traçar um paralelo entre o processo de dessublimação, próprio à vida psíquica no capitalismo tardio, segundo o autor, e a mecanização do trabalho, a qual une o processo de trabalho à sexualidade de maneira inconsciente. Ao mesmo tempo em que o conjunto da vida dos indivíduos deixa aos poucos de levar em conta conteúdos eróticos, e de forma mais específica no ambiente de trabalho, Marcuse procura mostrar que a contrapartida a essa transformação se traduziria na aceitação da realidade enquanto tal, fortalecendo, por fim, a coesão social.

Assim, Marcuse não teve dúvidas em afirmar que "a mecanização cada vez mais completa do trabalho no capitalismo desenvolvido, conquanto sustentando a exploração, modifica a atitude e a condição do explorado".[67] De modo algum isso significaria que o trabalho mecanizado, enquanto atividade quase ou totalmente automática, teria sido posto em segundo plano. Pelo contrário, o capitalismo desenvolvido teria sido capaz de aprimorar simultaneamente ambas as formas de exploração, física e psíquica. Com isso, Marcuse atualiza as antigas discussões do Instituto para Pesquisa Social a respeito do fato de que a adesão à ordem social passava essencialmente pela esfera do inconsciente. Não somente as atividades físicas do trabalhador no processo de produção seriam pautadas pela repetição e rotina. Suas energias mentais também seriam abarcadas pela mecanização. Tal mobilização psíquica teria consequências fundamentais para a constituição da classe trabalhadora enquanto *locus* privilegiado da emancipação:

> O proletário das etapas anteriores do capitalismo era na verdade um animal de carga, pelo trabalho de seu corpo na busca das necessidades

---

66 *OHU*, p. 88; *ODM*, p. 82, grifos originais, tradução modificada.

67 *OHU*, p. 43; *ODM*, p. 27, tradução modificada.

e dos supérfluos da vida enquanto vivia na imundície e na pobreza. Ele era, assim, a negação viva de sua sociedade. Em contraste, o trabalhador organizado dos setores avançados da sociedade tecnológica vive essa negação menos conspicuamente e, como os demais objetos humanos da divisão social do trabalho, está sendo incorporado à comunidade tecnológica da produção administrada.[68]

Em contraposição a Habermas, Marcuse enfatiza a íntima conexão entre os conceitos marxistas de exploração e empobrecimento, ainda que este último devesse ser entendido de maneira relativa. Nos tempos em que a maioria dos trabalhadores podia comprar sua casa própria e seu automóvel, ao menos se pensarmos no *american way of life*, o empobrecimento não diz respeito tanto à miséria absoluta sob a qual viveram (e vivem) por muito tempo os operários. Para além das diferenças entre as rendas do capital e do trabalho, que podem tranquilamente aumentar em períodos de estabilidade e crescimento, o empobrecimento no capitalismo desenvolvido deve ser visto também como a ausência da necessidade de subverter as condições de existência da vida social, sem a qual não pode haver mudança significativa.

A segunda tendência importante nas transformações do aparato produtivo observada por Marcuse diz respeito à estratificação no interior da classe operária. Como vimos na discussão a respeito das características do capitalismo no período pós-guerra, as análises da época tenderam a destacar a diminuição do número de operários fabris, em comparação com o crescimento dos trabalhadores de escritório. Marcuse retoma essa caracterização, afirmando que o número de trabalhadores não empenhados na produção aumentara. Tal modificação estaria intimamente relacionada com a transformação técnica dos meios de produção. "Na situação presente, as características negativas da automatização são predominantes: aceleração do trabalho, desemprego tecnológico, fortalecimento da posição da gerência, impotência e resignação crescentes por parte dos trabalhadores".[69]

Diante da difusão da automatização, não apenas dentro do processo fabril, mas também em relação a seu controle e contabilidade, o trabalhador estaria perdendo a possibilidade de se confrontar com a maquinaria e, portanto, com a própria corporificação das relações capitalistas. Isso estaria ocorrendo justamente na medida em que o trabalhador especializado detinha um conhecimento técnico que lhe permitia se confrontar com os mecanismos produtivos, embora esse mesmo conhecimento fosse uma maneira de escravizá-lo frente à produção. A partir do momento em que a automatização se estendeu para além do processo produtivo imediato, abarcando não apenas os "colarinhos

---

68 *OHU*, pp. 43-4; *ODM*, p. 28.

69 *OHU*, p. 47; *ODM*, p. 33, tradução modificada.

CAPITALISMO PERENE 277

brancos", mas também o pessoal da gerência e da administração, a antiga autonomia do trabalhador especializado teria sido diluída. Assim, ele estaria integrado à produção juntamente com aqueles outros profissionais."O que está em jogo nessas transformações tecnológicas é muito mais do que um sistema de pagamento, do que a relação do trabalhador com outras classes e com a organização do trabalho. O que está em jogo é a compatibilidade do progresso técnico com as próprias instituições que a industrialização desenvolveu".[70]

Por outro lado, a crescente mecanização da vida social, e das fábricas em particular, faz com que os trabalhadores sejam integrados na própria vida das empresas. Essa integração interna estaria evidenciada pelo crescente desejo de muitos trabalhadores em participar da empresa capitalista, isto é, para que ela funcionasse de maneira mais eficiente, além de ser ressaltada pela participação dos sindicatos nas decisões que afetam o destino das fábricas. Dessa maneira, Marcuse pode afirmar com veemência que a integração no interior da fábrica se expande para os outros setores da vida social, como atestaria a assimilação das necessidades, as aspirações a um determinado padrão de vida e as atividades ligadas ao tempo livre.

A descrição dessas mudanças no seio da classe operária permitiu ao autor afirmar que se tratava não apenas de mudanças quanto ao seu status, como afirmaram correntes sociológicas do período. Mais do que isso, elas apontariam para a perda da negatividade representada pelos trabalhadores. Certamente, intelectuais como Dahrendorf e Bell tiraram conclusões a respeito da integração de setores proletários ao conflito social institucionalizado, o que teria reduzido o impacto de suas reivindicações revolucionárias de outrora. No entanto, parece claro que isso não constituiria em si um problema, já que esses autores não tinham em vista a superação da sociedade capitalista. O modo como Marcuse enxergava esse conjunto de problemas é fundamentalmente outro. Tanto Dahrendorf quanto Bell e, em certa medida, Habermas poderiam ser vistos como representantes daquilo que Marcuse chamou de "pensamento positivo", isto é, uma forma de reflexão que tolera as particularidades negativas da sociedade, tais como desemprego, desperdício e superprodução. Elas seriam compreendidas como meros "subprodutos mais ou menos inevitáveis, como o 'outro lado' da história do crescimento e do progresso".[71] Dessa forma, o pensamento positivo contribui para e ao mesmo tempo faz parte da aceitação do estado de coisas. As diversas teorias sobre a sociedade capitalista do período tomavam essa inevitabilidade como algo dado, que deveria ser contrabalançada por mecanismos compensadores – como os escritos de Galbraith e Strachey deixam claros. Para Marcuse,

---

70 *OHU*, p. 46; *ODM*, p. 32, tradução modificada.

71 *OHU*, p. 209; *ODM*, p. 229.

tratava-se de mostrar como a inevitabilidade não era um subproduto do capitalismo, mas o próprio cerne de seu funcionamento. A crítica de Marcuse à racionalidade tecnológica faz todo o sentido diante desse exame, pois ela mostra o irracional inerente a esse racional.

A despeito do fato de que a vida de uma parte importante dos trabalhadores tenha melhorado substancialmente, com a diminuição do trabalho pesado e o acesso ao consumo de mercadorias antes inalcançáveis, as decisões que dizem respeito à própria vida dos indivíduos e do conjunto da sociedade permanecem em lugares e instituições sob os quais eles não têm controle algum. Daí porque Marcuse diga que a diferença entre falsa e verdadeira consciência seja obscurecida em favor da difusão da racionalidade tecnológica, que passa a moldar profundamente os impulsos e instintos. Dessa forma, o autor cunha a expressão "escravos sublimados", para denotar o processo extremado de reificação que passou a atingir os indivíduos nas sociedades capitalistas avançadas do pós-guerra, já que a existência individual se daria a partir da submissão aos instrumentos de produção.

Não apenas os trabalhadores seriam afetados por esse processo. Gerentes e burocratas seriam igualmente atingidos, tendo em vista o caráter totalitário da racionalidade tecnológica. Isso teria reforçado a assimilação da classe trabalhadora, já que o alvo de sua luta contra a exploração estaria se diluindo.

> Os patrões e proprietários capitalistas estão perdendo sua identidade como agentes responsáveis; estão assumindo a função de burocratas numa máquina corporativa. Dentro da enorme hierarquia dos conselhos executivos e gerenciais que se estende muito além de cada estabelecimento até o laboratório científico e instituto de pesquisas, o governo e o propósito nacionais, a fonte tangível de exploração desaparece por trás da fachada de racionalidade objetiva. A frustração e o ódio são privados de seu alvo específico, e o véu tecnológico esconde a reprodução da desigualdade e da escravização.[72]

De fato, a racionalização do processo de produção intensificou a condição do trabalhador como simples "objeto". Mas a retomada da tese lukácsiana é feita ao mesmo tempo em que é ampliada para o conjunto da sociedade capitalista avançada, uma vez que todos os seus indivíduos se comportariam como trabalhadores no interior da fábrica: "conforme a reificação tende a se tornar totalitária em virtude de sua forma tecnológica, os próprios organizadores e administradores se tornam cada vez mais dependentes da maquinaria que eles organizam e administram".[73] Portanto, Marcuse estava atento não apenas às análises a respeito das transformações do perfil da classe operária, mas tam-

---

72 *OHU*, p. 49; *ODM*, p. 35, tradução modificada.

73 *OHU*, p. 50; *ODM*, p. 36, tradução modificada.

CAPITALISMO PERENE 279

bém aos efeitos que as mudanças históricas estavam operando sob os assim chamados "novos grupos profissionais".

Porém, ao contrário da opinião expressa pelos defensores das sociedades pós-capitalistas ou pós-industriais, de que a separação entre proprietários e administradores teria cindido a condição dos capitalistas, e com isso transformado radicalmente os fundamentos da ordem social, seria preciso mostrar como as características essenciais do capitalismo permaneceriam inalteradas. Embora a sociedade por ações e a concentração industrial tenham sido um fenômeno bastante evidente e que transformou o caráter do capitalismo, disso não decorreu uma alteração substancial no fato de que o funcionamento da sociedade permaneceu assentado sob a extração de mais-valia e que "o capital é um instrumento social de dominação do homem pelo homem".[74]Ainda que burgueses e proletários estivessem unidos nos países centrais pelo bem-estar, o fato de que houvesse explorados e exploradores, dominantes e dominados, não deixou de ser a contradição essencial dessa sociedade. Nesse sentido, Marcuse ressalta a transfiguração da dominação em administração. "Um círculo vicioso parece representar de fato a imagem apropriada de uma sociedade que é auto-expansiva e autoperpetuante em sua própria direção pré-estabelecida – impulsionada pelas necessidades crescentes que ela gera e, ao mesmo tempo, contém".[75]

Dominação travestida de administração

Tendo em vista o sucesso do capitalismo em elevar o nível de vida de uma parcela significativa da população e sua eficiência em fazer com que esses indivíduos consumissem mercadorias avidamente, Marcuse afirma em sua obra mais conhecida que as forças sociais de oposição à sociedade estabelecida foram conquistadas por meio da tecnologia. O significado desse alcance não seria de pouca importância, pois ele atingiu não apenas as classes mais favorecidas da sociedade capitalista. A extensão da tecnologia na forma de bens de consumo e serviços também se mostrou possível para as classes trabalhadoras. Sua imagem de um grupo social às margens do centro social não corresponderia mais, segundo o autor, à verdade que a totalidade imprimia. Os outrora antagonistas passariam a ter os mesmos interesses na preservação e melhoramento do estado de coisas. Nesse sentido, Marcuse pode afirmar que, por meio da eficiência técnica esmagadora e do alto padrão de vida alcançados pela sociedade capitalista, esta conseguiu sua realização mais singular.

Em seu livro de 1964, Marcuse reforça a ideia de que o aparto produtivo, cujas transformações foram essenciais no desenvolvimento do capitalismo,

---

74 *OHU*, p. 49, nota 21; *ODM*, p. 35.

75 *OHU*, p. 50; *ODM*, p. 37, tradução modificada.

não seria um elemento neutro, isto é, o aparato técnico de produção e distribuição do que ele chama "sociedade industrial avançada" não funcionaria como a mera soma de meros instrumentos que podem ser isolados de seus efeitos sociais e políticos. Haveria, segundo Marcuse, uma aparente racionalidade da submissão dos indivíduos aos processos sociais vigentes, tendo em vista o progresso tecnológico e a crescente mecanização, além da racionalização e burocratização das esferas sociais, em especial a economia e a política.

Porém, na medida em que não apenas determina as habilidades e atitudes socialmente necessárias, mas também opera sobre as necessidades e aspirações individuais, o aparato técnico do capitalismo desenvolvido tenderia a ser totalitário. Isso significa, pois, que essa sociedade não se tornou mais racional por conta dessa identificação entre as necessidades individuais e as necessidades sociais, ao contrário.O termo totalitário não diz respeito, assim, apenas à clássica discussão da ciência política, pois ele recebe nos textos de Marcuse um sentido bem mais amplo. Ao dizer que a sociedade contemporânea estaria se tornando totalitária, o autor ressalta o fato de que ela manipula as necessidades por meio de interesses gerados nos indivíduos, impedindo qualquer forma *efetiva* de oposição. "Atualmente, o poder político se afirma através de seu poder sobre o processo mecânico e sobre a organização técnica do aparato".[76] Além disso, foi sobre o êxito de sua produtividade que tal sociedade pode mobilizar seu conjunto contra tentativas de transformação radical. "O fato brutal de o poder físico (somente físico?) da máquina superar o do indivíduo e o de qualquer grupo de indivíduos torna a máquina o mais eficiente instrumento político de qualquer sociedade cuja organização básica seja a do processo mecânico".[77]

Dado o potencial contido no aparato técnico de tornar a vida dos indivíduos livre de esforços desnecessários, da labuta, e do trabalho alienado, Marcuse demarcaria sua crítica radical da razão tecnológica operante no capitalismo. Em nome dessa crítica é possível afirmar que as tendências libertadoras da tecnologia são reprimidas em favor da maior submissão e dominação. Com isso, formas obsoletas de luta pela existência e de organização social são perpetuadas, de tal forma que elas não apareçam enquanto tais, mas sim como administração e apaziguamento das contradições do capitalismo. O uso da organização técnica em favor de indivíduos que pudessem de fato ser autônomos representaria o fim dessa racionalidade imperante. Surge aqui um elemento central e que distingue as análises de Marcuse posteriores à segunda guerra em relação ao seu ensaio de 1941. Diferentemente do texto a respeito das implicações sociais da tecnologia moderna, no qual o autor apenas enuncia a questão,

---

76 *OHU*, p. 25; *ODM*, p. 5.

77 *Ibidem, loc. cit.*; *ODM*, p. 6, tradução modificada.

CAPITALISMO PERENE

Marcuse procurou em *O homem unidimensional* ressaltar a importância central da criação de necessidades heterônomas.

"A tecnologia serve para instituir formas novas, mais eficazes e mais agradáveis de controle social e coesão social. [...] não pode, como tal, ser isolada do uso que lhe é dado; a sociedade tecnológica é um sistema de dominação que já opera no conceito e na elaboração de técnicas".[78] Assim, esse sistema determinaria *a priori* tanto o produto de seu aparato quanto as operações de sua manutenção e ampliação. A expressão *a priori* não é usada por acaso. Com ela, Marcuse explicita o fato de que as forças produtivas do capitalismo se impõem sobre os indivíduos à revelia de suas necessidades e vontades, tal como Lukács já fizera por meio do conceito de reificação. Marcuse retoma, portanto, o mote lukácsiano de investigar os mecanismos sociais que fazem com que a sociedade capitalista seja aceita como a ordem natural das coisas.

Talvez seja interessante aqui fazer uma breve remissão a um texto publicado no mesmo ano que *O homem unidimensional*, no qual Marcuse trabalha com as categorias da obra de Max Weber a fim de entender e criticar os nexos entre racionalidade capitalista e o destino tomado pela sociedade burguesa, sobretudo se tivermos em mente a tese de Marcuse segundo a qual a dominação se traveste de administração. Com a ajuda do ensaio "Industrialização e capitalismo na obra de Max Weber", é possível compreender mais a fundo a questão da dominação do aparato tecnológico enquanto sucedâneo das discussões sobre o conceito de reificação.Seria possível dizer também que a estratégia de Marcuse é semelhante àquela empreendida por Lukács em *História e Consciência de Classe*: crítica da sociologia weberiana enquanto momento alto das elaborações da teoria tradicional, o que possibilitaria o acesso às configurações do capitalismo em sua fase avançada. Segundo Marcuse, Weber teria observado alguns aspectos estruturais da racionalidade capitalista como poucos, inclusive sua ligação intrínseca com a dominação da natureza e dos homens. Mas ele mesmo não teria sido capaz de sair das amarras que sua obra impôs – afinal, ele estaria completamente imbuído da ideologia burguesa do progresso. Além disso, à luz do desenvolvimento do capitalismo no século XX, a teoria weberiana apresentaria os limites da própria racionalidade inerente à sociedade burguesa, que teria encontrado uma barreira em seu próprio desenvolvimento, não permitindo ao capitalismo superá-la, sob o preço de romper com a ordem social.

Sendo assim, Marcuse reitera nesse ensaio os elementos críticos de sua discussão a respeito da *affluent society*.

> Na consumação da própria racionalidade capitalista as formas que lhe foram atribuídas por Max Weber foram demolidas, superadas, e sua

---

78 *OHU*, p. 18-9; *ODM*, p. xlvi.

demolição faz com que a *ratio* da industrialização capitalista apareça sob uma luz bem diferente – à luz de sua irracionalidade. Para apontar apenas uma questão: a 'ascese intramundana' já não constitui uma força impulsora no capitalismo desenvolvido, converteu-se antes em uma restrição que serve à conservação do sistema. Keynes denunciou-a como tal, e na 'sociedade afluente' ela se torna perigosa sempre que se coloca no caminho da produção e do consumo de mercadorias supérfluas. Certamente também o capitalismo desenvolvido é construído sobre o 'sacrifício': a luta pela existência e a exploração da força de trabalho precisam continuar de modo sempre mais intenso se a acumulação ampliada deve permanecer possível; aqui, a *planned obsolescnce* (obsolescência planejada), a contra-razão metódica se torna necessidade social. Esse já não é o modo de vida da burguesia como classe que desenvolve as forças produtivas – é muito mais o estigma da destruição produtiva nos termos da administração total.[79]

Marcuse procurou descrever neste trecho algumas das mudanças ocorridas desde o início da consolidação do capitalismo como modo de produção, analisado por Weber em sua obra mais célebre, até o estabelecimento das sociedades burguesas do pós-guerra. Podemos ver que algumas dos temas analisados detalhadamente por Marcuse em *O homem unidimensional* também se fazem presentes aqui. Ao dizer que a "ascese intramundana", aspecto central da compreensão weberiana do surgimento do capitalismo, não seria mais uma força impulsora, Marcuse faz referência a sua discussão a respeito dos limites e potencialidades das forças produtivas no capitalismo avançado. Se por "ascese intramundana" entendermos o controle disciplinado da vida cotidiana em combinação com a sistematização do trabalho enquanto atividade produtora, é possível entender de forma mais clara o que Marcuse pretendia dizer.

Por um longo período da história do capitalismo, foi necessário que a força de trabalho fosse submetida a regularidades e sistematizações para que a produção de mercadorias pudesse ocorrer de maneira a maximizar sua produtividade. Apenas por meio de uma ética do trabalho seria possível fazer com que os trabalhadores se submetessem à logica da produção de mais-valia, de tal forma que seus corpos e mentes se adaptassem a um ritmo de trabalho cada vez mais intenso e extenuante. Essa incorporação do trabalho como atividade central dos indivíduos ocorreu de maneira paralela à introdução gradual da mecanização e da organização fabril, resultando no surgimento da grande indústria. Esta seria uma descrição adequada para o capitalismo clássico, em que a jornada de trabalho ocuparia a maior parte do tempo de vida das pessoas. No entanto, com o progresso dos meios técnicos de produção no século

---

79 Marcuse, "Industrialização e capitalismo na obra de Max Weber" (1964). *In: Cultura e Sociedade*, vol. 2, *op. cit.*, p. 118.

CAPITALISMO PERENE

XX, reduzindo o tempo socialmente necessário à produção de mercadorias, o tempo livre dos indivíduos poderia *potencialmente* aumentar, de maneira que eles pudessem redirecionar suas atividades em direção à satisfação de suas necessidades.

Já sabemos, porém, que as sociedades avançadas do capitalismo tardio têm de negar essa possibilidadea cada momento. Do contrário, estariam abertas as portas para uma nova configuração da vida social, em que o trabalho alienado não mais fosse seu centro de gravidade. Foi diante desse quadro que Marcuse pode afirmar que a "ascese intramundana" entraria em contradição flagrante com as determinações do capitalismo contemporâneo, resultando num entrave ao desenvolvimento das forças produtivas e à transformação social. Dito de outra maneira, haveria para Marcuse uma negação indeterminada, isto é, uma contradição que não apontaria para sua resolução. Embora os meios técnicos para uma sociedade emancipada estivessem disponíveis, eles seriam utilizados para reforçar a dominação e a exploração.

Com isso, Marcuse descreve a racionalidade capitalista por meio de seus aspectos racionais e irracionais. A razão tecnológica seria racional porque presidiu até o momento atual o desenvolvimento das forças produtivas e a ampliação da produção de mercadorias. Mas, ao mesmo tempo, seria irracional porque implica em destruição e dominação crescentes. Por isso, o conceito formal de razão tem de se tornar um conceito crítico ao longo da obra weberiana. No entanto, sua crítica teria se detido e se transformado em apologia da ordem, ao mesmo tempo em que procurou desarmar a única alternativa histórica possível. Isso só acontece porque os termos "industrialização" e "capitalismo" são constituídos eles mesmos na obra de Weber a partir de dois aspectos: sua crítica aos destinos do Ocidente e sua crítica ao percurso histórico alemão.

Quanto à primeira crítica, capitalismo e industrialismo constituiriam as realizações decisivas da racionalidade ocidental. Com relação à segunda crítica, eles determinariam a constituição da Alemanha como nação e o esforço político em destruir o adversário político desse projeto, o socialismo. O capitalismo deveria ser visto, pois, como razão necessária. Ao comentar a relação entre os limites da teoria de Weber e sua defesa da ordem burguesa, Marcuse destaca: "O lado pessoal serve aqui apenas para ilustrar o lado conceitual: mostrar como o próprio conceito de *ratio*, em seu conteúdo crítico, permanece preso à sua origem: a 'razão' permanece razão *burguesa* – e até mesmo apenas uma parte desta, a saber, razão capitalista-técnica".[80] Esse trânsito entre os aspectos mais gerais e abstratos do conceito weberiano de razão e sua apresentação mais concreta seria fundamental, no entendimento de Marcuse, para que a racionalidade tecnológica fosse compreendida em toda sua extensão.

---

80 *Ibidem*, p. 119-20, grifo original.

Embora Weber tenha feito uma autocrítica em suas análises, ela teria permanecido no âmbito da identificação entre razão técnica e razão capitalista-burguesa. Isso o teria impedido de ver que não é a razão técnica em si que produz a "jaula de ferro" (*stahlhartes Gehäuse*)[81], mas sim a razão da dominação, e que a realização plena da razão técnica pode servir à libertação dos homens.

> Em outros termos: a análise do capitalismo de Max Weber não foi suficientemente neutra no que se refere aos valores, na medida em que introduziu os valores específicos do capitalismo nas definições 'puras' da racionalidade formal. Assim se desenvolveu a contradição entre racionalidade formal e material, cujo reverso é a neutralização da razão técnica em face de todos os valores materiais exteriores a ela.[82]

Isso teria possibilitado a Weber aceitar os interesses nacionais como valor que determina a razão técnica.

Sabemos que o conceito de razão formal em Weber está ligado de maneira intrínseca a termos como "cálculo sistemático e metódico" e "ganho economicamente racional". Sendo assim, haveria na obra de Weber uma passagem entre o conceito formal de razão e sua forma específica no capitalismo, numa espécie de transição entre razão teórica e razão prática, ou ainda, uma espécie de domesticação, já que a razão ocidental se torna razão econômica no capitalismo.

> Nesses termos a racionalidade se torna condição de *rentabilidade*, por sua vez orientada por um cálculo sistemático, metódico, 'cálculo capitalista'.

> Na base dessa racionalidade reina a *abstração*, que, ao mesmo tempo teórica e praticamente, obra da organização científica *e* social, determina o período do capitalismo: pela redução de qualidade em quantidade. Como funcionalização universal (tal como se expressa economicamente no valor de troca) ela se torna pressuposto de *eficiência* calculável – eficiência *universal*, na medida em que a funcionalização possibilita *domínio* sobre todas as particularidades (reduzidas a quantidades e valores de troca). A razão abstrata se torna concreta no *domínio* calculável e calculado sobre a natureza e os homens.[83]

---

81 Preferi a tradução bastante conhecida de Talcott Parsons para o conceito original weberiano, ao invés de sua formulação mais precisa contida na tradução brasileira de *A Ética Protestante e o Espírito do Capitalismo*, "rija crosta de aço", simplesmente pelo fato de ela ter se estabelecido como um termo em si.

82 *Ibidem*, p. 132.

83 *Ibidem*, p. 116-7; grifos originais.

CAPITALISMO PERENE

Aqui estariam dados os limites da razão formal, pois da construção técnico-científica não seria possível deduzir seus objetivos, muito menos a matéria de sua construção. Mas, mesmo nos momentos em que o conceito se apresenta de maneira menos concreta na obra de Weber, estaria revelada a desumanidade da razão capitalista, seu lado mais concreto,portanto, já que o sociólogo de Erfurt destacou a necessidade do conflito entre os homens para que o cálculo fosse levado a cabo. O cálculo capitalista significaria, segundo Marcuse, a negação da vida real, a negação de uma racionalidade material. Na visão de Weber, mesmo uma sociedade socialista teria de se pautar pela racionalidade formal, na medida em que a separação entre os produtores e os meios de produção seria um dado essencial da eficiência econômica, isto é, seria uma necessidade técnica,o que implica dizer que Weber termina por naturalizar a razão capitalista: "para Max Weber, ela é a garantia da *disciplina* produtiva técnica e economicamente necessária, que a seguir se converte em modelo de *toda* a disciplina exigida pela sociedade industrial moderna".[84]

Weber teria ainda mostrado que a dominação tem de ser vista como a forma da moderna racionalidade econômica, especialmente em sua análise da burocracia. Para Marcuse, a dominação burocrática, inseparável da industrialização progressiva, seria na verdade a dominação do aparato técnico (*Apparat*) sob o todo social, pois não se pode fazer sem o saber especializado e sem a exploração de todas as possibilidades técnicas disponíveis na sociedade. Tendo em vista que o aparato técnico da produção capitalista é subordinado ao lucro, e não às necessidades humanas, a reificação da razão encontra expressão nos trabalhos de Weber, ou ainda, a reificação *como* razão.

> Mas, quando a administração burocrática em toda a sua racionalidade permanece meio e, portanto, dependente, então, enquanto racionalidade, ela tem seu próprio limite: a burocracia se subordina a um poder extraburocrático e superior à burocracia – a um poder 'alheio à empresa produtiva'. E se a racionalidade se concretiza na administração e *somente nela*, então o poder legislador precisa ser *irracional*. O conceito weberiano de razão termina no *carisma* irracional.[85]

Somente por meio do carisma estaria garantida a dominação da administração racional, pois esta tenderia à superação da própria dominação, ao administrar as coisas. Para que o aparato técnico seja fortalecido, é necessária "uma paralela limitação e manipulação da democratização", que só o recurso ao carisma possibilitaria. À perspectiva de autodeterminação contida no

---

84 *Ibidem*, p. 123, grifos originais.

85 *Ibidem*, p. 126-7, grifos originais. Acredito que, quando Marcuse se utilize do termo *Apparat*, ele esteja se referindo não apenas aos aparelhos da burocracia, mas também ao aparato técnico da produção capitalista.

desenvolvimento do aparato de produção capitalista deve ser contraposta a dominação como privilégio de interesses particulares. A forma clássica e tecnicamente eficiente dessa solução seria oferecida, segundo Marcuse, pela democracia plebiscitária, "em que as massas periodicamente depõem seus líderes e lhes determinam a política – em condições preestabelecidas e bem controladas pelos líderes. [...] A democracia plebiscitária é a expressão política da irracionalidade convertida em razão".[86]

Weber teria vislumbrado essa contradição, pois ele destaca a administração burocrática do capitalismo industrial como um nivelamento, mas nivelamento dos dominados frente aos grupos dominantes articulados na burocracia. Por isso, ele teria insistido no fato de que, enquanto expressão da racionalidade formal, o aparelho administrativo seria um instrumento de poder de primeira grandeza. "Trata-se da dependência total do funcionamento de um aparelho onipresente que se converte em 'fundamento de toda a ordem', de maneira que o aparelho ele próprio já não é posto em questão".[87] Assim, dado que a ordem à qual os indivíduos se submetem é em si racional, pois "administra e possibilita calcular o mundo das mercadorias e dos serviços, imperscrutável e inacessível às pessoas individualmente", a submissão não poderia se tornar consciente aos indivíduos. A dependência ao aparelho teria se tornado para Marcuse cimento da ordem social. Esse conformismo seria um dado novo apresentado pelo desenvolvimento do capitalismo, na medida em que "é racional em um grau sem precedente. Sustenta uma sociedade que reduziu – e em suas áreas mais avançadas eliminou – a irracionalidade mais primitiva dos estágios precedentes, que prolonga e aprimora a vida mais regularmente do que antes".[88] Isso faz com que o poder da sociedade sobre os homens possa aparecer como algo inocente, ou melhor, desprovido de seu caráter dominador, já que é um poder que traz consigo eficiência e produtividade técnica.

Falsas e verdadeiras necessidades

No entanto, para entendermos de maneira mais ampla a questão dessa dependência enquanto momento central da reificação, não se pode descurar da análise feita por Marcuse a respeito da manipulação das necessidades operada no capitalismo no século XX.[89] "A mais eficaz e duradoura forma de guerra

---

86 *Ibidem*, p. 128.

87 *Ibidem*, p. 129.

88 *OHU*, p. 92; *ODM*, p. 87, tradução modificada.

89 Segundo Behrens, por meio da categoria necessidade, Marcuse empreende uma atualização da crítica marxiana da ideologia para além da referência a uma visão de mundo ou com base numa teoria do reflexo. Cf. Übersetzungen. *Studien zu Herbert Marcuse*, *op. cit.*, p. 182.

CAPITALISMO PERENE

contra a libertação é a implantação de necessidades materiais e intelectuais que perpetuam formas obsoletas da luta pela existência".[90] Marcuse descortina, então, uma das questões mais importantes de sua obra, a diferença entre falsas e verdadeiras necessidades. As necessidades falsas seriam "superimpostas ao indivíduo por interesses sociais ao reprimi-lo: as necessidades que perpetuam a labuta, a agressividade, a miséria e a injustiça".[91] Dizer que tais necessidades são falsas significa que elas não apenassão agradáveis aos indivíduos e por eles aprovadas e reproduzidas. Mais do que isso, tais necessidades passaram a fazer parte do próprio indivíduo. Tendo em vista as discussões realizadas sobre os operários alemães e sobre autoridade e família no Instituto de Frankfurt nos anos 1930, não nos soa estranho que Marcuse tenha feito tais afirmações.

Desta forma, a precisão do conceito passa pela constatação de que o desenvolvimento do indivíduo ocorre de maneira repressiva, repressão exigida pela própria sociedade, para que ela funcione sem maiores e perturbações. "A maioria das necessidades comuns de descansar, divertir-se, comportar-se e consumir de acordo com os anúncios, amar e odiar o que os outros amam e odeiam, pertence a essa categoria de falsas necessidades".[92] Numa clara referência ao tema da reificação, Marcuse define as falsas necessidades pelo fato de que suas funções e conteúdo são determinados por forças externas ao indivíduo, sobre as quais ele não possui controle: o desenvolvimento e a satisfação dessas necessidades seriam heterônomos. Dado o problema da imposição exterior, surge a questão: como definir o que seriam necessidades verdadeiras, se os indivíduos só podem decidir por suas necessidades se forem autônomos – "como podem as pessoas que tenham sido objeto de dominação eficaz e produtiva criar elas próprias as condições de liberdade"?[93]

Para começar, deve-se observar que a maneira pela qual Marcuse julga conveniente definir as necessidades verdadeiras remete à discussão de sua constituição histórica e objetiva. Assim, é possível defini-las a partir das possibilidades contidas, de forma contraditória, no seio das sociedades capitalistas contemporâneas. Como dito anteriormente, elas contém o potencial de libertar o indivíduo do trabalho desnecessário, alienado, e satisfazer plenamente

---

90 *OHU*, p. 26; *ODM*, p. 6.

91 *Ibidem, loc. cit, ODM*, p. 7.

92 *Ibidem, loc. cit.;ibidem, loc. cit.*

93 *OHU*, p. 27; *ODM*, p. 9. Somente por meio dessa separação entre verdadeiras e falsas necessidades é que Marcuse pode afirmar que a satisfação de necessidades individuais se constitui, de maneira aparentemente paradoxal, como um recurso privilegiado da dominação. Nesse sentido, a divisão daria supostamente lugar a uma visão autoritária e elitista por parte de Marcuse. Sobre o assunto, cf. Ross Fitzgerald, "Human Needs and Politics: the ideas of Christian Bay and Herbert Marcuse". *Political Psychology*, vol. 6, n. 1, março 1985, p. 87-108.

suas necessidades vitais, tais como comer, dormir e vestir-se. Porém, a mesma racionalidade técnica, que permitiria aos indivíduos libertar-se da heteronomia da qual são objetos, torna mais difícil imaginar a maneira pela qual sua autonomia seria conquistada. Ao mesmo tempo em que as falsas necessidades são introjetadas pelos indivíduos como necessidades suas, as sociedades avançadas conseguem sufocar as necessidades que apontam para a libertação. Isso constituiria, segundo Marcuse, uma particularidade distintiva de tais sociedades. O funcionamento do capitalismo avançado passaria longe da pura e simples repressão ou manipulação.

Diante dessas constatações, Marcuse pode afirmar que a liberdade foi transformada em instrumento de dominação. Ele pensa particularmente na difusão do consumo de mercadorias, possibilitado pelas inovações tecnológicas e sua introdução na esfera privada dos indivíduos, e cujos maiores símbolos são a televisão e o automóvel,elementos-chave do bem-estar. Apesar de o indivíduo poder escolher entre um número virtualmente infinito de mercadorias a sua disposição, em hipótese alguma ele é livre para determinar o que e como será produzido.

> Aqui, os controles sociais extorquem a necessidade irresistível para a produção e o consumo do desperdício; a necessidade de trabalho estupefaciente onde não existe mais a necessidade real; a necessidade de modos de descanso que prolongam e mitigam essa estupefação; a necessidade de manter liberdades enganosas como as de livre competição a preços determinados, uma imprensa livre que se autocensura, a livre escolha entre marcas e engenhocas. [...] A livre escolha entre ampla variedade de mercadorias e serviços não significa liberdade se esses serviços e mercadorias sustêm os controles sociais sobre uma vida de labuta e temor – isto é, se sustêm alienação.[94]

Mesmo que o indivíduo reproduza tais necessidades de forma espontânea isso não significa que ele seja autônomo. Para Marcuse, ao contrário, isso denota o poder dos controles sociais sobre ele.

> Os meios de transporte e comunicação em massa, as mercadorias casa, alimento e roupa, a produção irresistível da indústria de diversões e informação trazem consigo atitudes e hábitos prescritos, certas reações intelectuais e emocionais que prendem os consumidores mais ou menos agradavelmente aos produtores e, através destes, ao todo. Os produtos doutrinam e manipulam; promovem uma falsa consciência que é imune à sua falsidade. E, conforme esses produtos benéficos tornam-se disponíveis a mais indivíduos e mais classes sociais, a doutrinação que eles portam deixa de ser publicidade; torna-se um estilo de vida.[95]

---

94 OHU, p. 28; ODM, p.9-10.

95 OHU, p. 32; ODM, p. 14, tradução modificada.

CAPITALISMO PERENE 289

Temos aqui, portanto, uma clara identificação entre o mundo das mercadorias e as necessidades dos indivíduos. As necessidades não poderiam, então, constituir-se de maneira a liberar os indivíduos, já que são moldadas pela forma-mercadoria, o que significa que as necessidades são determinadas por relações sociais que fogem ao controle dos agentes sociais. Nesse sentido, a abundância de mercadorias estaria estreitamente relacionada à satisfação dos indivíduos, embora essa satisfação fosse um corolário da dominação.

Não se trata de dizer, como seria possível afirmar, que as pessoas são doutrinadas pelos "meios de informação", isto é, que apenas na fase mais avançada do capitalismo, simbolizada pela onipresença da indústria cultural, é que tal fenômeno ocorreria. Seu precondicionamento é anterior ao surgimento e à consolidação da "cultura de massas". A diferença crucial residiria na indistinção entre as necessidades dadas e as possíveis, que de fato só ocorre após um longo período de transformações no coração do capitalismo. Com o rápido crescimento econômico assistido nos países capitalistas centrais após a segunda guerra mundial, não haveria mais distinções de classe em relação às mercadorias disponíveis, pois tanto patrões quanto trabalhadores teriam acesso aos mesmos bens e serviços – o que de toda maneira se revela para Marcuse um sinal ideológico, pois isso marcaria uma aparente igualdade entre os diferentes indivíduos no sistema. Não se trata de dizer que as classes teriam desaparecido, mas, sim, que todos os indivíduos passaram a compartilhar "as necessidades e satisfações que servem à preservação do sistema existente".[96]

A própria expressão ideologia deveria ser reavaliada – ou, como Marcuse aponta, a noção mesma de alienação parece ser colocada em xeque, tamanha a capacidade que o capitalismo avançado atingiu em transformar o mundo à imagem e semelhança dos indivíduos. Dito de outra maneira, eles passaram a se reconhecer nas mercadorias que desejam e adquirem. Assim, como avaliar o problema da ideologia, que em sua formulação clássica postulava uma diferença entre a realidade e o que se dizia ou se imaginava dela? "O próprio mecanismo que ata o indivíduo à sua sociedade mudou, e o controle social está ancorado nas novas necessidades que ela produziu".[97] Dessa maneira, o tema das transformações no caráter da ideologia constitui a outra face da temática do fetichismo da tecnologia imposto pelo desenvolvimento do aparato produtivo. Vimos que o exame da racionalidade tecnológica característica do

---

96 *OHU*, p. 29; *ODM*, p.10, tradução modificada. Fiz uso da expressão "sistema existente" porque acredito que ela traduz melhor a expressão *Establishment*, que foi traduzida de forma literal por "Estabelecimento". Na tradução alemã de Alfred Schmidt consta a palavra "Bestehenden", que julgo ser uma solução adequada.Cf. Marcuse, *Der eindimensionale Mensch. Studien zur Ideologie der fortgesschrittenen Industriegesellschaft. Schirften*, vol 7. Springe: zu Klampe, 2004p. 28.

97 *OHU*, p. 29-30; *ODM*, p.11.

capitalismo avançado é um desdobramento das análises de Lukács a respeito da reificação, ou ainda, tem suas raízes ainda mais distantes nos capítulos de sua obra principal nos quais analisa os efeitos a mecanização industrial sobre os trabalhadores. Trata-se agora de destacar um tema bastante candente no período histórico em que a obra de Marcuse foi escrita. De forma sucinta, é possível dizer que a ideologia não poderia ser mais vista como a simples racionalização de uma visão de mundo com vistas à dominação por parte de uma classe social específica. Com as transformações do capitalismo, a questão ganharia contornos maiores, já que, no dizer de Marcuse a própria realidade teria se tornado ideológica– ao mesmo tempo em que é amparado pelas análises de Adorno e Horkheimer a respeito do problema, *O homem unidimensional* salienta a perspectiva pessoal de seu autor.

Para compreender melhor o problema posto, é necessário avaliar o papel que a organização técnica da produção ganhou enquanto forma de controle social. Marcuse destaca aqui uma diferença crucial do capitalismo avançado. Se no capitalismo liberal a integração e a sujeição dos indivíduos à sociedade eram feitas por meio do aparato produtivo, isso não acontecia sem que fossem sentidas como formas de assujeitamento e compulsão. Ou seja, integração social e sujeição à dominação eram fenômenos percebidos como formas irracionais. Com o desenvolvimento da organização produtiva, a mesma submissão ganha a aparência de racionalidade, pois os controles tecnológicos parecem servir ao bem comum. Daí que mesmo o protesto contra esse estado de coisas tenha parecido cada vez mais irracional, pelo menos do ponto de vista do todo social. "Esse é o aspecto sócio-psicológico do acontecimento político que marca o período contemporâneo: o desaparecimento das forças históricas que, na fase anterior da sociedade industrial, pareceram representar a possibilidade de novas formas de existência".[98]

Nesse sentido, a produção de novas necessidades está diretamente ligada às novas formas nas quais se apresenta a dominação, isto é, ela diz respeito à maneira como as transformações do capitalismo foram acompanhadas pelo desenvolvimento necessário de novas formas de sujeição dos indivíduos, tendo em vista que as formas tradicionais já não seriam suficientes para compreender as mudanças sociais. "Como a sociedade afluente depende cada vez mais da ininterrupta produção e consumo do supérfluo, dos novos inventos, do obsoletismo planejado e dos meios de destruição, os indivíduos têm de adaptar-se a esses requisitos de um modo que excede os caminhos tradicionais".[99] Dois termos são importantes nesse último trecho, "sociedade afluente" e "obsolescência programada". Com eles Marcuse procura dialogar com as análises

---

98 *OHU*, p. 30; *ODM*, p. 12.

99 Marcuse, "Prefácio político" (1966). *In: Eros e Civilização,op. cit.*, p. 13.

CAPITALISMO PERENE

contemporâneas do Estado de bem-estar europeu e da sociedade americana. Como sabemos, o primeiro vem dos trabalhos de Galbraith, e é usado por Marcuse de maneira crítica e irônica. O segundo, por sua vez, está ligado fundamentalmente à produção de novas necessidades e remete, embora o autor não o faça, às discussões de Baran e Sweezy.

Entra em jogo aqui também a relação entre o funcionamento da sociedade e os mecanismos psíquicos dos indivíduos. Marcuse procura mostrar como a produção e a administração das necessidades são usadas para canalizar as pulsões, de modo a garantir a reprodução social.

> A administração científica das necessidades instintivas converteu-se, desde há muito, em fator vital na reprodução do sistema: a mercadoria que tem de ser comprada e usada traduz-se em objetos da libido; e o Inimigo nacional, que tem de ser combatido e odiado, é distorcido e inflado a tal ponto que pode ativar e satisfazer a agressividade na dimensão profunda do inconsciente.[100]

A crítica às necessidades criadas no capitalismo tardio seria indissociável de uma crítica radical à democracia de massas, na medida em que esta forneceria os meios para a introjeção do princípio de realidade. Embora o desenvolvimento da democracia no capitalismo tenha permitido de fato uma maior participação política das classes trabalhadoras, ela teria se mostrado ao mesmo tempo parte dos mecanismos de contenção da oposição social. Com isso, a dominação é aceita de forma mais suavizada e despersonalizada, já que os grupos dominantes desaparecem "por trás do véu do aparelho produtivo".[101] Isso permitiria esconder o preço do bem-estar e do conforto material. Assim, a heteronomia é eficientemente introjetada nos indivíduos dominados e, portanto, o próprio conceito de introjeção torna-se indissociável dos conceitos de manipulação e perda de liberdade. Nesse sentido, a criação de necessidades no capitalismo avançado pode ser compreendida como a manifestação da falsa consciência incorporada no aparato técnico. Além disso, o desenvolvimento dos acordos sociais no período do pós-guerra deu a impressão de que finalmente uma solução bélica para os problemas da reprodução e da acumulação do capital estaria fora de cogitação. Bastante atento a essa ideologia, Marcuse mostraria durante os "anos gloriosos" que de fato pouco havia de democracia se a dominação social permanecia o horizonte das relações sociais. Ao mesmo tempo, porém, a crítica ao que chamaríamos hoje de "normalidade democrática" assentaria suas raízes no entendimento de que os problemas fundamentais da sociedade capitalista no período das guerras mundiais permaneciam essenciais e sem resolução.

---

100 *Ibidem*, p. 14.

101 *Ibidem*, *loc. cit.*

Diante disso, é possível dizer que a expressão "unidimensional", usada no texto que aprofundaria as teses de *Eros e civilização* e entendida enquanto exclusão das alternativas de organização social que eliminariam a divisão entre explorados e exploradores, também diz respeito à conversão da submissão pela força à submissão consentida. Ora, se a submissão pela força se faz essencialmente por uma divisão social marcada e fundada na exploração, no momento em que o capitalismo tornou possível satisfazer as necessidades vitais de um maior número de pessoas, essa divisão tornou-se obscurecida e, para recuperar o argumento de Lukács, objetivada. "Hoje em dia, essa união de liberdade e servidão tornou-se 'natural' e um veículo do progresso".[102]

Marcuse também aponta aqui para o fato de que liberdade e ideologia estão estreitamente relacionadas no capitalismo tardio. Embora as pessoas tenham atingido, pelo menos nos países capitalistas avançados, um grau de liberdade jamais alcançado anteriormente, não se poderia falar verdadeiramente dela, visto o domínio exercido sobre os povos do chamado terceiro mundo, e cujo maior exemplo foi a Guerra do Vietnã – sem esquecer, é claro, da própria consolidação das falsas necessidades nos países mais ricos. Assim, a forma como se daria a ruptura com o capitalismo representaria ela mesma o rompimento com as tradicionais formas com que se pensou a ação política, já que esta, assim como seus representantes, está completamente embebida da ideologia do progresso a todo custo. "Ao passo que as revoluções anteriores acarretaram um desenvolvimento mais amplo e mais racional das forças produtivas, nas sociedades superdesenvolvidas de hoje, porém, revolução significaria a inversão dessa tendência: eliminação do superdesenvolvimento e de sua racionalidade repressiva".[103]

Desse modo, a crítica às necessidades em Marcuse também passa pela crítica do progresso, o qual consegue conciliar os termos "afluência" e "repressão". O autor continua aqui na seara aberta pela teoria crítica nos anos 1930, já que o próprio marxismo, ao menos em suas formulações mais corriqueiras, teria de rever suas expectativas iniciais. O desenvolvimento das forças produtivas, de fato, conseguiu criar novas necessidades. Mas elas não corresponderam à ideia de uma libertação genuína dos indivíduos. "A velha fórmula, o desenvolvimento das necessidades e faculdades predominantes, pareceu-me inadequada; a emergência de novas necessidades e faculdades, qualitativamente diferentes, pareceu-me ser o pré-requisito e o conteúdo da libertação".[104] Com isso, Marcuse afirma que a evolução das capacidades técnicas não pode mais ser entendida como a antessala da revolução. Na medida em que introjeção demo-

---

102*Ibidem*, p. 15.

103*Ibidem*, p. 17.

104*Ibidem*, p. 16.

CAPITALISMO PERENE 293

crática e desenvolvimento tecnológico são inseparáveis, o agente histórico da revolução teria sido suprimido. Lembremos que o desenvolvimento das forças produtivas possibilitaria ao proletariado tradicional tomar o curso da história em suas mãos, quando, na verdade, é necessário que o fluxo da história seja interrompido, como bem lembrou Benjamin, uma das inspirações decisivas de Marcuse. Não deixaria de ser irônico, porém, afirmar que parte da classe trabalhadora tomou, sim, a locomotiva da história em suas mãos. "Quando, nas sociedades mais ou menos afluentes, a produtividade atingiu um nível em que as massas participam de seus benefícios, e em que a oposição é eficaz e democraticamente 'contida', então o conflito entre senhores e escravos também é eficientemente contido. Ou melhor, mudou sua localização social".[105]

Marcuse afirma que o conceito marxista de classe revolucionária estipulava que ela estaria ausente dos benefícios concedidos pelo capitalismo. Com o *Welfare State* e sua integração à sociedade capitalista, o proletariado teria deixado de representar essa negação. Ainda a respeito dessa integração, Marcuse coloca seu setor organizado ("representantes da mão-de-obra sindicalizada") ao lado dos representantes da "antiga ordem", na medida em que defendem a ordem do capitalismo ao lutarem por mais empregos e pela prosperidade social, ou seja, em "contínua defesa do sistema social estabelecido".[106]

Trata-se, enfim, de mostrar como os conflitos e as contradições sociais tornam-se ocultos, ou ainda, amortecidos no capitalismo avançado. Isso não significa de modo algum que o capitalismo tenha superado suas contradições e muito menos que o conflito entre explorados e exploradores tenha desaparecido. O que ocorre, ao contrário, é que ele já não seria tão agudo, pelo menos no momento em que Marcuse tecia suas análises, a ponto de possibilitar uma transformação radical da sociedade. Ou seja, o conflito social continua sendo um elemento fundador e estruturante da realidade do capitalismo, mas nem sempre ele aparece como um fator de desestabilização e superação dessa realidade. Para uma parcela importante da classe trabalhadora, isso significa que a manutenção da ordem pode significar um elemento central de seus atributos. Por um lado, uma alternativa social radical parece estar fora de questão. Por outro, dadas certas condições, é possível que parcela significativa da classe consiga bem-estar e satisfação numa sociedade baseada em sua exploração, ainda que isso constitua uma significativa contradição.

Limites e contradições da afluência

Contudo, é preciso admitir que, no momento em que Marcuse se pergunta

---

105*Ibidem, loc. cit.*
106 Ibidem, p. 20.

a respeito da possibilidade de sair desse circuito perverso entre aumento da produtividade e reforço dos mecanismos de repressão, o autor parece não entrever o cenário de uma crise vindoura, cuja única exceção seria constituída de uma guerra nuclear.[107] Hoje pode até nos soar um tanto estranha a ideia de um conflito terminal, mas essa preocupação era bastante compartilhada pelos intelectuais daquele período, especialmente se lembrarmos do clima imposto pela guerra fria. Ao mesmo tempo, Marcuse aventava a possibilidade da manutenção e até mesmo do crescimento dos padrões de vida, "a despeito e por meio da produção intensificada dos meios de destruição e do desperdício metódico de recursos e faculdades".[108] Tudo se passa, portanto, como se o desenvolvimento das forças produtivas, mantido como tal, não contivesse contradições capazes de colocar a ordem social em questão. Haveria, então, um "déficit econômico" em suas análises, que deveriam dar conta dos problemas da acumulação do capital, para não citar as contradições dentro das classes e dos conflitos sociais? Dessa forma, a própria noção de uma crise enquanto resultante da queda da taxa de lucro seria posta em segundo plano, um pouco à maneira da teoria habermasiana. Lembremos aqui o trecho em que Marcuse afirma que a transformação tecnológica "parece cancelar a noção marxista de uma 'composição orgânica do capital'".[109]

Talvez haja uma unilateralidade nas considerações de Marcuse, já que a base material para a capacidade contínua de crescimento estaria disponível na crescente produtividade do trabalho, na permanente militarização e na integração econômica entre centro e periferia, entre outros fatores. De fato, o autor apostava na absorção dos interesses dos grupos sociais antagônicos por meio dos gastos governamentais e, assim, em uma possível extensão do *Welfare State*: "Creio que os interesses dominantes aceitarão gradativa e hesitantemente essas exigências e confiarão suas prerrogativas a um poder mais eficaz. [...] as perspectivas de contenção da transformação, oferecidas pela política de racionalidade tecnológica, dependem das perspectivas do Estado de Bem-Estar Social".[110] Dessa maneira, Marcuse associa de forma íntima a sociedade do bem-estar com o progresso tecnológico, destacando o caráter administrador dessa associação.

No entanto, em outro trecho desua obra, o autor reconhece os problemas que

---

107 De acordo com Kellner, não haveria dúvidas de que Marcuse "exagerou a estabilidade do capitalismo em *O homem unidimensional* e falhou em analisar adequadamente suas tendências à crise e contradições". Cf. *Herbert Marcuse and the Crisis of Marxism, op. cit.*, p. 270.

108 *OHU*, p. 51; *ODM*, p. 38.

109 *OHU*, p. 46; *ODM*, p. 31.

110 *OHU*, p. 54 e 62; *ODM*, pp. 42 e 52, tradução modificada.

CAPITALISMO PERENE

sua argumentação envolve. Nesse sentido, ele nomeia algumas "tendências centrífugas" ao padrão de desenvolvimento alcançado pelo capitalismo. Com efeito, as contradições não estariam afastadas das sociedades capitalistas avançadas. A tendência centrífuga mais evidente para o autor teria por base o processo de automatização. A luta em torno desta representaria, segundo o autor, um possível ponto de conflito que resultaria na reativação dos interesses de classe.

Entra em questão aqui a análise do tempo de trabalho socialmente necessário e a possibilidade dada pelos meios técnicos existentes de reduzi-lo a um mínimo, ao mesmo tempo em que o trabalho alienado deixaria de ser a base sobre a qual a sociedade se constitui. Com isso, Marcuse mostra plena consciência de que a abundância representada pelas sociedades capitalistas avançadas constituiria uma exceção, concentrada em pequenos setores. Diante dos grupos sociais marginalizados dentro de suas fronteiras e dos países pobres e coloniais, a *affluent society* não representaria quase nada, não fosse pelo fato de que ela conseguiu disseminar a produtividade repressiva e as falsas necessidades, e efetivar a contenção das transformações sociais radicais. "Em grande parte, é a surpreendente *quantidade* de mercadorias, serviços, trabalho e recreação nos países superdesenvolvidos o que efetua essa contenção. Consequentemente, a mudança qualitativa parece pressupor uma mudança *quantitativa* no padrão de vida avançado, a saber, *redução do superdesenvolvimento*".[111]

Em um dos capítulos finais de *O homem unidimensional*, Marcuse chega a dizer que a fase histórica do capitalismo estaria chegando ao limite de suas realizações. Tratar-se-ia, para o autor, de uma oportunidade para transformar a ciência e a tecnologia em forças políticas, de maneira que os efeitos da racionalidade tecnológica fossem revertidos e sua própria lógica superada.

> [...] ao se constituírem *metodicamente* como empreendimento político, a ciência e a tecnologia *iriam além* da fase em que se encontravam, por causa de sua neutralidade, *sujeitas* à política e, contra o seu intento, funcionando como instrumentos políticos. [...] No quanto a tecnologia se desenvolveu nessas bases, a correção jamais poderá ser o resultado do pregresso técnico *per se*. Ela compreende uma reversão política.[112]

Assim, Marcuse está longe de ser um "tecnófobo", pois ele mesmo deixa claro que a superação da racionalidade tecnológica não implica de forma alguma o abandono das bases tecnológicas existentes. O que impediria a realização de um uso verdadeiramente racional da tecnologia estaria claramente associado a um *projeto político* específico, central para que as tendências de oposição sejam absorvidas.[113]

---

111 *OHU*, p. 223; *ODM*, p. 246, grifos originais.

112 *OHU*, p. 216; *ODM*, p. 238, grifos originais.

113 Sobre a questão da suposta ojeriza de Marcuse em relação à tecnologia, cf. o seguinte

No presente histórico em que se insere o texto, a racionalização do processo de produção encontrava resistência por parte dos trabalhadores organizados – Marcuse se refere aos sindicatos norte-americanos, mas podemos também apontar a crescente importância das lutas operaístas na Itália e na França, e que se mostrariam cruciais para o desenrolar dos acontecimentos de maio de 1968. O fato de que a obra tenha sido publicada quatro anos antes talvez tenha enfraquecido a tese segundo a qual a resistência diante da automatização não fosse acompanhada de radicalização política. Porém, a ideia nos parece útil na descrição da adaptação e integração da classe operária em diversos momentos do capitalismo. Ao descrever a luta dos trabalhadores norte-americanos, Marcuse mostra como o debate girava em torno da utilização extensiva ou não da força de trabalho, isto é, opondo-se à mecanização enquanto forma de extração mais sofisticada de mais-valia. Ainda hoje, passadas várias décadas, a questão se mostra atual.

O que Marcuse procura ressaltar é, por um lado, a necessidade que a luta contra a simples imposição do progresso representa. Por outro, essa luta se mostrava insuficiente para uma verdadeira superação da visão reificada do mundo e das relações capitalistas. Assim, a crítica a esse estado de coisas não poderia estar assentada na defesa de um nível tecnológico e de riqueza social menor, pois implicaria em lutar contra a legislação social e os gastos sociais – não por acaso, Marcuse descreve essa bandeira política como própria de liberais e conservadores, a qual redundaria anos mais tarde na implantação do neoliberalismo por todo o globo terrestre.

Ao contrário, Marcuse procura apresentar as bases materiais sobre as quais se erigiu o Estado de bem-estar social e sociedade afluente. Seu crescimento econômico característico seria expresso pelo conflito contínuo entre o potencial contido no desenvolvimento das forças produtivas e sua utilização destrutiva e opressiva, o que exigiria

> esforços intensificados para impor as exigências do aparato à população – livrar-se do excesso de capacidade, criar a necessidade de comprar as mercadorias que devem ser lucrativamente vendidas e o desejo de trabalhar para sua produção e promoção. O sistema tende, assim, tanto

---

trecho de uma entrevista concedida pelo autor: "Criticaram-me porque eu seria contra a ciência e a tecnologia. Isso é uma tolice evidente. Uma sociedade humana decente só pode ser construída sobre as conquistas da ciência e da tecnologia. O simples fato de que em uma sociedade livre todo trabalho alienado deva ser reduzido a um mínimo pressupõe um alto grau de progresso científico e tecnológico. A possibilidade de uma transformação estética e gratificante do meio ambiente depende do progresso técnico contínuo". "Revolutionäre Erotik. Ein Gespräch mit Herbert Marcuse" (1971). *Nachgelassene Schriften, Bd.3 – Philosophie und Psychoanalyse*. Lüneburg: zu Klampen, 2002,p. 226.

CAPITALISMO PERENE

para a dependência total da administração pelo domínio da gerência pública e privada, reforçando a harmonia pré-estabelecida entre os interesses do grande público e das corporações privadas e os dos seus fregueses e servidores.[114]

Para Marcuse, as perspectivas da contenção das contradições deveriam passar, em primeiro lugar, pelo ajuste dos interesses econômicos à manutenção do nível de vida elevado. Assim, a dominação dos indivíduos pelo todo social permaneceria mesmo se ocorresse uma nacionalização das empresas ou a participação maior dos gerentes nas tomadas de decisões, como se postulava à época. Em tal sociedade, o padrão elevado de vida só pode funcionar em consonância com o desenvolvimento e a expressão intensificados da produtividade do trabalho. Faz todo o sentido, portanto, que o autor descreva o *Welfare State* com uma aberração histórica (*historical freak*), localizada entre as estruturas do capitalismo organizado e do socialismo, entre totalitarismo e felicidade. "Até o capitalismo mais altamente organizado conserva a necessidade de apropriação e distribuição privada do lucro como regulador da economia. Isto é, continua ligando a realização do interesse geral à dos interesses adquiridos particulares".[115]

Longe de parecer uma sociedade idílica, a sociedade do *welfare* só pode existir porque esteve baseada num tipo específico de racionalidade, que implica dominação e heteronomia. Sob tais condições, a absorção dos grupos de oposição não deve ser entendida enquanto um processo de corrupção moral ou intelectual. Trata-se, na verdade, de um processo social objetivo, "na medida em que a produção e a distribuição de uma quantidade crescente de mercadorias e serviços consentem com uma atitude tecnológica racional".[116] Para aprofundar sua análise, Marcuse procurou explicitar o que essa sociedade nega aos indivíduos, por meio de uma restrição sistemática do tempo livre potencialmente disponível, da quantidade e qualidade das mercadorias e serviços disponíveis para as necessidades individuais vitais, e da percepção das possibilidades de autodeterminação.

É preciso deixar claro, pois, que Marcuse foge claramente ao esquema que vê no marxismo ocidental, e mais particularmente na teoria crítica, um recuo à filosofia em detrimento da economia e da política. Como pudemos ver pela reconstrução de seus argumentos, não poderia haver uma distinção entre essas esferas sociais, uma vez que a preocupação do autor, assim como nos outros livros analisados aqui, diz respeito ao conjunto da sociedade. Outra questão é saber se seu diagnóstico de época conseguiu problematizar com precisão o que

---

114 *OHU*, p. 51; *ODM*, p. 38.

115 *OHU*, p. 66; *ODM*, p. 56.

116 *OHU*, p. 62, *ODM*, p. 52, tradução modificada.

aconteceu, ou seja, se as principais tendências foram enumeradas e analisadas – creio que este seja o caso, o que não implica, todavia, que sua obra seja isenta de problemas.

Bibliografia

ABROMEIT, John. *Max Horkheimer and the Foundations of the Frankfurt School.* Cambridge: Cambridge University Press, 2011.

ADORNO, Theodor W. "Die Idee der Naturgeschichte" (1932).*In:Gesammelte Schriften*, vol. 1, *Philosophische Frühschriften*. Frankfurt am Main: Suhrkamp, 1973, p. 345-64.

_____. "Das Schema der Massenkultur"(1942).*In:Gesammelte Schriften*, vol. 3, *Dialektik der Aufk*lärung. Frankfurt am Main: Suhrkamp, 1980, p. 299-335.

_____. "The schema of mass culture".*In: The Culture Industry. Selected Essays on Mass Culture.* 1ª ed.London/New York: Routledge, 1991, p. 61-97.

_____. "Reflexionen zur Klassentheorie"(1943). *In: Gesammelte Schriften*, vol. 8, *Soziologishce Schriften I.* Frankfurt am Main: Suhrkamp, 1973, p. 373-91.

_____. "Riflessioni su la teoria di classi". *In:Scritti Sociologici.* Torino: Einaudi, 1976. p. 331-49.

_____. "Kulturkritik und Gesellschaft"(1949).*In: Kulturkritik und GesellschaftI. Gesammelte Schriften*, vol. 10. Frankfurt am Main: Suhrkamp, 1977, p. 11-30.

_____. "Crítica cultural e sociedade". *In:* COHN, Gabriel (org.). *Theodor W. Adorno.* 2ª ed. São Paulo: Ática, 1994, p. 76-91.

_____. "Theorie der Halbbildung"(1959).*in Gesammelte Schriften*, vol. 8, *Soziologische Schriften I, op. cit.*, p. 93-121.

_____. "Teoria da semiformação". *In:* PUCCI, Bruno; ZUIN, Antônio A.S.; LASTÓRIA, Luiz A. Calmon Nabuco (orgs.). *Teoria Crítica e Incon-*

formismo: novas perspectivas de pesquisa.1ª ed. Campinas: Autores Associados, 2010, p. 8-40.

_____. "Résumé über Kulturindustrie" (1963). *In: Kulturkritik und GesellschaftI, op.cit.*, p. 337-45.

_____. "A indústria cultural".COHN, Gabriel (org.). *Theodor W. Adorno, op. cit.*, p. 92-9.

_____. "Diálogo sobre as massas, o medo e a morte. Uma conversa entre Elias Canetti e Theodor W. Adorno". *Novos Estudos*, São Paulo,cane nº 21, julho de 1988, p. 116-132.

AHLERS, Rolf. "Technologie und Wissenschaft bei Heidegger und Marcuse".*Zetischrift für philosophische Forschung*, Bd. 25, H. 4, 1971, p. 575-90.

ALTVATER, Elmar. "Il capitalismo si organizza". *In*: HOBSBAWM, Eric J. (org.), *Storia del marxismo*, vol. 3-1.Turim: Einaudi, 1980, p. 819-876.

ANDERSON, Perry. "Considerações sobre o marxismo ocidental". *In: Considerações sobre o Marxismo Ocidental/Nas Trilhas do Materialismo Histórico*. São Paulo: Boitempo Editorial, 2004, p. 15-139.

_____. "Introduction".*In*: ANDERSON, Perry e CAMILLER, Patrick (org.). *Mapping the West European Left*. Londres, Verso, 1994, p. 1-22.

ANDRADE, Joana El-Jaick. *O Revisionismo de Bernstein e a Negação da Dialética*. Dissertação(mestrado em sociologia), FFLCH-USP, São Paulo, 2006.

ARATO, Andrew. "Lukács' theory of reification".*Telos*, 11,1972, p. 25-66.

ARATO, Andrew e BREINES, Paul. *The Young Lukács and the Origins of Western Marxism*, New York: Pluto Press, 1979.

AUER, Dirk. "Daß die Naturbefangenheit nicht das letzte Wort behalte. Fortschritt, Vernunft und Aufklärung". *In*: AUER, Dirk; BONACKER, Thorsten; MÜLLER-DOHM, Stefan (org.). *Die Gesellschaftstheorie Theodor Adornos. Themen und Grundbegriffe*. Darmstadt: Primus, 1998, p. 21-40.

BADIA, Gilbert. *História de la Alemania Contemporánea. Vol. 1 – 1917-1932*. Buenos Aires: Editorial Futuro, 1964.

BAHR, Hans-Dieter. *Kritik der "Politischen Technologie". Eine Auseinandersetzung mit Herbert Marcuse und Jürgen Habermas*. Frankfurt am Main: Europäische Verlaganstalt, 1970.

CAPITALISMO PERENE   301

BARAN, Paul e SWEEZY, Paul M. *Monopoly Capitalism.An essay on the american economic and social order.* Nova York/Londres: Modern Reader, 1966.

_____. *Capitalismo Monopolista. Ensaio sobre a ordem econômica e social americana.* Rio de Janeiro: Zahar Editores, 1966.

BAUGH, Bruce. "Left-wing elitism: Adorno on popular culture". *In:* DELANTY, Gerard (ed.). *Theodor W. Adorno, vol. 3 (Sage Masters of Modern Social Thought).*London/Thosuand Oaks/New Delhi: Sage Publications, 2004, p. 225-37.

BELL, Daniel. "O capitalismo do proletariado: uma teoria do sindicalismo norte--americano". *In: O Fim da Ideologia* (1960). Brasília: Editora da Universidade de Brasília, 1980,p. 169-82.

_____."O fim da ideologia no mundo ocidental".*In: O Fim da Ideologia, op. cit.*, p. 321-32.

_____. *O Advento da Sociedade Pós-Industrial: uma tentativa de previsão social* (1973). São Paulo: Cultrix, 1977.

BEHRENS, Roger. Übersetzungen. Studien zu Herbert Marcuse. Mainz: Ventil, 2000.

BENHABIB, Seyla. "A crítica da razão instrumental". *In:* ZIZEK, Slavoj (org.). *Um Mapa da Ideologia.* 1ª ed. Rio de Janeiro: Contraponto, 1996, p. 71-96.

BENJAMIN, Walter. "Sobre o conceito de história". *In:* LÖWY, Michael. *Walter Benjamin: Aviso de Incêndio. Uma leitura das teses 'Sobre o conceito de história'.* 1ª ed.São Paulo: Boitempo Editorial, 2005, pp. 33-147.

BERNSTEIN, Eduard. "La lucha de la socialdemocracia y la revolución de la sociedad" (1897-8). *In:Las Premissas del Socialismo y las Tareas de la Socialdemocracia.*México D.F.: Sigo XXI, 1982, p. 52-76.

_____.*Die Voraussetzungen des Sozialismus und die Aufgaben der Sozialdemokratie* (1899). Berlim/Bonn: J.H.W. Dietz, 1984.

BERTELLI, Antonio Roberto. *Marxismo e Transformações Capitalistas. Do Bernstein-Debatte à República de Weimar*(1889-1933). São Paulo: IPSO/IAP, 2000.

BREUER, Stefan. *Die Krise der Revolutionstheorie. Negative Vergesellschaftung und Arbeitsmetaphysik bei Herbert Marcuse.* Frankfurt am Main: Syndikat, 1977.

BUCKMILLER, Michael. „Die ‚Marxistische Arbeitswoche' 1923 und die Gründung des ‚Instituts für Sozialforschung'". *In:* NOERR, Gunzelin Schmid e VAN

REIJEN, Willem (org.).*Grand Hotel Abgrund.Fotobiographie der Frankfurter Schule*. Hamburg: Junius, 1988, p. 141-82.

CAMARGO, Sílvio César. *Trabalho Imaterial e Produção Cultural: a dialética do capitalismo tardio*. Doutorado (tese em sociologia) – IFHC-Unicamp, Campinas, 2009.

CERUTTI, Furio. "Technik und Politik". *In*: INSTITUT FÜR SOZIALFORS-CHUNG (org.), *Kritik und Utopie im Werk von Herbert Marcuse*.1 ª ed. Frankfurt am Main: Suhrkamp, 1992, p. 110-23.

CLARKE, Simon. *Keynesianism, Monetarism and the Crisis of the State*.London and Vermont:Edward Elgar, 1988.

CLAUDÍN, Fernando. *A Crise do Movimento Comunista, vol. 1. A crise da Internacional Comunista*. São Paulo: Global, 1985.

CLAUSSEN, Detlev (org.). *Spuren der Befreiung – Herbert Marcuse.Materialen zur Einführung in sein politisches Denken*. Dramstadt/Neuwied: Luchterand, 1981.

_____.*Grenzen der Aufklärung: die gesellschaftliche Genese des modernen Antisemitismus*. Frankfurt am Main: Fischer, 2005.

COLLETTI, Lucio. "Bernstein and the Marxism of Second International".*In: From Rousseau to Lenin. Studies in ideology and society*.New York/London: New Left Books, 1972, p. 45-108.

_____ (org.). *El Marxismo y el "Derrumbe" del Capitalismo.Antología sistemática de textos de Marx, Bernstein, Cunow, Schmidt, Kautsky, Tugán--Baranowski, Lenin, Hilferding, Bauer, Luxemburg, Bujarin y Grossmann*.Mexico D.F.: Siglo XXI, 1985 (edição preparada por José Aricó)

COHN, Gabriel. "Esclarecimento e ofuscação. Adorno e Horkheimer hoje". *Lua Nova*,São Paulo,nº 43, 1998, p. 5-25.

COOK, Deborah. *Adorno, Habermas and the Search for a Rational Society*.Nova York: Routledge, 2004.

CUNOW, Heinrich. "Contribuición a la teoria del derrumbe" (1899). *In*: COLETTI, Lucio (org.), *El Marxismo y elrekreti"Derrumbe" del Capitalismo, op. cit.*, p. 165-74.

DAHRENDORF, Ralf. *As Classes e seus Conflitos na Sociedade Industrial* (1959). Brasília: Editora da Universidade de Brasília, 1982.

CAPITALISMO PERENE

DEMIROVIĆ, Alex. *Der nonkonformistische Intellektuelle. Die Entwicklung der kritischen Theorie zur Frankfurter Schule.* Frankfurt am Main: Suhrkamp, 1999.

_____. "Rekrutierung von Intellektuellen im Fordismus. Vergleichende Anmerkungen zu Horkheimers und Adornos Analyse der Kulturindustrie und Gramscis Analyse der Zivilgesellschaft". *In:* BRÜCHERT, Oliver e RESCH, Christine (orgs.). *Zwischen Herrschaft und Befreiung. Politische, kulturelle und wissenschaftliche Strategien. Festschrift zum 60. Geburtstag von Heinz Steinert.* Münster:Westfälisches Dampfboot, 2006, p. 55-69.

DIAS JÚNIOR, Antonio Carlos. *O Liberalismo de Ralf Dahrendorf. Classes, conflito social e liberdade.* Florianópolis: Editora UFSC, 2012.

DUARTE, Rodrigo. *Teoria Crítica da Indústria Cultural.* 1ª ed. Belo Horizonte: Editora UFMG, 2007.

DUBIEL, Helmut. *Wissenschaftsorganisation und politische Erfahrung. Studien zur frühen Kritischen Theorie.* 1ª ed. Frankfurt am Main: Suhrkamp, 1978.

DUBIEL, Helmut e SÖLLNER. Alfons (org.).*Wirtschaft, Recht und Staat im Nationalsozialismus. Analysen des Instituts für Sozialforschung 1939-1942.*Frankfurt am Main: Suhkamp, 1984.

DROZ, Jacques (org.).*Geschichte des Sozialismus.* Vol. IV, *Die sozialistischen Parteien Europas: Deutschland, Österreich-Ungarn, Skandinavien, Niederlände.* Fankfurt am Main/Wien/Berlin: Ulstein, 1974.

ENGELS, Friedrich. „Die Entwicklung des Sozialismus von der Utopie zur Wissenschaft" (1880). *In:* MARX, Karl e ENGELS, Friedrich. *Werke,* vol. 19. Berlin: Dietz, 1973, p. 177-228.

ELEY, Geof. *Forging democracy.The History of the Left in Europe, 1850-2000.* New York: Oxford University Press, 2002.

FEENBERG, Andrew.*Lukács, Marx and the Sources of Critical Theory.*Totowa: Rowman and Littlefield, 1986.

_____. "The Bias of Technology".*In:* PIPPIN, Robert; FEENBERG, Andrew; WEBEL, Charles*et al.Marcuse. Critical Theory and the Promise of Utopia.* Massachusetts: Bergin & Garvin Publishers, 1988, p. 225-256.

_____. *Heidegger and Marcuse.The Catastrophe and Redemption of History.*New York/Londres: Routledge, 2005.

FETSCHER, Iring. "Die Ambivalenz des liberalistischen 'Erbes' in der Sicht von Max Horkheimer. Eine Skizze zu seinem politischen Reflexionen im Exil". *In:* SCHMIDT, Alfred e ALTWICKER, Norbert (org.), *Max Horkheimer heute: Werk und Wirkung.*Frankfurt am Main: Fischer, 1986, p. 298-327.

FITZGERALD, Ross. "Human Needs and Politics: the ideas of Christian Bay and Herbert Marcuse". *Political Psychology*, vol. 6, n. 1, março 1985, p. 87-108.

FUCHS, Christian. *Emanzipation! Technik und Politik bei Herbert Marcuse.* Aachen: Shaker, 2005.

FREUD, Sigmund. "O mal-estar na civilização" (1930). *In: O Mal-estar na Civilização, Novas Conferências Introdutórias à Psicanálise e Outros Textos. Obras Completas, vol. 18 (1930-1936)*. 1ª ed. São Paulo: Companhia das Letras, 2010, p. 9-89.

GALBRAITH, John Kenneth. *Capitalismo*. Rio de Janeiro: Zahar Editores, 1960.

GANGL, Manfred. *Politische Ökonomie und Kritische Theorie. Ein Beitrag zur theoretischen Entwicklung der Frankfurter Schule.* Frankfurt am Main/Nova York: Campus, 1987.

GANDESHA, Samir. "Marcuse, Habermas and the critique of technology".*In:* ABROMEIT, Johne COBB, W. Mark (org.). *Herbert Marcuse. A critical reader.* New York/Londres: Routledge, 2004,p. 188-208.

GERAS, Norman.*A Atualidade de Rosa Luxemburgo.* Lisboa: Edições Antídoto, 1978.

GIDDENS, Anthony. "O guru improvável: relendo Marcuse". *In: Política, Sociologia e Teoria Social. Encontros com o pensamento social clássico e contemporâneo.* São Paulo: Fundação Editora da Unesp, 1998, p. 263-81.

GOTTSCHALCH, Wilfried. "Sviluppo e crisi del capitalismo in Rudolf Hilferding". *In: Storia del Marxismo Contemporaneo. Volume secondo. Schmidt, Hilferding, Mehring, Bauer, Adler, Renner.*Milão: Feltrinelli, 1973, p. 49-74.

GRIGAT, Stephan. "Von der positiven zur negativen Dialektik. Fetischkritik und Klassenbewusstsein bei Georg Lukács". *In:* BITTEROLF, Markus e MAIER, Denis (org.), *Verdinglichung, Marxismus, Geschichte. Von der Niederlage der Novemberrevolution zur kritischen Theorie.* 1ª ed. Freiburg: ça-ira, 2012, p. 339-65.

GROSSMANN, Henryk. *Das Akkumulations- und Zusammenbruchsgesetz des kapitalistischen Systems (zugleich eine Krisentheorie).* Leipzg: C.L.Hirschfeld,

1929, p. 130, nota 90 (republicado em 1970 pela Neue Kritik Verlag, Frankfurt).

GROSSMANN, Henryk; GUMPERZ, Julian; HORKHEIMER, Max; WITTFO-GEL, Karl August. „Diskussionen aus einem Seminar über Monopolkapitalismus" (1937). *In:* HORKHEIMER, Max. *Gesammelte Schriften*, vol. 12, *Nachgelassene Schriften (1931-1949).* Frankfurt am Main: Fischer, 1985,p. 417-30.

GUSTAFSSON, Bo.*Marxismus und Revisionismus.Eduard Bernsteins Kritik der Marxismus und ihren ideengeschichtlichen Voraussetzungen.* Frankfurt am Main: Europäische Verlaganstalt, 1972.

HABERMAS, Jürgen.*Strukturwandel der Öffentlichkeit. Untersuchung zu einer Kategorie der bürgerlichen Gesellschaft* (1962). 17ª ed.Frankfurt am Main: Suhrkamp, 1990.

_____."Zwischen Philosophie und Wissenschaft: Marxismus als Kritik" (1963). *In:Theorie und Praxis. Sozialphilosophische Studien.* 4ª ed. Frankfurt am Main: Suhrkamp, 1978, p. 228-89.

_____."The Public Sphere: an encyclopedia article" (1964).*New German Critique,* nº 3, Outono, 1974, p. 49-55.

_____. "Técnica e ciência como 'ideologia'" (1968). *In: Técnica e ciência como 'ideologia'.* Lisboa: Edições 70, 2006, p. 45-92.

_____. *Theorie des kommunikativen Handels,* vol. I, *Handlungsrationalität und gesellschaftliche Rationalisierung*(1981).2ª ed.Frankfurt am Main: Suhrkamp, 1987.

_____. "Entre ciencia y filosofia: el marxismo como crítica" (1963). *In: Teoria y Práxis. Estudios de filosofia social.* Madrid: Editorial Tecnos, 1987, p. 216-72.

_____. *Mudança Estrutural da Esfera Pública. Investigações quanto a uma categoria da sociedade burguesa.* Rio de Janeiro, Tempo Brasileiro, 1984.

_____. *Teoria de la Acción Comunicativa I – Racionalidad de la acción e y racionalización social.*Madrid: Taurus, 1999.

_____. *O Discurso Filosófico da Modernidade.* 1ª ed. São Paulo: Martins Fontes, 2000.

HANSEN, F.R. *The Breakdown of Capitalism. A history of the idea in the Western Marxism, 1883-1983.* London: Routledge & Keagan Paul, 1985.

HARRIS, Lawrence. "Capitalismo monopolista". *In:* BOTTOMORE, Tom. *Dicionário do Pensamento Marxista.* Rio de Janeiro: Jorge Zahar Editor, 1988, p. 54-5.

HILFERDING, Rudolf. "Die Aufgaben der Sozialdemokratie in der Republik" (1927). *In:* STEPHAN, Cora (org.), *Zwischen den Stühlen oder über die Unvereinbarkeit von Theorie und Praxis. Schriften Rudolf Hilferdings 1904 bis 1940.* Bonn: J.H.W. Dietz, 1982, p. 212-36.

_____. *Das Finanzkapital. Eine Studie über die jüngste Entwicklung des Kapitalismus.* Berlin: Dietz Verlag, 1955.

HOBSBAWM, Eric J. "Lenin and the 'aristocracy of labour'". *Marxism Today,* London, jul. 1970, p. 207-10.

HOFFROGE, Rolf. *Sozialismus und Arbeiterbewegung in Deutschland. Von den Anfängen bis 1914.* Stuttgart: Schmeterling, 2011.

HOHENDAHL, Peter Uwe. "Critical Theory, Public Sphere, Culture. Jürgen Habermas and his critics". *New German Critique,* n° 16, Winter, 1979, p. 89-118.

HONNETH, Axel. *Kritik der Macht. Reflexionsstufen einer kritischen Gesellschaftstheorie.* 1ª ed. Frankfurt am Main: Suhrkamp, 1989.

_____. "Teoria crítica". *In:* GIDDENS, Anthony e TURNER, Johantan (org.). *Teoria Social Hoje.* São Paulo: Editora Unesp, 1999, p. 503-52.

_____. *Reificación. Un estudio de la teoria del reocnocimiento.* 1ª ed. Buenos Aires: Katz, 2007.

HORKHEIMER, Max. "Die Juden und Europa"(1939). *In: Gesammelte Schriften,* vol. 4, *Schriften 1936-1941.* Frankfurt am Main: Fischer, 1988, p. 308-31.

_____. "Autoritärer Staat" (1940/1942). *In: Gesammelte Schriften,* vol. 5, *„Dialetik der Aufklärung" und Schriften 1940-1950.* Frankfurt am Main: Fischer, 1987, p. 293-319.

_____. "Preface" (1941). *In: Zeitschrift* für Sozialforschung, Ano 9, 1941, p. 195-99 (Reprodução fotomecânica, München, Deutscher Taschenbuch, 1980).

_____. "Geschichte der amerikanischen Arbeiterschaft" (1942).

In: Gesammelte Schriften, vol. 12, *Nachgelassene Schriften 1931-1949, op. cit.*, p. 260.

_____. "Zur Soziologie der Klassenverhältnisse" (1943). *In: Gesammelte Schriften*, vol. 12, *Nachgelassene Schriften 1931-1949, op. cit.*, p. 75-104.

_____. *Gesammelte Schriften*, vol. 17 (*Briefwechsel. 1941-1948*). Frankfurt am Main: Fischer, 1996.

_____. *Eclipse da Razão* (1947). 5ª ed. São Paulo: Centauro, 2003.

HORKHEIMER, Max e ADORNO, Theodor W. *Dialektik der Aufklärung. Philosophische Fragmente* (1947). *In*: HORKHEIMER, Max. *Gesammelte Schriften*, vol. 5, *"Dialektik der Aufklärung" und Schriften 1940-1950, op. cit.*, p. 11-290.

_____. *Dialética do Esclarecimento. Fragmentos Filosóficos.*Rio de Janeiro: Jorge Zahar Editor, 1985.

INSTITUT FÜR SOZIALFORSCHUNG. "Research Project on Anti-Semitism". *Zeitschrift für Sozialforschung/Studies in Philosophy and Social Science*, volume 9, 1941, p. 124-43 (Reprodução fotomecânica, München, Deutscher Taschenbuch, 1980).

JAMESON, Fredric. *O Marxismo Tardio. Adorno ou a persistência da dialética.*1ª ed. São Paulo: Editora UNESP, 1996.

JAY, Martin. *The Dialectical Imagination.A history of the Frankfurt School and the Institute of Social Research. 1923-1950*. 2ª ed. Berkley/Los Angeles/Londres: University of California Press, 1996.

_____. "The Jews and the Frankfurt School: Critical Theory's Analysis of Anti-Semitism". *In:Permanent Exiles. Essays on the intellectual migration from Germany to America.*New York: Columbia University Press, 1985, p. 90-100.

JOHANNES, Rolf. "Das ausgesparte Zentrum. Adornos Verhältnis zur Ökonomie". *In*:SCHWEPPWNHÄUSER, Gerhard (org.),*Soziologie im Spätkapitalismus. Zur Gesellschaftstheorie Theodor W. Adornos*. Darmstadt: Wissenschaftliche Buchgesellschaft, 1995, p. 41-67.

KAUSTKY, Karl. "Bernstein und das sozialdemokratisches Programm" (1899). *In:* <http://www.marxists.org/deutsch/archiv/kautsky/1899/bernstein/kap2.htm#ha>. Acesso em: 29 set. 2013.

_____. "Das Erfurter Programm" (1891). < http://www.marxists.org/deutsch/geschichte/deutsch/spd/1891/erfurt.htm>. Acesso em: 02 dez.2013.

_____."Teorias de las crisis" (1902). *In*: COLETTI, Lucio (org.), *El Marxismo y el "Derrumbe" del Capitalismo, op. cit.*, p. 189-236.

KELLNER, Douglas. *Herbert Marcuse and the Crisis of Marxism.* 1ª ed. Berkley/Los Angeles: University of California Press, 1984.

_____. "Herbert Marcuse's reconstruction of Marxism".*In*: PIPPIN, Robert; FEENBERG, Andrew; WEBEL, Charles*et al.*, *Marcuse. Critical Theory and the Promise of Utopia, op. cit.*, p. 169-88.

_____. *Jean Baudrillard. From Marxism to Post-Modernism and Beyond.*Stanford: Stanford University Press, 1989.

KOFLER, Leo. *História e Dialética. Estudos sobre a metodologia da dialética marxista.*1ª ed. Rio de Janeiro: Editora UFRJ, 2010.

KUHN, Rick."Henryk Grossman and the recovery of marxism".*Historical Materialism*, vol. 13:3, 2005, p. 57-100.

LEISS, William. "Marcuse and his Critics".*Philosophy of the Social Sciences*, 2, 1972, p. 31-42.

LENIN, Vladimir Ilitch.*O Imperialismo, fase superior do capitalismo* (1917). Campinas: FE/UNICAMP 2011.

LINDEMANN, Kai. „Das Racketbegriff als Gesellschaftskritik. Die Grundformen der Herrschaft bei Horkheimer". *Zeitschrift für Kritische Theorie*, caderno 11, 2000, p. 63-81.

LOUREIRO, Isabel. *Rosa Luxemburgo. Dilemas da ação revolucionária*. São Paulo: Editora Unesp, Editora Fundação Perseu Abramo, Instituto Rosa Luxemburgo, 2004.

LÖWY, Michael. *Para uma Sociologia dos Intelectuais Revolucionários. A evolução política de Lukács (1909-1929)*. 1ª ed. São Paulo: Livraria Editora Ciências Humanas, 1979.

_____. "A sociedade reificada e a possibilidade de seu conhecimento na obra de Lukács". *In: Romantismo e Messianismo. Ensaios sobre Lukács e Walter Benjamin*. São Paulo, Perspectiva, 1990, p. 69-86.

_____. "Revolutionary dialectics against "tailism": Lukács' answer to the criticisms of *History and class consciousness*". In: THOMPSON, Michael (org.).*Georg Lukács reconsidered. Critical essays in politics, philosophy and aesthetics*. Londres/Nova York: Continuum, 2011, p. 65-72.

LUDZ, Peter. „Der Begriff der demokratischen Diktatur in der politischen Philosophie von G. Lukács". *In*: LUKÁCS, Georg. *Schriften zur Ideologie und Politik*. Neuwied/Berlin: Luchterhand, p. XVII-LV.

LUKÁCS, Georg. „Zur Frage des Parlamentarismus" (1920). *In: Werke, Frühschriften (1919-1922)*, vol. 2. Neuwied/Darmstadt: Luchterhand,1968,p. 95-104.

_____. "Die Krise des Syndikalismus in Italien" (1920).*Werke*. Vol. II, *Frühschriften (1919-1922), op. cit.*, p. 120-30.

_____. "Prefácio à 'Greve de massas' de Rosa Luxemburg" (1921). *In*: LÖWY, Michael. *Para uma sociologia dos intelectuais revolucionários, op. cit.*, p. 311-20.

_____. *Geschichte und Klassenbewusstsein. Studien über marxistische Dialektik* (1923). *In: Werke, Frühschriften (1919-1922)*, vol. 2, *op. cit.*, p. 161-517.

_____. "Der Triumph Bernsteins. Bemerkungen über die Festschriften zum 70. Geburtstag Karl Kautskys" (1924). *Organisation und Illusion. Politische Aufsätze III*. Darmstadt/Neuwied: Luchterhand, 1977, p. 195-203.

_____. "Lenin. Studie über den Zusammenhang seiner Gedanken" (1924). *In: Organisation und Illusion. Politische Aufsätze III, op. cit.*, p. 209-301.

_____. *História e Consciência de Classe. Ensaios sobre dialética marxista*. 1ª ed. São Paulo: Martins Fontes, 2003.

LUXEMBURGO, Rosa. "Reforma social ou revolução? (Com um anexo: milícia e militarismo)" (1899). LOUREIRO, Isabel (org.).*Rosa Luxemburgo. Textos escolhidos*. São Paulo: Editora Unesp, 2011, p. 1-112.

MAAR, Wolfgang Leo. "A produção da 'sociedade' pela indústria cultural". *Revista Olhar*, São Carlos, ano 2, nº 3, jun. 2000, p. 2-24.

_____. "Prefácio". *In*: DURÃO, Fábio Ackelrud; ZUIN, Antônio; VAZ, Alexandre Fernandez (org.). *A indústria cultural hoje*. 1ª ed. São Paulo: Boitempo Editorial, 2008, p. 7-10.

_____. "Esfera pública como conceito dialético: ilusão e realidade". *Problemata. Revista Internacional de Filosofia*, João Pessoa, vol. 3, n° 2, 2012, p. 200-217.

MANDEL, Ernst. *La Formation de la Pensée Économique de Karl Marx*. Paris: François Maspero, 1967.

MARCUSE, Herbert. "Some social implications of modern technology" (1941). *In: Technology, War and Fascism. Collected Papers of Herbert Marcuse*, vol. 1.Londres/Nova York: Routledge, 2004, pp. 39-66.

_____. "Algumas implicações sociais da tecnologia moderna". *In:Tecnologia, Guerra e Fascismo*. São Paulo: Editora da Unesp, 1999, p. 72-104.

_____. "33 Thesen" (1947). *In: Nachgelassene Schriften. Band 5: Feindanalysen*. Über die Deutschen. Lüneburg: zu Klampen, 2007, p. 126-39.

_____. "33 Teses". *In: Tecnologia, Guerra e Fascismo, op. cit.*, p. 289-304.

_____.*Eros e Civilização. Uma interpretação filosófica do pensamento de Freud* (1955). Rio de Janeiro: Zahar Editores, 1975.

_____. "A obsolescência da psicanálise" (1963). *In: Cultura e Sociedade, vol. 2*. Rio de Janeiro: Paz e Terra, 1999, p. 91-111.

_____. *One Dimensional Man. Studies in the ideology of advanced industrial society*(1964). 2ª ed. Londres/Nova York: Routledge, 2007.

_____. *A ideologia da sociedade industrial. O homem unidimensional*. 6 ed.Rio de Janeiro: Zahar, 1978.

_____. *Der eindimensionale Mensch. Studien zur Ideologie der fortgesschrittenen Industriegesellschaft. Schirften*, vol 7. Springe: zu Klampe, 2004.

_____. "Industrialização e capitalismo na obra de Max Weber" (1964). *In: Cultura e Sociedade*, vol. 2, *op. cit.*, p. 113-36.

_____."The individual in the great society" (1966).*In: Towards a Critical Theory of Society. Collected Papers of Herbert Marcuse*, vol. 2.Londres/ Nova York: 2001, p. 60-80.

_____."Baran's critique of modern society and of the social sciences" (1966).*Monthly Review*, vol. 65, 2014, issue 10 (Março). Disponível em

<http://monthlyreview.org/2014/03/01/barans-critique-modern-society-social-sciences/>. Acesso em 15 abr. 2014.

_____."Revolutionäre Erotik. Ein Gespräch mit Herbert Marcuse" (1971). In: *Nachgelassene Schriften, Bd.3 – Philosophie und Psychoanalyse*. Lüneburg: zu Klampen, 2002,p. 215-32.

MARKUS, György. "Entfremdung und Verdinglichung bei Marx und Lukács". In: DANNEMANN, Rüdiger (org.).*Georg Lukács. Jenseits der Polemiken. Beiträge zur Rekonstruktion seiner Philosophie*. Frankfurt am Main: Sendler, 1986, p.71-104.

MARRAMAO, Giacomo. *O Político e as Transformações. Crítica do capitalismo e ideologias da crise entre anos vinte e trinta*. Belo Horizonte: Oficina de Livros, 1990.

MARX, Karl.*O Capital, livro I, capítulo VI (inédito)*. São Paulo: Livraria Editora Ciências Humanas, 1978.

_____. *O Capital*, t. I, vol. 1.2ª ed. São Paulo: Abril Cultural, 1983.

_____. "Para a crítica da economia política". *In:Karl Marx. Os economistas*. 2ª ed. São Paulo, Abril Cultural, 1986, p. 1-132.

_____. "Salário, preço e lucro".*In:Karl Marx. Os economistas, op. cit.*, p. 135-185.

_____. "O rendimento e suas fontes". *In:Karl Marx. Os economistas, op. cit.*, p. 187-240.

MARX, Karl e ENGELS, Friedrich. *Werke*. Berlin, 1968.

_____. "Manifesto do partido comunista" (1848).*Estudos Avançados*,São Paulo, vol. 12, nº 34, set-dez. 1998, p. 7-46.

MATTICK, Paul. *Critique of Marcuse*.New York: The Merlin Press, 1972.

MAZZUCHELLI, Frederico.*A Contradição em Processo. O capitalismo e suas crises*. São Paulo: Brasiliense, 1985.

MÉSZÁROS, István.*Lukács' Concept of Dialectics*. Londres: The Merlin Press, 1972.

_____. *Para além do Capital. Rumo a uma teoria da transição*. 1ª ed. São Paulo: Boitempo Editorial, 2002.

MUSSE, Ricardo.*Do Socialismo Científico à Teoria Crítica. Modificações na auto-compreensão do marxismo entre 1878 e 1937.* Doutorado (tese em filosofia) – FFLCH-USP, São Paulo, 1997.

NETTO, José Paulo.*Capitalismo e Reificação.* São Paulo: Livraria Editora Ciências Humanas, 1981.

NEUMANN, Franz. *Behemoth. The structure and practice of national socialism. 1933-1944.* Chicago: Ivan R. Dee, 2009.

NOERR, Gunzelin Schmid. "Unterirdische Geschichte und Gegenwart in der *Dialektik der Aufklärung*". *In:* KUNNEMAN, Harry e DE VRIES, Hent (org.). *Die Aktualität der „Dialektik der Aufklärung". Zwischen Moderne und Postmoderne.* Frankfurt am Main/New York: Campus, 1989, p. 67-87.

OFFE, Claus. "Technik und Eindimesionalität. Eine Versoin der Technokratiethese?". *In:* HABERMAS, Jürgen (org.).*Antworten auf Herbert Marcuse.*Frankfurt am Main: Suhrkamp, 1968,p. 73-88.

OLAFSON, Fredrick. "Heidegger's Politics. An Interview with Herbert Marcuse". *In:* PIPPIN, Robert; FEENBERG, Andrew; WEBEL, Charles*et al., Marcuse. Critical Theory and the Promise of Utopia, op. cit.,*p. 95-104.

OLDRINI, Guido. "Gramsci e Lukács, adversários do marxismo da Segunda Internacional". *Crítica Marxista,* São Paulo,nº 8, jun. 1999, p. 67-80.

PIETRANERA, Giulio.*R. Hilferding und die ökonomische Theorie der Sozialdemokratie.* Berlin: Merve, 1974.

PISANI, Marília. *Técnica, Ciência e Neutralidade no Pensamento de Herbert Marcuse.* Doutorado (tese em filosofia) – CECH-UFSCar,São Carlos, 2008.

PISSARDO, Carlos Henrique. *Os Pressupostos Materialistas da Crítica à Razão Cognitiva naDialética do Esclarecimento.* Dissertação (mestrado em sociologia) – FFLCH-USP, São Paulo,2011

POLITT, Holger. "Georg Lukács über Rosa Luxemburg". *In:* HELLE PANKE e INTERNATIONALE GEORG-LUKÁCS-GESELLSCHAFT (ORG.).*Ist der Sozialismus (Marxismus) noch zu retten?Konferenz zum 125. Geburtstag von Georg Lukács. Heft 1.* Berlin: Helle Panke, 2011, p. 36-42.

POLLOCK, Friedrich. "Die gegenwärtige Lage des Kapitalismus und die Ansichten einer planwirtschaftlichen Neuordnung". *Zeitschrift für Sozialforschung,* Ano 1, 1932, p. 8-27.(Reprodução fotomecânica, München, Deutscher Taschenbuch, 1980).

CAPITALISMO PERENE

_____. „Bemerkungen zur Wirtschaftskrise", *Zeitschrift für Sozialforschung*, Ano 2, 1933, p. 331-54. (Reprodução fotomecânica, München, Deutscher Taschenbuch, 1980).

_____. "State capitalism: its possibilities and limits". *Zeitschrift für Sozialforschung*, Ano 9, 1941, p. 200-25. (Reprodução fotomecânica, München, Deutscher Taschenbuch, 1980).

_____. "Is national socialism a new order?".*Zeitschrift für Sozialforschung*, Ano 9, 1941, p. 440-55 (Reprodução fotomecânica, München, Deutscher Taschenbuch, 1980).

_____. *Automation. Materialen zur Beurteilung der ökonomischen und sozialen Folgen*. Frankfurt am Main: Europäische Verlaganstalt, 1964.

POSTONE, Moishe."Anti-semitism and National-Socialism: Notes on the German Reaction to 'Holocaust'". *New German Critique*, Winter, 1980, p. 97-115.

_____. "Politcal theory and historical analysis".*In:* CALLHOUN, Craig (ed.).*Habermas and the Public Sphere*. Massachussetts: The MIT Press, 1992, p. 164-77.

_____. *Time, Labor and Social Domination.A reinterpretation of Marx' Critical Theory*. Cambridge: Cambridge University Press, 2003.

POSTONE, Moishe e BRICK, Barbara."Critical Theory and Political Economy". *In:* BENHABIB, Seyla, BONß, Wolfgang e MCCOLE, John (ed.), *On Max Horkheimer: new perspectives*. Cambridge/Londres: The MIT Press, 1993, p. 215-56.

PUZONE, Vladimir Ferrari.*Da Revolução à Integração. A trajetória do proletariado vista por Max Horkheimer*. Dissertação (mestrado em sociologia) – FFLCH-USP, São Paulo, 2008.

ROSDOLSKY, Roman. "A polêmica em torno dos esquemas de reprodução de Marx". *In: Gênese e Estrutura de O Capital de Karl Marx*. 1ª ed. Rio de Janeiro: EDUERJ/Contraponto, 2001, p. 371-419.

ROUANET, Sérgio Paulo. *Teoria Crítica e Psicanálise*. Rio de Janeiro: Tempo Brasileiro, 1989.

RUBIN, Isaac Ilich. *A Teoria Marxista do Valor*. São Paulo: Brasiliense, 1980.

SCHÄFER, Gert. "Einige Probleme des Verhältnisses von 'ökonomischer' und 'politscher' Herrschaft".*In: Karl Marx/Friedrich Engels. Staatstheorie. Materialen zur Rekonstruktion der marxistischen Staatstheorie.* Frankfurt am Main: Ulstein, 1974, p. XCIII-CXXXVIII.

SABLOWSKI. Thomas. „Entwicklungstendenzen und Krisen des Kapitalismus". *In:* DEMIROVIĆ, Alex (org.).*Modelle kritischer Gesellschaftstheorie. Traditionen und Perspektiven der Kritischen Theorie.* Stuttgart/Weimar: J.B. Metzler, 2003, p. 101-30.

SCHEELE, Jürgen. *Zwischen Zusammenbruchsdiagnose und Positivisumsveredikt. Studien zur politischen und intellektuellen Biographie Henryk Grossamnns (1881-1950).* Frankfurt am Main/Berlin/Berna/Bruxelas/Nova York/Viena: Peter Lang, 1999.

SCHMIDT, Alfred. "Existential-Ontologie und historischer Materialismus bei Herbert Marcuse".*In:* HABERMAS, Jürgen (ed.).*Antworten auf Herbert Marcuse, op. cit.*,p. 17-49.

_____. "Herbert Marcuse – Versuch einer Vergegenwärtigung seiner sozialphilosophischen und politischen Ideen". *In:* INSTITUT FÜR SOZIALFORSCHUNG (org.), *Kritik und Utopie im Werk von Herbert Marcuse, op. cit.*, p. 11-50.

SCHMIDT, Conrad. "Contribución a la teoria de las crises comerciales y de la sobreproducción". *In:* COLLETTI, Lucio (org.), *El Marxismo y el "Derrumbe" del Capitalismo, op. cit*, p. 177-86.

SOZIALDEMOKRATISCHE PARTEI DEUTSCHLANDS. "Godesberger Programm der SPD. 15 November 1959 (Auszug)". *In:* KUHN, Axel.*Die deutsche Arbeiterbewegung.* Stuttgart: Reclam, 2004, p. 345-7.

STEINERT, Heinz. *Das Verhängnis der Gesellschaft und das Glück der Erkenntnis. Dialektik der Aufklärung als Forschungsprogramm.* Münster: Westliches Dampfboot, 2007.

STRACHEY, James. *El Capitalismo Contemporaneo* (1956). Cidade do México: Fondo de Cultura Económica, 1974.

SWEEZY, Paul. *Teoria do Desenvolvimento Capitalista.* São Paulo: Nova Cultural, 1986.

VANDENBERGHE, Fréderic. *Une Histoire Critique de la Sociologie Allemande. Aliénation et reification,* t. I, "Marx, Simmel, Weber, Lukács". Paris: La Découverte, 1997.

VILLARI, Lucio. "Il concetto di imperialismo in Lenin e il problema del capitalismo sviluppato", *in:L'Economia della Crisi. Il capitalismo dalla "grande depressione" al "crollo" del '29.* Turim: Einaudi, 1980, p. 36-54.

ZIZEK, Slavoj."Georg Lukács as the philosopher of Leninism".*In:* BUTLER, Rex, ZIZEK, Slavoj e STEVENS, Scott, *The Universal Exception.*London: Continuum, 2006, p. 94-123.

WIGGERSHAUS, Rolf. *Die Frankfurter Schule. Geschichte. Entwicklung. Politische Bedeutung.* 7ª ed. München: DTV, 1991.

WINKLER, Heinrich August. „Einleitende Bemerkungen zu Hilferdings Theorie des Organisierten Kapitalismus". *In: Organisierter Kapitalismus. Voraussetzungen und Anfänge.* Göttingen: Vandenhoeck & Ruprecht, 1974, p. 9-18.

WOOD, Ellen Meiksins. *Democracy agaisnt Capitalism.Renewing Historical Materialism.* 1ª ed. Cambridge: Cambridge University Press, 1995.

Esta obra foi impressa em São Paulo
no outono de 2016. No texto foi utilizada a fonte Minion Pro em corpo 10,7
e entrelinha de 12,84 pontos.